응용연극의 비판적 관점

Jenny Hughes 　　김수연

Helen Nicholson 　　신선영

허정미

박영story

21세기가 시작된 지 30년이 되어가면서 응용연극은 동시대의 경제적, 환경적 문제로 인해 그 형태를 갖추게 되었다. 그리고 사회적으로 관련을 맺는 예술(socially engaged art)의 생산과 이해의 방식들에 영향을 미치는 새로운 개념적 패러다임에 기여하고 있다. 이 책은 응용연극의 미학, 정치적 사상, 역사에 신선한 견해를 제공한다. 이 분야를 선도하는 학자들의 기여와 함께 국제적으로 다양한 지역과 맥락의 연극(theatre)을 조명하고 있다. 이 책은 크게 세 부분으로 나뉘어 있다: 역사와 문화적인 기억; 장소, 지역사회 그리고 환경; 시학과 참여 - 각 장은 첨단화된 이론적 성찰과 다양한 장소와 시간을 가로지르는 혁신적이고 창조적인 실천 예시가 함께 엮여 있다. 따라서 응용연극 분야의 연구자와 예술가들에게는 필수적일 것이고 연극 및 공연연구, 교육, 문화정책 그리고 사회사에 흥미가 있는 사람들에게도 유익할 것이다.

제니 휴즈(Jenny Hughes)는 맨체스터 대학의 드라마 학과의 부교수이다. 그녀의 대표 출판업적으로는 연극과 공연 연구 협회(the Theatre and Performance Research Association)의 신인 연구자상(New Career Research prize)을 공동 수상한 *Performance in a Time of Terror*(2011), 제임스 톰프슨(James Thompson), 마이클 밸푸어(Michael Balfour)와 공동 집필한 저서인 *Performance in Place of War*(2009)가 있다.

헬렌 니콜슨(Helen Nicholson)은 런던대 로얄 홀로웨이 대학의 연극공연학과(Theatre and Performance) 교수이자 사회과학 예술학부의 공동학장이다. 또한 2004년부터 *RiDE: Journal of Applied Theatre and Performance*의 공편자로 활동하고 있기도 하다. 헬렌 니콜슨은 *Applied Drama: The Gift of Theatre*(2005, second edition 2014), *Theatre & Education*(2009), 그리고 2012년 연극과 교육을 위한 미국 연합회(the American Alliance for Theatre and Education) 우수 도서상(the Distinguished Book Award)을 수상한 *Theatre, Education and Performance*(2011)의 저자이기도 하다.

시이드 자밀 아흐메드(Syed Jamil Ahmed)는 다카 대학교(University of Dhaka)
의 연극공연학과의 교수이자 연극 연출가이다. 그는 인도의 국립연극학교에서
공부하였고 영국 워릭 대학교(University of Warwick)에서 석사학위(MA)를 받았
다. 그리고 방글라데시의 다카 대학교에서 박사학위(Ph. D.)를 받았다. 그는
1994년에 다카 대학교에 연극과 음악학과(현재는 연극공연학과)를 개설하여 1997
년까지 학과장으로 봉직하였다. 그는 방글라데시, 파키스탄, 인도 그리고 미국에
서 연출작업을 진행한 바 있으며 60개가 넘는 연구논문을 작성하였다. 그의 연
구논문은 영어와 방글라데시어로 작성되었으며 한국어, 중국어, 프랑스어와 노
르웨이어로 번역되기도 하였다. 그는 2회에 걸쳐 풀브라이트 펠로십(Fulbright
fellowship)을 받았으며 미국의 안티오크 대학(the Antioch College), 영국 윈체스
터의 킹 알프레드 대학(King Alfred's University of Winchester), 미국의 샌프란시스
코 시티 대학(San Francisco City College) 그리고 인도의 자다푸르 대학(Jadavpur
University)에서 방문교수직을 수행한 바 있다. 그가 영어로 집필한 장문의 출판물
은 다음과 같다. *Acinpakhi Infinity: Indigenous Theatre in Bangladesh*(2000),
In Praise of Niranjan: Islam Theatre, and Bangladesh(2001), *Reading Against
the Orientalist Grain: Performance and Politics Entwined with a Buddhist
Strain*(2008), 그리고 *Applied Theatricks: Essays in Refusal*(2013). 그의 주된 관
심사는 남아시아의 토착 연극과 응용연극이다.

폴 드와이어(Paul Dwyer)는 시드니 대학(the University of Sydney)의 연극공연학과의 부교수(Senior Lecturer)이다. 그는 다양한 응용연극관련 저서를 집필하였다. 특히 아우구스또 보알의 작업 관련 그리고 최근에는 회복적 사법 회의(restorative justice conferencing) 관련 담론과 공연에 관한 연구논문을 완성하였다. 폴은 기록연극(documentary theatre)의 전문적인 공연 제작자이기도 하다. 그는 그의 작품으로는 호주 전역을 투어하였으며 Melbourne Green Room Award를 수상한 The Bougainville Photoplay Project, Ilbijerri Theatre와 Belvoir St Theatre, version 1.0, 팜 아일랜드의 원주민과 토레스 해협 섬 주민 공동체와 함께 작업한 Beautiful One Day 등이 있다.

마크 플라이시먼(Mark Fleishman)은 케이프타운 대학(the University of Cape Town)의 드라마 학과 교수이자 마그넷 씨어터(Magnet Theatre)의 공동 예술감독이다. 그의 논문은 the South African Theatre Journal, Contemporary Theatre Review와 Theatre Research International 등과 수많은 편집본에서 찾아볼 수 있다. 최근 학술자료는 앤소니 잭슨(Anthony Jackson)과 제니 키드(Jenny Kidd)가 편집한 Performing Heritage(2011)와 니콜라스 와이브로우(Nicolas Whybrow)가 편집한 Performing Cities(2014)에서 찾아볼 수 있다. 그는 Performing Migrancy and Mobility in Africa: Cape of Flows in the Studies in International Performance series at Palgrave(2015)의 편집자이기도 하다. 또한 그는 국내외에서 많은 작품을 연출하기도 했으며 도시 군구 발전 프로젝트와 더불어 지방 공동체에서도 사회적 정의와 변화를 위한 도구로서의 연극작업에 참여하고 있다. 그의 주된 연구 영역은 드라마투르기와 퍼포밍 아카이브, 이주 그리고 동시대적 남아프리카 연극이다.

캐슬린 갤러거(Kathleen Gallagher)는 토론토 대학(the University of Toronto) 도심 지역 학교에서의 연극, 청소년 그리고 연구(Theatre, Youth, and Research in Urban Schools)학과의 석좌교수이다. 캐슬린 갤러거의 책으로는 Why Theatre

Matters: Urban Youth, Engagement, and a Pedagogy of the real(2014), *The Theatre of Urban: Youth and Schooling in Dangerous Times*(2007), *Drama Education in the Lives of Girls: Imagining Possibilities*(2000)가 있다. 그녀가 편집에 참여한 책은 다음과 같다. *Why Theatre Now: On the virtue and value of Canadian theatre in the new millennium*(베리 프리먼(Barry Freeman) 과 출판 예정), *Drama and Theatre in Urban Contexts*(조나단 닐랜즈(Jonothan Neelands)와 2013), *How Theatre Educates: Convergences and Counterpoints with Artists, Scholars, and Advocates*(데이비드 부스(David Booth)와 2003), *The Methodological Dilemma: Creative, Critical and Collaborative Approaches to Qualitative Research*(2008). 캐슬린 갤러거는 연극, 청소년, 교수법, 연구방법론 그리고 성별과 관련한 많은 책을 출판하였으며 국제적으로는 연설과 현장 전문가를 위한 워크숍을 위해 세계 각국을 방문하고 있다. 그녀의 연구는 청소년의 시민적 참여, 예술적 실천 그리고 교수법으로서와 연구방법론으로서의 연극의 가능성에 관한 질문에 집중하여 계속되고 있다.

폴 헤리티지는 퀸 메리 런던 대학(Queen Mary University of London)의 연극 공연학과 교수이다. 그는 사회적 정의를 위한 예술의 이해와 실천을 중심으로 하는 연구센터를 대학 내에 설립하였고 People's Palace Projects(www.peoples palaceprojects.org.uk)를 시작하였다. 헤리티지는 브라질 전역의 감옥에서 예술기반 인권 프로젝트(1992-2005) 시리즈를 연출하였고 이 시리즈는 수상을 하기도 하였다. 또한 영국 예술 기관들과 다양한 브라질 주변도시의 문화 단체들과 파트너십을 수립하였다(e.g. Barbican/AfroReggae; RSC/Nós do Morro). 영빅(the Young Vic)의 국제 연합으로서 헤리티지는 1년에 걸쳐 Festa|Amazônia(2008)이라는 퍼포먼스 프로젝트를 창조하였다. 이 프로젝트에 런던과 아마존 지방 수천 명의 관중들과 참가자들이 함께했다. 그 외 Fórum Shakespeare(1995-현재), Encounters Beyond Text: Art Transforming Lives(2009-10), Points of Contact(2010-13), RioOccupationLondon(London 2012 Festival) 그리고 The

Art of Cultural Exchange(2014–16) 등을 포함한 영국과 브라질의 문화 교류 또한 연구 프로젝트 관련 경력이 있다. 2004년에는 브라질 정부에 의해 리오 블랑코 기사작위(a Knight of the Order of Rio Branco)를 받기도 했다.

제니 휴즈(Jenny Hughes)는 맨체스터 대학(the University of Manchester) 드라마학과의 부교수이다. 그녀의 연구적 관심은 연극, 퍼포먼스 그리고 빈곤; 항의 퍼포먼스(protest performance)와 연극 행동주의(theatre activism); 연극, 퍼포먼스 그리고 전쟁; 응용연극과 퍼포먼스적 측면, 특히 위기의 청소년들과 함께하는 연극과 퍼포먼스 실천이다. 연극과 공연학 협회(TaPRA)의 신인연구자상(New Career Research prize) 공동 수상작인 a monograph, *Performance in a time of terror*(2011) 그리고 제임스 톰슨(James Thompson), 마이클 밸푸어(Michael Balfour)와 함께 집필한 *Performance in place of war*(2009) 등의 출판물이 있다. 그리고 현 집필 시점에 그녀는 예술인문연구회 초기연구경력 장학(Arts and Humanities Research Council Early Career Research Fellowship, www.manchester.ac.uk/poortheatres) 지원으로 'Poor theatres: a critical exploration of theatre, perfor mance and economic precarity'라 불리는 연구 프로젝트를 진행 중이다.

바즈 커쇼(baz kershaw)는 워릭 대학(University of Warwick) 연극공연학과의 명예교수이자 브리스톨 대학(Bristol University) 전 드라마학과 재단 이사장이다. 그는 본디 맨체스터, 하와이 그리고 엑스터 대학에서 학위를 받은 공학자이나 많은 국제 학술대회에서 기조연설을 하였으며 몇몇 대륙의 선도적인 기관에서 객원 연구를 진행한 바 있다. 그는 PARIP의 수석 연구원이었으며(2000–2006), UK's 연극과 공연학 협회(TaPRA)와 Research Working Group으로서 IFTR Performance의 공동 창립자이기도 하다. 전설적인 London Drury Lane Arts Lab, 공동 설립한 첫 지역 공동체 예술팀, 그리고 회상 연극 단체 외 국제복지국(Welfare State International)과의 빈번한 프로젝트 등을 포함한 실험적이고 공동체적이며 급진적인 공연을 위해 일했다. 또한 *Politics of Performance*(1992),

Radical in Performance(1999), *Theatre Ecology*(2007)와 편집자이자 집필자로서 작업한 *Cambridge History of British Theatre Vol III*(2004), 헬렌 니콜슨과 함께 작업한 *Research Methods in Theatre and Performance*(2011) 등의 출판물이 있다. 2000년부터 그는 잉글랜드 남서지역에서 지구의 망가진 이미지를 고치기 위한 Earthrise Repair Shop과 환경 관련 작업을 해오고 있다.

샐리 맥키(Sally Mackey)는 런던대학(The Royal Central School of Speech and Drama)의 보조 학장(Pro Dean)이자 응용연극과 공연학과의 교수이다. 그녀는 *the Journal of Applied Performance and Theatre(RiDE)*의 편집위원이다. 영국에서 처음으로 응용연극 학부과정을 시작했으며 퍼포먼스와 사회적 실천 연구센터(the Centre for Research in Performance and Social Practice)를 개발하였다. 샐리 맥키는 the UK Arts and Humanities Research Council(AHRC)의 위원회 패널 멤버였으며 주요 주제는 '조경과 환경' 그리고 '환경 변화를 감수하며 살기'였다. 그녀는 공연, 장소, 지역사회 그리고 환경에 관해 출판을 했으며 'On Site and Place' and 'Environmentalism'이라는 주제의 *RiDE* 저널을 공동 편집하기도 했다. 데어드레 헤돈(Deirdre Heddon)과 함께 새로운 팰그레이브(Palgrave) 출판사의 시리즈인 Performing Landscapes를 공동 편집했다. 그중 샐리 맥키가 기여한 부분은 *Performing Landscapes: Homes*이다. 최근 그녀는 두 개의 AHRC 보조금(Challenging Place and Performing Abergavenny)의 결과물을 위해 일하기도 했다.

디 소이니 매디슨(D. Soyini Madison)은 미국 노스웨스턴 대학(Northwestern University) 공연연구학과의 교수이다. 주로 인권의 정치 경제와 토착적 공연(indigenous performance) 전술에 관심을 두고 있다. 그녀의 책, *Acts of Activism: Human Rights and Radical Performance*는 어떻게 가나와 서아프리카 지역의 활동가들이 여성의 인권, 물과 관련된 민주주의 그리고 경제적인 정의를 위한 그들의 일상적인 투쟁에서 전략적인 중재로서 공연을 이용하는지에 근거한다. 매디슨은 그녀의 민족적 데이터를 공공적인 무대를 위해 도입하였다. 그녀의 최근 책인 *African Dress: Fashion, Agency, and Performance*는 카렌 트랜버그 한센(Karen Tranberg Hansen)과 공동으로 편집되었으며 아프리카 전역의 어떤 특정 장소들에서 옷을 갖춰 입은 몸 그리고 흑인 디아스포라에 관한 에세이 모음집이다. 매디슨은 현재 *Critical Ethnography: Methods, Ethics and Performance*의 세 번째 개정판 작업을 하고 있다. 그리고 그녀는 미의 정치적 견해 관련한 단행본 형태의 논문을 집필하고 있다. 이 논문은 흑인은 아름답고 흑인의 생명도 소중하다는 인종적 맥락과 초국적 메시지를 가진 공연 전략으로서 설명할 수 있다.

헬렌 니콜슨(Helen Nicholson)은 런던대 로얄 홀로웨이 대학(Royal Holloway, University of London)의 연극공연학과 교수이자 사회과학 예술학부의 공동학장이다. 또한 2004년부터 *RiDE: Journal of Applied Theatre and Performance*의 공편자로 활동하고 있으며 *Applied Drama: The Gift of Theatre*(2005, second edition 2014), 2012년 the American Alliance for Theatre and Education 우수도서상(the Distinguished Book Award)을 수상한 *Theatre & Education*(2009), 그리고 *Theatre, Education and Performance: The Map and the Story* 등을 포함한 이 분야의 여러 책의 저자이기도 하다. 헬렌 니콜슨은 그녀의 장기적인 관심인 청소년과 젊은이들과의 연극 교육 연구와 요양원 거주 치매노인을 위한 예술적 실천을 지속적으로 수행하고 있다. 집필 당시 그녀는 the Arts and Humanities Research Council 기금으로 진행되는 아마추어 연극 연구 프로젝트를 이끌었다.

피터 오코너(Peter O'connor)는 오클랜드 대학(the University of Auckland)의 응용연극전공 교육과 비판적 연구지도 유닛(Education and Director of the Critical Research Unit)의 교수이다. 그는 지진 이후 크라이스트처치에 Teaspoon of Light 극단을 설립하였다. 크라이스트처치에서 그가 한 작업은 UNESCO 자금 지원으로 진행된 프로그램 개발과 연구였다. 그의 연구는 학교에서의 보건, 양성 평등 그리고 포용적, 공감적이면서도 비판적인 학교 문화 발전 등을 포함한 주된 사회적 이슈를 다루는 공공 교육 매체로서의 응용연극 활용에 주로 중심을 두어 왔다. 최근의 연구는 가정폭력과 아동학대 방지 국가 프로그램과 Youth Justice Facilities의 부모교육 프로그램을 포함한다. 그는 최근에 공적 자금을 받아 교사·부모·지역 단체 등이 설립한 학교인 차터 스쿨(charter school)과 우수한 공공교육의 본질에 관한 논쟁에 관여하였다. 피터는 전에 the Race Relations Office의 국립 교육 관리자(the National Education Manager)였고 정신 건강재단(the Mental Health Foundation)과 함께 벌인 the Like Minds 캠페인에서는 국립 프로젝트 관리자(the National Project manager)였다. 법의학 정신병원에서의 작업을 바탕으로 한 그의 2003년 박사학위논문은 워싱턴 D.C.에서 2006년도 AATE 우수 논문상(Distinguished Dissertation Award)을 수상하였다. 그리고 응용연극과 사회 정의에 그가 한 기여를 인정받아 2012년도에는 그리핀 교육 대학(Griffith University School of Education)과 올해의 전문적 학문 동문(Professional Studies Alumnus)에 이름을 올렸다.

실비아 라모스(Silvia Ramos)는 Fundação Oswaldo Cruz(Fiocruz)에서 공중 보건과 폭력(Public Health and Violence) 분야의 박사학위를 가진 사회 과학자이다. 그리고 리우 데 자네이루의 칸피도 멘데스 대학(the University Candido Mendes)의 치안과 시민권 연구 기관(the Centre for the Study of Security and Citizenship)의 코디네이터로 일하고 있다(http://www.ucamcesec.com.br.). 그녀의 연구는 젊은이, 폭력, 경찰, 미디어 그리고 성적 권리에 중점을 두고 있다. 라모스는 아프로레게(AfroReggae)와 같은 그룹과 파트너십 프로젝트를 발전시켰으며 동시에 알레모와 마레(Alemão and Maré)의 빈민가의 젊은 활동가들과 함께 작업하기도 했다. 그녀는 최근 이러한 빈민가에서 마약거래를 그만둔 젊은이의 궤적에 대해 연구하고 있다. 그녀는 1999년도부터 2000년도까지 리우 데 자네이루의 시 보안차관이었다. 2010년에는 the Pacifying Police Units/UPPs와 동행하며 리우의 빈민가에서 사회적 프로그램을 창안하기도 했다. 공공치안 브라질 포럼(the Brazilian Forum of Public Security)의 창안자인 라모스는 경찰과 인종차별, 미디어와 폭력, 레즈비언, 게이, 양성애자 그리고 트렌스젠더들의 권리에 대한 책을 출판하기도 했다.

완정왕(Wan-Jung Wang)은 2007년에 로얄 홀로웨이, 런던대(Royal Holloway, University of London)에서 응용연극으로 박사학위를 받았다. 그녀는 응용연극 분야에서 왕성히 활동하는 연출가, 극작가, 교사, 작가 그리고 연구자이자 현재 타이완의 타이난 국립 대학(National University of Tainan)의 드라마창작응용학과(Department of Drama Creation and Application) 교수이다. 그녀는 중국어로 다음과 같은 7권의 연극 연구 관련 책을 집필하였다. *Light and Sight on Stage*(2003), *On Wings We Fly across the Darkness*(2002), *Country Farmer Enters into the City of God*(2009), *The Legend of King Da Du*(2009). 또한 *RiDE: The Journal of Applied Theatre and Performance* 등의 국제적인 저널과 지역적인 저널에 영어와 중국어로 다수의 학술논문을 게재하기도 하였다.

우리가 사는 공간은 하루 일과를 마치고 편하게 쉴 수 있는 물리적 공간부터, 우리가 만들어내는 상상의 가상공간까지 늘 우리를 둘러싸고 있다. 이 공간은 내가 만나고 소통하는 사람들과 함께 만들어지고 사라지기를 반복한다. 이렇게 그 공간에서 만들어진 많은 이야기들은 시대를 거치며 어떤 식으로든 과거와 현재 그리고 미래의 사람들과 연결된다. 우리를 둘러싼 공간 안에서 우리의 역사는 그렇게 만들어진다. 그 공간이 갖는 역사성은 각기 다른 차원의 시공간의 연결을 가능하게 해주는 예술 작업들 속에서 잊히고 지나간 것이 아니라 또 한 번 가슴을 울리는 예술로서 우리 곁에서 생생히 살아 숨 쉬며 존재하는 것이 될 수 있다.

예술적 접근은 우리의 소통 방법을 다양화한다. 다양한 소통 방법으로 나의 목소리를 낼 수 있다는 것은 상당한 의미를 지닌다고 생각한다. 나의 목소리를 내는 것은 때때로 긴장을 유발하며 마음에 장벽을 만들어내기도 한다. 그렇기에 나의 생각을 나의 자유의지로 표현해낸다는 것은 내가 주체가 되어야 한다는 의미도 함께 포함하게 된다. 이런 주체성을 가지고 나와 주변, 사회와 소통하도록 돕는 응용연극은 이러한 이유로 주목받고 있으며, 응용연극 실천가들이 다양한 사람들과 함께 다양한 장소에서 작업하는 이유가 될 것이다. 이러한 활동을 통해, 나와 세상을 다르게 보는 많은 사람들과 소통하게 되고, 이는 다름을 인정하고 받아들이는 마음을 기르게 도와주며 포용적이며 주체적인 인간으로 성장하게 할 수 있다.

그간 응용연극 실천가들이 직접 사람들을 만나 혹은 옛사람들의 자취가 서려 있는 공간 안으로 들어가 해오던 예술 작업들은 동시대를 사는 혹은 이전과 다음 세대 모두를 위한 작업이며 사람들이 각자의 생각과 목소리를 당당히 드러내며 서로의 생각을 나눌 수 있는 공간을 제공해주는 역할을 해왔다. 이 책에서 응용연극 실천가들은, 그 역사성을 가로질러 다양한 대상을 통해 시간과 공간을 뛰어넘는 소통을 만들어내고 있으며, 그 결과물은 이 책에 고스란히 담겨있다. 독자 여러분 또한, 책을 읽으며 물리적으로 나와 멀리 떨어져 있지만, 이 책이 베풀어주는 넘나드는 시공간에서 그들과 소통할 수 있기를 바라며 또한 응용연극에 대한 이해가 넓어지는 계기가 되기를 바란다.

오래전부터 역사성이 살아 숨 쉬는 다양한 공간에서의 소통을 가능하게 해주는 예술에 대해 말하고 싶었다. 수줍은 고백을 하듯 번역서를 통해 나의 일상과 유리된 저 멀리 있는 예술이 아닌 내 삶의 한 조각으로서 과거와 현재 그리고 미래를 이어주며 생생히 살아 숨 쉬는 예술에 대한 이야기를 해 보고자 한다. 마지막으로 책의 출판에 도움을 주신 모든 분들께 감사의 인사를 드린다.

2022년 10월
번역자 일동

PART 3 시학과 참여 _ 237

응용연극의 실천적 생태

제니 휴즈(Jenny Hughes)와 헬렌 니콜슨(Helen Nicholson)

2015년 6월 13일 11시 53분, 템즈 강의 고조된 흐름 속에서 한 무리의 예술 활동가들은 관습적으로는 공인되지 않은 25시간 길이의 퍼포먼스를 런던 북쪽 제방의 고상하고 큰 규모의 미술관인 테이트 모던(Tate Modern)의 광활한 터빈 홀(Turbine Hall)에서 시작하였다. *Time Piece*라고 이름 붙여진 이 작품은 리버레이트 테이트(Liberate Tate)에 의해 조정된 시리즈의 최근 것으로 석유 산업의 문화단체 후원에 반대하는 항의성 공연이다. 이는 '텍스트의 중재'라 묘사되었다. 75명의 공연하는 사람들은 숯을 사용하여 반이상향의 소설, 환경 보고서, 슬로건 등으로부터 따온 예술과 기후 변화 그리고 화석연료에 관한 글귀와 인용구들을 단단한 바닥 위에 적었다. 공연하는 사람들은 제각기 검은 옷을 입은 채 얼굴을 가리고 침묵 속에서 휘갈겨 쓸 뿐이었다. 그리고 미술관이 문을 닫을 시간인 저녁 10시 이후에도 20명의 활동가들은 경찰이나 경비원에게 방해받지 않으며 신중하게 그들의 연출된 작업을 계속하였다. 다음 날 아침이 되어서 테이트 모던이 재개장할 때도 터빈 홀에는 새로운 관람객의 출입이 허락되지 않았다. 6월 14일 저녁 12시 55분이 되었을 때, 공연하는 사람들은 모두 떠났고 비로소 청소부들이 투입되었다.

우리는 이 공연적인 저항으로부터 시작하려 한다. 이것이 모든 응용연극의 전형이라 생각하기 때문이 아니라 이 책에서 탐색하고 있는 많은 아이디어의 공명과 관련되기 때문이다. 행동적 예술로서 *Time Piece*는 공연적 저항의 긴 역사를 환기하고 있다. 동시에 기후 변화, 글로벌 자본주의, 신자유주의 그리고 예술 사이의 관계에 대한 동시대적 불안에 대한 포착을 불러일으킨다. 이는 모두 이 책의 저자들이 논하고 있는 것들이다. 핵심이 되는 환경적 메시지를 넘어서서 이 공연은 동시대적 풍경에 대한 깊은 문화적 응답을 조명하였다. 이 역시 이 책에서 분명히 찾아볼 수 있는 부분이다. *Time Piece*는 시간과 물질적 세상 사이에서 일시성이 다양한 방식으로 경험된다는 것을 인지하면서 동반 상승효과를 다시 만들어 냈다. 리버레이트 테이트는 그들의 웹사이트에 어떻게 *Time Piece*가 '음력 시간, 조류적 시간, 생태적 시간, 지리학적 시간 그리고 우리가 사용하는 모든 시간의 방법'으로서 우리 삶에 영향을 미치는 다양한 일시적인 기록에 주의를 기울이는지를 기술하면서 그 자극을 담아내었다.[1] 검은 베일을 쓴 구부러진 형체들이 조용히 바닥에 고조되는 말의 조류를 창조하는 모습은 화석연료 경제에 의해 이끌려져 온 산업적 발굴과 경제적 개발 실행으로부터 파괴된 물질적 삶의 공연적인 기념, 잃어버린 시간과의 관계를 공간에 새기는 문상객들 같았다. 이 공연은 이 책에서 탐색하는 많은 예시들을 반향하며 그 지정학적 위치에 주의를 기울이고 있고, 인간과 비인간의 세계 사이 관계 재형성에 대한 자극을 강조하고 있다. *Time Piece* 영상의 마지막 순간, 박수갈채를 보내는 관객은 물걸레를 든 갤러리 청소부와 양동이로 씻겨 내려가는 문자를 바라본다. 이렇게 공연의 비영구성이 강조된다. 리버레이트 테이트는 그들의 사회적 변화의 비전을 홍보하기 위해 그리고 그들의 예술적 개입을 기록하기 위해 습관적으로 소셜 미디어를 활용한다. 해시태그로 마무리되어야 하는 것은 중요하다, #TimePiece.

　　*응용연극의 비판적 관점*은 21세기가 시작된 지 30년에 접어들면서 응용연극이 새로운 동시대적인 관심사에 대응하는 것만이 아니라 사회적으로 연관된 예술 그리고 작품활동이 이해되고 생산되는 방식에 영향을 미친다는 개념적 패러다임에 의해 그 모양새를 갖추고 있다는 우리의 공유된 지각에서 발생한다. 이 책의 원고들은 일시성과 문화적 기억, 특정 장소의 정치, 환경과 지지 그리고 물질과 인간과 인간 외 매체 간의 관계적 차원 등과 연극과의 관계에 대한 논의를 다루고 있다. 응용연극은 21세기에 권력의 중심을 흩트리고 분해하는 방식에

대한 상상적 응답의 창의적인 힘으로서 발생하였다. 그리고 어떻게 권위에 대한 미묘한 아이디어는 점차적으로 사회 변화를 위한 동력이 될 수 있을까에 관한 새로운 질문으로서 발생하였다. 리버레이트 테이트가 증명하였듯이, 인류로 인한 지구온난화 및 생태계 침범을 특징으로 하는 엔트로퍼신(Anthropocene)[1]은 응용연극의 정치적 긴급성을 더욱 중요하게 만들었다. 이 책은 물질세계의 포스트 휴머니즘적인 인식과 맞물린 온정적인 예술작품 제작의 창의적인 형태 분석으로 새로운 의제에 착수하며 21세기의 도전적 과제에 비판적으로 응답한다.

우리의 포부는 동시대적인 정치적 단어들과 연계시키며, 새로운 정설을 세우는 것이 아니라 이 책에 응용연극을 구성하는 다채로운 실천들에 대해 캐묻고 그것들을 포착하는 것이다. 이러한 문맥에서 '실천적 생태(ecology of practices)'라는 이자벨 스텐저스(Isabelle Stengers)의 아이디어는 그녀가 '생각을 위한 도구(tools for thinking)'라고 묘사한 것으로 특히 적절하다.

실천적 생태는 실천을 '실천으로서' 묘사하는 데 그 어떤 야심도 가지고 있지 않다. 그것의 파괴를 해명할 수 있을지 모르는 진보라는 주어에 저항한다. 실천을 위한 새로운 '실천적인 정체성'의 해석을 목표로 한다. 이는 실천들을 위한 새로운 가능성을 보여준다. 다른 말로는 연결을 의미한다(2005: 186).

실천의 생태는 연결지점을 발견할 수 있도록 비판적이며 다른 관점들에 대한 대화를 지속할 수 있을 듯하다. 결정적으로 스텐저스는 '환경으로부터 독립적인 실천은 정체성이 없다'고 한 바 있다. 그리고 이는 모든 실천들은 어떤 장소와 시간에 달려있다는 것을 의미한다. 그녀는 소속감이 연구자의 도구로서 필수적이라고 제시하였다. 그리고 이 책의 모든 저자들이 자신들이 애착을 가진 장소에서 잘 아는 맥락에 대해 저술하도록 선택되었다는 점은 중요하다. 연구자들이 예술가로서 작업할 때, 고무된 정서적인 기록과 커다란 친밀감은 자전적 요

---

1) 역자 주: 인류로 인한 지구온난화 및 생태계 침범을 특징으로 하는 현재의 지질학적 시기를 의미하는 신조어

소를 글에 부여하게 한다.

이 책은 각각의 부분에서 논의와 실천을 보여준다. 총 세 부분으로 분류하였는데 각각의 부분들은 응용연극의 특정한 측면들을 탐색한다: 역사 그리고 문화적 기억들; 장소, 지역사회 그리고 환경; 시학과 참여. 이러한 방식의 구성은 독자들이 다양한 방법으로 이 영역에서 그 방향성을 찾는 데 도움을 주기 위해서이다. 또한 제시나 연결을 위한 새로운 가능성을 발견하며 연속하여 이 책을 읽을 때, 그리고 스텐저스의 말을 나름 조정할 때 독자들을 돕기 위해서이다. 이 도입의 글은 응용연극의 '실천적인 정체성'의 탐색으로 시작한다. 그리고 왜 응용연극의 비판적 관점을 고려해야 하는 시점인지에 대해 질문한다. 이어서 각각의 부분을 차례로 소개하기보다 우리는 이 책의 중심이 되는 논의인 두 개의 개념적 과제에 대해 고려하려 한다. 첫째, 우리는 역사에 대해 새롭게 주목하는 방법들 안에서 조사한다. 이런 부분은 이 책의 글들 속에서 명확히 찾아볼 수 있을 것이다. 장소와 시간 사이 공명하는 교차로가 되는 기억, 역사에 대한 읽을거리와 역사학과 응용연극의 관계에 대한 읽을거리를 제공할 것이다. 둘째, 우리는 어떻게 장소의 유형성과 지지의 정치가 새로운 사회적 상상을 불러오는가를 연구한다. 그러므로 이 책의 실천의 생태는 현재와 미래를 이해하기 위해 과거에까지 다다르며, 또한 장소와 지역사회 사이의 생동감을 나타낸다. 그리고 사회적 변화는 항상 물리적으로 바로 지금 그리고 여기에서 시행된다는 것을 인지하며 응용연극의 다양한 현세적 관점들을 반영한다.

왜 비판적인 관점인가?

'응용연극'은 현재 규명된 용어이다. 그리고 이 용어는 연극적인 과정의 사회적, 교육적, 정치적 기능과 맞물리는 창의적인 실천과 폭넓게 관련되어 있다. 응용연극 '실천의 생태'가 지속적으로 변화하고 발전하듯이, 단 하나의 정체성이 아닌 다양한 실천적인 정체성을 가지고 있다는 결과와 함께 맥락에 따라 적절하고도 다양하게 어떤 미묘한 차이를 보이고 있다. 이러한 풍성함의 한 부분으로서 응용연극은 실험적인 연극 만들기라는 몸체와 관련을 가진다. 그리고 대학에서의 응용연극은 더 이상 신생의 것이 아닌 교수(teaching)와 연구(research)의 영역에 있다. 그런데 이런 기관에서의 수용은 그 기관의 규율적 도전을 동반한다. 이 책 후반부에 이에 대한 부분적 응답이 있다. 어려움 중 하나는 경제적인 것이다. 모든 분야 환경의 자금 제공자들은 생산량과 결과 그리고 노동의 영향과 효과가 가져오는 증거를 볼 수 있기를 기대한다. 학생들 또한 비싼 대학 교육의 결과로서 그들의 '구직능력'이 향상되기를 원한다. 어느 정도 이러한 경제적인 긴요함은 응용연극의 강조점을 옹호하기도 한다. 이때 응용연극은 설정된 목적들이 현실화되는 개인적이고 사회적인 문제 해결 방식으로서 존재한다. 이는 응용연극이 신자유주의를 돕는 방식으로 개념화된다는 것을 의미한다. 비판의 정도가 낮은 경우 때로는 활동가의 미사여구처럼 이해하기 힘들게 느껴질 수 있다. 응용연극은 변형하고, 행복을 촉진하고, 삶의 질을 향상하고 사람들을 움직이게 한다. 특히 응용연극에 대한 글은 자주 그 자체를 상상적 저항을 위한 힘으로 이해하는 것과 힘과 착취 관계의 문제적 엉킴 사이에서 그 중심적 긴장에 몰두해왔다. 이 책의 저자들은 이러한 긴장에 다시 균형을 잡을 수 있도록 비판적인 관점을 발전시켰다. 비판적 관점은 연극 만들기가 필연적으로 힘과 착취 관계 속에 얽혀있다는 인지로부터 시작한다. 그러나 이는 역시 예술가와 연구자가 실천과 반영의 오름세를 방해하는 묵인의 관계를 도입하기보다 거기에 편재하는 저항적인 실천을 덧붙이는 관계 속에서 존재를 찾아내도록 독려한다.

비판적인 관점에 따르면 우리는 응용연극을 형성하는 열쇠가 되는 실천, 질문, 논의들이 부상하는 어떤 이지적인 지도를 제공하려 하는 것이다. 그리고 우리는 역시 복잡함과 풍성함을 반영하는 실천과 연구가 샘솟는 훈련공간으로서 응용연극 제작자를 귀찮게 하길 원한다. 우리는 이 도입 부분과 전체에서 연극의 변형적 힘에 대한 너무 쉬운 설명을 하거나 응용연극의 정치적 참여와 미학에 대해 유감을 표명하는 듯한 표현을 하는 제작자들을 온전히 반박하고자 한다. 스텐저스의 분석에 따라, 이 책에서는 세 가지의 비판적 관점을 갖는다. 첫째, 응용연극을 '훈련법'으로 제시하기보다 특정 정설을 발전하거나 보존하는 '체득의 단어' 혹은 진보의 서사라 여기며, 우리는 실용적, 상상적 그리고 선제적 관계와 연결, 애착, 소속을 만드는 실천의 생태로서 응용연극의 구성을 제공한다. 둘째, 반영과 실천의 비판적 추구는 응용연극의 지속적인 특성이다. 그리고 우리는 관계된 것과 간혹 이 책에서 보이는 저항적인 관계에 새로운 활력을 주는 열정적인 글을 환영한다. 이와 같은 관점에서 이 책의 에세이들이 실천의 비판적인 질문들을 제공하고 있다는 점 역시 주목할 만하다. 이때, 이 비판적인 질문들은 지역사회와 예술가의 물질적, 비물질적 환경을 형성하는 역사적 경험의 새로운 공감을 특징으로 한다.

이 책은 연극의 변환적 힘이라는 거대한 주장의 부재라는 측면에서 저자들이 탐구하는 미학적 실천과 사회적인 실천 사이 뚜렷한 차이에 대해 거부한다는 현저한 일관성을 갖는다. 이는 정치적으로 의식하고 반영되는 응용연극을 위한 새롭고, 치밀하고 자신감 있는 목소리가 된다. 그리고 이 책에서 찾아볼 수 있는 일종의 비판점이 그 효능과 미학에 대한 새로운 생각을 자극한다는 점은 명확하다. 중요하게도 이 책의 에세이들은 저자들의 실천을 무조건 옹호하지 않고 있다. 그들의 주장은 시행된 실천이 복잡한 힘의 관계에 대한 고려에 의해 압도되지도 축소되지도 않는다. 저자들의 주장은 과장하지도 축소되지도 않는다. 오히려 이어지는 스텐저스의 말처럼 고양된 인식으로 특징지어진다. '그들이 내세운 어떤 관계 전환을 제시하는'(2005: 195) 실천의 생태적인 관점을 통해 발생하는 '수집'을 인지하지 못하는 것은 문제이다. 이러한 측면에서 이 책의 글들은 연극적인 발생이 존재하는 재생하고 방해하고 재창조되기도 하는 사회적, 물리적 연결망으로서 예술가와 작품 활동과정의 관계에 대한 공감을 보인다. 이 책은 그 반경을 열어두고 한 걸음 더 나아간 논의와 담론을 발전시키는 생산적인 질문을 하면서 응용연극 관련 논의와 담론을 위한 플랫폼을 제공한다. 이러한 것들은 유동적인 실천의 생태로서 복잡함과 그 위치의 보강을 지원하는 데 필수적이다.

역사와 문화적 기억들

이 장을 리버레이트 테이트의 *Time Piece*로 시작하면서 우리는 시공간과 인간의 관계를 재고하기 위해 환경적인 사안에 관한 긴요함을 창조하는 방식에 대한 관심을 환기하였다. 터빈 홀의 바닥에 쓰인 많은 말들의 출처 중 하나가 되는 책은 해양생물학자인 레이첼 카슨(Rachel Carson)이 쓴 1950년도 베스트셀러인 *The Sea Around Us*이다. 바닥에 쓰인 이 책의 인용구는 깊은 대양의 풍경으로부터 그 흐름이 전해주는 메시지와 그 여정을 따라 만나게 되는 표면적 환경의 변화, 순환적 시간의 불길하고도 전지적인 힘이 전달된 메시지를 관람객들에게 상기시켰다: '대양에는 물이 한 방울도 없다. 조수를 창조하는 신비로운 힘에 응답하지도 못하고 알지도 못하는 깊은 해구(海溝)에도 없다'(1989 [1950]: 149). 이 책, *응용연극에 대한 비판적 관점*은 실천의 역사에서 그리고 창의적인 실천에서 시간적 작동을 위한 새로운 주의력의 증거에 대한 환경 활동가의 관심을 반영한다. 이 책에 있는 몇몇의 에세이에는 어떻게 예술가들과 공동체들이 연극 만들기 과정에서 기억과 망각, 부재와 존재, 그리고 회복과 손실의 경험을 얻는지에 대한 탐구 안에서 그 역사에 대한 신중함을 갖는다. 어떤 글들에는 창조적 과정에서 조우하는 친밀한 순간에 대한 가치가 있다. 이 순간들은 이 실천의 생태를 위한 그리고 문화적 실천을 위한 광범위한 의미를 가지고 있는 질문으로서 그 풍성함의 흔적이 남는 방법으로 형성되었다.

이 책에서는 역사에 관한 두 가지 주요 관점을 포함하고 있다. 그리고 이 두 관점은 모두 이 도입 부분에서 우리가 하는 응용연극에 대한 논의와 연결되어 있다. 첫째, 응용연극은 그 역사를 등한시하는 것으로 보인다. 아직 제대로 기록된 바는 없더라도 역사를 위한 연관된 검색이 가능하긴 하다. 둘째, 여전히 한 장소와 시간에 존재함으로써 그리고 어떻게 여러 풍경들이 이 시간에 대한 이야기에 개입하는지 그 과정을 인지함으로써 역사를 창조해내려는 움직임이 있다(여러 풍경들에서 존재하는 환영과의 직면). 이 책은 바즈 커쇼의 글로 시작된다. 그는 응용연극의 점차 확립되어가는 지위를 되새긴다. 부재와 누락, 역사적 통찰력에 대한 주의를 환기하며 잘 알려진 작업과 응용연극에 대한 교과서와 같은 책들에 대해 다룬다. 그는 문학에 기반을 두는 연극 프로젝트에 대한 미시적 설명의 우세에 주목한다. 그리고 이러한 영역에 대한 그의 도발은 명확하다. 따라서 생태적 위협, 정치적이고 경제적인 위기 그리고 인과관계 등의 글로벌 이슈와 연극의 연관성에 대한 초역사를 창조하기 위해서 '전체론적 분석과 생태적 원리가 반영된' 비교미세분석이 요구된다. 커쇼는 현재는 사라진 남아프리카 부족의 100년 전부터 전해져 온 이야기를 그 부족이 존재하지 않는 풍경에 재도입하여 활용하는 연극 실천(이 책에 수록된 마크 플라이시먼의 작업에 의해 얻어진)에 주목한다. 이러한 이야기와 풍경의 층위는 좋은 아이디어를 떠올리게 한다. 그리고 커쇼의 글은 의미창조의 관계적 특징과 비결정인자로서 인위를 인정하는 역사기록 실천에 대한 인상적인 감명을 준다. 이러한 실천에서 다양한 시간성은 생존 여부와 생존의 모양과 형태에 대한 대화와 관계를 맺고 있다. 그리고 유령과도 같은 존재—풍경, 잊힌 사람들 그리고 사라진 문화적 실천들—는 그 대화에 담겨있다: '과거는 이런저런 방식으로 끊임없이 접근 가능한 상태로 존속한다. 또한 특징은 현재의 역사 속에서 절대 온전하게 부재하지 않는다.' 여기서 프라센지트 두아라(Prasenjit Duara)의 말을 인용하자면 '역사는 미래 행동을 위한 살아있는 가능성의 순환적이고, 역동적인 보고이다(2015: 9). 신화, 서사, 기억, 공식적이고 비공식적인 설명이 교환되고 재형성되도록 하기 위한 그릇(용기)이다.' 이 책의 글들은 응용연극에서 중요한 특정 풍경과 어떤 건축물로부터 일어나는 역사적 반영과 함께 장소에 신경을 쓰는 여러 방법으로 역사와 맞물려 이러한 풍성한 자극에 대응한다. 휴즈의 글은 영국 로치데일(Rochdale)에 있는 빅토리아 시대 구빈원의 연극적 오락을 탐색한다. 그리고 그녀는 응용연극의 역사 속에서 주일 학교 드라마와 금주, 모더니즘적 실험으로서의 응용연극에 자주 등장하는 보완적 서사와 함께 19세기의 합리적 오락에 속하는 하나의 케이스를 다루었다. 연극 프로젝트를 위한 창조적 원천으로서 기억과 기록보관(Memories and archives)이 활용되었다. 그리고 완정왕(Wan Jung Wang)의 글은 동남아시아 도시 공간에서의 연극공연에 대한 설득력 있는 분석을 제공한다. 그녀의 작업은 현재는 잊히고 파괴되고 보이지 않고 사라진 개발의 위협 속에 있었던 과거 원주민들의 기억에 의해 영감을 받았다. 브라질 리우에 있는 2개의 버려진 정신병원 병동을 빈민가의 젊은 예술가들이 점령하였다는 폴 헤리티지(Paul Heritage)와 실비아 라모스(Silvia Ramos)의 이야기는 영감의 원천으로서 1950년대의 반체제적 순간에 대해 생각하게 한다. 그들의 글은 브라질 정신과 의사 니세 드 실베이라(Nise de Silveira)에게 보내는 연속적인 편지로서 쓰였다. 니세 드 실베이라는 리우 데 자네이루에서 창의적인 정신과 치료가 발전하는 데 선구자적 역할을 한 사람으로서 동시대에 이 예술적 직업인들에 의하여 재활성화되었다. 응용연극은 어떤 경계들과 직면함으로 만들어진 실천의 생태이다. 이러한 직면은 확실하고 고정된 위치의 감시보다 관계를 만드는 과정의 개방과 전념에 의해 특징지어진다. 스텐저스는 현존하는 위치의 파괴를 거부하는 새로운 역사적 접근을 제안한다.

일종의 진전에 대한 언급 없이는 명백히 생각하기 어렵다. 이러한 진전은 우리의 현재와 미래를 안내하는 길이 되는 과거를 정당화할 것이다. 실천의 생태는 이런 야망을 갖는다(2005: 185).

실천의 생태적 역사는 전에 있었던 일을 전복하고 폐기한다기보다 목격되고 수집되고 모여 만들어졌다. 선형적 시간에서의 작업으로 보기보다 다양한 속계의 것을 함께 수집하는 과정의 실천으로서 응용연극을 이해하는 것이 가장 적절해 보인다. 그리고 이러한 접근의 특징은 이 책 속 완정왕, 폴 드와이어(Paul Dwyer) 그리고 헬렌 니콜슨(Helen Nicholson)의 글에서 찾아볼 수 있다. 그 사이를 거슬러 이동하고, 의미를 부여하고, 시간 속의 많은 경험들이 함께 모여진 것들로부터 등장한 정체성과 특정한 한 장소와 시간에서의 관계 등의 다양한 속계의 것들이 어떻게 응용연극 실천에 관여하며 어떤 조건에 맞게 끝맺음하는지 점점 명확해진다. 그리고 이러한 실천들에 안주하지 않는 맥락에서 확실하지 않은 어떤 때의 그 장소는 저항의 근원이고 사람들의 삶을 위해 가장 중요하다 하겠다. 여기서 역사는 다양한 방법으로 관계를 맺으며 연극의 창의적인 실천과 함께 현재의 반응을 알 수 있는 원천이지만 교섭될 필요가 있는 일종의 부담으로 경험될지도 모른다. 역사적 부담에 대한 교섭은 완정왕이 보여준 예시처럼 기억함으로써, 혹은 샐리 맥키(Sally Mackey)가 이민자들과 함께한 프로젝트에서 한 것처럼 개개인의 역사보다 현재에 집중하며, 혹은 드와이어처럼 파푸아뉴기니, 부겐빌에서 화해의 연극 실천을 기념함으로써 처리될 수 있다. 그것이 아니라면, 니콜슨이 나이 많은 이웃이 양로원으로 이주하는 것을 도울 때 등장하였던 그녀의 일대일 공연 실천에서 기술하였듯이 역사는 완전히 다시 상상될 필요가 있을 수 있다. 여기서 연극은 수집과정을 위한 구색을 갖추며 개인의 매일의 삶 속에서 안전하게 정체성을 나타내며 역사와 시간을 다시 판단하는 데 중요한 역할을 담당한다.

　　이 책에서 어떻게 시간의 경험을 연극 실천으로 빚어 펼쳐낼지, 그리고 일시적인 것을 창의적인 과정으로써 그 자체를 대행하도록 할지 등의 역사와 시간에 대한 논의는 조심스레 진행된다. 아마도 드와이어의 '더 느리게' 움직이는 응용연극 실천은 주목할 만하다. 그는 시간이 흐르며 발생하는 사람들 사이의 대화로서 이 실천이 형성된다 하였다(그의 경우에는 수십 년에 걸쳐). 이 부분에서 드와이어는 그의 모국이 착취한 역사를 가진 나라에 그 자신이 현존하는 것에 대해 질문하는 경고성의 양식을 소개하였다. 드와이어는 그의 실천에서 문화적 경제적 교환을 유동적으로 펼쳐내며 시간을 늦췄다. 이러한 그의 실천은 힘의 역학이 지속적으로 인정되고 절충된 것이었으며 전적으로 알려지지 않은 시초였다. 이 시간 속 시간에 대한 주의는 새롭고도 유토피아적인 작업에 대한 충동을 억누른다. 그리고 대신 어떻게 시간이 인간과 인간이 아닌 것의 상호 관계로서 사람들과 장소를 형성하는지에 대해 응답한다. 시간은 창의적인 실천의 미래에 예측 불가능한 방법으로 영향을 주는 전지적인 특징을 가진다. 그리고 여기에는 대화의 과정이 포함된다.

응용연극의 새로운 물질성

　　이 책의 글들이 가진 짜임은 사람과 물적 세상의 대리적 능력 간의 생산적인 관계에 있어서 그리고 때때로 발견되는 긴장에 있어서 흥미롭다. 우리가 제안하였듯이, 역사적으로 응용연극은 연극적 실천이 다양한 형태의 개인적 향상과 사회적 행동을 이끈다는 결과와 함께 사람을 우선적으로 고려한다. 이러한 역사가 의미하는 것은 인간중심의 사회적 드라마의 비활성화된 배경으로서 물질적 세상을 바라보는 방식이다. 이 책 초반의 응용연극은 경제적인 물질주의와 부당한 부의 분배 그리고 일상생활에서의 능동적인 힘으로서 물질적 세상의 이해에 대한 정치적인 함의 간에 새롭게 부상하는 관계를 보여줄 것이다. 인간의 기억은 언어뿐만 아니라 어떤 형체를 갖춘다는 것을 주시한 커쇼는 이러한 응용연극의 유물론에 대해 새롭게 주목하였다. 커쇼는 어떤 물질의 형태는 그 물질을 대행하는 무언가를 가지며 인간의 의지를 거역한다는 정치학자인 제인 베넷(Jane Bennett)의 필수적 유물론의 개념을 인용하였다(2010: 14-17). 비록 새로운 유물론에 대한 모든 집필진의 생각을 여기서 언급하지 않아도, 이 책은 인간과 인간이 아닌 세상에 대한 고정된 양분법칙을 약화시키고 그들의 상호 작용을 인지하는 하나의 방법으로 응용연극의 감각, 구현, 정서적이고도 공간에 기반을 둔 특징에 주목한다.

　　불가피하게 응용연극의 물질성에 대한 강조는 몇몇의 익숙한 통설에는 도전이 될 수 있다. 19세기와 20세기 진보적 정신은 자기 이해의 보다 큰 발전과 세상에 대한 합리적인 이해가 인간의 상태를 향상하게 할 것이라는 관점을 갖게 하였다. 이러한 생각의 방식은 연극 제작자들이 논리적 논쟁을 고무하도록 디자인된 실천의 발전을 이끈다. 이때 공론화된 사회적 문제에 대한 해결책을 이행하는 것은 참여자들에게는 도전이 될 수 있으며 그들을 억압하는 것들에 대한 저항이 될 것이라는 기대가 함께한다. 비록 이러한 접근법이 정치적 성향의 연극 만들기의 한 측면으로 남아 있지만, 이 원인과 결과의 관계를 이 책의 저자들이 탐구하고 있는 기간, 장소, 지지의 미학적 측면에서는 무시하거나 중요하지 않게 보았다는 점은 주목할 만하다. 샐리 맥키의 글은 장소에 대한 의미를 농후하게 하는 강조의 이동을 보여준다. 그녀는 공연적인 풍경으로서 장소를 명명하였다. 그 장소는 창의적인 과정에서 그곳 자체를 대행한다. 그리고 어떻게 참여자들이 일상을 수행하고 상상적이고 즐거운 방법으로 인지된 환경을 처리할지를 제안한다. 캐슬린 갤러거(Kathleen Gallagher)는 맥키가 보여준 일상적 삶에서의 물질성에 대한 흥미를 공유한다. 그리고 캐나다 토론토에서 실시한 노숙 청년들과의 연극 만들기 작업에서의 감각적 특징 또한 공유한다. 갤러거는 이 창의적 프로젝트를 위한 '이야기의 미학'을 응용하였다. 그 과정은 논쟁의 연극이 갖는 한계와 이 정서적인 기록이 갖는 정치적인 힘을 인지한 것이다.

이 책의 많은 글들은 스케일 정치에 대한 빠른 반응을 보이는 분석을 제공한다. 또한 창의적인 실천과정에서 인간과 인간이 아닌 것의 상호 작용의 장소 기반 역학, 정서와 감각 분석을 제공한다. 갤러거는 미시적 정치 개입으로서의 응용연극과 더 넓은 사회구조분석의 관계를 연구한다. 그녀는 이 관계를 '개인적 이야기와 구조적 변화의 위태로운 춤'이라 묘사한다. 이 표현은 참여의 시학과 사회적 변화의 비선형성을 위한 진행조사의 유용한 지형을 살피고 있다. 유사하게 마크 플라이시먼은 남아프리카에서 불평등을 관찰하면서 물질적인 스케일 정치에 관심을 보인다. 그는 남아프리카에서 일상처럼 지속되는 불평등은 지역사회 기반 연극 만들기의 과정에서 어떻게 시민권과 권한이 시행되고 수행되는가를 생각할 때 중요한 역할을 한다고 보았다. 하지만 권위라는 계층적 개념을 겸음으로써 플라이시먼은 참여자와 연극 제작자 간의 협업 과정은 활동적인 시민권을 육성하며 일시적인 미시 공동체를 창조한다고 제안한다. 활동적인 시민은 연극 만들기의 물질적 실천 주체이며 정치적·사회적·문화적 배경의 복잡성을 포함하기도 한다. 이러한 환경설정 속에서 디 소이니 매디슨(D. Soyini Madison)은 사회적 정의는 이야기화된 정체성과 일상의 미시정치 사이에 시학적이며 정치적으로 아슬아슬한 균형을 갖춘 상태로 노동의 형태이자 물질적 불평등의 육안적 구조가 된다 하였다. 이 글들은 각각 다이아나 쿨(Diana Coole)과 사만다 프로스트(Samantha Frost)가 신유물론자들을 관찰한 내용이 사실임을 보여준다.

그들은 '현상이 서로 맞물리는 시스템과 힘 속에서 잡힌다는 것을 인지하기 위해, 그리고 새로운 위치와 대행을 위한 수용력의 특성을 고려하기 위해 우리에게 어떤 복잡한 개념을 생각하도록 한다'고 하였다.

이 책을 관통하여 저자들은 이 물질적 세상이 때론 일상이라 주장하는 파국적 방식에 응답해야 하는 긴급한 요구가 있다고 제안한다. 시드 자밀 아흐메드(Syed Jamil Ahmed)와 피터 오코너(Peter O'Connor)의 글들은 환경적 재앙을 직면한 상태에서 어떻게 연극 제작자들이 다양한 방식으로 응답할 수 있는지에 관해 보여준다. 아흐메드와 오코너 모두 신자유주의 정치에 대해 논하고 있다. 오코너는 2010–11년에 크라이스트처치의 지진 발생에 대한 긴급한 주의에 대해 설명한다. 그의 글은 일시적인 폭발과 교란과 같은 재앙이 연극적 서사의 대립적 방식을 위해 주목될 수 있다는 데 주의를 기울인다. 그리고 자본주의에 입각한 지협주의라는 신자유주의적 재앙에 분명하게 지장을 주는 연극 프로젝트의 필요성을 주장한다. 이런 연극 프로젝트는 공동체 구성원들에게 그들의 미래에 대한 의견 결정 과정을 갖게 한다. 아흐메드는 그의 모국인 방글라데시의 기후 변화가 불러온 대단히 파괴적인 결과에 대해 서술하였다. 그는 어떻게 몇몇 응용연극의 형태가, 아마도 부지불식간에, 이 재앙의 원인이 되는 물질주의적 정치에 대해 말하기보다 생태적 재앙에 직면하였을 때 자기 스스로를 책임감을 가지고 돌보아야 한다는 신자유주의 정치의 옹호와 연관되어 있는지에 대한 날카로운 비평을 제공한다. 아흐메드는 신자유주의적 호모 이코노미쿠스(homo economicus)는 어디에도 존재한다 하였다. 그리고 우선권을 가지고 식민지배를 하는 자본주의자인 서양, 그리고 식민지배를 당하며 결핍된 하위의 나머지들 사이의 명백한 이분법이 존재한다는 구시대적 생각은 그들의 핸드폰으로 자신이 생산한 생산물의 가장 좋은 가격을 구하는 방글라데시 농부부터 빈곤한 국가들에서 일하는 선의를 가진 서양 연극 실천가들까지 모두가 신자유주의에 연루되어 있다는 것을 알아차리는 데 실패한다고 말하고 있다. 간섭주의적인 응용연극 실천의 대안으로서 아흐메드는 스토리텔링을 통해 자기 보호적 신자유주의 아이디어는 '사회 복지로서 재검토되어야 한다'는 것을 제시한다. 아흐메드의 목소리는 열정적이고 격렬하며 설득적이다. 그리고 정치의 생태에 대한 그의 기여는 기후 변화에 대한 사고뿐 아니라 연극 제작자들이 항상 신자유주의적 의제를 피하거나 무시하는 것처럼 보이나 어떻게 물질주의적 정치에 휩쓸리게 되는지 생각하도록 한다.

이 책 속의 글들 도처에서 저자들은 윤리적으로 민감할 수 있는 실천의 맥락을 통해 얻게 된 느낌과 속성의 경험을 명확히 하고 있다. 응용연극은 자주 정치적인 복잡성과 감정적인 도전이 되는 과정의 호혜성을 요구한다. 이러한 호혜성의 관계는 이 책 마지막 장에서 헬렌 니콜슨에 의해 탐구되었다. 그녀는 관계의 실천으로서 새로운 응용연극의 존재론을 주장한다. 응용연극의 관계적 존재론은 어떻게 미래 연극 제작자들이 주어진 공간과 시간 그리고 그것들의 한계에 대항해 경연하고 우려하며 새로운 사회적 상상의 포문을 열지, 그 질문을 펼친다. 그녀의 주장은 특정 상황에서 도출되거나 어디서든 만들어진 자율적 요소들로부터의 분리에 저항하며 물질적 세상을 형성하는 다층적 일시성과 발맞추어 어떻게 연극 제작이 시공간의 관계에 대한 인지 가능성을 제공하는지에 대해 주목한다. 이미 언급되었고 또한 이 책 전반에서 다루어지겠지만 경제적 생산성의 담론에서 응용연극에 대해 기술하는 데 있어서 부상하는 점은 변화된 세상이 더 이상 인간 행위만의 결과가 아니라는 이해이다. 대신 연극 제작자들은 작은 것이 지속하는 비범한 반향 속에서 변화하는 규모와 측정의 세상을 창조한다. 다듬어지지 않은 즉흥적 예술 경험은 심오한 정치적 표현을 만들고, 맞닥뜨린 대수롭지 않은 순간은 시공간의 차원을 변화시키고, 확립된 형태와 의미는 순식간에 휩쓸려 간다. 그리고 이 같은 정신 속에서 우리는 이 책을 통해 논의를 시도하려 한다. 그리고 오직 시간과 공간에서 있을 수 있는 일에 관한 의미를 담아내는 유물의 하나로서 독자들이 사고하도록 돕고자 한다.

References

Bennett, J. 2010. *Vibrant Matter: A Political Ecology of Things*. London: Duke University Press.

Carson, R. 1989 [1950]. *The Sea Around Us*. Oxford: Oxford University Press.

Coole, D. and Frost, S. (eds.) 2010. *New Materialisms: Ontology, Agency, and Politics*. Durham and London: Duke University Press.

Duara, P. 2015. *The Crisis of Global Modernity: Asian Traditions and a Sustainable Future*. Cambridge: Cambridge University Press.

Liberate Tate. *Time Piece*. www.facebook.com/liberatetate/videos/1622725534633402/. Last accessed 29 July 2015.

Stengers, I. 2005. 'Introductory notes on an ecology of practices'. *Cultural Studies Review* 11.1: 183–196.

PART 01

역사와 문화적인 기억

●●02
최근 응용연극과 지역사회 공연 부재의 역사학을 향하여

바즈 커쇼(Baz Kershaw)

서문

21세기 상반기 인류가 100억 명 이상에 도달하며 지구가 위협을 받은 이래 곳곳의 연극공연 실천의 역사는 특히 까다로운 영역이 되었다(Emmott 2012). 이러한 환경에서 과거에 '응용'되던 인간의 예술이 더 희망찬 미래를 창조하기 위해 어떻게 '응용'될 수 있을까? 아니면 일상적, 관습적으로 일시성을 가지며 사라지게 될까? 공연하는 실천가로서 장기간 활동해온 필자는 2000년에 세계를 바꾸었다 주장할 수 있는 건선거에 있는 19세기 원양 정기선의 썩은 철제 선체 아래 시간의 흐름 속 다각적 관점의 각도를 찾고 있다는 것을 깨달았다(Kershaw 2011). 나는 과거부터 살아있는 상상의 마지막 인어를 현재 즉각적으로 조우하여 어떻게 살아있는지 시험하고 있었다(2004: 21). 이는 마치 철학자 폴 리쾨르(Paul Ricoeur)가 널리 가정되는 기억의 '병리학적 결손'으로 규정한 것으로부터의 저항을 관객의 몸에 자동적으로 심을 수 있게 할 수 있도록 하는 것과 같다. 5년 뒤, 나는 19세기의 작은 도시 동물원에서 라틴 아메리카의 거미 원숭이와 즉흥 트리오 춤을 추는 환경 운동 예술가 한 쌍을 보았다(Kershaw 2012a). 이에 관한 나의 연구 초점은 그러한 드문 인간중심주의 예외에 대해 방문자의 관심이 어떻게 확장될지에 있었다. 더불어 그리하여 이탈리아의 철학자 조르지오 아감벤(Giorgio

Agamben)이 말하는 '벌거벗은 삶'에 직면할 가능성이 있는지였다(1995: 8). 나는 그것이 아마도 미리 조치를 강구하는 것이 좋을 것 같은 미래에 관한 역사적인 일시적 매개체(혹은 진로)가 될 수 있다 생각하였다. 썩은 철선, 호모 사피엔스 조상의 사촌 등 과거의 것을 공연에 활용함으로써 그리 멀지 않은 미래를 희망이 있는 시대로 만들기 위해 현재 시점에서 '역사'를 재검토할 수 있도록 만들수 있지 않을까?

도입

이러한 일종의 상상치 못한 과거 습격 시도는 말하자면 포스트모더니즘이 '주제 없는 역사'를 표현함과 동시에 '미적 표현양식과 정치적 표현양식의 구별을 없게 하였다'고 추정되는 시기에 대한 응답이었다(Ashley 1997: 7). 서양문화는 '역사 감각의 소실을 경험하였다. 우리 사회 시스템 전체가 조금씩 자신의 과거를 유지하는 능력을 잃기 시작하였다'(Jameson 1985: 125). 학자들은 과거가 이렇게 박탈된 상태가 된 정확한 시기에 대해 근본적으로 의견이 나뉘었지만 일반적으로 그 전성기는 1960년대부터 20세기의 마지막 10년 사이의 어딘가에 위치한다 할 수 있겠다(Butler 2002: 12). 동시에 주요 서방 국가들은 신자유주의 화폐주의 경제에 대한 명시와 새로운 '후기 자본주의의 논리'에 대한 창출로 인해 급속한 근본적인 전환을 경험하였다(Jameson 1991: 48-49). 이러한 관점을 바탕으로, 1980년대 중반부터 후반에 걸친 기간 중 영국에서 '응용연극'이라고 불리는 사회적 연관성을 가진 참가형 공연이 등장한 것은 어쩌면 당연한 것이라 할 수 있다.

비슷한 연극 경향이 미국에서도 발전하였는데 가장 일반적으로 '지역사회 공연(community performance)'이라고 불리었다. 그러나 그 어떤 군더더기 없이 역사화된 대서양 연안 국가들의 평행선은 특이한 주격의 대비로 우려를 낳고 있다. 첫째, 미국의 '지역사회 공연(community performance)'은 주로 '풀뿌리 연극 (grassroots theater)'을 대체했고, 영국의 '응용연극(applied theatre)'은 일반적으로

'지역사회 연극(community theatre)'을 대체하였다. 둘째, 이러한 대체는 모두 지역사회의 성격, 아이디어, 이상이 점점 더 근본적으로 탈구조적인 의문에 노출되어 있는 동안 발생하였다(Amit and Rapport 2002). 그러나 2000년대 중반까지 대서양 양쪽과 다른 곳에서 이러한 장르에 관한 문제는 국제적인 현상으로 번성하였으며 종종 행위하는 개별 예술가나 그룹들은 대학과 연관되어 있었다. 이 놀라운 성장에도 불구하고, 응용연극, 지역사회 공연 및 비슷한 양식들은 역사가들의 관심을 거의 끌지 못하였고 그들의 집단적 실천에 대한 주요 역사는 드러나지 않았다.

이러한 부재에 대한 나의 관심은 왜 그러한 역사가 여전히 주로 쓰이기를 기다리고 있어야 하는지에 대한 것이 아니다. 어떻게 이와 관련된 실천에 적합하게 역사학이 만들어질 수 있는지에 대해서이다. 특히 점차 대중적으로 즐기게 되는 연극과 공연의 역사학으로서 에너지 넘치고 흥미진진한 그리고 여전히 계속되고 있는 3기 밀레니엄 르네상스의 전환에 대한 것이다.

그 어려움은 변화가 크고 불안정한 시대에 창조적 혁신이 필요하다는 긴급함의 결과였을까? 그것은 신자유주의적 자본주의의 비정상적인 세계화의 확산에 대한 주로 지역적인 반응에서 비롯된 것일까? 아니면 지구가 인위적인 환경 위기의 미래에 직면했던 시기에 현재에 대한 집착에서 비롯된 것일까?

역설적이지만, 3기 밀레니엄의 상상적 경계에 인접한 20년간 응용연극과 그 유사 장르는 전성기를 맞이하였다. 베를린 장벽이 붕괴되고 1989년에 소련이 분열하기 시작하는 동안에도 그 이름 자체는 여전히 비교적 새로운 것이었다 (RiDE Viewpoints 2006: 90-95). 그러나 세계 경제가 2008년에 완전히 붕괴된 이후 곧 실용적인 가이드, 에디티드 리더책들, 주요 강의 텍스트, 학술지, 전문잡지, DVD, 블로그 스폿, 앱, 그리고 트위터 등을 통해 전문가를 위한 시장이 영국 제도에서 번영하였다. 미국에서는 상대적으로 그리 많지 않았다. 학생들에게는 관련 영역의 학습과 경력 개발 기회가 많아졌다. 그리고 이러한 현상은 특히 디플로마(diplomas) 교육 증서로부터 최고 수준 대학의 연구학위까지 취득할 수 있는 기회가 있는 영국에서 빠르게 확산되었다. 2014년 뉴욕의 대학원 센터는 통상적인 미국의 '지역사회 공연(community performance)'이라는 태그를 떼고 응용연극 석사학위(Master of Arts in Applied Theatre)를 수여하였다(CUNY 2014). 이러한 확산의 중요성을 최근 학위 수여 권한을 가진 런던 대학의 홍보물에서도 찾아볼 수 있다.

> 드라마와 응용연극학위(A degree in Drama and Applied Theatre)는 당신에게 다양한 이전 가능한 기술을 습득하도록 도울 것입니다. 연극 전문가로서의 풍부한 기회뿐만 아니라, 학생들은 교육, 이벤트 관리 및 촉진, 외교, 정치, 국제 개발, 청소년과의 작업, 예술 치료, 워크숍 촉진, 사회복지, 의료 서비스 또는 형사 사법 제도 등의 경력을 추구할 수 있습니다(St Mary 2015).

모든 시민의 행복을 위해 일하는 완전히 유연하고도 창조적으로 작업할 수 있는 '풀뿌리(grassroots)' 인력의 시대는 다가왔다. 그러므로 근래 믿기 어려운 사방의 위기 상황에 대적하여 전도유망한 젊은 서양인의 뒤를 윤리적으로 보호할 더 좋은 방법은 무엇일까. 특히 대테러전쟁을 거쳐 공산주의의 급속한 붕괴에서 클래스 A은행의 대규모 주 재정 구제에 이르기까지 '새로운 세계의 혼란'을 포함한 밀레니엄의 긴 전환이 있어왔다(Kershaw 1999: 5).

거시적 역사와 특정 응용연극/지역사회 공연 프로젝트 및 창조적 방법에 대한 많은 미시적 설명 간의 격차는 특히 사회적, 정치적으로 불리한 입장에 있는 그룹 및 지역사회와 협력하는 이 분야의 전반적인 추세를 감안할 때 확실히 흥미로운 것이다. 새로운 밀레니엄 초기에 이러한 단절에 대한 우려 징후가 있었다. 2005년, 주요 학술저널 기사에서는 역사학의 요소를 개략하고 더 많은 것을 만들려고 시도했었다(McDonnell 2005). 2009년 시드니 콘퍼런스에서는 의제의 일부로 '우리의 과거 검토하기'가 포함되었다(Winston 2010: 145-146). 그러나 같은 저널에서 응답을 추구하는 후속적 호소가 있었음에도 불구하고 역사 그 자체에 대한 중요 요소는 존재하지 않았다. 2014년에 두 명의 미국인 학자들이 응용연극/지역사회 공연 연구의 '격차, 침묵, 그리고 안락한 구역(gaps, silences and comfort zones)'이라는 실증적 연구를 발표하였다. 주요 저널의 약 500개 정도의 학술기사를 조사하면서 주로 동시대적인 또는 최근의 사건에 초점을 맞추어 이 '분야'에 대해 설명하고 있다. 이는 전체의 2%만이 '역사적'으로 분류되어 있으며, 실질적인 거시적 역사와 관련된 것은 없었다(Omasta and Snyder-Young 2014: 7). 이러한 부재는 단순히 신속한 역사적 성공의 결과라 할 수 있을까? 전문대학 그리고 대학과의 관계가 왠지 그 다양한 선구적인 전통에 대한 관심을 떨어뜨리게 하는 것일까? 그것이 제도적으로 훌륭했기 때문에 불화는 부끄러운 것이 되었던 것일까? 아니면 다른 역사의 역동성이 많은 과거의 반영적인 관점을 막는 것일까?

방법과 방법론에 대한 주안점

역사학은 많은 종류의 특정 역사에 특히 적합하고도 중요한 반영적 형태를 만들 수 있기 때문에 질의의 주요 관심사가 된다. 이런 점에 있어서는 응용연극과 지역사회 공연(이하 AT와 CP) 또한 예외적으로 생각해서는 안 된다. 비록 이전 연극/공연이라는 개념의 역사에서 일반적으로 다루었던 기간과 비교하면 짧은 과거를 가지고 있기에 AT와 CP에 있어서는 과거란 현재와 동일할 수 있다 생각될지라도 말이다. 2010년까지 국제적으로 혁신적인 방법론과 방법 그리고 종종 디지털 기술을 도입하며 진행된 뉴시어터 히스토리오그래피(New Theatre Historiography) 운동은 번영하였다(Postlewait and Michieli 2010). 그럼에도 불구하고 그 성공에는 여전히 의심스러운 믿음이 존재하였다. 즉, '공연 역사의 구성적 문제는... 항상 그 불가피한 임시성 때문에 그 이벤트가 포착될 수가 없다는 것이다. 그렇기에 공연에 관한 모든 글은 그 자체의 불가능성에 직면해야 한다는 것이다'(Worthen with Holland 2003: 6). 공연된 이벤트는 항상 그 실행의 순간에 이미 완전히 사라진다.

그러나, 이 로고스 중심의 가정은 언어적 담화와 함께 구체화, 내적 경험, 활력에 관한 인간 기억에 의해 위협받고 있다. 철학자 폴 리쾨르(Paul Ricoeur)가 그 인상적인 철저함과 함께 탐구하였고 정치 이론가 제인 베넷(Jane Bennett)은 '필수적 물질'이라는 개념을 통해 테스트했던 가능성(2010: x)이다. 또한 이것은 들뢰즈나 가타리(Deleuze and Guattari) 등과 같은 신경과학 양자이론과 중재이론의 급진적인 비판이론가들에 의해 다양하게 다루어진 가능성이다. 그리고 '영향' 조사에 따르면 이후 공연/연극 연구에 대체적으로 통합된 가능성이기도 하다 (Thrift 2008: 12-13). 이 근본적이고 다양한 모든 것은 과거 인간의 사건이 잠재적으로 현재 살아있을 수 있으며 이미 여러 다양한 미래의 매개체(혹은 진로)가 될 수 있다는 것을 의미할 수 있다.

　　이러한 추세는 전반적으로 역사로서의 과거에 대한 생태학적 관점을 반영한다. AT/CP의 경우, 특히 그 실천은 참가자의 기억에 의해 형성되는 경우가 많기 때문에, 효과적인 발전이 될 수 있다. 그러므로 특정한 역사학적 기법의 설계는 실천 그 자체로 시작될 필요가 있을 수 있다. 그리고 이는 지역적, 국내적, 국제적 및 세계적인 범위에서 거시적 역사와 연결하는 것을 목표로 하는 모든 역사학에 흥미로운 전제조건을 제공한다. 특히 문화적, 사회적, 정치적, 경제적, 환경적 및 기타 인간의 노력을 포함하는 영역들에 그러하다. 그러나 현재의 부재 상태에서 이러한 가능성을 탐색하려면 이 영역의 규범적인 관점에 직접적으로 도전하는 반영적 전략이 필요하다. 그리하여 어떻게 수행될 수 있는지에 관해 다음과 같이 제시한다.

- 광범위한 범위의 다양한 실천에 미시적 설명부여
- 확립된 전통과 혁신에 초점을 맞추어 문화적으로 가로지르는 예시 비교
- 예를 들면 모노그래프, 편집된 컬렉션, 스튜던트 리더 책, 저널 기사의 요약본 및 전체본 등에서 겹치는 자료 분석
- 역사적 흥미/언급, 일시적으로 도달한/주기적 전문용어, 암묵적/함축적 역사학적 방법에 집중
- '역사(history as such)'[예: 사건의 흐름]와 '역사 그 자체(history per se)'[예: 과거 사건의 설명] 간에 명확한 차이 설정
- 미시적 설명과 거시적 사건 간의 상호 관계를 탐색함과 동시에 전체적 분

석과 생태적 원칙을 통한 쌍성 활용

이러한 방법을 개발함에 있어 이 장에서는 주로 영국과 미국에서의 실천에 초점을 맞추고 있다. 이 지역들은 지난 3세기 동안 이 분야 세계사의 원동력 중 하나였다. 그러나 세계화는 이러한 대서양 연안 국가들에 대한 선택이 명쾌하게 이 역사학적 실험에 포함된 다른 지역을 제외할 수는 없게 한다. 전쟁지대와 미술관/문화유산에 있어서 AT/CP의 실천을 고려하면 그러하다. 이러한 공간적, 시간적 차원은 거시적 역사가 지장을 주거나 거의 일상적으로 (종종 간접적으로) 평등, 정의, 표현의 자유와 삶에 관한 질문에 집중하는 지역 프로젝트에 의해 환기될지 모르기에 중요하다. 그러므로 전 세계의 초기 유사 실천사례들에서 흔히 볼 수 있듯이, CP/AT 창조적 방법의 놀라운 다양성은 대부분 민주주의의 원칙에 부합한다(van Erven 2001). 그 방법들 중 참가자들과 함께 근본적인 반체제 민주주의의 형태를 모델링하여 민감한 우려를 낳는 경우가 종종 있다. 예상할 수 있듯이 신자유주의 민주자본주의 세계화의 그림자와 그에 따른 재앙과도 같은 역사적인 영향력은 필연적으로 그 창조성에 닿지 않는다(Klein 2007). 그러므로 이러한 실천의 역사학은 역설적으로 긴요한 저항의 포함을 고려해야 한다. 이는 역설적이다. 왜냐하면 저항하고 있는 그것에 관한 부정적인 이분법적 응답을 왠지 피해야만 하기 때문이다. 그러므로 나의 가장 큰 관심사는 생태학적으로 현재 역사에 기초하여 공연/연극의 역사 그 자체를 만들어가기 위한 전반적인 수단을 발달시키는 것이다. 내일은 언제든지 앞선 시간에 존재하기 때문에 결코 오지 않는다는 것을 기억해야 한다.

세그먼트 1: 초기 역사학을 위한 리더(Readers) 파악하기

스튜던트 리더(Student Readers)는 어떤 정의된 기간의 대표적인 '스냅샷'이 되기 위해 각 주제에 대한 분석과 더불어 구조화된 설문 조사를 제시하였기 때문에 유용하다. 2015년까지 발행된 몇몇 AT/CP 리더 중 처음의 둘은 역사학적 방법을 위한 실질적 영향과 함께 어떻게 구조 설계가 지속적 실천에 관한 주목을 이끌어냈는지에 대해 보여주는 모범으로 남아 있다. 예를 들면, 참여와 개입은 CP/AT 창조적 실천의 중요한 측면을 구성한다. 특히 개인적인 기억과 공개적 전시를 통한 실천을 생각해 볼 수 있다. 하지만 이러한 과정은 둘 다 과거를 잊음으로써 피할 수 없는 그 일을 충족시킨다. 이것은 미시적, 거시적 역사 자체를 서로 연결하는 데 큰 영향을 미친다. 더 광범위한 사건의 역사가 경시됨에 따라, 확실히 비판적인 분석은 그것의 관련성을 사회정치적으로 감소시키는 위험을 감수한다. 폴 리쾨르는 이런 점에서 유익한 도전을 하고 있다. 예를 들어, 그는 역설적으로 회상의 과정을 '저장하는 망각'이라고 부른다. 이것은 영원하고도 완전히 잃어버리는 것이 아니라 이미 항상 '존재'하므로 과거를 명확하게 인식하기 때문에 '거침없는 파괴가 아니라 태고적 자원'을 구성한다고 보기 때문이다 (2004: 442). 하이데거(Heidegger)로부터 부분적으로 도입된 이 멋진 통찰력은 '일시성 정도' 그리고 '공연으로부터 남은 것'과 일치를 이루며 결론적으로는 공연 자체에 계속 스며들게 된다. 그러나 또한 '거침없는 파괴'는 '드라마 투르기'의 중요한 측면이기 때문에 AT/CP '테스트 사례' 창조를 위한 추가적인 비판적 분석이 필요하다. 이는 실제 역사적 및 역사학적 가치를 측정할 수 있다. 리쾨르는 이러한 유형의 테스트는 '글과 문서들을 추적하고 되살리는 증인의 증언'을 포함하는 '현재 역사'에 의해 가장 잘 제공될 수 있다고 주장한다(2004: 449).

팀 프렌츠키(Tim Prentki)와 셰일라 프레스턴(Sheila Preston)의 *Applied Theatre Reader*(2009)의 서문에서는 2페이지의 '응용연극의 역사(history of applied theatre)'를 선보이고 있다. 이 부분에서는 연극치료(drama therapy), 베르톨트 브레히트(Bertolt Brecht) 그리고 아우구스또 보알(Augusto Boal)을 선도자로 꼽고 있으며 지역사회 연극(community theatre), TIE(Theatre in Education) 그리고 발전을 위한 연극(Theatre for Development)을 AT의 부분집합으로 소개하고 있다. 전체 51장은 간단히 편집된 소개/결론(2009: 8), 주요 이론적 출처(2009: 17) 그리고 개별 실습/프로젝트에 대한 사례 연구/보고서로 크게 나뉜다(2009: 26). 대부분의 이론적 출처는 주로 더 광범위한 역사적 비평을 암시하는 경향이 있지만 역사 자체와 크게 연관되어 있지는 않다. 모든 실습에 대한 상세한 설명은 당연히 특정 역사의 일부이지만, 그러한 역사적 변화에 대한 보다 충분한 설명을 명시적으로 제공하고 있지는 않다. 따라서 이 책에서 역사 그 자체를 식별하려면 완곡한 방법론적 접근법이 요구된다. 눈을 반쯤 감은 상태에서 색인을 훑어본다거나 건초 더미에서 바늘을 찾는 것과 학술적으로 동등하다 볼 수 있다. 역설적이지만, 단순한 필터링 과정은 보다 광범위한 역사적 관심의 복잡한 패턴을 드러낼 수 있다.

그 역사학적인 '기술'을 통해 일시적으로 연상되는 연결과 주제의 결합이 드러났다.

> 전통적인 문화+토착적 형태
> 자전적 기억+지역사회의 이야기
> 증인의 증언+식민지 시대

색인 항목 번호 매기기를 사용하고 각 쌍의 텍스트 세부 사항을 추적하며 공명하는 역사적인 건초를 만들기 위해 아이디어는 생성되었다. 다음은 이 방법을 활용한 결과를 다양하게 설명한다. 두 번째를 간략하게 개별로 고려하기에 앞서, 세 번째와의 공명과 연계되는 첫 번째에 대해서 다룬다. 독자가 AT/CP의 역사 자체를 만드는 이 분석적 게임을 확장할 수 있는 격차를 남겨두었다.

상하의 연결에 의해 만들어진 첫 번째 주목할 만한 문제는 잘 알려진 식민지주의 '세계' 역사를 명확히 암시한다. 그리고 동시에 지역과 개인의 사적 역사를 암시한다. 상상 속 건초가 텍스트 얽힘의 재로 변하는 것을 깊게 파헤치지 않더라도 식민지주의의 거시적 역사와 그것을 목격한 미시적인 것은 부자연스럽게 공생하는 의존을 보여준다. 또한 이는 증인이 식민지화에 관하여 찬성, 반대, 중립 중 어느 것을 지지하든 간에 권력층이 규범적으로 그리고 하향식으로 기능하는 경향이 있기 때문에 상호 대립을 배가하는 것을 의미한다. 거기에는 특권과 박해, 착취, 내외적 추방에 관한 많은 이야기가 있다. 적어도 20세기 후반 신자유주의 자본이 완전히 다른 지배적인 종류의 탐욕을 창출할 때까지 온건한 자유주의자가 선호하지 않은 지배적인 역사적 이데올로기의 불공평한 거대 본질이 있다.

다음으로는 리더(the Reader)에 보고된 실제 연습과 선택적 이론에 대한 테스트가 이어진다. '전통적인 문화'에 대한 설명 중 세 가지 예시가 특히 역동적인 대비를 제공한다. 첫째, 식민지 언어에 의해서는 침묵되었던 남아프리카 공화국의 유희적 다양성이다(2009: 112). 둘째, 억압된 사람들뿐만 아니라 억압하는 사람들이 함께 추구할 수 있는 국제적인 AT의 활용이다. 이러한 패러다임은 이탈리아에서 인용된 바 있다(2009: 182). 셋째, 새로운 라이프 스타일의 대중 매체 프로덕션을 통해 역사적인 비서양 문화의 전반적인 약탈을 주장하는 이론적 분석이다(2009: 314-318). 대조적으로, '토착적이고 창의적인 형태'는 '지속적인' 규범으로서의 다양성과 함께 실천되고 있다. 예를 들어, 말라위(Malawi) 현지 고유 문화는 다층적인 공연을 창출한다(2009: 100-101). 그리고 시에라 리온(Sierra Leone)에서부터 레소토(Losotho)와 케냐(Kenya)의 지역 차원을 넘어선 대중적인 공연 스타일은 비판적인 양심과 의식을 일으킨다(2009: 193). 남아프리카 공화국의 수준 높은 역사적 공연 미학은 현대 프레이리의 '의식화'(Freireian 'conscientisation')를 육성하고 있다(2009: 196). 짐바브웨(Zimbabwean)의 토종 연극은 지속적인 문화적 억압에 대한 상향식의 급진적인 저항 자원(resource of resistance)을 제공한다(2009: 345). 따라서 아마도 식민지화의 강압적 역사와 폭력적 또는 기타 억압적 여파는 토착 문화의 다양성의 공연 정신을 완전히 짓누르는 데 성공하지 못한 듯하다. 이것은 AT의 선구적인 부분집합이라 할 수 있는 '발전을 위한 연극(Theatre for Development)'은 탈식민지적 이익에 대한 공동 선택을 위해 항상 준비되어 있었다는 것을 의미할 수 있다. 아마도 이러한 견해에는 그다지 새로울 것이 없을 것이다. 그러나 그것을 이끄는 방법론적 경로는 분명히 회의론을 일으킬 수 있을 것이다. 특히 특정 대륙의 하위 교대 인구에게 정의를 가져다주는 요소가 되는 과거 식민지 지역의 국제적 연극의 거시적 역사에 대한 함축이 그러하다. 특별히, 터무니없이 부유한 자와 많은 수의 극도로 가난한 사람의 격차가 커지는 것을 특징으로 하는 시대에는 말이다. 다른 말로 하면, 지역 단체 AT의 전통적인 초점은 오늘날과 같이 가장 분명히 위험하고 광범위한 역사를 정서적으로 다루는 데 방해하는 경향이 있을 수 있다는 것이다.

신생 역사학의 이러한 결과는 20세기 이전의 AT/CP 그리고 그 전신이 되는 장르에 대한 거시적 역사 자체의 부족에 의해 만들어진 이해관계를 나타낼 수 있다. 따라서 실천과 이론의 다양성에서 지역사회 이야기와 자전적 기억의 밀접한 결합에 초점을 맞추는 것은 서로 다른 방법들이 어떻게 결합되어 과거의 특정 추세와 함께 일관성 있게 포개지며 역사 자체를 만들 수 있는지를 밝힐 수 있다. 프렌츠키(Prentki)와 프레스턴(Preston)은 기억과 스토리텔링의 다양한 강조를 통해 그것을 테스트하는 분석의 예를 제공한다. 따라서 벨 훅스(bell hooks)의 '급진적인 개방 공간(space of radical opening)'(2009: 82), 존 소머스(John Somers)의 농촌 지역사회 연극(rural community plays)(2009: 208), 페니 반디(Penny Bundy)의 증인으로서 트라우마(trauma as witness)(2009: 235), 헬렌 니콜슨(Helen Nicholson)의 '세대 간의 회상(intergenerational reminiscence)'(2009: 268)은 거의 반체제적인 공적 목적을 위한 개인적인 기억의 창조적인 사용을 명확하게 보여주고 있다. 한편, 영국 리버풀의 사라 손튼(Sarah Thornton, 2009: 165), 리우 데 자네이루의 마리나 쿠티뉴(Marina Coutinho)와 마르시아 노게이라(Marcia Nogueira, 2009: 163), 데번 페이헴버리의 존 소머스(John Somers, 2009: 208), 짐바브웨 다양한 지역의 L. 데일 바이암(L. Dale Byam, 2009:346)의 지역사회 스토리텔링은 개별화된 민주주의에서 어떻게 집단적 목격이 지역사회의 한계를 생산적으로 확대하는지를 강력하게 시사한다. AT의 중복과 긴장은 일상적인 행동의 즉각성에 초점을 맞춘 억제된 긴급성을 통해 나타난다. 따라서 이런 미시적 역사의 샘플들조차도 맞춤 역사학으로 재활용되며 변화하는 급진적인 연극과 공연에 대한 선택적 설명을 만들어내기 위해 전반적으로 결합될 수 있다는 것을 알 수 있다. 그런데 포스트모더니스트의 영향을 받은 AT의 일상적 실천의 초점은 그러한 역사적 생태학의 상식을 방해하는 것으로 보인다.

전반적으로, 그러한 국제적인 지향성과 지역적 지향성을 가진 연극의 역사적 차이는 중요하지 않다. 왜냐하면 소위 이러한 복잡한 상호 관계로서 공연의 생태학은 비교적 단순한 '진화적' 원칙에 기반을 두고 있기 때문이다(Kershaw 2007: 18-20). 그러므로 AT/CP를 지향하는 연극/공연의 역사학적 과제는 적절한 시간 프레임에서 인식론적이고 존재론적인 과정에 대한 창조적인 탐색을 만들어 내는 것이다. 에디티드 리더스(Edited Readers)는 이를 위한 보너스가 되는 원천 이다. 편집자들은 항상 이상에 도달하지 못했다는 비난을 받는 한편 어떤 형태 로든 포괄적이어야 한다는 것을 목표로 해야 했다. AT/CP의 후기 역사 자체가 부재하다는 점에 대한 장점은 아직 밝혀지지 않았다. 그러므로 이러한 관점을 더욱 탐구하기 위해 나는 현재 거의 빙산 구름이 없는 아틀란티스 대양의 하늘 을 건넌다. 글로벌화된 테러와의 전쟁이 시작된 미국 내외의 새로운 지역사회 공연을 고려하고자 한다.

The Community Performance Reader에서 페트라 쿠퍼스(Petra Kuppers) 와 그웬 로버트슨(Gwen Robertson)이 쓴 서문에서는 이 책이 '아이디어와 실천 의 역사'를 창출할 수 있음을 시사한다. 이것은 미국, 영국 및 기타 지역의 다양 한 출판물들이 CP의 사회적, 정치적, 미적 측면을 다룬다는 것을 보여준다. 그 러나 그 여섯 가지 주요 이론적 장들은 역사 그 자체를 다루고 있지는 않다. 29 개의 사례 연구는 다섯 부분으로 그룹화되어 있다. 교육학적 지역사회; 관계; 환 경; 의식, 구체화, 도전; 그리고 실천. 그러므로 여기서 가상의 건초는 암시적인 구조를 가지고 있으며, 재의 은유와 같은 것은 제외하고 있다. 리더(The Reader) 의 색인은 주로 적절한 이름(사람, 장소, 그룹 등)과 앞서 말한 다섯 부분으로 다양 하게 구성될 수 있는 중요한 주제로 이루어져 있다. 이러한 구분은 CP의 '아이 디어 또는 실천'의 메타 역사를 보여줄 수 있을까? 그들의 페이지 구성을 눈을 크게 뜨고 잘 들여다보면 역사적인 가치 혹은 단서를 찾을 수 있을까? 의심할 여지 없이 역사학을 상기시키는 더 좋은 방법이 있을 수 있지만, 이 리더(the Reader) 컬렉션에 함께하는 특정 사례의 정교한 파노라마는 색다른 시각을 초래 한다.

전체적으로 훑어보자면 '자본주의'와 '현대성'(총 12개 항목)은 이론적 내용을 다루는 장에 포함되어 있고 '신화'와 '스토리텔링'(20개 항목)은 실제 사례 연구에서만 찾아볼 수 있다. 이 명확한 대비는 역사에 대한 다양한 관점이 작동하고 있음을 보여준다. 그리고 그 구분은 역사 자체의 거시적 지향 버전과 미시적 지향 버전 사이에 있다. 전자의 경우, 현대성과 자본주의는 이론을 다루는 장에 있는 특정하고 광범위한 사회정치적 우려에 대한 비판적 분석을 추구하는 동시대적 맥락이라 할 수 있다. 아우구스또 보알(Augusto Boal)의 억압, 파울로 프레이리(Paulo Freire)의 페다고지, 하버마스(Habermas), 투레인(Touraine), 그리고 바우만(Bauman)을 통한 제럴드 델란티(Gerald Delanty)의 지역사회의 비평, 드와이트 콘페르굿(Dwight Conquergood)의 윤리적 민족지학 등등이 그 예시가 된다. 따라서 역사 그 자체와 명료한 역사학은 여러 우려에 대한 일상적인 긴급함 때문에 이론이 부재한 실정이다. 그런데 12개의 사례 연구에 있어서는 '신화'와 '스토리텔링'은 17차례 색인 항목에서 공유된다. 주로 참가자의 현재 상황에 중점을 둠과 동시에 역사의 측면에서 다양하게 작동하며 활용된다는 것을 알 수 있다. 이러한 용어의 분포를 고려하면, 이론(총 7장)과 실천(총 6장) 사이의 이러한 '정체성'의 분할은 이 서적에 수록된 프로젝트가 진행된 시기의 정체성 정치(identity politics)의 중요성을 반영하였다 볼 수 있다. 이러한 관점에서 '역사'의 지표적 부재는 문화적으로 지속적인 포스트모더니즘의 영향(2개 항목)과 '지역사회'에 대한 부정적 효과를 의미할 수 있다.

이 리더(Reader) 책은 역사 자체와 거의 관련되어 있지는 않지만, 그 사례 연구는 종종 특정 시간과 장소와 관련된 역사적 경향과 주제를 불러일으킨다. 그러나 더 큰 역사적 견인력을 얻기 위해 지역사회 공연에 적절한 역사학적 방법을 가장 유용하게 보여줄 수 있는 기준은 무엇일까? 이 질문을 답을 하기 위해서는 단순화된 미시적/거시적이라는 양분법을 접어야 하며, 미시적 사례 연구의 복잡한 다양성을 감안하며 그 거시적 맥락을 원천으로써 제공할 수 있어야 한다. 그러므로 비 연극/공연의 역사가 의미하는 것은 이론/실천이 분리된 것을 통합하는 역사학적인 묘책이 될 수 있다. 이는 특히 패러다임적인 것이 될 수 있다. 그 사례 연구들의 역사적 맥락 조건은 훌륭한 경제와 함께 제시되기 때문이다. 또한 인간의 생존에 대한 깊은 의문을 불러일으킨다. 효과적으로 이 책의 환경에 관한 부분과 직접 연관되어 있다. 내 생각에는 대조적인 이해관계의 증가가 '어떻게 역사학이 근대의 다양한 AT/CP 연극/공연 역사에서 기인될 수 있는지'를 설명할 수 있다는 것이다.

미국인 시더 노드바이(Cedar Nordbye)는 이 리더 책에 등장하는 여러 명의 비주얼 아티스트 중 한 명이다. 그는 사회적 조형물 및 공공 무대 개입을 전문으로 한다. 그의 사례 연구 프로젝트는 1997년 팔레스타인 이민자인 알리 아부 카말이 자살하기 전에 몇 명의 관광객을 쏘았던 엠파이어 스테이트 빌딩의 86층 전망대에 초점을 맞추어져 있었다. 이 사건의 3주년에 노드바이는 손수 만든 목제 공, '총을 그린 실크 스크린 인쇄물 한 뭉치' 그리고 한 줌의 복권을 가방에 넣어 이곳을 방문하였다(2007: 133). 그는 뉴욕을 내다보는 무방비한 방문자를 향해 부드럽게 공을 걷어차기 시작한다. 반응은 공격적인 것부터 장난기 있는 것까지 다양하다. 그러나 몇몇은 노드바이가 제안하는 무료 복권을 받고, 카말의 이야기를 듣고, 그가 테러리스트로서의 기록을 가지고 있지 않았다는 것을 알게 되었다. 노드바이는 만약 복권을 받은 사람이 당첨된다면 당첨금의 1/3을 이스라엘과 팔레스타인의 평화 프로세스를 위해 기부하도록 요청한다. 마지막으로 노드바이는 총 인쇄물을 보드 위에 떠다니게 했고 그들이 했던 방식대로 따르게 유도하였다.

이 공연은 2001년에 반복되었고, 2002년에는 체포 협박을 받아 다시 진행하지 않겠다는 약속을 하고 한층 완화된 상태로 적용되었다. 9/11은 다른 종류의 희생자를 만들어냈다. 그러나 노드바이의 기술적으로는 간단한 이러한 이벤트는 역사적으로 미국과 영국의 이라크에 대한 공격, 트윈타워의 붕괴, 소위 대테러전쟁, 이어지는 사회적·경제적·환경적 및 기타 영향과 함축적으로 연관되어 있었다. 그에 반해서 그의 작품에는 사려 깊고, 감성적이며 미묘한 그리고 매우 영리한 깊이 있는 협상이 있었다. 그것은 시대의 맹렬한 폭력적 정신에 강하게 도전하는 공연행위에 낯선 사람을 참여시키며 역사와 깊이 엉키어 비판하는 방식을 보여주고 있다. 참가자의 공헌은 매우 특정한 동시대적 기억의 흔적을 가지며 동시에 불가피하게 깨지기 쉬운 가상의 '공동체 혹은 지역사회'를 만든 다. 이 함께하는 그림자 같은 굴절이 어떤 이유로든 반체제적인 영향을 낳지 않 는다는 것을 누가 확실히 말할 수 있겠는가? 노드바이는 이러한 '공동체 혹은 지 역사회' 공연이 '거리에서' 나온 역사의 민주적인 집필의 장이 될 수 있음을 시사 한다(2007: 138). 매우 강렬한 아이러니와 함께 공동체 혹은 지역사회 창조 미학 을 풍부하게 하며 널리 퍼트린 그의 작품명은 '엠파이어 프로젝트(Empire Project)'이다.

장애인의 한 사람으로서 페트라 쿠퍼스(Petra Kuppers)는 2004년 웨일스 마 을의 정신건강 자조센터에서 이용자들과 함께 2년에 걸쳐 진행되는 CP 프로젝 트를 시작하였다. 그들의 초점은 특정한 현장에 있었으며 근처 브레콘 비콘스 국립공원(Brecon Beacons National Park) 황야지역의 두 가지 특색에 집중하였다. 이 그룹은 습지에서의 작품 영상과 그들이 쓴 시의 녹음 부분을 사용하여 디지 털 비디오를 만들었다. 참가자의 정신적 건강 상태로 인해 황야지역은 접근할 수 없게 되어 있었으나 이 이벤트는 예외적으로 진행되었다. 쿠퍼스는 '황야지역 에서 자연스럽게 생겨난 "법칙"의 패턴 차이'로 인한 민주적인 정신을 강조한다 (2007: 36). 다소 추상적 공식은 두 번째 프로젝트인 "잠자는 거인들(Sleeping Giants)"에서 특히 구체화되었다. 이 프로젝트에서는 고향에 누워있는 사람처럼 보이는 광대한 황야지역의 특색에 중점을 두었다. 그러나 이것은 지금은 더 이 상 사용하지 않지만 현지 광산에서 웨일스 남부의 제철소로 석탄을 운반하기 위 한 19세기 운하 루트를 지나갈 때만 볼 수 있다. 그러므로 그 결과로 얻은 영상 -시의 배경이 되는 이야기는 '역사의 무게, 웨일스의 경제력의 잃어버린 장엄 함'이었다(2007: 44). '전 광산 근로자, 공장 근로자, 교사, 주부'들과 어떤 이들에 게 이것은 궁극적으로 건강 문제의 복잡한 원천이었다(2004: 38). 이런 관점에서 황야지역에서 즉흥적으로 반응한 자기 촬영 영상-시는 그 역사에 대해 창의적 으로 반영할 수 있는 해체적 행위가 된다. 쿠퍼스는 이를 두고 '새로운 지역사회 가 존재할 수 있게 한다'고 하였다(2007: 44). 프로젝트의 두 영상은 현지와 런던 과 다른 '국제영화제, 회의, 장애인 문화회의' 등에서(2007: 45) 공개되었고 열광적인 대중의 반응으로 그녀의 해석은 지지를 받았다. 그러므로 이와 같이 역사화된 '정치적 노동'(2007: 36)을 통해 '지역사회의 불가능한 목표가 언급 가능해지며 잠정적으로 부상하는 것은 충분히 가능할 수 있다'는 것은 사실일 수 있다(2007: 46).

그와 같은 비평은 트윈타워 테러리즘 위협과 바이러스의 유행성이 국제 정치계에 기후 변화보다 상위에 랭크되는 경향이 있었던 21세기 초반 20년 역사에 있어서 매우 중요하다. 그러므로 리더 책의 환경 관련 부분에서 그러한 역사를 제외하고 있는 것은 기이하다. 그럼에도 불구하고 자연 환경과 관련된 두 부분은 기본적으로 역사학적인 데이터를 전달하고 있다. 그런데 북부 캘리포니아의 클래머스 강(Klamath River) '부족 사람들'의 어업 지역사회와 함께한 그녀의 CP 실천에 대한 테레사 메이(Theresa May)의 분석은 상류 농업 산업화 단지로 인해 하류에서 60,000마리의 연어가 죽은 2002년 9월의 곤경에 초점을 맞추고 있다. 이 재해는 1850년경 '백인과의 접촉'(2007:153) 이후 잃어버린 '연어 의식' 원주민 역사의 부재(2007:154)와 연관된 '역사'의 일부로 취급된다. 오늘날의 이 지역사회 부족 장로들은 역사적인 신화를 미사여구로서 능숙하게 사용한다. 어떤 사람들은 '물고기의 떼죽음은 다른 의미의 물소 살해이고 인디언들을 멸망시키는 것을 목표로 한다'고 주장하는 데 반해 '연어는 화가 났다'고 하였다(ibid.). 이러한 반응은 대학생과 부족의 멤버가 연기하는 연극공연에 영향을 주었다. 물소가 원주민 인디언으로 대체되었다는 상상은 동쪽으로 약 3,000마일 떨어진 재해의 종말론적인 공포로 인한 그림자였다는 깊은 아이러니가 이어졌다.

한편, 나이지리아에서 우봉 나다(Ubong Nda)는 '문제적 지형'이 되는 약 13,000명 인구의 마을인 이코트 아얀 이탐(Ikot Ayan Itam)에서 환경 지속 가능성 프로젝트를 시작하였다(2007: 166). 그의 보고서는 전형적인 '개발을 위한 연극(Theatre for Development)' 형식을 채택하고 있기 때문에 역사학적 관심은 깔끔하지만 추상적인 '지역사회 연구'로서 요약되어 있다. 이것은 '신념, 가치관, 전통, 금기, 일반적인 세계관, 이웃과의 관계(sic), 사회적·정치적·종교적·경제적 활동 [및] 기술 개발'에 관한 배경적 연구를 포함한다. 또한 '금기는 지역사회로부터 잘못된 것이라 여겨지며 불신, 소외감, 심지어 전면적 방출을 일으킬 수 있을 정도로 진지하게 받아들여졌다'는 윤리적인 정밀성에 주목한다(2007: 166). 이러한 세심함에 대한 나다의 보답은 초등학생 민속 합창, 현지 대학생의 댄스 −드라마, 40분간의 지역사회 연극을 포함한 3부로 구성된 공연이었다. 이는 모두 열정적 반응을 동반하였고 '이코트 아얀 이탐의 환경적 이동 방지'를 위한 집단 결의가 이어졌다(2007: 174). 공연의 성공으로 계획된 후속 조치의 결과는 실질적이고 실용적이며 정치적으로도 기민하게 촉진되었다고 그는 설명한다. 따라서 명백하게 이는 실행 가능한 역사학에 의해 안내된 새로운 환경적 의무에 비추어 그 자체로서의 역사를 창조적으로 업데이트하는 지역사회라 할 수 있다. 단지 위험을 분산하는 지속적인 글로벌 계층체계에 대한 약간의 조절일 수도 있지만, 그럼에도 불구하고 역사 자체는 신중하게 만들어진 창조적인 시작을 위해 전반적인 이익을 가져다준다는 점을 상기시킨다. 따라서 극명히 대조적인 프로젝트가 되는 이러한 아프리카/미국/웨일스의 조합은 CP와 AT의 미학이 그 남다른 차별적인 면으로 인해 어떻게 사회적/정치적/환경적인 측면에서의 역사적 목적을 만들 수 있는지 보여주는 데 도움이 될 수 있다.

응당 이 두 리더(the reader) 책들 자체는 창의적이기에 어떻게 편집자가 제목의 주제를 분명히 하는지는 중요하지 않은 문제라 할 수 없다. 쿠퍼스와 로버트슨은 '차이와 일치 모두에 동의하고 비평하는 세계와의 상관성에 대한 협력적 탐색'을 제공하기에 앞서 기존의 확립된 용어에 대해 검토 규정하고자 이를 생산적으로 회피한다(2007: 2). 프렌츠키와 프레스턴은 '포괄적 우산' 개념을 제안하기 위한 어휘적 각도를 채택한다. 이 '우산' 개념 아래에는 '지역사회 연극'에서 '회상 연극(reminiscence theatre)' 등 16가지 형식/장르/실천이 포함되어 있다(2009: 10). OED에서는 '우산'에 대한 10가지 정의를 내리고 있으며, 그 마지막 정의는 '많은 의미 또는 관련 용어를 포괄하는 것'이라고 되어 있다(OED 온라인). 따라서 '지역사회 공연'도 '우산' 개념 아래에 위치할 수 있다. 그러나 OED의 아홉 번째 정의에는 '관리 또는 통일적 대행 개념'(OED 온라인)이라 되어 있기도 하다. 이 정의는 두 리더 책에서 다루어진 많은 실천의 민주주의 정신과 거의 일치하지 않는다.

세그먼트 2 : 희망적인 수단의 사중주로서의 최고 지도자 부재 시기

　　식민지주의적 텍스트 모방이 모더니즘의 실제 역사에 반하는 방향으로 설정된다면 이는 수사적인 번영에 불과하다 할 수 있다. 그러나 '적용된' 어떤 것이 역사 자체를 통해 과거의 정서적인 견인력을 얻기 위해서는 신중한 자격이 필요하다는 것을 보여준다. 그것은 '오늘날의 역사'도 다양성의 결속을 암묵적으로 지지하고 있으며, 따라서 글로벌한 신자유주의의 거시적 역사를 굴절시키기 때문이다. 이전의 영향력이 있는 단독 저작의 CP/AT 텍스트로 돌아가 추적하자면 2003년과 2005년에는 4개, 2009년에는 1개가 있다. 이것들은 영국/미국의 경우를 비교하고자 하는 나의 목적에 적합하지만 네 번째는 다른 곳에서 수행된 프로젝트에 대해서도 보고한다. 그리고 이어지는 것은 분명히 위험한 영역에 도달하는 동안 일종의 지리적 및 역사적 반영의 연습을 보여준다. 마지막으로 제기되는 역사학적 의미에 대한 이 두 가지 중요한 질문과 함께, 특히 역사 자체에 관해서, AT/CP 각각 하나의 중요한 아이디어에 초점을 맞추는 축약된 '썸네일 스케치' 텍스트는 위험을 동반한다. 따라서, 분석의 문에 달려있는 방법론적 경첩을 벼리는 일은 최근 CP/AT 실천에서 역사적으로 급진적인 것을 확인하기 위한 비환원적이고 자유로운 관점을 열게 한다.

　　응용연극의 전문가인 제임스 톰슨(James Thompson)은 그의 실천에서 참가자들이 '어리둥절함'을 느끼게 하는 그 힘에 신뢰를 두고 있다(2003: xxii-xxiv). 그는 이것을 AT 일련의 과정과 원칙의 와일드카드로 간주한다. 여기에는 역사가 영원히 변화하는 모래라기보다 단단히 정착된 땅이라는 회의론까지도 포함한다(2003: 16). 어리둥절함과 근본적인 불확실성은 톰슨의 공연적 유사점이라 할 수 있다. 이는 현대의 양자론과 비판적 이론에 따른 향상된 연구에 몰두하게 할 수 있다. 그래도 AT의 실천에 의해 잠정적인 '확실성'을 달성할 수 있기는 하다. 이를 위한 유일한 소품은 '정의, 인권, 평등'에 대한 전념일 수 있다(2003: 2). 이 잘 발달된 유연성은 모든 AT 장르에 대한 개방성으로 인해 발생한다. 왜냐하면 다양한 AT 장르들은 발생하는 그곳에서 다양한 역사와 이론적 근거를 가진 많은 실천을 제공하기 때문이다(xix). 이 근본적으로 자유로운 관점에서부터 그 집합적인 역사 자체를 어떻게 이해하고 설명할 수 있을까?

헬렌 니콜슨은 AT를 분석하며 역사에 대한 질문에 직접적인 설명을 추가하는 것을 피하고 있다. 그녀는 '학제적이고 혼합적인 실천'이 현대 정치, 그리고 윤리와 어떻게 관련되어 있는지에 초점을 맞추고 있다(2005: 2). 이 관점은 분명히 역사적 관심을 암시하고 있다. 따라서 그는 1920년대 국제 노동자 연극운동(International Worker's Theatre Movement)부터 전 세계의 1980년대 지역사회 연극에 이르는 '정치적이고, 근본적이며, 대체적인 연극'에 대한 20세기 계보를 설명하고 있다(2005: 8-10). 그녀는 AT의 동적인 다양성에 대해 '계속적으로 이동하고 항상 절충하고 있다'는 톰슨의 견해를 공유하고 있다. 또한 그렇기에 '규율적인 공간이 아닌 조국을 떠나 흩어진 상태와 같이 개념화하는 것이 최선'이라 언급하였다(2005: 159). 이러한 '공간'의 은유는 사람들, 문화, 언어의 분산과 일치한다. 또한 그녀는 디아스포라[1]를 한계 없이 AP의 정치와 윤리의 활발하고 역동적인 불확실성을 개방하는 개념으로서 다소 완곡하게 설명하고 있다. 니콜슨은 일시적 해결의 근원으로 공연하는 사람과 참여하는 사람 간의 '선물'로서의 상호적 드라마를 제안하는데(2005: 165-166) 이는 특히 디아스포라 선물에 대한 측면에서 아직 써지지 않은 AP의 역사에 대한 호기심을 자아내는 한 원칙이다.

얀 코엔 크루즈(Jan Cohen-Cruz)는 미국 CP를 '경계를 뛰어넘는 특징: 이것은 예술인가, 의식인가, 치료인가 또는 정치인가?'(2005: 2)라고 하였다. 따라서 이는 지역사회에서 연극을 만드는 방법이 무한하다는 것을 의미한다. '엔터테인먼트 프레임' 안에서 오래된 스타일의 아마추어적인 미국 '지역사회 연극'과 차이를 두며(7), 그녀는 그것을 하나의 '분야'라고 부르고 있다(2005: 2). 이러한 분리는 1912년 화려한 행사에서 1970년대 아방가르드까지, 그리고 1979-1999년경 전문적 단체의 9가지 '사례 연구'(2005: 60-78)까지 CP의 '역사적 자료 추

---

1) 역자 주: 디아스포라는 고향을 떠나 타지에서 자신들만의 규범이나 관습을 유지하며 살아가는 집단 또는 그 거주지를 의미한다. 여기에서는 연극 작업 중 형성되는 참여자와 공연하는 사람들의 공동체로서 공유의 장을 함께하는 공동체 의식을 가진 집단으로 이해할 수 있다.

적'(2005: 9)을 촉진한다. 그 연구에서 그녀의 경계 도약의 주요 궤도는 CP의 '핵심 원칙'과 '비평적 수단'에 대한 추측이었다(2005: 9). 공연 이론가 명단은 분석과 창의성의 공생을 암시하며 이러한 규모의 변화를 위한 발판이 된다. 그녀의 설명은 2003년 워싱턴 DC 의식에서 마무리된다. 400명의 사람들은 최근 '죄'를 상세히 논하기 위해 일제히 짧은 댄스 프레이즈를 선보였다(2005: 181). 저명한 CP 안무가에 의해 고안되고 주도되었으며, 라반의 역사적인 지역사회 매스 댄스(mass-dance) 이벤트를 계층적으로 반영하였다. 더욱 근본적으로, 또 다른 '경계의 도약'은 '부와 사회적 지위를 가진 사람들'을 CP의 '지역적 행위'의 범위로 데려오는 것을 제안한다: 급 평준화(2005: 182).

소냐 쿠프티넥(Sonja Kuftinec)은 미국의 주목할 만한 CP 단체를 이끌고 있는 실천가이자 학자 그리고 드라마 투르기로서 광범위한 경험을 가지고 있다. 1995년부터 2008년까지, 그녀는 발칸 국가들과 이스라엘에서 전쟁 피해를 입은 젊은이들과 '다양한 형태의 화해를 모델링한' 프로젝트를 진행하였다(2009: xiii). 워크숍과 공연은 이름만이 아닌 실질적으로 전쟁지대였던 곳에서 이루어졌다. 그런데 그녀의 가장 위험한 CP 이벤트인 듯한 '경계의 사이(Between the Lines)'는 베를린에서 이루어졌다. 갤러리 기반 설치 전시회의 단편화된 이벤트에서 발칸 반도의 7개 지역 젊은이들은 그들의 전쟁 경험을 의도를 가지고 상징적으로 재현하였다. 방문자는 별도의 공간에서 혼자 공연하는 사람을 만난다. 그 후 전쟁에서 젊음의 단절된 순간을 콜라주한 앙상블을 이룬 대단원을 만나게 된다. 독일 국회의사당 근처에 위치한 그 공간은 새로운 발칸 국가와 오래된 이스라엘 주 사이의 지리적, 역사적 연결을 암시하고 있었으며, 공연하는 사람들은 격렬히 반대하는 이데올로기를 가진 정권의 유령과 같은 잔해를 표현하였다. 쿠프티넥의 경우, 공연하는 사람의 경험적 역사는 변경을 위한 결정권이 없었을 수는 있으나 본능적인 영향을 미치며 소통한다(2009: 94). 이러한 묘사의 근사함은 미묘하게 여전히 존재하는 공포를 시사한다는 데 있다. 그러므로 이 이벤트에서 함축된 역사학은 미래의 세계적인 역사와 깊이 연관되어 있다.

그 '본능적인 영향'이라는 매개체(혹은 진로)는 코엔 크루즈(Cohen-Cruz)의

'경계 도약'을 통합하며 권한을 주고, 니콜슨의 '디아스포라 선물'과 톰슨의 '다양하고도 다른 역사'의 강화를 충족하는 신선한 유형의 지정학적 CP/AT를 생성할 수 있을까? 따라서 이 4개의 매개체(혹은 진로)를 이끌어내는 것은 CP/AT 역사에 중요한 어려움을 제기한다. 이들이 이러한 다양한 유형의 실천을 위해 다양한 무리 안에서 결합할 때, 어떻게 현재로부터 발생하는 미래의 사전 검토 내역에 대한 특정 역사학적 원칙과 절차를 알 수 있을까? 좀 더 구어적으로는, 미래에 의해 드리워진 그림자를 통해 본 오늘날의 복잡하고 넓은 역사에 대해 이것들은 어떤 비판적인 의미를 만들 수 있을까?

소냐 쿠프티넥의 *무대화된 아메리카(Staging America)*(2003)에는 이러한 질문에 대한 부분적 응답이 있다. 이것은 AT/CP 책 중 '역사학'을 주요 관심사로 명시적으로 강조하는 아마도 유일한 것이기 때문이다. OED에 의한 두 가지 주요 정의에 비추어 쿠프티넥은 용어 사용 방법을 명확히 한다. 첫 번째로는 16세기 중반에 처음 만들어진 '역사의 쓰기, 쓰인 역사'(OED 온라인)라는 의미이다. 그리고 두 번째는 이후 18세기 후반에 나타난 '학문 분야로서의 역사기록학'(esp)(OED 온라인)이다. 첫 번째 사용은 '역사'의 작성을 의미하고 후자는 그 작성 방법을 의미한다. 쿠프티넥은 '역사학적 관점'(2003: 23)이라는 진전된 표현으로서 첫 번째 존재론적 사용에 기울어져 있다. 이 표현은 미국 CP의 '역사적 순간'의 단순한 '계보'를 창출한다. (1) 진보주의와 화려한 행사, (2) 대리(혹은 대의) 및 풀뿌리 연극, (3) 사회주의, 정체성 정치 및 지역사회 고유의 연극, 그리고 (4) 급진적인 연합체의 구축과 미국 축제 프로젝트(American Festival Project)(2003: 26). 이들은 그들의 특정 역사에 대한 이론적 반영에 의해 유용하고 흥미로운 형태로 조립된다. 동시대적 실천에 대한 그녀의 연구 핵심 초점이 필요하지 않을 수는 있겠지만 아무튼 역사학적 문제에 관한 실질적인 인식론적 설명은 부재한 상태이다. 그런데 이러한 부재는 시간, 인내, 기억, 망각, 과거, 현재, 미래의 끊임없이 변화하는 장면에 대응하는 역사학의 창조에 있어서 AT/CP 전체의 이해관계를 효과적으로 향상시킨다. 특히, 새로운 세계의 혼란을 요구할지도 모르는 다른 종류의 역사 만들기 자체에 관하여...

이러한 특정 잠재적인 역사는 매개체(혹은 진로) 구성 연습의 암묵적 대상이며, 예시가 된다. 그리하여 소냐 쿠프티넥에 대한 존중과 더불어 꽤 겸손히 제안하고자 한다. 주목할 만한 베를린의 프로젝트가 '디아스포라 선물'의 관점에서 해석된다면, 참가자들의 '본능적인 영향'은 어떻게 미래, 그리고 심지어 미래의 '다양한 역사'로의 '경계 도약'을 생성할까? 필자의 생각으로는 AT/CP의 역사학을 만드는 이러한 접근법이 현장 실천과 실제 영향, 그리고 시간 경과에 따른 효과에 적합할 수 있다는 것이다. 그리고 더 넓은 사회적·정치적·경제적·환경적 및 기타 과거, 현재 및 미래에 관한 귀중한 이해를 창출할 수 있다.

세그먼트 3: 공연은 미래의 생태를 통해 남는다

따라서 우리는 문헌과 신흥 CP/AT 역사와 초기 역사학의 환경을 샅샅이 살펴보고 전쟁지대와 박물관/유산을 통한 리쾨르의 '현재의 역사'(2004: 449)로 돌아와야 한다. 모노그래프 '전장에서의 공연(Performance in Place of War)'(Thompson et al. 2009)과 에세이 컬렉션 '공연 유산(Performing Heritage)'(Jackson and Kidd 2011)은 모두 영국, 미국 및 기타 지역의 프로젝트를 보고하고 있다. 둘 다 대규모 펀드 프로젝트로 생겨났으며, 일관되게 폭력적인 현재와 점점 더 접근하기 쉬운 과거의 다층적 저작의 공저를 다루며 유용한 역사적 관점의 성취를 보여준다. 필연적으로, 위기에 처한 신자유주의적 자본주의 세계화의 확대와 진화에 대해 거의 직접적으로 반응하고 있었다. 21세기 초반의 많은 프로젝트에 널리 집중된 이러한 설명은 AT 및 CP의 역사학 발달을 촉진할 수 있을까? 더 구체적으로는, 세계적으로 전례 없는 21세기의 통제 불가능한 정치경제 융합에 대한 그들의 개입이 내일의 오늘이라 할 수 있는 미래에서 향수를 불러일으킬 것인가? 이 마지막 세그먼트에서는, 어떻게 그러한 향수가 피할 수 없는 비역사적 환상에 대한 해독제가 되는지 탐구하기 전, 그러한 사라진 역사 스펙트럼의 그림자로서 폭력의 생성에 대해 대략적으로 살펴볼 것이다. 그러므로 아마도 앞으로 다가올 현재 역사에서 역사성의 부활에 대한 창조적인 공연의 화용론을 통해 신자유주의 미래 충격의 격변설(Klein 2007)에 대해 간단히 언급하게 될 것이다.

9/11 트윈타워의 잔학한 행위 이후 미국의 '대테러전쟁' 선언은 어느 장소, 어느 시간 그리고 이벤트로서도 치명적인 인간의 분쟁을 글로벌화하였다는 것은 이젠 상식이 되었다. 이후 전과는 달리 극단적인 폭력은 일상의 삶에서조차 뇌리에서 떠나지 않는다. 어디서나 금방이라도 일어날 것 같고 짙고 어두운 역사적 소실에 대한 공포. 이 공포는 되갚음과 함께 포스트모더니즘을 비현대화 시킨다. 이런 관점에서, *전장에서의 공연(Performance in Place of War)*의 마지막 장은 인류학자인 캐롤린 노드스트롬(Carolyn Nordstrom)(2004)에 의해 만들어진 전쟁의 그림자 비유를 통한 '붕괴하는 시공간'(2009: 279)의 미래와 적절히 관련된다. 이 그림자 비유는 시간과 공간의 붕괴, 시장의 끊임없는 유동성, 끊임없이 변화하는 권력의 윤곽, 항상 불안정한 정체성, 공포의 증가 등이 세계화된 현재에서의 '일반적인' 조건을 적절히 전제로 하고 있다. 따라서 그것은 분열적인 변화의 급성장하는 기운을 통해 끝나지 않는 격렬한 아포리아를 드러낸다. 톰슨 등은 이 모든 것이 '여기에 보고된 경제적·군사적·사회적·문화적 세력과 관행 사이에 별로 분명하지 않은 그림자적 관계를 추적하기 위한 과제'라 제기한다 (2009: 285). 이는 또한 역설적으로 모호한 기술의 가능성을 인식한다. 특히 '테러 이미지'(2009: 287)를 도입한다거나 '전쟁의 그림자'를 넘어 새로운 관계망을 창조하는 디지털 기술은 사회적 관계를 재정의하고 보다 희망이 가득한 정치를 가져온다.

이러한 가능성은 3개의 AT/CP 프로젝트로 그 예시를 들 수 있다. 2001년 맨체스터 통행인 인권문제를 '암시한' 관타나모 베이에서의 재현(2009: 299), 2003년 미국/영국의 이라크 침공에 항의하는 '이의제기 연극 행위'로서 미국에서 착수되어 전 세계 많은 마을과 도시에서 실시된 아리스토파네스 *리시스트라타(Lysistrata)* 퍼블릭 리딩, 2005년 스리랑카 카루타라(Kalutara)에서의 반전극 (anti-war play)(2009: 290). 이 반전극은 인터넷 '전쟁 이야기'를 활용하여 정부의 검열을 막기 위해 여학생들에 의해 창조되었으나 이 여학생들은 지역 극단주의자들의 폭력 위협에 시달렸다. 놀랍게도, 고도로 연결된 생물권에서 이러한 창조적 비판들 사이의 날카로운 차이는 집합적인 힘으로 나타난다. 여기에서 역사학적 난제가 시작된다. 말하자면 또 하나의 되갚음으로써 프로젝트는 단편화된 계보를 불러일으키는 것으로 설명된다. 스리랑카의 젊은 예술가들은 일시적이며 지리적인 '소외'를 통해 브레히트의 *억척어멈*과 연결되어 있다. 관타나모의 재건은 전사한 현지 군인의 전쟁 기념비를 반영한다. 분산적으로 이루어진 *리시스트라타* 리딩은 전쟁에 대한 예술가 비평의 역사적 연속성을 통해 고대 그리스 연극적인 의미를 갖는다(2009: 300). 이러한 역사적인 굴절은 의심의 여지 없이 타당한 과거에 대한 사회적이고도 미적인 특징이다. 그러나 그것들은 신자유주의 자본주의의 세계화와 그 고유한 불공정이라는 현대 환경에서 이상하게도 정상이 아닌 것처럼 보인다. 특히, 최근의 역사를 생각하면 그러하다. 1989년 이후 냉전으로 인한 준 폐쇄, 재정 주도의 자유민주주의의 '승리', 그리고 나아가 '역사의 마지막'을 총체화한다는 환상이 그 예이다(Fukuyama 1992). 따라서 '전쟁의 그림자'를 만들어 내는 이러한 일반적 조건으로부터 그 부재를 구성하는 것은 최종 단계에서 낙관적인 AT/CP 역사학적 원칙의 잠재적인 원천이 될 수 있을까?

리쾨르의 '오늘날의 역사'로 간단하게 돌아가서 이야기하자면 마법과도 같은 일이 요구된다. 그는 특히 문서가 동시에 수집될 때 '쓰기에 반해 기억을 되살리는' 구두의 증언으로서 어떻게 증거가 증인을 고통스러운 사건의 당사자로 재암시할 수 있는지를 고려한다. *전장에서의 공연(Performance in Place of War)*의 저자는 이 책을 위한 위험한 현장작업에서 AT/CT의 창조적 연구 방법, 공연 역사 그 자체, 그리고 그들의 역사학의 윤리적 복잡성을 강조하며 지역 참가자와 함께 이러한 딜레마에 직면했을 것이다(Thompson et al. 2009: 15). 리쾨르는 '성찰의 오래된 전통'(2004: 95, cf. 36–38)을 통해 주요 방법론적 특징을 도출함으로 기억의 역사 자체를 분석하여 그러한 과정의 역사적 문제를 다룬다(2009: 385–389). 따라서 CP/AT의 잠재적인 역사에 대한 중요한 질문은 다음과 같다. 어떻게 '오늘날의 역사'는 장기적이고 다각적인 과거를 현재 기억과 내일의 미래 사이에 반영적인 연결을 구축하기 위해 활용할 수 있는가? 좀 더 야심차게는 공연과 연극이 그러한 다양하고 다채로운 역사를 가진 미래를 위한 향수를 통해 현재의 역사를 잘 진화시킬 수 있을까?

아마도 미술관과 문화유산은 호모 사피엔스가 현재 가지고 있는 곤경의 그림자 중에서 깨달음을 찾는 역설적인 목적을 달성할 수 있게 해줄 것이다. 결과적으로 이것은 공연 문화유산과 익명성을 가진 재치의 낙관주의를 가져온다. 만약 당신이 빛을 밝히면 어둠이 어떻게 생기는지 확인할 수 있을 것이다. 이 미래지향적 작업에 대한 내 방법론적 스위치들은 서로 결부되어 있다. 첫 번째는 지구의 물질적 미래에서 어떤 형태로는 분리된 '무형의 문화유산' 아이디어에 대한 의문을 제기하며 일시적인 도전을 제공한다. 두 번째는 지금까지 주로 다루어진 영국/미국의 또 다른 공간적 문제를 추가한다. 나의 목적은 호모 사피엔스의 현재 '글로컬' 역사에서 이러한 약간은 비스듬한 각도가 AT와 CP의 당면한 미래에 강한 역사학적 빛을 일으킬 수 있음을 보여주는 것이다. 그러나 이를 달성하기 위해서는 글로벌화된 신자유주의에 의해 촉진된 눈을 뗄 수 없는 공연의 일상적인 거부를 인식할 필요가 있다. 마치 자연에서부터 과열되는 행성의 최종단계 창조까지 잘 연결되지 않는 문화에서 '빈틈'을 만들어 내는 것에 대한 자동적인 거부의 인식이 필요하다(Kershaw 2012b). 결론적으로 나는 '문화유산'의 규범적인 관점에 도전하는 두 가지 AT/CP 프로젝트를 생각한다. 그리고 모순되는 방식으로 그 과정을 보여주지만 잠재적인 역사적 전통을 고려하고자 한다. 내 마지막 생각은 그들 사이에 존재하는 차이의 심오함이 근본적으로 저항력 있는 CP/AT 실천의 부재한 역사 만들기를 시작하는 가장 좋은 방법에 대한 단서를 생산할 것이라는 것이다.

호주 문화유산 연구자인 로라제인 스미스(Laurajane Smith)는 다음과 같이 주장한다. '문화유산은 문화적 공연이다'(나의 강조점). 그러므로 '물건과 공간 그 자체'는 '문화유산'이 아니다. 그들을 '문화유산'으로 만드는 것은 그 사용이다(2011: 69). 이 견해에서 그녀가 피하고자 하는 '"공인된 문화유산 담화"(AHD)'(2011: 71)는 '물질성', '타고난 가치', '국가적 서사', '문화유산 전문가' 등 '공공정책의 범위 내에서 제도화된' 모든 것이 고정화되는 것이다'(2011: 70). 이 고정화에 대항하여, 그녀는 문화유산 공연은 '모든 유산이 무형이라는 전제에 근거한다'고 주장한다(ibid.).

그리고 '이러한 공연들은 끊임없이 다툼의 대상이 된다'(ibid. 나의 강조점). 이러한 주장을 뒷받침하기 위해, 스미스는 2개의 고전적인 문화유산 기관을 포함하여 2003년부터 2007년까지 영국의 연구 프로젝트에서 조사한 결과를 제시한다. '컨트리 하우스/대저택'과 '사회사 박물관들'이 포함되는데, 후자는 북부 광산 마을을 기반으로 한 비미쉬 야외 박물관(Beamish open-air museum)과 리버풀의 국제 노예 박물관(Liverpool's International Slavery Museum)을 포함한다. 인터뷰에서 전자의 방문자는 주로 국가 지위의 전통적 가치관을 가지고 있고 후자는 지방/지역 전통과 계급 비평을 지지하는 것으로 나타났다(2011: 72-78). 그러므로 스미스의 '무형'과 '다툼'이라는 주요 용어는 이론과 실천 모두에서 단순한 이분법에 기초한 명확한 반의어(유형과 다툼이 없는)를 의미한다. 이러한 방법으로 문화유산과 그 윤리를 정의하면 결과는 어떻게 될까?

'무형의 문화유산' 개념은 2003년 유네스코 보호조약의 중요한 요소가 되었다(2003: 77). 주로 음악, 민간전승, 축제 등을 포함하며, 처음에는 무형문화유산 걸작(Masterpieces of Intangible Heritage) 목록에 따라 예시화되었다(UNESCO 2003). 이 접근법은 곧 정치적으로 반체제 집단을 억압할 가능성을 비롯한 공동체나 예술 실천가에 대한 국가의 힘을 강화하기 위한 비평을 불러일으켰다. 그 후의 논의는 보다 자유로운 해석을 이끈다. 그러나 중대한 문제는 '무형'이 항상 그 반의어에 의해 숨겨져 있다는 것이다. 다만 '덧없음'은 내구성과 물질성으로 인한 것이며 또한 내구성과 물질성은 비물질성과 그 유사한 것들에 의한 것이라 할 수 있는 것과 같다. 물론 이들 및 기타 이분법은 모더니즘과 계몽주의로 알려진 것, 산업, 식민지주의, 제국 등의 글로벌 공연의 특징이라 할 수 있다. 또한 주요 환경사가에 따르면 기후 변화/지구온난화(McNeill 2001)도 포함된다. 게다가, 테러와의 전쟁이나 자본주의의 재정 체제에서의 거래를 통해서나 체계적인 국가 고유의 논쟁도 그 예시가 될 수 있다.

그러나 방법론에 대한 처음의 강조에서와 같이 공연의 일시성에 대한 많은 초점은 점점 더 도전적 과제가 되어 왔다. 왜냐하면 기억은 언어적 요인에 의한 구체화, 본능적 경험, 중대한 문제로 구성되어 있기 때문이다. 이는 예를 들어 일시성과 물질성은 삶의 과정에서 일상적 공연에서 공존하는 매개체(혹은 진로)가 된다는 것을 의미한다. 그러나 그것은 결정적으로 이분법적인 방식이 가장 좋은 회피 방법임을 의미하는 것은 아니다. 왜냐하면 그 과정에서 반영적인 관여와 인식은 필수적이기 때문이다. 실제 공연의 미시적 과정과 전례 없이 새로운 세계의 무질서한 거시적 환경 사이 상호 작용의 생태 외에도 이러한 이분법에서 제외된 그 중간에 있는 많은 다른 포인트들도 포함된다. 이와 관련하여 CP/AT의 중요한 매개체(혹은 진로)는 공연의 질적인 유지와 과거, 현재, 미래 사이의 전략적 연결로 남아 있다(Schneider 2011). 그러므로 내 최종 프로젝트의 예에서 예상되는 일시성의 정도는 완곡하게 발생할 수 있다(Kershaw 2007: 77−80). 역사와 역사 그 자체 사이의 주고받음은 말하자면 여러 다양한 미래에 이미 많은 뿌리를 가지고 있음을 시사한다.

공연 감독/학자인 마크 플라이시먼(Mark Fleishman)은 2002년부터 남아프리카 케이프타운에서 '후기 식민지(the postcolony)의 기억'을 진행하였다(2011: 234). 매년 봄, 그는 예술가 동료들 그리고 학생들과 함께 웨스턴 케이프(the Western Cape)의 인구 7,500명의 시골 마을인 클랜 윌리엄(Clanwilliam)까지 200km 이상 이동한다. 이들은 8일 동안 500명의 '학교 학생들'과 다양한 예술 워크숍을 진행하고, 마을의 '아파르트헤이트(apartheid)[2] 도시 계획'을 넘어서는 웅장한 제등 행렬을 만든다(2011: 241). 이는 수천 명의 주민을 대상으로 19세기 후반에 사라진 지역 원주민/엑삼(Xam)의 이야기를 바탕으로 한 야외 공연에서 최고조에 도달한다. 이 이야기는 '구전된 그 자체로가 아닌 우리 시대를 위해 다시 만들어졌다'(ibid.). 이것은 독일어 언어학자 빌헬름 블루크(Wilhelm Bleek)의 사려 깊은 보호 활동으로 편집된 13,000페이지 2,000권 분량 노트의 구두 전승 기록보관물에서 인용되었다. 플라이시먼은 이것이 '다른 종류의 죽음'을 구성한다고 풍자적으로 언급하였다(2011: 237). 따라서 이것은 주술 혹은 마법과 유사한 과정에 의존하는 것처럼 보이는 문화유산 프로젝트이다. 종합적으로 그것은 아파

---

2) 역자 주: 특히 예전 남아프리카 공화국의 인종 차별 정책

르트헤이트의 그림자가 여전히 남아 있는 남아프리카의 무지개 커뮤니티에 지나간 과거를 오늘날의 역사로서 부활시키려는 것을 목표로 하고 있기 때문이다.

만약 조금 다르게 실현된다 하더라도 위 조건들은 CP/AT의 실천과 역사학에 잠재적으로 깊은 영향을 미칠 것이다. 그러므로 잠재력을 다루기 위해서는 시간이 지남에 따라 많은 근접한 역사들이 공존하고 번영할 수 있는지에 특히 주의를 기울이는 재귀적인 방법이 필요하다. 플라이시먼이 자신의 프로젝트 핵심 절차에 대해 설명한 내용에는 이러한 관점이 드러난다. 그는 '구두전승 기록을 통한 이야기 수집은 다양한 방법으로 그 이야기를 활용하기 위해 그것이 추출된 것으로부터의 배경을 삽입해주고 거주할 수 있게 한다'고 말한다. 현재 클랜 윌리엄 주변은 반사적으로 구조화된, 특히 흥미로운 놀이터를 제공하는 것 같다. 엑삼(Xam)은 이야기로서 외에도 그것을 강조하는 풍경의 내적 응답을 일으키는 광범위한 록 아트 유산을 남겼다. 그러므로 여전히 오늘날의 역사로서 공연되고 있는 이미 지나간 옛 역사를 위한 환경은 또한 여러 미래를 향한 감각을 창조할 수 있지 않을까?

그리하여 현재 우리의 여정은 응용연극과 공동체 공연의 역사 그 자체를 찾는 다양한 텍스트를 거쳐 놀라운 역사학적 분수령에 도달하였다. 지금도 오래 전 과거 스토리텔링의 음색이 다양한 미래에 대한 자료를 전해주고 있다. 앞서 언급한 고인이 된 언어학자의 주요 정보 제공자인 카보(Kabbo)는 엑삼(Xam)의 생물권적 창조성을 다음과 같이 설명하고 있다. '나는 그저 이야기를 보는 것을 듣는다. 그것이 내 귀에 떠있을지도 모른다. 이야기는 바람이라고 느낀다(2011: 238–239, 필자의 강조점). '보는 것을 듣기' 위해 바람과 같이 앳되게 살아있는 풍경에 고유한 감각을 열어야 한다는 것을 시사한다. 이야기 제공자로서뿐만 아니라, 하나의 대행체로서 항상 보는 것을 들으며 이미 공연한다. 다시 말해서, 생물권과 그 주변은 인간 주체를 그렇게 생생하게 만든다. 그러므로 반영은 오직 인간의 것만이 아니다. 모든 환경의 건전성은 인간이 환경의 일부로서 어떻게 공연하는지와 같은 점을 추적 관찰하는 환류체계에 의존하기 때문이다. 따라서 인류는 항상 모든 생물 그리고 무생물과 나란히 공연하지만 호모 사피엔스는 여전히 지구 생태계에 의해 이미 공연되고 있다는 결론에 이르게 된다(Kershaw 2015). 이것은 어떻게 미래에 걸친 현재의 임시성을 해석할 수 있는지에 대한 인식론적 중요성을 수반한다. 이는 시공간은 항상 시공간으로 상동적으로 교환 가능하기 때문에 시간은 영원히 그리고 어느 곳에서나 제한된 선형 또는 공간이 될 수 없다는 것을 의미한다. 그러므로 과거는 끊임없이 어떠한 형태로도 접근 가능하게 살아가고 있으며, 미래는 현재의 역사에서 결코 전적으로 부재할 수 없다. 따라서 어떤 계획된 사건들 전에 그것들의 그림자는 드리워질 것이고 그러므로 미래는 항상 확실히 그 시간 앞에 있다.

감사의 말

연구 데이터를 공유해준 매트 오마스타(Matt Omasta)와 데니 스나이더 – 영(Dani Snyder – Young)에게 많은 감사를 보낸다.

References

Agamben, G. 1995. (trans. D. Heller-Roazen). *Homo Sacer: Sovereign Power and Bare Life*. Stanford, CA: Stanford University Press.

Amit, V. and Rapport, N. 2002. *The Trouble with Community: Anthropological Reflections on Movement, Identity and Collectivity*. London: Pluto Press.

Ashley, D. 1997. *History Without a Subject: The Postmodern Condition*. Boulder and Oxford: Westview Press.

Bennett, J. 2010. *Vibrant Matter: A Political Ecology of Things*. Durham and London: Duke University Press.

Butler, C. 2002. *Postmodernism: A Very Short Introduction*. Oxford: Oxford University Press.

Cohen-Cruz, J. 2005. *Local Acts: Community-based Performance in the United States*. New Brunswick and London: Rutgers University Press.

CUNY. 2014. CUNY School of Professional Studies, Master's Degree in Applied Theatre, http://sps.cuny.edu/programs/ma_appliedtheatre. Last accessed 29 July 2015.

Emmott, S. 2012. *Ten Billion: An Exploration of the Future of Life on Earth*, www.royalcourttheatre.com/news/articles/ten-billion-an-exploration-of-thefuture-of-life-o/. Last accessed 29 July 2015.

Fleishman, M. 2011. '"For a little road it is not. For it is a great road; it is long": performing heritage for development in the Cape' in Jackson and Kidd, pp. 234-248.

Fukuyama, F. 1992. *The End of History and the Last Man*. London: Penguin.

Jackson, A. and Kidd, J. (eds.) 2011. *Performing Heritage: Research, Practice and Innovation in Museum Theatre and Live Interpretation*. Manchester: Manchester University Press.

Jameson, F. 1985. 'Postmodernism and consumer society' in Foster, H. (ed.)

Postmodern Culture. London: Pluto Press.

Jameson, F. 1991. *Postmodernism: Or, the Cultural Logic of Late Capitalism.* London and New York: Verso.

Kershaw, B. 1999. *The Radical in Performance: Between Brecht and Baudrillard.* London and New York: Routledge.

Kershaw, B. 2007. *Theatre Ecology: Environments and Performance Events.* Cambridge: Cambridge University Press.

Kershaw, B. 2011. 'Nostalgia for the future of the past: technological environments and the ecologies of heritage performance', in Jackson and Kidd, pp. 123-143.

Kershaw, B. 2012a. 'Dancing with monkeys? On performance commons and scientific experiments' in Wendy Arons and Theresa J. May (eds.) *Readings in Performance and Ecology.* Basingstoke: Palgrave Macmillan, pp. 59-76.

Kershaw, B. 2012b. '"This is the way the world ends, not...?" On performance compulsion and climate change'. *Performance Research* 17.4: 5-17.

Kershaw, B. 2015. 'Performed by ecology: how Homo sapiens could subvert present day futures'. *Performing Ethos; An International Journal of Ethics in Theatre & Performance.* 4:2: 113-134.

Kirshenblatt—Gimblett, B. 2004. 'Intangible Heritage as Metacultural Production', www.nyu.edu/classes/bkg/web/heritage_MI.pdf Last accessed 29 July 2015.

Klein, N. 2007. *The Shock Doctrine: The Rise of Disaster Capitalism.* London: Penguin Books.

Kuftinec, S. 2003. *Staging America: Cornerstone and Community—Based Theatre.* Carbondale and Edwardsville: Southern Illinois University Press.

Kuftinec, S. 2009. *Theatre, Facilitation, and Nation Formation in the Balkans and Middle East.* Basingstoke: Palgrave Macmillan.

Kuppers, P. and Robertson, G. (eds.) 2007. *The Community Performance Reader.* Abingdon and New York: Routledge.

McDonnell, B. 2005. 'The politics of historiography – towards an ethics of representation'. *Research in Drama Education* 10.2: 127-138.

McNeill, J. 2001. *Something New Under the Sun: An Environmental History of the Twentieth Century.* London: Penguin.

Nicholson, H. 2005. *Applied Drama: The Gift of Theatre.* Basingstoke: Palgrave Macmillan.

Nordstrom, C. 2004. *Shadows of War: Violence, Power and International Profiteering in the Twenty-first Century*. Philadelphia: University of Pennsylvania Press.

OED: Oxford English Dictionary online: 'umbrella' and 'historiography'. Last accessed 29 July 2015.

Omasta, M. and Snyder-Young, D. 2014. 'Gaps, silences and comfort zones: dominant paradigms in educational drama and applied theatre discourse'. *Research in Drama Education* 19.1: 7-22.

Postlewait, T. and Michieli, B.S. 2010. 'A transnational community of scholars: the theatre historiography working group of IFTR/FIRT'. *Theatre Research International* 35.3: 232-249.

Prentki, T. and Preston, S. (eds.) 2009. *The Applied Theatre Reader*. Abingdon and New York: Routledge.

Ricoeur, P. 2004. (trans. K. Blamey and D. Pellauer) *Memory, History, Forgetting*. Chicago: University of Chicago Press.

RiDE Viewpoints. 2006. 'Applied Theatre/Drama: an e-debate in 2004'. *Research in Drama Education* 11.1: 90-95.

St Mary University. 2015. www.stmarys.ac.uk/undergraduate/docs/leaflets-16-17/2015-may-drama-applied-theatre-2015-3-p3.pdf. Last accessed 30 July 2015.

Schneider, R. 2011. *Performing Remains: Art and War in Times of Theatrical Enactment*. Abingdon and New York: Routledge.

Smith, L. 2011. 'The "doing" of Heritage: Heritage as performance', in Jackson and Kidd, pp. 69-81.

Thompson, J. 2003. *Applied Theatre: Bewilderment and Beyond*. Peter Lang: Oxford.

Thompson, J., Hughes, J. and Balfour, M. 2009. *Performance in Place of War*. London, New York, Calcutta: Seagull.

Thrift, N. 2008. *Non-Representational Theory: Space|Politics|Affect*. London and New York: Routledge.

UNESCO. 2003. www.unesco.org/culture/ich/index.php?lg=en&pg=00002. Last accessed 29 July 2001.

van Erven, E. 2001. *Community Theatre: Global Perspectives*. London and New York: Routledge.

Winston, J. 2010. 'Editorial'. *Research in Drama Education* 15.2: 145-146.

Worthen, W.B. with Holland, P. 2003. *Theorizing Practice: Redefining Theatre History*. Basingstoke: Palgrave Macmillan.

●●03
응용연극 이전의 역사
- 노동, 집, 공연 행위

제니 휴즈(Jenny Hughes)

　　이 장에서는 응용연극의 역사에서 아직 분명히 규정되지 않은 전례인 영국 빅토리아 시대의 구빈원(workhouse)에서의 연극 엔터테인먼트에 대해 설명하고자 한다. 빅토리아 시대 구빈원의 역사적 개념은 규율과 처벌의 부끄럽고 억압적인 제도로 취약한 사람들을 감금하는 '바스티유의 가난한 법(Poor Law Bastilles)'으로 특징지어진다(Engels 1993 [1845]: 292). 이 구빈원에서는 가난한 사람들을 시간과 장소 체제와 함께 일할 수 있는 정도에 따라 분류하였다. 버릇과도 같이 일에 기술적으로 숙달된 가난한 사람과 노동과 관련된 성격적 특성으로 구분하였다. 노동과 관련된 성격적 특성이란 예를 들면 엄격한 일상적 루틴을 잘 따르는 혹은 단조로운 형태의 노동을 수행하기 좋은 성격 등이라 할 수 있다. 그러나 빅토리아 시대의 구빈원은 최초로 중앙에서 체계적으로 관리한 복지 제도의 일부이기도 하였다. 방치된 이들, 고아, 아이들을 위한 돌봄과 교육을 향상하고 노인과 병자 그리고 사회 취약자들을 위한 안락함을 제공하는 데 중점을 두었다. 한편 이 장에서 검토하는 구빈원의 엔터테인먼트는 오직 생산적 노동의 자본주의 시스템에 몰두할 때, 즉 일할 때 가치 있다고 인정받는 삶이라는 규율적 영역에 부합하는 것이다. 면밀히 조사해보면 방문 엔터테이너들에 의한 허가된 사회성의 형태는 그 예시가 된다. 또한 어떻게 구빈원 제도가 문화적 관행의 평등주의적이고 진보주의적 형태로서 경제적으로 배제되었는지 보여준다.

여기에서는 1877년부터 1887년에 걸쳐 로치데일(영국 랭커셔)의 구빈원에서 행해진 3개의 연극, 글리 콘서트(glee concert), 절제 엔터테인먼트(temperance entertainment), 주일 학교 오락(Sunday School amusement)에 대해 살펴본다. 맥스 웨버(Max Weber)가 그의 고전적인 작품인 *신교도 윤리와 자본주의 정신(The Protestant Ethic and the Spirit of Capitalism)*에서 확고히 하였듯이, 위 3개의 연극들은 합리적인 레크리에이션과 선교사 교육적 연극 형식의 하나로 당시 영국에서 지배적인 개신교의 종교 문화에 통합되어 있었으며 유럽과 그 식민지 전체에 걸친 자본주의의 역사적 발전 가속화를 확고히 하였다(2002 [1905]). 가난한 사람들과 연극의 만남에 대한 식민지 시대의 궤적 탐구가 이 장의 초점은 아니지만, 자본주의의 발전과 더불어 업무성, 훌륭함, 그리고 자기 계발의 서사 안에서 통합된 문화적인 실천이기에 그 중요성은 조사된 특정 공간적 및 시간적 맥락을 훨씬 초과한다는 점을 주목하는 것은 중요하다. 또한 각각의 예시가 개신교의 종교 문화와 관련된 놀라울 정도로 상상력이 풍부한 사회적 종교 양식을 보여주는 방식에 주의를 기울이는 것도 중요하다 하겠다. 나는 이와 같은 각 엔터테인먼트를 19세기 신진사회연극(fledgling social theatre)이라 부르고자 한다. 개신교도, 공리주의자 그리고 낭만주의 동원자들의 문화는 상호 배타적인 성질을 가지고 있다는 가설에 있어서는 이런 신진사회연극은 응용연극의 역사 서사에 대한 각각 서로 부합하지 않는 관점을 보여준다 말할 수 있겠다. 그들은 또한 억제하고 진정시키는 힘으로서 조직적인 종교의 규범적인 이해를 재검토하게 한다. 여기서 각각의 엔터테인먼트는 삶이 지속되게 하기 위한 경제적 긴요함뿐 아니라 종교적인 감정이 담긴 규율적 영역과 함께 연합하여 검토한다. 그러나 역시 강압적이고도 해방적인 수사라는 독특한 혼합물을 보여준다. 예를 들면 계층에 따라 규정된 도덕적인 관점을 옹호할 뿐 아니라, 동시에 감정적인 공명과 연관된 실천에 있어서 협박, 배제 및 버려진 삶의 형태를 보살피고 가능성을 기리는 창의적인 응답을 인지하였다. 그러므로 구빈원의 엔터테인먼트는 응용연극의 과거 및 현재와 분리하여 생각할 수 없는 문제적 소재와 정서적인 구조양식을 보여준다. 구빈원의 엔터테인먼트에 내재하는 상상적이며 사회적인 종교양식의 비판적

검토는 응용연극의 경제적, 정치적, 미적 관계에 대한 지속적인 논의를 가능하게 한다. 그리고 이 분야의 기존 역사적 설명을 확장한다.

'무직', '취약', '복잡다단한 고객'이라 묘사된 공공주택의 임차인들과 함께 로치데일의 동시대적 프로젝트에 연구자로서 참여한 것을 계기로 바로 이 로치데일 구빈원 엔터테인먼트에 관한 연구는 시작되었다. 나는 이와 같은 연극 프로젝트가 경제적 불평등의 유해한 네트워크에서 벗어날 책임을 개인에게 요구하는 (신)자유주의 복지 제도와 과연 작동할지 혹은 어떻게 그 제도에 부합하거나 반하여서 작동할지 등을 탐구하기 위한 원천이 되는 역사에 눈을 돌리게 되었다. 영국의 21세기 복지 개혁은 실천적인 '복지 – 언급'의 예를 특징으로 한다. 이는 다음과 같이 간략화할 수 있다. '우리 경제는 그 어느 때보다 우리 사람들에게 의존하고 있다. 우리는 사람들이 자신의 삶의 주인이 되는 복지 제도가 필요하다'(Department for Work and Pensions 2008: 11). 이러한 성명은 신자유주의에서는 '자기'가 '그 자신의 기업가로서 호모 이코노미쿠스(homo oeconomicus)가 되고, 자신을 위한 자신의 자본이며, 자신을 위한 자신의 생산자이다'라는 푸코의 언급과 함께 묘한 공명을 갖는다(2008: 226). 당연히, 이 연극 프로젝트 참가자들에 대한 보고는 종종 그러한 언설과 모순되며, 개인의 결과와는 대조적으로 사회를 강조한다. 예를 들어, 로치데일 프로젝트 참가자들은 6개월 동안 일주일에 두 번씩 만날 기회를 가지며 긍정적인 효과가 있다고 보고되었다. 이를 통해 이 그룹의 사람들은 지원적인 사회적 관계망을 만들 수 있었다. 이들 중 상당수는 매우 고립된 사람들이었는데 그들이 잊었었거나 이전에 성장할 기회가 없었던 새로운 관심사를 발견하고 새로운 삶을 위해 집을 떠날 수 있다는 자신감과 에너지를 생성할 수 있게 되었다.

자기를 규율하는 수단으로서의 연극과 사회의 다양한 모습을 동원하는 세계를 만드는 프로젝트로서의 연극 사이의 긴장은, 이하 논의의 핵심이라 할 수 있다. 나는 이 긴장을 탐구하기 위해 고대 그리스의 철학자 플라톤이 우주를 만드는 과정을 설명하기 위해 개발한 아이디어인 코라(chora)의 모티브를 활용하고자 한다. 플라톤은 코라를 '리셉터클(receptacle)'로 표현한다. 이는 우주에 서식하는 무정형 물질이 깔끔하고 또렷한 형태를 갖게 되는, 이상하게도 특징이 없는 시간, 장소 및 과정이다(2008). 코라로 삶은 파악할 수 없는 것이 되며 대신 손발, 몸, 에너지의 무질서한 조합으로 나타난다. 주디스 버틀러(Judith Butler)는 플라톤의 코라를 이러한 독특한 조합을 인식할 수 있는 형태로 샅샅이 살피는 공연적인 과정으로서 탐구한다. 그리고 이 분류는 플라톤의 성차별적 설명에 따르면 특히 여성의 신체에서 효력을 발휘한다 하였다. 버틀러에게 코라는 연설과 담화의 공연적 과정을 지원하는 훈련이 되는 힘이다. 어떤 사람들에게는 문제가 되고, 다른 사람들은 그 이해 시스템에서 제외된다(1993: 53-54). 버틀러의 설명을 받아들이는 한편, 나는 또한 형성 과정을 불안정하게 만드는 혼란으로 이해한다. 거기서, 인생은 헤아릴 수 없을 정도로 다양하게 조우하고, 해방된 규율 에너지의 방향을 수정할 수 있다 하겠다. 여기서 코라에 대한 데리다의 설명은 '인지되거나 정의되기보다는 그 자체를 부르거나 불리는 그 이름 자체로 여겨지도록 하자'는 것이다(1995: 97). 데리다에게 코라는 '엄청나게 어려운 것: 감각과 현명함, 그리고 일반적인 수용성 문제 사이에서 매우 오래되고, 매우 전통적이고, 매우 결정적인 관계'로서 환기되었다(ibid.: 110). 특히, 코라에 대한 데리다의 이해가 드러내는 수용의 복잡성과 모든 형태는 영속적으로 근접하게 원 상태로 돌아간다는 약속이 새겨져 있다는 생각은 여기서 탐색하는 구빈원 엔터테인먼트의 특징이 된다.

응용연극사의 '프로토 드라마(proto-drama)'

세기말 모더니즘 드라마의 연극 교육사에서 앤소니 잭슨(Anthony Jackson)의 위치, 1930년대 노동자 연극운동, 그리고 19세기 후반부터 20세기 초의 개혁가와 진보적인 교육자의 창조적인 사회 운동에 대한 헬렌 니콜슨의 탐구는 여기에서 필자의 조사를 위한 발판을 제공한다(Jackson 2007; Nicholson 2010). 그러나 한 기관, 즉 구빈원을 조사한 하나의 연구는 역시 현대주의 실험과 진보적인 교육자의 예술 수용 모두에 선행하는 사회적 및 교육적인 연극 활동의 풍부함이 존재했다는 것을 드러낸다. 이 일련의 활동은 간과되거나 존재하지 않는다고 가정되었었다. 예를 들어, 개빈 볼튼은 19세기에 우세했던 개신교 청교도 양식이 이 시기 학교 드라마의 상대적 부재로 이어졌다고 덧붙였다(2007: 47). 이 개신교와 연극의 호환성 부족에 관한 가정은 아마도 이 장에서 탐구하는 연극 활동 맥락의 무시를 설명한다 볼 수 있다. 이들은 모두 개신교가 지배하는 사회적 및 문화적 환경에서 진화했다. 19세기를 통해 합리적인 레크리에이션, 절제, 선교사 교육 운동과 관련된 연극 활동은 많은 사람들을 끌어들여 개신교 문화의 자유로운 이상과 자조적 의무를 불어넣었다. 흥미롭게도, 비관행적 다양함을 포함하는 이러한 문화는 때때로 시인이자 학교 검사관인 매튜 아놀드(Matthew Arnold)와 같은 응용연극의 역사와 관련된 움직임에 영향을 미치는 사상가에 의해 폄하되었다. 그는 선교사의 문화적 관습을 동원한 비관행적인 사회성의 공리주의 모드와 양식을 무례하게 부정하고 있다(1869: 29–30).

　　라파엘 사무엘(Raphael Samuel)은 노동자들의 연극운동 전신을 탐구하며 19세기 사회주의 연극(socialist theatre)의 '지속적인 역사' 부족을 확인하였다(Samuel etal. 1985: xx). 선형적인 전통 대신, 그는 오웬주의자(Owenite)[1]의 사회주의 일요일 학교(Socialist Sunday School)와 1830년대와 1840년 차티스트 운동(Chartist movements)[2]을 포함하는 연극 활동 일련의 결이 다른 맥락을 묘사한다. 또한 이러한 맥락 안에서의 읽기와 낭독 그리고 음악적 공연의 유행에 주목하였다. 그는 프로토 드라마적 활동(proto–dramatic activities)은 노동자 연극의 프롤레타리아 미학과는 달리 정치적 주요 활동의 보조이며 비판적으로 초점을 맞추는 것이 아니라 도덕적 향상을 가져오고 즐겁게 한다는 결론을 내렸다(1985: 13-15). 중요한 것은 사무엘에 의해 식별된 공연 형식(독서, 낭독, 음악 공연 등)은 산업화와 관련된 다수의 도시 빈자들의 사회적·문화적 습관에 대한 일반적인 우려에 부응하여 나타나는 '합리적인 레크리에이션'의 연극 모드를 복제한다는 것

---

1)　역자 주: 웨일즈 태생의 사회 개혁주의자이자 공상적 사회주의(utopian socialism)의 창시자 중 하나인 로버트 오웬(Robert Owen)의 사상을 추종하는 사람들
2)　역자 주: 1830~1840년대에 주로 행해진 영국의 노동자 주체 민중 운동

이다. 여기서 나의 주장은 이러한 형식과 그 맥락의 분석은 사무엘이 발굴한 사회주의 혈통만큼 역사적으로 중요한 응용연극 역사의 견해를 제공한다는 것이다. 문화사학자인 피터 베일리(Peter Bailey)는 사회적 엘리트에 의해 지지되는 합리적인 레크리에이션 활동이 산업자본주의하에서 '사회적 통제의 주요 수단이었던 일의 규율을 보완하는 놀이 규율'을 어떻게 실현했는지를 설명한다고 하였다(1978: 5). 합리적인 레크리에이션의 승인된 모드는, 각기 다른 계층 간 만남의 기회를 포함한 훌륭한 엔터테인먼트를 제공하며 새롭게 떠오르는 '타락한' 문화산업의 매력에 대항하였으며 도덕적 지도를 기분 좋게 가능하게 하도록 작동하였다(1978: 54). 베일리는 인기 있는 문화활동의 사회적 중요성에 대한 새로운 사고방식을 열었다. 그리고 가난한 사람들에 대한 승인된 문화활동이 중산 계층의 훌륭함을 보여주는 훈련적인 시행으로 이해될 수 있다는 뉘앙스를 제공하였다. 여기서 도전적인 과제의 일부로는 19세기 계층에 대한 복잡한 특성을 이해하는 것이 있다. 브라이언 해리슨(Brian Harrison)에게는 '존중할 만한' 가난한 사람들과 '거친' 가난한 사람들의 구별은 노동자와 중산 계급의 구별보다 중요하였으며, 19세기 사회의 '존중할 만한 계급 체계'는 직업과 소득으로 구분되는 것이 아니라 문화와 행동으로 식별되었다(1994: 28). 중요한 것은, 1870년대 초반의 경제 불황에 이어, 특히 존중할만한 계급의 구성원들이 경제 질서구조에서 그들 지위의 취약성을 점점 더 의식하게 되었다는 것이다(Shiman 1988: 93). 여기에서 존중받을 만한 계급의 공연 자체는 빈곤과 실업 위협에 대한 실용적인 방어를 나타내는 것이었고 문화활동 개선을 위한 참여는 경제적 불안정의 순간에도 사회적 세상에 대해 열린 태도를 가질 수 있도록 도왔다. 흥미롭게도, 베일리는 합리적인 레크리에이션의 처리과정이 종종 양면적 가치를 특징으로 한다고 설명한다. 예를 들어, 부르주아 신사가 노동자 계층의 남성과 함께 문화적 활동에 참여하는 것은 '순종적인 미메시스'와 '가장하는 능력에 대한 어렴풋한 인식'에서 나온다는 것이다(1978: 178).

이 처리과정의 불확실한 본질은 위에서 언급된 코라의 수용적 본질에 관한 데리다의 인지를 환기시킨다. 물론 또한 여기서 연관되는 것은 '불일치' 순간의 생산으로 연극은 정치적 효능을 창출한다는 쟈크 란시에르(Jacques Rancière)의 주장이다. 철학자와 그의 가난(The Philosopher and His Poor)(2003 [1983])에서 란시에르는 불일치의 생성을 연극의 위장하는 능력과 연결시킨다. 이는 '순종적인 미메시스'에 대한 베일리의 언급에서 이끌어졌다 할 수 있으며 승인된 문화적 환경에서 존중할만한 자신의 공연 안에서 드러난다고 이해될 수 있다. 란시에르는 어떻게 플라톤과 마르크스와 같은 정치 철학자들이 가난한 사람들에게 '경의를 표하는 배제'를 수행하는지 탐구한다. 이는 한 번에 여러 가지를 할 수 있는 가난한 사람들의 능력을 부정하는 비판적 개요(윤곽)와 함께 제공된다. 란시에르에게 19세기 파리에서 멜로 드라마를 즐기는 노동자는 그 노동자가 속한 계층의 사람들과는 다르게 극장에 참석하는 부르주아의 습관을 모방하며 불일치의 효능을 가지고 있다고 보았다. 그리고 그들이 '결연하고도 현명한 세상에서 다차원적으로 주어진 것의 생산'과 연관되어 있다는 정치적 견해와 보조를 같이 하였다. 저항하거나 동요하는 힘 못지않게 미묘한 연합의 일부로서 불일치의 생산이 발생할 수 있다는 점에 대한 강조는 나의 연구를 위해 중요하다. 여기서 불일치는 경험의 질서 있는 유용성과 모든 형태의 삶이 그 위치를 요구하는 유용성으로 나타날 수 있다(소외 또는 이동의 의미로 끝나는 것이 아니다). 더불어 징벌적이거나 자비로운 모든 종류의 훈련 구조는 그 처리과정으로 확인할 수 있다.

영국 빅토리아 시대의 아이들과 연극에 관한 앤 바티(Anne Varty)의 연구는 이 불일치 개념과 19세기 아이들과 함께한 연극 활동과의 연관성을 보여준다. 더불어 강압적이며 해방적이라는 연극적 처리과정의 이중적 가능성을 강조하고 있다. 아이들의 자연 친화성과 모방성을 말하는 낭만주의적 언설의 영향을 받아, 영국 빅토리아 시대 아이들은 '문명사회에 적응하기 위한 무질서 상태의 원시성을 가진 야누스의 얼굴'로 상징된다(2008: 234). 바티는 '야만적인 무죄'를 보여주는 아이 퍼포머는 빅토리아 시대의 반연극적인 편견에서 해방되었다고 주장한다. 여기서 반연극적인 편견은 배우의 가변적인 페르소나에 대한 의심과 존경이 부족한 연극에 대한 일반적인 인식에 대한 조나스 발리쉬(Jonas Barish)의 언급과도 같다 할 수 있다(1981: 317). 대신, 공공장소에서 공연하는 아이들은 "제어된"

그리고 "세심하게 돌봄 받은" 야만인의 매혹적인 모습을 보인다. 이러한 모습이 바티에게는 문명에 대한 아이의 동화와 빅토리아 사회의 우위성을 보여주는 고조에 달하는 모습이다. 연극의 비판적 미메시스에 관한 란시에르의 논의와 함께 생각하면, 연극의 처리과정에서 공연하는 아이들은 점차 질서정연해지고 또렷해지는 과정에 있는 인간으로서 수용의 취약성에 대한 강한 감각을 발휘하게 된다고 주장하는 것이 가능하다. 그리고 위장과 신빙성, 규율과 반란, 고정성과 적응성 사이의 불안정한 경계를 드러낸다. 또한, 유사하게 야기된 불확실한 변화의 볼거리가 되는 구빈원 엔터테인먼트의 일환에서 발생하는 퍼포머와 극빈자 사이의 그 처리과정의 효력과 함께 공연하는 아이의 모습을 매력적으로 느끼는 세상의 관심을 정비하는 것이 가능하게 된다.

연합의 애가(哀歌): 오르페우스 글리 클럽(Orpheus Glee Club)

> 로치데일에서 인간의 본성은 다른 것 같다... 랭커셔(Lancashire)의 이 알 수 없는 지역에는 어떤 특별한 창조 기법이 있음에 틀림없다. 다른 작업자들과는 다르게 그들은 함께 행동하고 함께 유지하는 예술을 습득하였다는 것을 다른 방법으로는 설명할 수 없다(Holyoake 1900: 1).

'그 홀은 노래하기에 가장 좋은 것 같다' - 이 코멘트는 1877년에 로치데일의 구빈원 개설 기념 오프닝 말미에 나온 언급이다. 이 언급은 오르페우스 글리 클럽에 의해 진행된 구빈원 식당에서의 공연에 대한 것이며 900명의 가난한 사람들을 수용하기 위해 지어진 새로운 구빈원의 비용을 지불할 70명의 사람들은 이 행사에 초대되었다(n.a. Rochdale Observer, 22 December 1877). 일주일 후, 크리스마스 장식을 한 구빈원에서 오르페우스 글리 클럽 사람들은 다시 연주했다. '그러나 초대된 사람들은 달랐다'. 이곳에서 300명의 극빈자들은 훌륭한 전통적인 영국식 크리스마스 만찬을 즐겼다. 음식은 놀라운 속도로 사라졌고 오르페우스 멤버가 제공하는 유머러스한 노래, 낭독, 그리고 바이올린 솔로를 즐겼다. 가난한 사람들의 후견인은 연설을 통해 이 젊은이에게 조언을 주었고, 아이들이 자러 가고 나서는 춤이 이어졌다(n.a. Rochdale Observer, 29 December 1877). 구빈원은 마을의 '신용과 치장'의 하나로 묘사되었으며 건강한 가난한 사람들에게 일에 대한 습관과 검소함을 장려함으로써 '인격을 증진시키기 위한 세부 사항까지 설계되었다'(n.a. Rochdale Observer, 22 December 1877). 역사가인 데이비드 빈센트에 따르면 19세기 동안 로치데일은 '잉글랜드에서 가장 기민하고 사회적으로 창조적인 도시 중 하나'(1976: 96)가 되었다－노동자 계급의 자조(self－help)를 돕는 것으로 유명한 센터와 급진적이고 자유로운 정치적 연합과 일반적인 관행을 따르지 않는 사람들의 채플 사회. 같은 시기 시청사, 무료 도서관, 공공 세탁실, 문화회관(Lyceum), 새로운 하수도 시스템 등의 공공시설도 세워졌다. 던리 구빈원(Dearnley workhouse)은 지난 10년의 차티스트 활동, 협동조합 운동, 빈민 구제법 시위의 정점을 나타내는 지방자치제 건축물 중 하나였다(Cole 1994; Gowland 1979: 68-93).

오르페우스 글리 클럽은 이 시기의 공업 중부와 북부의 새로운 '연합 문화'를 보여주었다. 이를 역사가 시몬 건(Simon Gunn)은 뮤지컬 소사이어티즈(musical societies)라고 언급하였다(2000: 27-29; 134-56). 이 오르페우스는 전문 지휘자와 함께 20명의 아마추어 퍼포머로 구성되어 있었으며 로치데일의 문화회관(Lyceum)에서 매주 모였다. 오르페우스 콘서트 공연의 평론가는 흥미롭게도, 그 멤버가 '완전히는 아닐지 모르지만 주로 노동자들'이었으며 그들은 '매우 정확하고 명암에 주의를 기울이고 있으며 분명히 완전한 지휘하에서 노래한다'는 것에 주목하였다(n.a. Manchester Courier, 12 November 1883). 이는 중류계급의 일상적인 삶과 연합 문화에 대한 건의 지지에 어느 정도 대응하는 것이라 할 수 있다. 계급의 문제와 관련하여 이 오르페우스의 어려움은 위에서 논한 훌륭함과 복잡한 계급의 교차를 반영한다. 이는 결국 문화회관(Lyceum) 자체에도 반영된다. 문화회관은 노동계급에 대한 '유용한 지식의 보급'을 지원하는 합리적인 레크리에이션의 장소이며, 중산 계급의 후원을 받는다. 로치데일의 문화회관은 짐작건대 노동자들의 그 '개선'에의 공헌이 인정되어 정부의 원조 역시 받았다 (Robertson 1875: 191). 이러한 공공 보조금에도 불구하고, 음악사가인 데이브 러셀(Dave Russell)이 그의 음악 사회사 책에서 언급한 것처럼 비용과 적절한 의복을 갖추지 못한다는 것은 매우 가난한 사람들이 그러한 연합에 참여하는 것을 방해했을 수 있다(Russell 1996: 43). 부유한 후원자들과 구빈원의 가난한 사람들 모두를 위한 오르페우스 공연과 관련한 내용은 오르페우스 멤버들을 흥미롭게 바라보게 한다. 자조(self-help), 좋은 습관, 그리고 시간의 유익한 사용을 모범적으로 보여주는 노동자 그룹은 구빈원 원칙과 실천 모방의 전형을 보여준다.

'자조'는 로치데일의 역사에서 중요하지만, 이 용어의 국부적인 의미는 사무엘 스마일스(Samuel Smiles)가 그의 베스트셀러 *자조(Self-Help)*(1859)에서 중요하게 언급한 자조와는 동일한 관련성을 갖지 않는다. 스마일스는 자립과 자치의 미덕을 극찬하고 이러한 '선량한 인격'을 가진 개인의 전기적 개요를 제시하며 '자신의 안녕과 행복의 적극적인 주체자'가 되기를 강하게 권고한다(1996: 16). 로치데일에서 '자조'라는 용어는 그 초기 역사 타이틀과 함께 협동조합 운동에서 유래되었다. 조지 야콥 홀리오크(George Jacob Holyoake)는 *그들의 자조(Self-Help By the People)*(1900)에서 그 조합원들이 이 용어를 처음 사용했다고 주장하며 스마일스의 개인주의와의 차이를 예증하고 있다. 경쟁보다는 협력의 원칙을 우선시하며 마을의 급진주의자들은 제조, 공급, 민주주의, 교육, 복지의 연합 체계를 고안하는 '세상을 만드는' 연습을 하였다. 피터 가니(Peter Gurney)에게 협동적인 자조는 도덕적으로 묶인 화폐경제를 구축하는 데 사용되는 실용적인 자원이 되는 절약, 노동, 검소라는 가치의 중요한 재가공을 나타내는 것이었다. 그 일환으로 가니가 논평한 것처럼 "자본가와 노동자는 규율된다는 것을 기억하는 것은 중요하다"(1996: 16). 이 협력적인 사회성과 그 규율의 효력이 가져오는 긴장은 새로운 구빈원의 첫 주에 글리에서 연주하는 노동자들의 목소리를 통해 확인할 수 있다.

오르페우스의 콘서트 프로그램은 오래된 영국 곡조들, 신사의 환희를 보여주는 황금시대의 노래, 헨델과 하이든, 그리고 찬송가에서 선택된 곡 등 이 시대의 '훌륭한' 합창 레퍼토리였다. 그것은 복잡한 구조로, 노래하기가 어렵고, 다양한 부분과 대조적인 움직임으로 구성되며, 각기 다른 음성(또는 음성 그룹)을 나타내고 있었다. 동시대적 출처는 글리의 역사를 보여준다. 이는 마치 중세시대의 큰 집에 도착하여 그들의 소란스러운 공연을 주최하기 위한 관습적인 의무를 동원한 이동하는 중세 음유시인의 민속 전통이며 또한 연계와 유대를 위한 글리라는 단어의 어원을 밝히고 있다(Barrett 1886: 70-80). 확실히, 이 쾌활하고 카니발적인 울림은 오르페우스의 자조 모방이 감추어진 구빈원 공연에서 그 스펙트럼을 보여준다. 합창문화의 존경과 신사의 도덕적 의무와 함께하는 글리의 연합은 후견인의 지지를 확실히 하였다. 특히 엘리트적인 복잡한 형식의 노래를 하는 가수의 기술적 능력을 보여주는 방법으로 평등성에 대한 주장을 제청하면서 란시에르의 표현을 빌리자면 불일치의 공연이 만들어졌다. 이 공연의 규율 에너지는 다방향적이다. 한편 그 역학은 공연의 공간적 및 사회적 처리과정에 의해 세심하게 통제되지만 그 연계는 하나로 고정될 수 없다.

오르페우스가 구빈원에서 한 노래 중 하나는 *훌륭한 영국 노신사(A Fine Old English Gentlemen)*이었다. 이 오래된 영국 곡조는 1880년 커피 하우스 오프닝에서 오르페우스 글리 클럽에 의해 공연되었다. 이는 당시 합창단이 즐겨 부르는 곡조였다(n.a. Rochdale Observer, 18 December 1880). 이 노래는 계층 간 박애정신의 목가적인 과거를 상기하는 것이었다. 이 노래는 '너그러운 관람 요금으로 유지되는 오래된 낡은 저택에서 한 영국 신사는 부족함 없이 살고 있었다. 서리와 눈이 몰아치는 어느 추운 겨울, 그 저택의 착한 나이 든 문지기는 가난한 사람들을 구하기 위해 문을 개방하게 되었고 그렇게 이 저택은 모두에게 개방되었다'는 '옛날' 이야기를 담고 있다. 이 노래의 활기찬 영국 신사는 매년 무도회를 열었고, "집이 없는 방랑자는 그의 홀에서 쫓겨나지 않았다." 왜냐하면 그는 큰 잔치를 하는 동안에도 사소한 것을 잊어버리지 않았기 때문이다(Carmen 1904: 256). 확실히 구빈원에서 이러한 가사의 공연은 후견인에게 가난한 사람들에 대한 그들의 오랜 의무를 상기시키고 동시에 한 해에 한 번 제외된 사람들을 위해 열리는 연합의 얄팍한 측면에 대한 아이러니한 비평을 전달하였다. 이 오래된 영어 곡조는 자주 패러디화되었으며, 이 소재를 재활용한 버전은 청자에게 알려질 수 있었다. 1835년에는 전도유망한 송 라이터 헨리 러셀(Henry Russell)의 작업에 기여하였고 찰스 디킨즈(Charles Dicken)의 *훌륭한 영국 노신사: 신 버전(The Fine Old English Gentleman: New Version)*(1841)에서는 선출된 토리 정부를 풍자하기 위해 가사에 암시되어 있는 아이러니를 끌어냈다. 디킨즈 버전은 사회주의의 전통적 노래의 일부로서 이후에 다시 만들어졌다(Rumens 2012). 그 공연은 아마도 모두가 참여하는 불평등 속 광범위한 공연들을 인정하였을 것이다. 이러한 인식은 노래 가사의 감성적인 환경과 그 합창적인 암기법, 그리고 부, 계급, 이름으로 구분된 사람들의 질서 있는 혼합에 근거하여 모든 사람이 활용할 수 있는 사회적 세계의 감각과 감성이 불어넣어지는 환경에서 가장 날카롭게 존재한다.

박자에 맞춘 행진: 희망 밴드(the Band of Hope)

이것은 아이가 잊을 수 없는 방식으로 훈련될 수 있는 매체가 된다. 자신이 극에 참가하는지 아니면 그가 청중의 일부인지 그 여부는... 상관이 없다. 진실은 그의 마음에 새겨질 것이며, 그의 삶을 통해 그와 함께 있을 것이다. 절제하는 작업인 드라마(Turner 1942: 48-49).

1880년대 중반까지 던리 구빈원(Dearnley workhouse)에서의 연극은 정기적으로 진행되었으며, 현지 합창단, 주일 학교, 금주협회 및 기타 아마추어 공연 그룹의 공연이 포함되었다. 사실, 구빈원에서의 엔터테인먼트는 매우 빈번했기 때문에, 후견인 위원회는 그들에게는 부담이 되고, 예산이 부족하다고 하였으며 "수용자들에게 항상 중요한 것은 아니다"라고 말하였다(n.a. Rochdale Observer, 11 January 1888). 여기에서는 1887년 '절제와 희망 연합 밴드(Temperance and Band of Hope Union)'의 엔터테인먼트에 초점을 맞춘다(Rochdale Board of

Guardians, 1887). 1847년 리즈에서 발족한 희망 밴드(the Band of Hope)는 어린 이들에게 사회적 활동 및 레크리에이션 활동을 제공한 최초의 전국 조직으로 영국과 그 식민지 전체에서 엄청난 수의 젊은이들을 사로잡았다.1 이는 어린이 및 젊은이를 위한 프로토타입의 응용된 공연 네트워크이며 멤버들과 함께 공연을 위한 낭독, 대화, 단편극의 광범위한 아카이브를 생성하고 결합하였다. 또한 19세기 개인, 건강, 시민권 교육을 위한 연극의 사용 측면에서 뛰어난 통찰력을 제공한다. 브라이언 해리슨(Brian Harrison)은 어떻게 알코올이 빅토리아 시대에 산업사회 업무 규율을 방해하는 사회 문제로 구축되었는가를 보여준다. 하나의 응답으로서 출현한 금주운동은 대부분의 사람들에 도달할 수 있었고, 종종 노동자를 겨냥하였고 때론 노동자들에 의해 진행되었다(1994: 27-28). 안전한 환경을 제공하고 아이들이 여가를 어떻게 이용하는지에 대한 공적인 우려를 즐겁게 전환하며 희망 밴드는 전국적으로 큰 규모의 멤버십을 갖게 되었다(Shiman 1973: 50) - 예를 들면, 1888년까지 로치데일 희망 밴드 연합(Rochdale Band of Hope Union)은 단독으로 43개의 개별 단체와 7,248명의 회원이 있었다(Lancashire and Cheshire Band of Hope Union 1888).

희망 밴드의 초기 역사가인 로버트 테일러(Robert Tyler)에게 활발하게 일어난 이러한 운동은 젊은이를 지역사회의 강력한 존재로 육성하기 위한 노력을 생각하면 혁신적인 것이었다. 아이들은 "보이지만 듣지 않는다"고 여겨지던 시대... 희망 밴드는 젊은 회원들이 자신을 청각적으로 그리고 종종 목소리로 표현하도록 허락하였다(1946: 39). 일반적으로 희망 밴드는 격주 또는 매월 회의를 열었고 만남 자체가 공연적인 행사였다. 때로는 젊은이들이 하기도 했던 서두의 연설 이후 찬송가가 이어졌고 아마도 외부 연설자가 투입되었을 것이다. 젊은이들은 낭독, 대화, 연극을 선보이고 이 만남은 새로운 멤버 초대하여 함께 엄숙한 금욕의 맹세를 하고 리본을 착용하며 이 약속을 공개적으로 전달하는 것으로 끝이 났다. 그렇게 '감정적인 식별과 강력한 귀속 의식'을 촉진하였던 것이다 (McAllister 2011: 10). 여기서는 지역사회에서 리더십을 발휘할 수 있는 강력한 품성의 창조가 명확한 목표였다. 역사가 스테파니 올슨(Stephanie Olsen)이 논평한 것처럼, 이 시기의 청년 조직은 로맨틱하고 공리주의적인 언설을 혼합적으로 포함하였다. '워즈워스(Wordsworth)의 "사람의 아버지로서의 아이"라는 표현은 분명히 로맨틱하지 않은 변형'이라 할 수 있겠다(2014: 95). 여기에는 "마음이 순수하고 정신이 고귀한 아이의 모범은 그의 주변 아이들뿐만 아니라 그의 삶의 주변 성인들도 새롭게 형성할 수 있다"는 신념이 있었다(2014: 4). 희망 밴드에 있어서, '모범이 되는 아이'는 '인류'의 봉화이며, 후기의 구조는 이 운동의 다양한 시간과 장소에 걸쳐, 민족주의적, 기독교적, 공동체주의적, 자유주의적인 강조가 축적된 것이었다. 중요한 것은 '술고래'는 연민의 대상이며 결코 단념될 수 없고, 세계에 긍정적인 공헌을 할 수 있는 주체로서 변화할 수 있으며 이러한 사회적 상상의 확실한 한 부분이 될 수 있다는 것이다. 그러므로 희망 밴드의 공연은 금주운동이 포괄적이고 공정한 사회 질서의 아이디어를 촉진한다는 해리슨의 의견을 긍정하는 경향이 있다. '주저하기도 하였고, 때로는 일관성이 없었지만 결국 결정적으로 단호히 그들은 관용과 이해의 한계를 넓혔다'(1994: 349). 오르페우스와 같이, 젊은이들에 의한 희망 밴드 공연은, 규율 있는 권위와 동시에 사회적 영역을 열어, 종종 음주하는 어른이나 알코올의 판매를 허가하는 권위를 책망하였다.

구빈원에서 희망 밴드의 엔터테인먼트는 선택된 노래, 낭독, 대화 공연이 함께하는 전형적인 만남의 형태를 취했을 것이다. 가능한 레퍼토리는 광범위하고 절충적이었으며 스캔들적인 몰락과 선풍적 구조를 묘사한 멜로 드라마 작품으로부터, 물 마시는 것에 관한 치유의 힘을 보여주는 웅변적인 선동적 작품까지, 다양한 낭독, 대화, 극이 있었다. 토론, 서약, 강의, 직접적 호소, 감정적인 변화의 묘사, 그리고 '술'을 범죄자로 의인화한 재판, 젊은이들이 '술'에 대한 공격을 계획하고 제정하는 전투를 각색한 유머러스한 작품들이 있다. 여기에서는 1885년 전진하는 암송자(The Onward Reciter)에서 공개된 3개의 단편극에 초점을 맞춘다(Hallsworth 1885). 랭커셔(Lancashire)와 체셔(Cheshire) 희망 밴드 연합의 월간 간행물은 앞서 언급되었던 희망 밴드에 대한 '적절한 설명과 대화에 대한 보고'를 제공한다. 전진하는 암송자(The Onward Reciter)는 전국적으로 배포된 많은 1페니 반짜리 희망 밴드 팸플릿 중 하나이며, 당시 다른 아동 문학과 마찬가지로 노력, 성실, 근면, 정직, 절약, 희망을 갖고, 함께 일하는 태도 그리고 자기 희생, 훌륭한 것을 추구하고, 유용한 지식을 얻고, 돈을 절약하고, 집을 정돈하고, 모범을 보여주는 것 등의 미덕을 제창하는 '강한 도덕적 톤'(Shiman 1988: 143)을 보여주고 있다.

희망 밴드는 지역사회 리더로서의 정체성을 확인하고 여가를 유익한 용도의 활동으로 분할하는 공공 의식을 통해 청년을 훈련하였다. 여기서 설명하는 3개의 극은 뛰어난 캐릭터의 형성에 있어서 시간의 문제에 초점을 맞춘다. 이는 구빈원의 엄격한 루틴에 직접적으로 연관된 주제이다. 예를 들어, *나쁜 습관들(Bad Habits)*에서 관객은 그들의 과거 시간 사용 악습을 제거하기로 약속함으로써 절대 금주 서약의 공연적 모티프를 확장하는 7명의 젊은이를 만난다(탁월한 합리적인 레크리에이션). 작품 전체는 급한 성미, 과장하는 경향, 상스러운 감탄사, 지각, 우쭐댐, 차림새와 대화의 부주의, 비속어 사용 등의 서로의 나쁜 습관에 이름을 붙이는 것을 다루고 있다. 이러한 습관을 수정하고 '다른 사람에 대해 관용적인 그리고 자선을 베풀 줄 아는 기질'을 키우는 집단적 맹세로 끝이 난다. 두 번째 예시는 *시간 도둑(The Thief of Time)*으로 3명의 소년이 보여주는 유머러스한 공연으로 시간에 대한 우려를 보여주지만, 과거 시간의 오용을 수정하는 대신 '지금'에 주의를 기울인다. 주요 배역인 존 레이, 찰리 치어풀, 랄프 레디가 낭독 대회에 참가한다. 찰리와 랄프는 준비되어 있다. 제일 낭독을 잘하지만 '마지막 순간까지 미루는 버릇이 있는 고약한 녀석'인 존은 리허설이 아니라 보트놀이, 멜론 훔치기, 공 놀이를 하고 있다. 이후 존은 서둘러 등장하여 그가 낭독할 부분을 익히지만 전날 밤에 멜론 밭에서 들었던 목소리를 가진 젊은 도둑을 찾고 있는 아일랜드의 농부를 포함한 일련의 코믹한 인물들에게 방해를 받는다. 존의 리허설 소리에 의해 아일랜드 농부의 주의는 환기되고, 여기서 방치되고 준비가 불충분한 상태의 존은 이후 본인이 뜻하지는 않지만 도둑으로서의 정체가 노출되며 결국 지역사회에 자산으로서 주어진 역할을 수행하게 된다. 존에게는 자신을 향상시키고자 하는 그의 의도를 표현할 수 있는 기회가 제공된다. 필자의 마지막 예시인 '*우리가 하려는 것(What We Mean to Do)*'은 *나쁜 습관들 (Bad Habits)*과 *시간 도둑(The Thief of Time)*의 공연적 약속을 확장하는 활기찬 운율의 대화이다. 이는 자기 개선뿐 아니라 미래에 대한 희망에 초점을 맞추고 있다. 여기에서 '이제 막 삶을 시작한 젊은 순례자 밴드'인 5명의 소년과 5명의 소녀들은 '최선을 다하기' 위해 '우리가 무엇을 할 것인지'를 낭송한다. 첫 번째 낭송자는 '작은 일일 수 있지만 요청하기에 온당하지 않을 수 있다'며 시내를 돌며 모든 배고픈 사람들과 근심 걱정을 가진 쇠약해진 사람들을 찾아 먹이고 입히고 위안과 위로를 줄 것을 약속한다. 이어서 다른 아이들은 나이와 크기 순서대로 가난한 아이들을 위해 일을 찾고, 병자들에게 봉사하고, 절주의 목적을 위해 일하며, 가정에서 필요한 기술을 여성들에게 교육하고, 남성들이 그들의 부인에게 친절하게 대하기를 독려하며, 공공시설을 개발하고, 노인을 돌보고, 동물을 보호하며, 기독교를 촉진하기를 약속한다.

이런 작품 각각은 물론 문제가 되는 사회적 성별에 의한 구조가 있지만, *우리가 하려는 것(What We Mean to Do)*에서도 그렇듯이 특히 사려 깊고 자비로운 사회 질서를 투영하는 시간의 조각이 존재하는 것 또한 분명하다. 점진적으로 증가하는 일련의 목소리로 만들어진 누적된 리듬은 자기와 다른 사람의 복지에 대한 기대를 강력하게 정의하는 일련의 진술을 역동적으로 만든다. 극의 사회적 주제는 공연 행사의 사회적 에너지와 일치한다. 실수를 범하고, 순진하거나 바보 같은 캐릭터를 보여주는 것은 중요한 주제이지만, 흥미롭게도 이러한 위에 언급된 예시들과 다른 예시에서는 '인생보다 큰' 캐릭터(많은 경우 성인, 종종 성별, 계급, 문화적 선입견)가 있다. 이는 아이들이 캐릭터를 연기했을 때 쾌활한 순간을 제공했을 것이다. 작은 그룹에서 다른 젊은이들과 그리고 그들을 지지하는 성인과 함께 작업하고 단조로운 하루의 업무 후에 우정을 쌓고 지적 자극 및 근심 없는 시간을 갖는 것은 결국 더 넓은 개념의 규율적인 대본작업을 위해 줄일 수 없는 시간이 된다. 여기서 텍스트와 그들의 공연은 그 자체가 기쁨으로 그 시간에 존재할 수 있는 가능성을 포함한다. 그리고 스스로를 존중하고 다른 사람들에게 사려 깊다는 것을 특징으로 하는 허용 가능한 세상 만들기와 연계하여 비판의 주체가 되는 젊은이 육성을 포함하는 시간의 사용 확대라 할 수 있다.

적어도 무언가를 할 수 있을 것이다: 주일 학교 엔터테인먼트

이 젊은이는 당신이 충족해야 하는 빈 배가 아니다. 그들은 당신이 개발해야 하는 살아있는 영혼이다... 모든 어린 아이는 작은 세상이며, 각각 영혼을 가지고 있다. 열정이 자리 잡고 있으며, 감정이 중요하고, 애정이 고동치며, 고유한 경향은 펴져나갈 수 있다. 행해지기를 기다리고 있는 훌륭한 일은 모두 올바른 보급과 발전, 그리고 엄청난 힘의 사용에 의해 결정된다.

'주일 학교는 무엇이라 할 수 있을까?' (Hopps 1885)

희망 밴드 1년 후 1888년 1월 구빈원에서 연주한 것은 이 시기에 구빈원에서 엔터테인먼트를 제공했던 로치데일의 많은 주일 학교들 중 하나인 클로버 스트리트 주일 학교(Clover Street Sunday School)였다(Rochdale Board of Guardians 1888). *로치데일 참관인(Rochdale Observer)*[3])에 보고된 주일 학교의 연례 연회 행사는 찬송가, 합창곡, 악기 솔로, 낭독, 대화의 공연이 보편적이었으며 간혹 극이 공연되기도 하였다는 것을 보여준다. 학술적으로는 이 시기 주일 학교가 근로자 계급에 의해 그리고 근로자 계급을 위해 조직된 급진적인 교육의 예로서 이해될 수 있는 그 범위에 대해서 논의한다. 그러나 19세기 일상생활에 있어서의 주일 학교의 우수성에 대해서는 모두가 동의한다. 19세기 중반까지 영국의 대부분의 사람들은 그들의 어린 시절 어느 시점에서든 주일 학교를 경험했으며, 아동 노동 문제에 대한 '용이한 대응'이 되었다. 또한 평일에 하는 노동에 적합한 교육을 제공하기도 하였다(Snell 1999: 168). 이에 따라 주일 학교는 규칙서(rulebook), 시각표, 청결함에 대한 기대, 소음과 움직임의 제어 방법, 시간 엄수

---

3) 역자 주: 영국 로치데일 지역 타블로이드지

에 대한 노력과 함께 자본주의 체제에 준거한 「시간과 장소의 엄격한 규율」을 도입하였다(Laqueur 1976: 222). E. P. 톰슨(E. P. Thompson)은 *영국 노동자 계층 구성(The Making of the English Working Class)*에서 감리교 사상과 공리주의의 억압적인 융합을 반영한 '근로자의 레크리에이션' 형태를 도입하였다고 주일 학교를 비난한 것으로 유명하다(1968: 412). 그러나 그 또한 동료애, 상호 원조, 다양한 사회적 활동을 제공하는 곳(ibid.: 416-418)으로서 주일 학교의 부드러운 모습을 주지하고 있기도 하다. 또한 분명히 엄격한 체제에서 상상적인 사회적 실천이 존재할 가능성에 주의를 기울인다. 토마스 라커(Thomas Laqueur)가 지적했듯이, 톰슨의 분석은 19세기 일하는 어린이와 성인의 회복력의 근원으로서 종교의 중요성을 인정하지 않는다(1976: 160-161; also see 187-189). 이러한 맥락에서 주일 학교의 규율적 문맥은 합리적인 레크리에이션과 같으며 불확실한 세계에서 어린이들에게 보호 환경을 제공하고, 그들의 선량하고 훌륭한 품성을 확인하며, 사회적 지원 관계망에 대한 경로를 확보한 희망밴드와 같다.

로치데일의 클로버 스트리트 주일학교(Clover Street Sunday School)는 차티스트, 그리고 협동조합 운동과 매우 동일시된 유니테리언 채플(Unitarian chapel)의 일부였다(Cole 1944: 49). 19세기 랭커셔의 제조지구에서 유명했던 유니테리언주의(Unitarianism)는 정통파의 수동적 추종이 아니라 믿음의 비판적인 해석을 특권으로 하고 있다. 합리적인 이의제기의 전통이 녹아있는 유니테리언주의는 하느님의 아들로서가 아니라 '그리스도의 단순한 인간성을 최고의 모범으로 주장'하는 것에 기초하고 있으며, 자기 개선의 인간의 힘에 관한 '근본적인 낙관주의' 운동을 지지하는 입장이다(Ditchfield 2007: 27 – 28). 교육에 대한 유니테리언의 노력은 인상적이고 폭넓은 주일 학교 커리큘럼의 개발로 이어졌다. 그런데 흥미롭게도, 현지 주일 학교가 그 지역 부유한 사람들에게 선택된 자선 단체임에도 불구하고 주일 학교 교사는 자신을 자선 단체 전파자로서 여기지 않았다. 대신 교사들은 '회중의 자녀들을 위해 교제와 정신 개선의 친절한 수단을 찾는 협동적 기관'의 일부로서 '무급 사역의 일종'을 제공하고 있다고 생각했다 (Manchester District Sunday School Association 1879). 1880년대 중반까지 클로버스트리트는 27명의 교사(남성 14명과 여성 13명)가 있었고 265명의 아이가 등록하고 있었다(Manchester District Sunday School Association 1886). 그리고 당시의 북부 공업 지대 예배 생활과 긴밀히 연결해 생활하며 풍요로운 사회적 세계로 나아갔다 할 수 있다(Gunn 2000: 125). 일요일에는 종교적 지도에 따라, 학교는 논문, 잡지, 게임이 제공되는 청소년 연합(Young Men's Union), 디켄스 문학 모임(Dickens' Literary Society), 바느질 방법, 미용체조 운동, 젊은 여성을 위한 글쓰기 교실을 제공하는 토요일 저녁 모임과 노래 교실을 포함한 다양한 교육 및 문화적 활동 저녁 프로그램을 제공하였다.

의무초등교육을 도입한 교육법(the Education Act)(1870)에 따라, 맨체스터 유니테리언은 주일 학교의 장기적인 재평가를 실시하였고, 일하는 어린이들의 훌륭한 품성을 고양하기 위한 문화 활동의 명백한 옹호가 포함되게 되었다. 따라서, 라이트 목사(Reverend Wright)는 1891년 회의에서 '도덕적 품성'을 발달시키는 수단으로서 주일 학교에서의 레크리에이션적인 엔터테인먼트의 수용을 옹호한다는 강연을 하였다. '어떤 책이든 어떤 방법이든 당신에게 가장 효과적인 것을 찾으세요. 당신이 원하는 만큼 넓고 다양하게... 종국에 이 모든 것의 독특한 목적은 품성의 형성입니다'(Wright 1891: 9). 희망 밴드와 마찬가지로 목표는 젊은이들을 도덕적으로 바른 공동체의 리더로 육성하는 것이었지만, 여기에서는 도덕적 품성의 구축에 정신적이고 연극적인 에너지가 스며들어 있다. 라커(Laqueur)가 제안한 바와 같이, 주일 학교에 의해 개발된 방법은 낭만적인 담화를 위한 '종교적인 아날로그'를 제공하였다. '어린이는 특히 하나님의 은혜를 받을 수 있고, 따라서 정신적인 비전이 흐린 성인을 가르치고 회심시킬 수 있다'(Laqueur 1976: 10)고 보았다. 이와 같이 주일 학교의 엔터테인먼트에서 연주하는 아이들은 위에서 인용된 바티가 설명한 것처럼 규율적 힘의 방향을 불러일으킬 뿐만 아니라 역전하는 뛰어난 효력을 가지고 있었을 수도 있다. 한편, 바티는 빅토리아 시대 아이들에 의한 연극 공연은 사회화 과정에서 아이들을 목격하는 것으로부터 힘을 낳는다고 설명하지만, 주일 학교 공연에서 아이는 하나님의 은혜, 즉 세속적 권위를 압도하고 규제하는 힘도 나타내고 있다. 이것은 또한 희망 밴드의 공연과 같이, 어린이와 다른 많은 삶의 형태에 사회적 영역을 차단하는 것이 아니라 열어두기를 약속하는 것이다.

19세기 주일 학교에서는 주일 학교를 위한 노래, 낭독, 대화 등이 수록된 저렴한 출판물과 함께하는 연극적 활동이 중요한 역할을 담당하였다. 그러나 여기에서는 구빈원에서 주일 학교 엔터테인먼트의 중요한 측면이었던 찬송가 공연의 규율적 효력을 탐구한다. 1891년에 맨체스터 유니테리언주의자의 모임에 참석한 밀슨 목사(Reverend Millson)는 찬송가를 노래하며 얻을 수 있는 사회적 효력에 대해 주장하였다. 이는 아이들을 직접 대상으로 하는 것처럼 판단된다.

우리가 가장 좋아하는 찬송가는 모든 목소리가 하나의 큰 파도가 되어 부를 수 있는 것입니다. 모든 사람이 참가하고, 각각의 사람들이 다른 사람과 함께, 그리고 다른 사람을 위해 노래하는 것은 찬송가를 찬양의 일부로 만듭니다. 그것은 우리가 함께 예배하고 있다는 것을 느끼게 하고, 그 예배에서 모두가 각자의 몫을 가지고 있다는 것입니다. 당신의 몫에 신경을 쓰십시오(Millson 1891: 19).

이 시기에 유니테리안 주일 학교에서 사용된 아이들을 위한 찬송가인 패링턴의 1894년 찬송가 모음집을 생각하면 도움이 될 것이다. 전체를 읽으면, 밀슨의 설명을 반영하는 주제의 호(thematic arc)가 눈에 띄고, 이것이 제시하는 '감성적인 드라마'는 E. P. 톰슨(1968: 415)이 지적한 주일 학교의 '종교적 테러'와는 거리가 멀다. 대신, 그것은 현저하게 인생을 긍정하는 것이다. 다른 사람과 함께 노래하는 기쁨, 자연의 내세성(the otherworldliness of nature), 애정과 육성(loving and nurturing)의 존재로서 하느님의 영광을 축하하는 노래가 있다. 그리고 쾌활함, 사랑, 감정, 인내, 정직, 믿음, 좋은 습관, 동물 친화적인 것, 다른 사람을 돕는 것, 용기를 가진다는 것을 칭찬하는 노래가 있다. 찬송가 책에는 세상을 더 나은 곳으로 만들기 위해 젊은이가 할 수 있는 긍정적인 역할에 대해 말하는 엄중한 부분이 포함되어 있다. '친구여 이리 와라. 세상은 고쳐지기를 원한다! ... 할 수 있는 일은 미약한 것일 수 있지만 여전히 할 수 있는 일이 있다.' 찬송가

속 어구는 작고 잘 알려지지 않은 것의 중요한 공헌을 반복적으로 강조한다. 어린 아이들, 가난한 사람들, 친절을 속삭이는 말, 사랑에 대한 짧은 응시, '힘없는 벌레'와 '바람에 떠다니는 씨앗'을 포함한 신의 '어린 자녀'. '적어도 무언가를 할 수 있다(the least may do something)'라는 한 찬송가의 타이틀이 보여주듯이, 가치가 너무 없거나 빈약한 것은 없다. 찬송가는 자기 믿음, 자기 존중, 타인을 위한 개방성(인간이 아닌 것의 삶도 포함), 깊은 행복감을 불러일으키는 방식으로 사회적 세계를 형성하는 즐겁고 구체화된 경험을 제공한다. 찬송가는 규율의 시행인 동시에 비판적인 회복력의 근원으로 해석될 수 있다. 아마도 가장 분명한 것은 자비와 사랑의 질서적인 중심지가 되는 전능한 힘일 것이다. 이 전능의 힘은 특정한 감정과 경험의 억압을 바탕으로 하지만, 이는 또한 질서 있는 이 우주에 모든 형태의 생명을 위한 시간과 장소가 있다는 약속, 그리고 권위가 퇴출될 수 있는 규율의 힘으로의 변환이 이루어질 수 있다는 약속을 전하고 있다. 목소리의 합창이 모여서 참으로 사회적이고 사회적인 다양함 속에서 포용적인 존재를 위한 감정적인 풍경을 실현한다.

결론

데리다는 어린이들이 시간이 지남에 따라 회복력을 유지하는 정체성의 범주로 이동하는 그 시간과 공간에 관해 플라톤의 코라에서의 인용을 보여준다 (1995: 107). 구빈원에서 시작한 공연이 적어도 부분적으로라도 보여주는 삶의 양식은 경제적으로는 배제된 정치적 인식과 명료함의 가장자리에 머물고 있다는 것이다. 이는 각 공연의 정서적인 영역에서는 가장 명백한 것이라 하겠다. 이와 같이 공연의 코라적인 성격은 응용연극 실천의 감성적 능력의 결정적인 효력에 대한 논의와 함께 공명한다. 이는 제임스 톰슨(2009)에 의해 가장 명확하게 표현된 바 있다. 가장 중요한 것은 각 공연의 감성적 영역이 근본적으로 개방적인 수용과 참여를 창출하였다는 것이다. 다양하게 구성된 사회적 세계의 가능성을 투영한다는 의미에서 개방, 그리고 똑같이 가치 있고 질서 있는 혼합(mélange)으로서 여러 형태의 삶이 존재한다는 것이다. 각각의 공연은 역시 풍부한 지식과 능력을 바탕으로 세상을 만드는 매개체로서 연극적 처리과정과 연관을 갖는 자리에 위치하며 사회적 지원과 비판적인 교육법적 실천의 인프라를 내재하고 있다. 계층적이고 배타적인 일련의 구조의 구체화로서, 그리고 동시에 사회적 영역의 개방으로서의 공연과 그 맥락의 모순된 특성을 포용하는 것은 중요하다. 이러한 일련의 구조는 존경과 좋은 품성, 그리고 일의 이상적 준수를 조건으로 그 지속성을 만든다. 각각의 공연에서 강제적이고 해방적인 특징이 공존한다는 점은 그 복잡한 수용의 방침이 주목을 받게 한다. 데리다로 돌아가서, 공연의 코라적인 연극성은 어떤 '매우 어려운 흔적'을 환기시킨다. 즉 표현되는 것과 그것이 어떻게 보이고 수용되는지의 관계를 수정하는 것은 불가능하다는 것이다. 그것은 아마 응용연극 정책의 가장 희망이 넘치는 정의를 제공하는 연극의 합리적인 처리과정의 결정성, 즉 수용의 헤아릴 수 없음이라 하겠다. 마치 실천가와 연구자 그리고 연극 프로젝트 참여자들이 다른 사람의 수용에 의해 추론된 관계를 포함하는 다른 유형의 관계로의 이탈 가능성을 수반하는 생산과 수용의 문제적인 경제를 내포하고 있다는 것이다.

　　예시들은 지금까지 아직 손대지 않은 19세기 초보적인 사회적 극장 아카이브를 더 조사할 가능성을 보여주고 있다. 특히 응용연극의 역사에 있어서 선교 문화의 중요성을 강조하고 결국 이러한 역사의 식민지 시대 궤적에 주목하고 있다. 이러한 역사와 기독교적 언설에 의해 암묵적이거나 명시적인 체계를 가진 원조, 개발, 복지의 맥락에서 이루어지고 있는 동시대적 연극의 가치 있는 연결이 존재할 것이다. 연극에서는 개신교적, 실용적, 낭만적 언설이 뒤섞여 짜인 체계적인 망이 존재한다. 이는 공공 서비스, 정부 부처와 편의로서 시간과 장소를 넘어 울림을 전달한다. 그리고 사회적 연극의 가치와 경제 위기에 대응하여 정부에 의해 도입된 긴축 정책에 의해 위협받는 가치에 관한 토론의 신선한 기반을 제공한다. 예를 들어, 여기에서 다루어진 신진 사회적 연극은 영국의 서민적 연극에 대한 공공 보조금의 후속 발전을 예측하고, 진행 중인 연구에서 수집된 통찰은 다양한 맥락에 걸쳐 창조적인 사회적 관행의 신자유화에 대항하기 위한 현대적인 노력에 도움이 될 수 있다.

감사의 말

랭커셔와 체셔 희망 밴드 연합의 기록은 대영 도서관(British Library)을 통해 얻을 수 있었고 맨체스터 지구의 주일 학교 연합과 관련된 아카이브는 맨체스터 대학의 존 라이랜즈 대학 도서관(the John Rylands University Library)을 통해 얻었다. 이 장의 연구는 예술 인문과학 연구 평의회(the Arts and Humanities Research Council [Grant Ref: AH/L004054/1])에 의해 지원받았다.

References

Arnold, M. 1869. *Culture and Anarchy.* Project Gutenberg e-book, available from www.gutenberg.org/ebooks/4212. Last accessed 20 April 2015.

Bailey, P. 1978. *Leisure and Class in Victorian England: Rational Recreation and the Contest for Control, 1830-1885.* London: Routledge & Kegan and Paul.

Barish, J. 1981. *The Antitheatrical Prejudice.* Berkeley, CA: University of California Press.

Barrett, W. 1886. *English Glees and Part-songs: An Inquiry into their Historical Development.* London: Longmans, Green & Co.

Bolton, G. 2007. 'A history of drama education: a search for substance' in Breser, L. (ed.) *International Handbook of Research in Arts Education.* Netherlands: Springer, pp. 45-62.

Butler, J. 1993. *Bodies that Matter: On the Discursive Limits of Sex.* New York & London: Routledge.

Carmen, B. 1904. *The World's Best Poetry Vol IX of Tragedy: Of Humor.* Philadelphia: John D. Morris and Company. Available from www.guten berg.org/ebooks/43223. Last accessed 20 April 2015.

Cole, G.D.H. 1944. *A Century of Co-operation.* London: George Allen and Unwin.

Cole, J. 1994. *Conflict and Cooperation: Rochdale and the Pioneering Spirit, 1790-1844.* Littleborough: George Kelsall.

Department for Work and Pensions. 2008. 'No-one written off: reforming welfare to reward responsibility'. UK: The Stationery Office.

Derrida, J. 1995. (ed. T. Dutuit and trans. D. Wood) *On the Name.* California: Stanford University Press.

Ditchfield, G.M. 2007. 'English rational dissent and Sunday Schools' in Orchard, S. and Briggs, J.H.Y. (eds.) *The Sunday School Movement.* Milton Keynes, Colorado Springs, Hyderabad: Paternoster, pp. 17-41.

Engels, F. 1993. (ed. D. McLellan) *The Condition of the Working Class in England.* Oxford: Oxford University Press.

Farrington, C. 1894. *Hymns for Children, with Opening and Closing Services, and Songs and Hymns for Bands of Mercy and Hope.* London: Sunday School Association.

Foucault, M. 2008 *The Birth of Biopolitics: Lectures at the Collège de France, 1978-1979.* New York: Palgrave Macmillan.

Gowland, D.A. 1979. *Methodist Secessions: The Origins of Free Methodism in Three Lancashire Towns.* Manchester: Manchester University Press.

Gunn, S. 2000. *The Public Culture of the Victorian Middle Class: Ritual and Authority in the English Industrial City, 1840-1914.* Manchester and New York: Manchester University Press.

Gurney, P. 1996. *Co-operative Culture and the Politics of Consumption in England, 1870-1930.* Manchester: Manchester University Press.

Hallsworth, T.E. (ed.) 1885. *The Onward Reciter, Volume XIV.* London and Manchester: Partridge & Co, Onward & John Heywood. Available from archive.org. Last accessed 20 January 2016.

Harrison, B. 1994. *Drink and the Victorians*, 2nd edn. Keele: Keele University Press.

Holyoake, G.J. 1900. *Self-Help by the People: A History of the Rochdale Pioneers, 1844-1892*, 10th edn. Available from archive.org. Last accessed 20 April 2015.

Hopps, Rev. J. Page. 1885. 'Sermon: What is a Sunday School?' *The Unitarian Herald* 10 April 1885.

Jackson, Anthony. 2007. *Theatre, Education and the Making of Meanings: Art or Instrument?* Manchester: Manchester University Press.

Lancashire and Cheshire Band of Hope Union. 1888. *Twenty-Fifth Annual Report.* Manchester: Mount Street.

Laqueur, T.W. 1976. *Religion and Respectability: Sunday Schools and Working Class Culture, 1780-1850.* New Haven and London: Yale University Press.

Manchester District Sunday School Association. 1886. 'Report of the committee to the 41st Annual meeting'. Manchester: A. Ireland and Co., Pall Mall.

Manchester District Sunday School Association. 1879. 'Report of the committee to the 34th Annual meeting'. Manchester: H. Rawson & Co.

McAllister, Annemarie. 2011. '"The lives and souls of the children": the Band of Hope in the North West'. *Manchester Region Historical Review* 22: 1-18.

Millson, F. 1891. *Talks about the Sunday Services*. London: Sunday School Association.

Nicholson, H. 2010. *Theatre, Education and Performance: The Map and the Story*. Basingstoke: Palgrave Macmillan.

No author. 'Rochdale Board of Guardians' *Rochdale Observer*, 11 January 1888.

No author. 'Opening of Sudden coffee tavern' *Rochdale Observer*, 18 December 1880.

No author. 'Mr Cross's popular concerts' *Manchester Courier and Lancashire General Advertiser*, 12 November 1883.

No author. 'Christmas treat to the workhouse inmates' *Rochdale Observer*, 29 December 1877.

No author. 'A description of the new Dearnley workhouse, with an account of the proceedings at the opening ceremony' *Rochdale Observer*, 22 December 1877.

Olsen, S. 2014. *Juvenile Nation: Youth, Emotions and the Making of the Modern British Citizen, 1880-1914*. London and New York: Bloomsbury.

Plato. 2008. (trans. by B. Jowett) *Timaeus* Project Gutenberg e−book, available from www.gutenberg.org/ebooks/1572 Last accessed 20 April 2015.

Rancière, J. 2011. *Staging the People: The Proletarian and his Double*. London and New York: Verso.

Rancière, J. 2003 [1983]. *The Philosopher and his Poor*. Durham and London: Duke University Press.

Robertson, W. 1875. *Rochdale Past and Present: A History and a Guide*. Rochdale: Schofield and Hoblyn.

Rochdale Board of Guardians, Board of Guardians committee, 5 January 1888. Minute book PUR 1/24 (Rochdale Local Studies Unit).

Rochdale Board of Guardians, Board of Guardians committee, 6 January 1887. Minute book PUR 1/23 (Rochdale Local Studies Unit).

Rumens, C. 'Poem of the week: The Fine Old English Gentleman by Charles Dickens'. *Guardian* 14 May 2012.

Russell, D. 1996 [1986]). *Popular Music in England, 1840-1914: A Social History, 2nd edn*. Manchester: Manchester University Press.

Samuel, R., MacColl, E. and Cosgrove, S. 1985. *Theatres of the Left 1880-1935: Workers' Theatre Movements in Britain and America*. London: Routledge and Kegan and Paul.

Shiman, L. 1973. 'The Band of Hope Movement: Respectable recreation for working−class children'. *Victorian Studies* 17.1: 49-74.

Shiman, L. 1988. *Crusade against Drink in Victorian England*. London: The Macmillan Press.

Smiles, S. 1996 [1859]. *Self−Help*. Great Britain: IEA Health and Welfare Unit.

Snell, K.D.M. 1999. 'The Sunday School movement in England and Wales: Child labour, denominational control and working−class culture'. *Past and Present* 164: 122-168.

Thompson, E. P. 1968. *The Making of the English Working Class*. London: Penguin Books.

Thompson, J. 2009. *Performance Affects: Applied Theatre and the End of Effect*. Basingstoke: Palgrave Macmillan.

Turner, N. 1942. 'The drama in temperance work' in No author. *The Band of Hope Blue Book: A Manual of Instruction and Training*. London: United Kingdom Band of Hope Union.

Tyler, R. 1946. *The Hope of the Race*. United Kingdom Band of Hope Union: Hope Press.

Varty, A. 2008. *Children and Theatre in Victorian Britain*. Basingstoke: Palgrave Macmillan.

Vincent, D. 1976. *The Formation of the British Liberal Party 1857-1868*, 2nd edn. Sussex & New York: Harvester Press.

Weber, M. 2002. (ed. and intro P. Baehr and G.C. Wells) *The Protestant Ethic and the 'Spirit' of Capitalism and Other Writings*. London and New York: Penguin Books.

Wright, Rev. J.J. 1891. *Less Teaching and More Training*. London: Sunday School Association.

동아시아와 동남아시아에서의
응용연극 및 문화적 기억

완정왕(Wan-Jung Wang)

 싱가포르, 홍콩 또는 대만의 시내도심에 서 있는 사람이라면 비슷한 세계적인 브랜드 매장과 커피숍에 둘러싸여 있어 장소를 구분하기 어려울 것이다. 장소상실감은 지역주민이나 여행객 모두를 압도하고 혼란스럽게 한다. 지역주민들은 그들이 성장한 도시의 잃어버린 흔적을 찾는 반면, 여행자들은 도시의 '진짜' 장소를 찾는다. 동아시아와 동남아 글로벌 도시의 응용연극 실천가들은 이러한 장소상실감에 민감하게 반응하며 공연을 만들기 위한 원천으로 삼았다. 응용연극 실천가들은 지역사회의 어른들, 사회적으로 배제된 개인들, 소외된 원주민과 인터뷰하고 그들이 살았던 장소의 이야기와 관심사를 더해 연극으로 눈에 보이지 않는 문화적 기억[1]을 재발견하려고 시도하였다. 이 공연에서 응용연극 실천가들은 도시의 특정한 장소와 그곳에 거주하는 사람들 간의 연관성을 회복하면서 장소에 대한 공동의 기억을 재구성하려는 시도를 하였다. 공연은 장소가 '진짜임을 증명'할 권리가 누구에게 있는가라는 의문을 제기하며, 사람들이 붙잡고 싶고 다시 경험하고 싶어 하는 도시에서 보이지 않는 문화적 기억의 장소를 찾으려 하였다. 이러한 연극 프로젝트의 일환으로, 실천가들과 지역사회는 이탈로 칼비노(Italo Calvino)가 '보이지 않는 도시(Invisible Cities)(1972)'에서 다양한 은유

....

1) 역자 주: 기억은 추상적인 개념이 아니라 다양한 형식을 통해 보존되며 문화적 실천 가치
    를 지니고 있다고 보는 개념

그리고 기호와 건축의 변형으로 종종 보이지 않고 숨겨져 있는 기억, 욕망, 상상으로 만들어진 도시라고 시적으로 묘사한 도시로의 여정을 시작하였다. 연극을 만드는 과정에서, 응용연극 실천가들은 도시의 소유권에 관한 것뿐만 아니라 기억하는 과정에서 보존되고 전달되거나 버려지는 문화적 기억의 관계에 대하여 이의를 제기하였다. 그들은 그들의 사회에서 작동하는 기억과 망각의 메커니즘과 이러한 복잡한 메커니즘 뒤에 작용하는 힘에 대해 탐구한다.

1990년대 이후 싱가포르, 홍콩, 대만에서 세계화가 불러온 엄청난 사회, 문화적 변화는 지역 문화와 역사적 정체성을 찾고 집단적 문화적 기억을 재구성하는 과정을 자극하였다. 이러한 과정은 수많은 지역 문화적 운동에 의해 가능하였으며 응용연극도 이러한 운동의 일환이다. 데이비드 하비(David Harvey)와 샤론 주킨(Sharon Zukin)은 모두 아시아의 글로벌한 도시들이 문화의 상품화, 젠트리피케이션, 유행적이고 진보적인 서구문화 모방, 엔터테인먼트 산업과 문화관광에 의한 지역 문화의 침식에 의해 위협받고 있음을 보여주었다(see Harvey 2003, 2006; Zukin 2010: 9-15). 어떻게 도시에 거주하는 인구가 이러한 사회문화적 삶의 형성에 저항할 수 있는지는 분명하지 않다. 이 장에서 필자는 응용연극의 저항적 잠재력이 기억과 공간의 실천과 관련하여 유용하게 이해될 수 있다고 주장하기 위해 푸코(Foucault)의 '헤테로토피아' 개념을 사용한다.

푸코는 '헤테로토피아'를 '실재'로 이해될 수 있는 일종의 공간이자 현실을 비추고 언급하는 거울로 설명한다.[2] 그는 거울의 은유를 통해 남겨진 역사적 의미를 포함하여 어떻게 공간이 다른 사람과의 숨겨진 관계를 나타내는지, 다르게 구성된 공간과 의미의 다양성을 나타내려 하였다. 공연 공간을 포함한 이러한 공간은 하나이고 실제적이며 동시에 환상적인 공간으로, 거주자가 문화생활과 관련하여 스스로를 재구성할 수 있는 카운터사이트(counters-sites)를 제공한다(Foucault 1984: 4).[3] 이러한 헤테로토피아 개념은 에드워드 소하(Edward Soja)의

---

2) 역자 주: 혼란스럽고 강렬하며 양립할 수 없거나 모순되거나 변형되는 등 어떤 식으로든 '다른' 특정 문화적, 제도적 및 담론적 공간을 설명하려는 개념
3) 역자 주: 재현되고, 경쟁하고, 반전되는 푸코가 주장한 효과적으로 운영되는 실제적인 유토피아

현실과 상상의 공간 개념인 '제3의 공간(third space)'과 유사하다. '제3의 공간'은 사회성과 일상생활의 실천, 역사적 경험, 재현적 실천, 주관성과 추상성, 유형성과 상상적 공간의 개념이다. 이 개념은 거주자들을 위한 잠재적 수단으로 그들이 사는 공간을 다시 생각하고 재창조하도록 공간과 공간적 실천에 대한 이해를 넓혀준다. 헤테로토피아와 제3의 공간 두 개념 모두 앙리 르페브르(Henri Lefebvre)의 지각된 공간 개념화를 재구성하고 균형을 잡으려 하며, 공연의 실천이 생활공간과 상호 작용하는 방식을 이해하기 위한 새로운 가능성을 제시한다 (1991: 38-44). 필자는 다음에 살펴볼 응용연극의 예시가 헤테로토피아와 제3의 공간으로 작용하며, 장소와 장소의 거주자에 대한 기억을 재현함으로써 관객과 참여자가 그들의 현실을 성찰하도록 고무한다고 주장한다. 이를 통해 응용연극 실천이 문화적 기억의 재구성과 도시에 다양한 형태의 헤테로토피아와 제3의 공간을 구축함으로써 세계화의 힘에 의한 공간조작에 대항할 수 있다고 주장한다. 이로 인한 연극의 과정과 공연은 일종의 문화적 저항으로 여겨질 수 있다.

이 장에서는 싱가포르, 홍콩, 대만에서 실현된 응용연극의 세 가지 예시를 살펴보고, 어떻게 지역사회 연극 활동이 경쟁하고 사라져가는 문화적 기억을 재조정하고 다양한 지역사회가 참여하여 잃어가는 장소의 감각을 되찾는지 탐구하려 한다. 필자는 대립하는 사회적, 역사적, 지리적 여건을 반영하여 어떻게 지역사회가 다양한 문화적 기억을 되돌아봄으로써 장소와 연결하는지 알아보고, 지역사회 각각의 맥락에서 전통적인 기억실천에 저항하는지 그 사례들의 내용과 형식을 분석하려 한다. 또한, 응용연극 단체가 적용한 독특한 미학적 전략을 탐구하려 한다. 본 연구는 인터뷰, 대본, 리허설 노트의 데이터를 분석하였으며, 데이터 수집에 있어서 참여자들을 성찰적 수행자로서 참여시키는 것을 목표로 하는 것이 특징이다.

싱가포르 문화적 기억의 보이지 않는 뿌리와 경로를 보여주는 지역사회 연극 실천

1990년대 이후 싱가포르는 아시아의 경제적 선도 국가가 되었으며 전원도시이자 도시국가로 간주되어 왔다. 싱가포르 지역사회는 민족문제 및 지역 문화 정체성의 상업화와 관련하여 다양한 글로벌 및 지역 갈등을 경험하였다. 싱가포르 항구의 다문화 지역인 겔랑(Geylang)은 이러한 갈등이 발생하는 구체적인 장소로 여겨진다. 싱가포르 강 동쪽에 위치한 겔랑은 오랫동안 기계수리 작업장, 보트 및 가구 제조업을 위한 목재 공급업자와 건설 산업에 공급되는 철강 및 플라스틱 공급자 같은 이민자들을 위한 초소형기업이 있는 도시 외곽지역으로 여겨져 왔다. 이 지역은 향우회에서 사용하는 상점 건물을 보존하는 것으로 잘 알려져 있으며, 새로운 사람들이 지역풍습과 생활 방식을 처음 접하는 초기 접점 지역으로 자리를 잡았다. 동쪽과 서쪽 사이, 자연적으로 깊은 곳에 위치한 항구인 겔랑은 유럽 식민지 개척자들과 싱가포르 군에게 전략적으로 편리한 곳이었다 할 수 있다. 상하이와 콜카타와 같은 다른 아시아 항구와 마찬가지로 겔랑은 한 세기가 넘도록 매춘을 위해 여성을 매매하는 장소로서의 역할을 해왔다. 제임스 프랜시스 워렌(James Francis Warren)은 어떻게 홍등가가 차이나타운에서 비치로드 동쪽으로 이동한 후, 싱가포르 독립 전환기 과정에 싱가포르의 경제발전을 위한 보호구역에서 식민지 및 국가통제의 분리된 사창가 업소인 칼랑 강을 건너 겔랑까지 가게 되었는지 조사하였다(Warren 2007: 228-229, 256-258). 지속적인 세계화 추세와 노동수요에 의한 이민 장려정책으로 1980년대 이후 10년마다 싱가포르의 이민자는 거의 60만 명씩 증가했으며, 싱가포르의 이민자 수는 130만 명 이상으로 싱가포르 전체인구의 25%이다. 겔랑은 100년 전 중국 이민자들이 막노동과 인력거를 공급하던 곳이지만 지금은 훌륭한 음식, 따뜻함, 정서적 안정을 찾는 국제적인 노동자계급 노동자들의 최종목적지이다.

싱가포르의 유명한 응용연극 단체 드라마박스(Dramabox)는 2007년부터 지역의 관객을 위해 겔랑과 관련된 세 편의 연극을 제작하였다. 1990년에 설립된 바 있는 드라마박스의 목표는 혁신적인 연극 형식과 상호적인 참여 전략으로 시사적이고 도발적인 사회 문제를 다루는 것이다. 장소지정학적 연극으로 겔랑의 숨겨진 역사를 탐색하는 것은 드라마박스의 핵심목표를 상기시킨다. 극단은 이 지역의 이해관계자와 주민들을 인터뷰하고 성매매 종사자들의 일상과 문제를 현시함으로써 시간의 흐름 속 겔랑의 보이지 않는 경로와 문화적 기억과 관련된 뿌리를 살펴보았다. 싱가포르에서 성매매 종사는 합법이지만, 일반적으로 받아들여지는 도덕적 규범 때문에 낮 시간에는 운영되지 않으며 많은 성매매 종사자들은 밤 시간에 업소를 운영을 한다. 그래서 겔랑은 시각적이고 감각적인 여흥을 제공하는 비밀스러운 관광지역이 되었다. 여기서 필자의 논의가 갖는 중요한 의의는 푸코가 '그 유명한 매춘업소의 역할은 모든 실제 공간, 그 안에 인간의 삶이 분할되어 있는 모든 장소를 더욱 환각적으로 드러내며 환각의 공간을 만들었다는 것이다'라고 언급하며 매춘업소를 '헤테로토피아스'로 분석했다는 것이다(푸코 1984: 8). 필자는 여기서 겔랑에서의 드라마박스 공연이 공간의 이질적인 특성을 사용해 경제발전이 반갑지 않은 현실을 배제하면서 도시와 그 도시의 인구, 역사 사이에 잘못된 분할을 만들어내는 방식을 드러낸다고 주장한다. 연극 과정과 공연은 겔랑을 헤테로토피아로 되돌아보고 대안적으로 문화적 기억을 풀어냄으로써 싱가포르의 사회적 현실을 반영하기도 함과 동시에 비판하기도 한다.

겔랑의 지역사회 연극 세 편 중 하나인 *욕망의 무시된 땅(Ignore LAND of its Desires)* − *겔랑의 신, 욕망, 음식 그리고 역사*(2009)는 겔랑의 모든 이름의 기원을 설명하고, 겔랑의 춤추는 소녀들(Dancing Girls)에 의해 지어진 지역 '행복학교'의 역사를 묘사하고, 겔랑 거주자의 관점과 그곳에서 살아온 추억에 관한 인터뷰를 포함하고 있다. 이 연극은 '겔랑'이라는 이름이 푸키엔(Fukien) 지방 방언의 '말 못하는', '듣지 못하는'과 발음이 비슷하다는 것을 보여준다. 이는 이 지역이 생겨난 이후 싱가포르 정부가 이 지역의 매춘 문제를 고의적으로 방치했음을 풍자하는 상징으로 작용하였다. 겔랑의 이름은 킬랑(Kilang)이라는 말레이어로 거슬러 올라가는데, 킬랑은 말레이시아의 한 지역으로, 이 지역은 영국 식민지배자들을 위해 지역 코코넛 제품이 제조되던 장소이다. 푸키엔 방언으로서 '겔랑'은 인도 사롱4)이나 닭이나 오리를 위한 우리를 지칭하기도 한다. 국제 선원들과 군인들은 항구 근처에서 성매매를 할 곳을 찾았었고 푸키엔어로 닭이라는 단어가 매춘부를 지칭하는 데 사용되었기에 겔랑을 폄하하는 말로 '닭장'이라는 말로 알려지게 되었다. 이와 같이 겔랑과 연관된 비꼬는 듯한 어조는 싱가포르 사람들이 갖는 겔랑에 대한 모호한 사회적, 정치적 태도를 보여준다. 따라서 이 연극에서 겔랑의 역사적 명칭에 대한 비판은 오랫동안 권력자들이 그 지역과 주민들을 인식하고 조정하는 방식에 비판적으로 관여하는 파괴적인 행위로 읽을 수 있다. 겔랑이 도심에서 소외되고 고립된 헤테로토피아라면, 음식과 성에 대한 사람들의 욕망을 충족시키기 위한 환각으로 가득 차 있다면, 이 또한 성매매에 종사하는 세대들의 불만, 위선, 무시된 고통의 현실을 반영하는 장소이기도 하다. 이 헤테로토피아 안에서 모든 사람들은 분리되어 있으며 모든 것은 상품으로서 사고팔 수 있다. 하지만 누가 진정한 승자인지는 불분명하다. 결국 모두가 나누어져 있고 상품교환의 참여자들이기 때문에 모두가 패자로 보인다. 겔랑의 거리 이야기와 역사를 특징으로 하는 드라마박스가 극으로 묘사한 직접적인 인터뷰는 보이지 않는 겔랑의 환상과 비인간적인 모습의 보이지 않는 매우 실제적인 기원을 드러낸다.

행복학교는 1946년 그 지역에서 잘 알려진 무용수, 리나 호(Lina Ho)의 후원에 의해 겔랑 24번가 14번지에 설립되었다. 공연은 이 학교가 원래 세워졌던 버려진 집에서 진행되었다. 리나 호 역할을 맡은 배우는 중국 전통의상을 입고 학교의 역사적 사진들이 보이는 프로젝터 앞에서 가난한 이들이 무상교육을 받을 수 있기를 바라는 그녀의 마음을 우아하게 표현하였다. 1950년의 사회통념에 맞지 않는 호 여사의 직업 때문에 그녀와 당시 이사회 구성원들은 학교 이사회에서 제명되었고 학교는 학생 수 감소로 1979년 문을 닫기 전 상업학교로 전환되었다. 행복학교의 이야기는 기억을 공유하기 위해 초대된 주민들의 인터뷰를 통해서 되찾아졌다. 이러한 기억하기의 실천은 그 자체로 헤테로토피아로 작용하며 지역 역사의 공식적인 파괴와 태만에 대한 항의로 작용한다. 공연에서

---

4) 역자 주: 말레이시아, 인도네시아 등지에서 남녀 구분 없이 허리에 둘러 입는 천

호 여사의 지역학교 설립과 그녀의 직업을 이유로 학교 위원회에서 배제된 사건을 드러낸 것은 싱가포르 당국의 위선적인 이념에 대한 저항행위였다.

이 극에서 겔랑 주민들은 손님들이 늦은 밤에 술을 마시고 큰 소리로 떠드는 등 성산업이 야기한 소음과 혼선 그리고 많은 수의 중국 소녀들이 이 지역사회로 이동해 온 것 등에 대한 불만을 표시하기도 하지만, 소녀들의 순수함과 아름다움에 대해 묘사하기도 한다. 주민들은 여러 세대 동안 그곳에 살아왔기 때문에 그곳에 머물러야 할지 떠나야 할지, 내면의 갈등을 표출한다. 많은 주민들은 성매매 종사자들이 스스로 떠나기보다 정부가 그들을 이동시켜 주기를 바란다. 극은 겔랑의 사실적 장면이 특징이며 거리와 닫힌 문 뒤에서 성이 어떻게 거래되는지를 보여준다. 교활한 포주, 무기력한 사회 복지사, 경험은 없지만 간절한 손님, 현지가이드 역할을 열성적으로 하는 택시기사, 잃어버린 여동생을 찾는 우울한 중국인 성매매 종사자들, 그리고 이들의 욕망과 고통을 보여주고 있다. 극적 언어는 아이러니, 동정심, 마을 사정을 잘 아는 유머와 활력이 혼재되어 있다. 이 극은 브레히트 내레이션의 소외효과(alienation in mode of narration)와 공감을 자아내는 리얼리즘 사이를 오가며 싱가포르의 폭넓은 관객과 만나는 것을 목표로 영어와 중국어 두 언어로 표현되며 과거와 현재의 겔랑을 되돌아보고 비판한다. 극 제작에는 겔랑의 지역주민과 현재 성산업의 수많은 이해당사자들의 인터뷰가 포함되었으며, 이후에 그들의 점차 발전하는 정체성과 겔랑에 대해 정의하는 시각을 재조정하였다. 더 나아가, 극을 만드는 데 현지 주민들의 참여와 개입을 통해 겔랑의 발전방향에 대한 의문들을 생성하였다. 공개적으로 겔랑 주민의 목소리와 우려를 표현하는 것은 세계의 정치 경제와 겔랑 성산업에 대한 의심스러운 정부의 속임수를 비판하는 일종의 문화적 저항이라 할 수 있었다.

드라마박스가 겔랑에서 만든 다른 두 연극은 *꽃들(Flowers)*(2011)과 *얼마예요?(How Much?)*(2011)이다. 세 작품 모두 구전역사 인터뷰와 현장연구에 기초해 겔랑의 성산업에 대한 깊은 탐구를 제공하며 암울하고 사실적인 방식을 보여준다. 모든 작품은 침해당한 인권과 노동권, 성산업 이주자들의 안전을 침해하는 사회 경제적 구조를 보여주고 있다. 연극 *무시된* 땅에서는 실종된 여동생을 찾기 위해 성매매 제안을 받아들이는 중국 성매매 종사자의 모습을 보여주는데, 사기와 밀수를 당하고 결국 성매매를 강요받았다고 폭로하였다. 많은 성매매 종사자들이 불법체류자이기 때문에 정당한 대가를 받지 못하고 법적보호를 받지 못한 채 수많은 학대, 실종, 사고사를 당한다. 극의 말미에 여동생에 의해 켜진 촛불은 상징적인 것이다. '당신은 우리 가족의 생명에 불을 붙여주었지만 자신을 위해서는 그렇지 못했다'(드라마박스 2009: 21). 꽃들(flowers)은 현지 싱가포르 성매매 종사자들의 삶에 대한 탐구가 담겨있다. 50살인 샤지에(Sha Jie)는 성매매를 하며 그녀의 딸을 키웠는데 딸의 가족들로부터 멸시와 소외를 당하였다. 그녀는 손녀를 위해 생일 선물로 핸드폰을 선물하였지만 딸이 이를 거부하였다. 샤지에는 계속 거리에서 일하며 그녀의 손녀와 재회하기를 희망하고 있다. 27세인 헬렌은 그녀의 불법적인 신분 때문에 경찰에게 붙잡히고 포주에게 협박당하고 손님에게 착취당하는 위험을 끊임없이 마주하고 있다. 하지만 그녀의 절망적 상황은 그녀를 이러한 위험한 환경에서 일하도록 만들고 있다. 35살의 여장남자인 조조는 매일같이 고객의 차별과 착취에 직면하였다. 그녀는 강했고 거리에서 신체적 학대를 당하는 그녀의 여자 친구들을 보호하려 한다. 이 극은 충격적이고 분명하게 관객들이 거리에서의 삶이 갖는 어려움을 목격하도록 한다.

연극 얼마예요?는 '정상적인' 가정의 삶과 매춘 사이의 갈등을 풀어내며 관객 참여자들이 연극 안에서 토론을 하는 포럼연극 형식을 취한다. 메이(May)는 성매매 종사자를 만났던 아빠를 찾아 한때 겔랑으로 여행했던 젊은 여성이다. 그녀의 엄마는 이 사실을 그냥 무시하고 일에 전념하라고 말한다. 메이는 분노를 표출할 곳이 없다. 그녀는 이후 겔랑으로 돌아와 성매매 종사자들과 그들의 고객사진을 찍어 웹사이트에 공개한다. 많은 여성들이 그녀의 노력에 동참하여 성매매 고객의 수는 줄고 이는 성매매 종사자들의 생계에 영향을 끼친다. 성매매 여성 종사자 사진이 인터넷에 유포되어 경찰에 체포된 후 포럼이 열리고 모의재판을 통해 관객들이 이 사건에 대해 판단하는 기회를 갖게 된다. 이 극은 성매매 종사자의 권리, 고객의 도덕과 가족의 위기, 매체의 사생활과 관음증에 관련해 이전에 보이지 않던 문제와 경험을 드러낸다. 연극은 관객을 참여시키고 판단을 하도록 하고, 어려운 사회적 질문을 관객들에게 제기해 이를 되돌아보고 해결하려는 시도를 하도록 한다.

　드라마박스의 이 세 편의 극은 겔랑의 성산업과 이해관계자들의 보이지 않는 문화적 기억을 대변한다. 그들은 성노동자들과 고객의 삶과 관련된 문제점을 드러내고 성노동자들의 노동권과 개인의 안전에 대한 태만에 대해 질문을 던진다. 그들은 또한 겔랑의 성산업을 폭로하고 고객의 명성과 성노동자의 생계를 위협할 수 있는 사건을 덮거나 폭로하는 딜레마에 대해 탐구함으로써 대중의 침묵을 뒤엎는다. 따라서 이러한 연극은 싱가포르 사회적 현실의 숨겨진 이면을 반영하는 헤테로토피아 위에 헤테로토피아를 만든다. 그들의 폭로는 지역의 역사와 지속되는 일상의 문제를 관객들에게 보여주고, 싱가포르 사람들에게 그들이 겔랑에 대해 가지고 있는 관념과 그 삶의 방식에 대해 되돌아보게 하고 겔랑의 생활 공간에 새로운 관점을 제시함으로써 소하의 공연을 장소와 문화적 저항 개념인 '제3의 공간'으로 변형시킨다. 또한, 연극은 겔랑의 문화적 기억을 보존하고 소통하며 많은 관객이 이러한 기억과 마주할 수 있게 하고 장소와의 관계를 재정의하고 미래에 장소와 할 수 있고 해야 할 일을 다시 생각할 수 있도록 한다.

홍콩의 망각(forgetfulness)에 대처하는 문화적 기억의 헤테로토피아를 나타내는 회상 연극(Reminiscence theatre)

　홍콩은 아시아에서 가장 발달한 세계적인 도시 중 하나이며 1997년 중국에 통합된 이후 상당한 정치적 사회적 변화를 겪고 있다. 도시 경관, 재개발 및 일상생활 방식은 세계 정치 경제의 영향과 중국 국가 정체성의 지배적 성격에 대한 고려, 그리고 민중 문화 및 사회 운동과 관련된 갈등을 해소하기 위한 격렬한 경쟁의 기반을 제공한다. 엔체쿠오(En-Tze Kuo)의 동아시아 지역 연구에 따르면, 장소의 상품화 및 젠트리피케이션은 홍콩 전역에서 눈에 띄는 현상이며 수많은 유적지, 전통 건물, 산업 및 생활 방식의 보존을 위협하고 있다(Kuo 2011: 341). 도시 재건으로 인해 발생하는 이러한 변화는 '진정한' 장소를 형성할 권리를 위해 싸우는 민중 문화 활동가들의 시위를 촉발하였다. 주킨(Zukin)은 상징적 경제로서 도시문화가 어떻게 끊임없이 변화하고 도시경관을 재형성하는지 분석하였다. 특히 도시 장소 인증을 위해 지역주민을 참여시키는 데 필요한 복잡한 협상과정에 대한 통찰을 언급한 제인 제이콥스(Jane Jacobs)를 인용하며 그녀의 책 *발가벗은 도시(The Naked City)*를 마무리한다(2010: 246). '장소의 진정성'에 대해 주킨(Zukin)은 다양한 주민들과 활동을 하며 장소에 대한 연결고리를 만드는 것이 중요하다고 주장한다. 그녀는 장소의 진정성은 인간적인 관점에서 고려되어야 하고 진정성의 발달은 상향식이어야 하며 지역주민과 노동자, 소상공업자들을 참여시키는 민주적 사회과정이어야 한다고 주장한다(2010: 246). 모든 사람은 '그 장소를 단지 경험으로 소비하는 것이 아니라 거주할' 권리가 있어야 한다. 그녀는 또한 그것이 일종의 망각하는 소비 패턴이 아니라 생활과 일의 연속 과정이며 모든 경험의 점진적 축적이라고 주장한다. 지역주민들의 일상 거주 장소에 대한 기억을 탐구하고 보여주는 응용연극 프로젝트는 다양한 지역의 구전되는 역사를 회복함과 동시에 도시에 대한 권리를 되찾기 위한 홍콩의 민중 문화 운동에서 중요한 역할을 했다. 여기서, 다양한 사회 집단은 홍콩을 형성하고 재형성하는 복잡함과 부동산 개발업자와 정치인들의 지배적인 권력구조에 대한 주킨의 저항을 강력하게 상기시킨다.

2008년 정잉극단(Chung Ying Theatre Group)에서 만들어 제작한 회상 연극은 홍콩의 일상적인 도시 문화에 만연한 급격한 변화와 망각에 맞서 홍콩에 들어와 정착한 어르신들에게서 구전되는 역사를 대변하고자 하는 것을 목표로 진행 중인 프로젝트이다. 정잉극단의 봉사 프로젝트 매니저인 지에잉장(Jie-Ying Zhang)이 시작하고 진행한 *샴수이포의 자취 유지하기(Sustaining the Scent of the Sham Shui Po)*(2010)는 1년간의 지역사회 연극 프로젝트로, 1950년대부터 샴수이포 공공주택에 살고 있는 지역노인들의 개인과 가족사가 뒤섞인 지역의 역사를 탐구하고자 고안되었다. 1979년에 창단한 정잉극단(Chung Ying Theatre Group)은 특히 홍콩의 관객을 위해 지역과 세계의 관심사를 반영한 전문적인 극을 만드는 것이 목표이다. 1990년대 후반부터, 극의 형식으로 지역관객과 그들의 관심사에 닿기 위한 지역사회와 학교 봉사프로그램이 극 창작의 주요한 목표가 되었다. 여기서 논의되는 프로젝트는 홍콩의 도시지역 재개발 계획의 일환으로 주택단지를 철거하려는 계획에 대한 위기에서 비롯되었다. 대략 50명의 지역 어르신들이 모여 연극 표현 기법을 익히기 위해 훈련하고 샴수이포 공공주택에서의 그들의 삶의 기억을 공유하고, 그중 20여 명은 지역의 폐공장을 새로이 단장한 블랙박스 극장에서 공동으로 기획한 연극을 선보였다. 블랙박스 극장은 샴수이포 공공주택에서 걸어서 갈 수 있는 오래된 지역 산업 건물의 2층 건물에 위치해 있었으며 매우 반향적 질감과 느낌의 건축적 원천을 제공해 주었다.

프랑스 철학지 모르스 할바흐(Maurice Halbwachs)는 기억은 집합적이며 타인에 의해 환기되며 사람들의 주변과 다른 기억들과 연결되어 있다고 주장한다. 그는 더 나아가 집단의 기억은 그들과 관련된 의미 구조를 통해 재구성되고 유지될 수 있으며 이후 세대로 전수될 수 있다고 하였다(1992: 1-33). 지역 어르신들의 집단적 기억을 담은 공연은 현실을 반영할 뿐만 아니라 무엇이 부재한지를 대변하고 동시에 저항을 위한 카운터사이트(counter-site)를 제공함으로 헤테로토피아를 구성하며 홍콩의 도시개발 계획을 비판한다. 샴수이포의 어르신들이 어떻게 허물없이 서로 소통하였는지에 대한 구전의 역사는 이 사람들의 집단 문화적 기억과 그들이 살았던 장소, 지역사회 정체성 발달의 중요성을 대변한다고 본다. 알박스(Halbwachs)는 의미의 구조가 사라지고 집단 기억이 연결성을 잃으면 망각이 일어날 것이라 주장하였다. 사회와 개인 기억의 재현은 지역사회의 의미 구조를 강화하고 구성원의 공유된 역사화 정체성을 강화하므로 홍콩의 문화적 삶의 특징인 망각에 저항하도록 돕는다. 젠 아스만(Jan Assmann)과 존 차플리카(John Czaplicka)는 알박스(Halbwachs)의 집단 기억 개념에 대해 자세히 설명하였는데, 이는 특히 공유된 문화적 정체성이 지속되는 것에 목적을 둔 축제, 축하 및 의식 중 지속적으로 공연되는 기호, 사회적 교류, 서사와 같은 소통적 실천을 통해 문화적 기억이 어떻게 전수되는지에 중점을 둔 것이다(1995: 125-133). 1953년에는 중국내전을 피해 도망 온 가난한 중국 본토 이민자들의 임시 거주 목조건물에 대형화재가 있었다. 이를 계기로 이 이민자들을 위한 공공주택이 새로 지어졌다. 이때 이전하였던 수많은 어르신들의 기억을 *샴수이포의 자취 유지하기* 프로젝트가 되찾아 주었다고 할 수 있다. 이 화재로 5만 명의 이재민이 발생했다고 보고되었다. 어르신들은 네 것 내 것의 구분 없이 함께 나눠 쓰며 화장실과 주방, 그리고 제한된 음식과 생활용품을 공유하였던 소규모 공공주택 단지에 이주해 살면서 형성된 친밀한 사회적 유대에 대해 말하였다. 이 공연은 일상적인 지역주민들의 개인사를 자세히 다루었다. 어떻게 함께 요리하고 먹고 씻고 빨래를 했는지, 어떻게 아이들이 뛰어놀았고, 마당에서는 어른들이 이야기를 하고 수다 떨었는지, 추석을 어떻게 축하하고 어떻게 양초 등불을 함께 밝혔는지 등의 전체 지역사회가 함께한 일상과 연례행사의 소중한 기억을 포함하였다.

어르신들은 또한 가장 격렬한 폭동 중 하나에서의 생존에 대해 재연하기도 하였다. 그들이 말하는 폭동은 1956년 홍콩에 대한 영국의 식민지배에 반대하는 우익민족주의자들의 쌍십절 폭동(Double Ten riot)으로 거리에서 터진 폭탄에 대한 생생한 목격자의 증언이 있었다. 이러한 개인적인 기억은 연극에서 사회 역사적 사건과 엮이고 나란히 놓여 수년에 걸쳐 지역 전체의 이미지를 만들어 냈다. 1970년대 홍콩 경제호황기에 등장한 방직공장에서 도외시되었던 힘든 노동의 기억까지도 포함하는 지역사회의 사회와 가족의 이야기가 되살아났다. 유니폼을 입고 질서정연하게 서서 기계적으로 움직이며 기계를 작동하고 다양한 고된 작업을 수행하는 어르신들의 모습은 과거의 모습을 현재로 눈부시게 불러냈다. 극을 통해 어린 시절부터 친구였던 두 남자는 낡은 주택이 파괴되고 현대적인 고층건물이 지어지는 샴수이포의 재개발 계획의 장단점에 대해 이야기 나누면서 이러한 기억들을 회상한다. 한 명은 지역 정치 대표가 되기 위해 뛰고, 다른 한 명은 샴수이포의 정신과 역사를 지키기 위해 고군분투한다. 연극은 마지막에 결론을 내지 않고 관객에게 수많은 질문을 던진다. 틀림없이 홍콩에서의 회상 연극 공연은 문화적 저항을 불러냈으며 재개발 계획에 내재되어 있는 망각과 싸웠다. 프로젝트는 문화적 기억의 공간적 장소를 공연자의 몸에 다시 새기므로 공연을 통해 관객에게 전달하고 도시의 공간을 형성하고 재형성하는 것에 대한 인식을 재고할 수 있도록 하였다.

　이 주장은 앙리 르페브르(Henri Lefebvre)의 공간 생산 이론과 피에르 부르디외(Pierre Bourdieu)의 문화습성 이론에 의해 뒷받침된다. 르페브르는 거주공간과 상징적 공간의 상호 영향을 주장했고 부르디외는 고정된 문화습성을 불안정하게 하기 위한 문화적 다시 새김의 가능성을 주장하였다(Lefebvre 1991: 38-44; Bourdieu 1977: 116). 따라서 공연의 상징적 공간과 주택단지에서 연극 재현에 이르기까지 기억의 다시 새김 과정은 어르신들의 문화습성과 공간적 개념을 재구성할 수 있는 것이다. 여기서 성찰적이고 비판적인 공연은 장소에 대한 공동의 기억을 구체화한다. 공연의 주요 목적은 지역 어르신들의 구술로 샴수이포의 집단의 기억을 실현해 내는 것이었다. 공공주택의 철거 이후 개인적이고 사회적인 기억이 잊혀가는 것에 대해 저항하는 것이고 사람들의 공유된 정체성을 분명히 하는 것이다. 옛 동네에서 잊힌 사회적 유대감, 공장에서 일하던 기억, 생경한 미래적 고층빌딩에서의 삶에 대한 복잡한 감정과 태도에 대한 집단적 기억을 공연함으로써 배우들은 샴수이포에 대한 기억의 반향적인 헤테로토피아를 만든다. 그리고 현재를 반영하기 위해 관객들에게 현재 부재한 것이 무엇인지 돌아보고 스스로 자신의 미래를 어떻게 재구성할지에 대해 깊이 고민하도록 카운터사이트를 제공해 주었다. 샴수이포의 문화적 기억을 간직한 공간 선정은 재개발 계획과 망각에 대한 두려움, 그리고 그들의 기억에 남아 있는 공유된 기억의 상실에 대한 어르신들의 의문과 의구심을 반영한다. 따라서 어르신들의 회상 연극은 홍콩의 젠트리피케이션에 대한 민중의 사회적 저항을 상징한다 할 수 있다.

　이 공연은 또한 홍콩에게 가하는 중국의 압박에 대한 오랜 역사와 연결되는 중국의 재식민지화 정책에 대한 문화적 저항의 한 형태를 나타낸다. 이는 세계의 다양한 지역에서 홍콩에 도착한 원주민들로부터 홍콩 발전에 대한 이야기를 회복한다. 데이비드 하비(David Harvey)는 장소 감각을 구성하는 것은 기억에서 희망으로의 움직임, 그리고 방치되거나 숨겨진 것에서 발생하고 내포된 비전과 전망을 드러냄으로써 과거로부터 미래로의 지역사회의 여정을 가능하게 하는 움직임으로 특징지을 수 있다고 하였다. 그러므로, 그는 민중의 전통과 지역 도상학5)에 대한 환기는 기억과 장소에 대한 지역적 관습을 압도하는 통화제도와 관련된 지속적인 상품의 공급에 대응하기 위한 정책적 기반을 제공할 수 있다고 주장한다(1996: 306). 프로젝트 매니저인 지에잉장(Jie-Ying Zhang)에 따르면, *샴수이포의 자취 유지하기(Sustaining the Scent of Sham Shui Po)*는 샴수이포의 지역 주민들 사이에서 반향을 일으켰고 창작 및 공연 과정에서 장소에 대한 문화적 기억을 재구성함으로써 공유된 그들의 문화적 정체성을 확인하였다고 한다 (2011). 예를 들어, 이러한 복잡한 문화적 과정은 리허설에서 열띤 토론을 하는 동안에, 공연 후에 열정적으로 추억을 나눌 때, 참여자들과 이웃이었던 열정적인 관객들 사이에서 발생하였다. 공연을 통해 유발된 끊임없는 대화는 '미래를 다시 상상하기 위한 공간의 진정한 정신'을 재조정하는 데 있어 지역주민들을 참여시키는 것의 중요성에 대한 주킨(Zukin)의 통찰력을 불러일으킨다(2010: 28-32). 이는 재개발 프로그램의 일부로 제안된 건축계획의 압도적인 규모에 대한 반대에 도움이 되는 사람들의 관점을 소개함으로써 가능할 것이다.

대만에서 소외된 토착문화의 기억을 나타내기 위한 다양한 헤테로토피아를 만드는 박물관 연극(Museum theatre)

앤소니 잭슨(Anthony Jackson)은 '박물관 연극의 전개는 세계적으로 다양하며 그 실천은 연극이 일어나는 장소만큼이나 다양하다'라고 말했다(2007: 236-237). 2008년과 2012년 사이 타이난 국립대학교(대만) 드라마 창작 및 응용학과의 동료들과 필자는 국립대만역사박물관과 협력하여 다양한 역사적 시대에 걸쳐 대만의 경쟁적 역사를 대표하고, 재조정하고, 토론하기 위한 4개의 상호적인 박물관 연극 프로그램을 만들어 공연하였다. 필자는 여기서 2012년 필자가 대본을 쓰고 연출한 연극-*다두 왕의 전설(The Legend of King Da Du)*-을 통해 파포라 (Papora) 부족의 소외된 역사적 문화적 기억을 탐구하기 위해 리허설 중인 대학

---

5) 역자 주: 기독교나 불교의 미술, 조각이나 그림에 나타난 여러 형상의 종교적 내용을 밝히는 학문

생들뿐만 아니라, 박물관 연구원과 토착민 후손들과의 현장조사, 인터뷰, 회의를 통해 어떻게 작업하는지 살피고자 한다. 또한 이 공연이 만들어 낸 '다양한 헤테로토피아'와 그것이 만들어 낸 사회적, 문화적, 미학적 의미에 대한 분석을 보여준다.

파포라 부족은 17세기에 대만 중부의 타이중(Taichung)에 거주했던 최초로 기록된 핑푸(Ping Pu) 토착 민족 중 하나이다. 그들의 역사는 대만의 역사 기록에서 소외되었고 그 민족과 문화는 오늘날의 대만의 주류인 한족 문화로 동화되고 흡수되었다. 공연을 준비하면서 그들의 후손들이 살았던 대만 중부의 산간지역인 푸리(Pu Li)를 방문하였다. 필자의 가이드는 부족과 관련 있는 역사적 시대와 이 민족의 후손을 연구하는 데 수년을 보낸 박물관 연구원이었다. 현재 타이중의 고속철도역이 있는 부족의 원래 영토를 보면서 필자는 그들의 조상 땅이 얼마나 광대하고 비옥한지를 발견하고 놀랐다. 그러나 이 산악 지역이나 현대의 대도시인 타이중에는 파포라 부족과 문화의 흔적이 거의 남아 있지 않았다. 사실, 프로젝트를 시작하기 전에 필자는 파포라(Papora) 또는 17세기 대만의 가장 위대하고 가장 강력한 지도자 중 한 명으로 여겨지는 그들의 전설적인 영웅 다두(Da Du) 왕에 대해 들어본 적이 없었다. 그는 20개의 자치 마을로 구성된 부족 연합의 지도자였으며, 17세기에 네덜란드 식민 세력에 용감하게 저항하였었다. 박물관 연구원과 필자는 푸리(Pu Li)에서 파포라 후손들에게 그들의 부족과 문화에 대한 기억에 대해 인터뷰했으며 그들 중 많은 사람들(현재 건설 노동자) 역시 다두(Da Du) 왕에 대해 들어본 적이 없으며 그 부족 언어를 말할 수 없다는 것을 발견하였다. 핑푸(Ping Pu)협회의 지도자이자 은퇴한 기자인 리펜장(Li-Pen Zhang)만이 그녀의 파포라 연구를 통해 다두 왕과 그의 이야기를 알고 있었다. 실제로 후손들 얼굴의 멀뚱한 표정은 부족의 문화 정체성과 존엄성을 회복하기 위한 시도로 다두 왕의 역사를 재창조하고자 하는 필자에게 동기를 부여해주었다. 필자는 연극의 창작과 공연에 후손들의 관점과 감정을 직접 참여시킴으로 후손들의 문화적 기억을 다시 세우고자 하였다. 공밍서(Gong-Ming Hsu)는 원주민 박물관이 원주민 공예품을 전시하고 보여주는 데 있어 원주민 문화를 고대 화석

사진 4.1 다두 왕은 관객들에게 조언을 구하고 있다-비즈니스 관계를 시작하자는 네덜란드의 제안을 받아들여야 할까 아니면 전쟁을 선포해야 할까? 사진: 완정왕.

으로 영속화하고 원주민 의식과 관습을 문화적 사회적 맥락에서 추출하여 이를 이국적인 전시물로 제시하는 경향이 있다고 주장하였다(2004: 271). 토착 문화 연구자인 승산왕(Sung Shan Wang)은 현대 대만 원주민 예술 작품의 예를 분석했는데, 이 현대 미술의 주요 관심사와 특징은 예술적 수단을 통해 원주민의 문화적 '주체성'을 탐구하고 생산하는 것이라고 주장하였다(Wang 2014: 142-144). 왕(Wang)은 원주민의 문화적 주체성을 대표하는 것의 중요성에 대해 강조한다. 그는 원주민의 문화적 정체성이 특히 역사 주체의 기록을 통해 확인되어야 하며, 따라서 '주체성'의 문화적 서사에 대한 탐구가 원주민에게 특히 중요할 수 있다고 주장한다.

극의 창작에 있어 중요한 것은 파포라의 문화적 관점, 박물관과 필자의 관점 사이의 협상 과정과 관련되어 있었다. 여기서, 파포라를 대변하는 것을 피하고 원주민의 관점을 존중하는 것이 중요했다. 현지 토착 문화 및 역사 연구원인 스랑젠(Shi Lang Jian)과 시앙양덩(Shiang Yang Deng)과의 인터뷰에서 푸리(Pu Li) 주변의 파포리와 기타 토착 부족의 이주 역사에 대한 수많은 이야기가 드러났다. 스랑젠(Shi Lang Jian)은 이전에 들어본 적 있는 파포라의 의식에서 하는 노래를 불렀고, 그의 노래를 녹음한 것은 극에서 파포라 의식을 재연하는 데 중요한 역할을 하였다. 다두 왕은 생전에 자신의 부족을 외부 세계에 노출할지 아니면 폐쇄하고 자율적으로 살지에 대한 딜레마에 직면했던 것으로 보인다. 이와 같은 내용을 담은 연구문서를 박물관 연구원과 필자는 발견할 수 있었고 장(Zhang)은 논의를 통해 이를 확인해 주었다. 우리는 연구자 및 후손들과의 일련의 토론을 통해 연극의 주요한 관점을 발전시켰고 두 세대에 걸친 다두 왕의 역사적 선택을 제시해 파포라의 문화적 주체성을 생산하는 데 초점을 맞추기로 결정하였다. 이러한 역사를 초월한 시각은 파포라 사람들이 전쟁과 평화의 시기 동안의 생존과 독특하고 전통적인 생활 방식과 문화를 보존하기 위한 투쟁을 강조할 뿐만 아니라 시간이 지남에 따라 인구와 문화가 어떻게 우위에 있는 한 문화에 의해 침식되는지를 보여준다.

　　치엔티안(Chian－Tian)(추수할 때 조상을 숭배하기 위해 손에 손을 잡고 춤을 추는 의식의 춤)과 주표(Zou－Biao)(부족 10대들 사이에서 이성에게 호감을 얻기 위한 남성 육상경기)와 같은 그들의 관습과 의식의 재연을 통한 기억의 구현은 파포라의 재구성을 위해 중요한 것이었다. 인류학자 폴 코너튼(Paul Connerton)은 사람들이 텍스트 형식의 이야기로 기억한다기보다 기념행사, 관습, 의식들뿐만 아니라 습관의 형태로 몸에 저장된 기억을 공유함으로써 기억한다고 주장한다. 그의 연구는 문화적 기억의 전달에서 구현의 중요한 역할을 보여준다(1989: 35－57). 이것은 유산을 보존하고 공연을 통해 문화를 감정적으로 경험하기 위해 춤, 노래, 그 외 구현된 사회적 관습 및 의식 등과 같은 문화적 과정과 무형의 문화유산 공연하기로서 '유산을 실행하는 깃'의 가치에 대한 로라제인 스미스(Laurajane Smith)의 주장과 일치한다(2006: 64－65, 70－71). 따라서, 리허설 과정에서 필자는 원주민 무용 선생님을 초대해 녹음된 노래의 리듬에 맞춰 개발한 춤을 학생들에게 소개하였다. 파포라 의식의 춤을 어떻게 추는지 생생한 기억이 없었기에 이 춤

사진 4.2 다두 왕은 파포라의 패배 후 네덜란드와 화해한다.

은 개발과정이 필요하였다. 여기서 우리는 조상 숭배를 위한 파포라 의식의 춤을 재창조하기 위해 일종의 '창의적 기억'을 선보였다. 이 과정은 '창의적 망각'에 참여하는 귀족 지식인의 자유로운 정신에 대한 니체의 믿음을 일그러뜨리는 것이다. 안드레아스 후이센(2003: 4-5)에 의해 이러한 비판적 관점은 제기된 바 있다. 후이센은 니체가 말한 창의적 망각을 실천할 수 있는 귀족과 지식인의 특권에 대해 그리고 특권 없는 사회 집단에 수반되는 망각에 대해 이의를 제기하였다. 후이센에게서 영감을 얻어 필자는 원주민 무용 선생님과 협력하여 토착 의식인 '창의적 기억'을 실천하기 위해 파포라의 고대 춤 스텝을 재창조하고 다시 상상할 수 있도록 노력하였다.

또한 우리의 창의적 기억 과정은 전통적인 대나무 집 형태의 무대 설정을 만들고 펑푸의 상징적인 나무를 더하고 역사적 기록과 그림에서 진흙 단지, 항아리 및 나무 컵과 같은 인공물을 만들어 자연스러운 생활 거주지를 다시 만들며 파포라 사람들의 삶의 방식을 다시 상상하는 것을 포함하였다.

의상과 분장은 수많은 역사적 그림에서 창의적으로 재창조되었다. 학생들은 우리가 수집한 그림과 역사적 삽화를 활용하여 네덜란드인과 일본인을 포함하여 연극에 있는 모든 등장인물의 태도, 외모, 정신 및 신체적 태도를 재현하였다.

이 박물관 연극이 만들어낸 헤테로토피아는 박물관에서 일어나는(공식적인 역사적 기록을 반영하고 논쟁하며) 파포라 역사(현재에 그들의 과거를 반영하고)의 극장을 대표하기(파포라 사람들의 소외된 정치적 지위를 반영하고 비판하며) 때문에 복합적인 헤테로토피아라 할 수 있다. 이 복합적인 헤테로토피아는 파포라 사람들의 논쟁적인 정체성과 그들의 숨겨진 역사를 반영하며, 무대, 조명, 의상 및 메이크업 디자인에 미학적 방법을 사용하고, 문화적 기억을 재건하기 위해 춤, 관습 및 의식을 재연하였다. 따라서 그것은 역사의 정통적 관행과 대만의 정통 역사적 기록에 대한 문화적 저항을 나타내어 현대 대만 사회에서 의도적으로 도외시된 파포라의 역사적 투쟁과의 조우를 가능하게 하였다.

이 극은 파포라족의 사회적 현실과 현재 상황을 반영하고 나타내어 정치적 헤테로토피아를 제공했으며, 따라서 대만 정부가 원주민 정책을 검토하는 데 유용하게 활용할 수 있는 명확한 정치적, 윤리적 추진력을 가지게 되었다. 정부는 1990년대 초반에 시작된 부족 이름 되찾기 캠페인에 대해 응답하지 않으며 파포라를 포함한 대부분의 핑푸 소수 민족의 부족 이름을 복구할 수 있는 권리를 주지 않았다. 대만 현 정부는 다문화주의가 사회 통합과 결속을 촉진하는 데 중요한 역할을 한다고 선언하였다. 대만에서 '다문화주의'는 다양한 민족의 문화와 언어를 존중하고 시민권에 있어 동등한 권리와 조건을 부여하는 것을 의미한다. 그럼에도 불구하고 공식적으로 인정받지 못한 민족 집단에게 이 의제는 단지 선전 슬로건으로 남아 있다. 핑푸 바라보기(Seeing Ping Pu)는 대만역사박물관에서 기획한 최대 규모의 전시회였다. 2013년 대만의 모든 핑푸족의 역사적 유물과 문서를 전시하였다. 전시에 수반되는 공연인 다두 왕의 전설(The Legend of King Da Du)은 전시기간 동안 4차례에 걸쳐 상연되었으며 파포라족의 문화적 기억과 역사적 문화적 정체성을 재건하는 데 헌신하였다. 헤테로토피아로서 이 전시회의 주요 목적은 핑푸족에 대한 정부 정책에 의문을 제기하고 공식적인 역사적 기록과 관점에 이의를 제기하는 것이었다. 이러한 관점에서 볼 때, 전시와 공연은 지배적인 한족의 문화적 패권에 대항해 공식적인 역사 해석 체계 내에서 분명히 문화적 저항을 이루었다. 다수의 한족에 의해 다양한 토착 역사가 방치된 것을 언급함으로써 공연은 핑푸족 이름을 되찾기 위한 운동을 지원하는 공공 정치 활동의 한 형태로서 기능하였다. 또한 *다두 왕의 전설(The Legend of King Da Du)* 공연 중 어린 관객들(초등 및 중학생이 다양한 공연에 참여)이 직접 참여하여 파포라 이야기를 극적으로 표현하였는데 그들은 다양한 역사적 기간 동안 외부인들(처음에는 네덜란드 침략자, 나중에는 한족)과 싸우거나 평화 협정을 맺거나 하는 다두 왕의 딜레마에 반응하였다. 역사적 현실에 대한 의문을 가질 수 있는 시간을 제공하는 박물관 연극의 이질적인 특성은 공연 중 다두 왕이 결정을 내리는 데 있어 어린 관객들에게 조언을 구하면서 관객과 등장인물 사이 상호 작용하는 부분에서 확인할 수 있다. '양심의 골목(conscience alley)'과 '편들기(taking sides)'와 같은 드라마 교육 방법을 활용하여 아이들이 다양한 관점에서 중요한 역사적 순간에 대해 토론하고 질문하고 스스로 결정할 수 있도록 하였다.

13번의 공연(타이난 국립 대학교 4번, 타이난 문화 센터 5번, 대만역사박물관 4번)을 통해서 대략 1,800명의 관객 중 총 655개의 설문지가 작성되었다. 이러한 유형의 박물관 연극 교육 목적은 주로 역사적 지식의 전승, 원주민의 문화적 기억 전달, 소수 민족 문화 홍보, 관객에게 대만 역사의 탐구에 대한 관심 환기, 그리고 공식적이고 정통적인 역사 기록에 대한 의문 제시라 할 수 있다. 설문 조사를 분석한 결과, 관객의 90% 이상이 파포라 사람들과 문화에 대한 역사적 지식이 향상되었다고 말했으며 85%는 공연 관람 후 소수 민족 문화 보존의 중요성에 대한 인식이 높아졌다고 말하였다. 77% 이상이 대만 민족에 관한 다른 역사 전시 및 공연에 관심이 있었고, 80% 이상이 공연에서 상호 소통적인 참여를 즐겼다고 말하였다(Wang 2013: 68-103). 설문 응답에서 다두 왕의 이야기에 대해 공감하는 수많은 언급이 있었으며 관객들도 대만의 소수 문화 보존을 하려는 의지를 나타냈다. 이는 역사 해석이 과거에만 국한되지 않고 현재와 미래에도 관련되어 있음을 시사하며, 기억 과정에서 정체성과 장소에 대한 경험은 끊임없이 유동적이며 진행되는 과정에 있다고 지적한 오웨인 존스(Owain Jones)와 조앤 가르드 한센(Joanne Garde Hansen)의 관점을 상기시킨다. 기억하기 과정은 현재를 변화시키고 미래를 만들어 가기 위해 가능한 상상력과 사회적 활동을 자극하는 적극적인 방법으로서 집단 기억에 대한 공감과 반성을 포함한다(Jones and Garde Hansen 2012: 1-3).

결론

동아시아와 동남아시아의 지역사회 연극, 회상 연극, 박물관 연극과 같은 응용연극 접근 방식에서 문화적 기억은 다양한 맥락에서 다양한 형태를 띠고 다른 목적을 수행한다. 종종 정치, 윤리 및 미학의 논쟁적인 범주에 직접 관여한다. 이 장에서 필자는 동아시아와 동남아시아의 응용연극이 그 모습을 비추는 일종의 거울로서 그리고 카운터사이트로서 어떻게 문화적 기억을 재현하는지, 그리고 다양한 현실을 비판하고 반영하기 위해 다양한 종류의 헤테로토피아를 생성했는지 조사하기 위해 싱가포르, 홍콩 및 대만의 세 가지 사례 연구를 비판적으로 분석하고 조사하였다. 이러한 헤테로토피아는 각각의 특정한 장소에서의 적극적인 문화적 저항의 사례로 이해될 수 있다. 공연들은 싱가포르 겔랑의 성노동자와 같은 소외된 사회 집단의 숨겨진 문화적 기억, 홍콩 샵수이포의 철거된 공공주택 단지에 대한 묻힌 문화적 기억, 대만 17세기 파포라 사람들의 소외된 문화적 기억이 포함된다. 이러한 응용연극 프로젝트는 정잉극단의 인터뷰 및 주민들의 구전역사의 회수, 극단 드라마박스의 장소지정학적 공연 및 겔랑의 성노동 산업 이해관계자 인터뷰, 뿐만 아니라 이해관계자와 청중을 참여시키기 위해 창의적인 기억 과정과 상호 작용 전략을 사용하여 공연을 만들고 리허설 하는 데 다양한 미학적 전략을 사용하였다. 이러한 미학적 전략은 다른 실천가들이 비슷한 프로젝트에서 후속적으로 진행하고 개발할 수 있는 실질적인 예를 제공한다. 또한 동아시아와 동남아시아의 예술가, 그리고 지역사회가 문화와 장소의 세계화와 상품화로 인해 발생하는 장소상실에 맞서 연극 기획과 공연 과정을 통해 사라져가는 문화적 기억을 회복하기 위해 노력하는 모습을 생생하게 보여준다. 따라서 응용연극으로 대표되는 헤테로토피아는 성노동자들이 경험하는 불평등, 도시 재개발 계획으로 인한 망각, 소수 민족의 역사를 확인하고 정체성 정치 투쟁에서 주체를 되찾도록 돕기 위해 사회 현실과 싸울 수 있는 수단을 제공한다. 응용연극의 헤테로토피아는 끊임없이 변화를 위한 질문과 행동을 유도하는 계속 진행 중인 문화적 저항의 전장이다.

References

Assmann, J. and J. Czaplicka. 1995. 'Collective memory and cultural identity'. *Journal of New German Critique—Cultural History/Cultural Studies* 65: 125–133.

Bourdieu, P. 1977. (trans. R. Nice) *Outline of a Theory of Practice*. Cambridge: Cambridge University Press.

Calvino, I. 1972. (trans. W. William) *Invisible Cities*. London and New York: A Harvest Book.

Connerton, P. 1989. *How Society Remembers*. Cambridge: Cambridge University Press.

Chung Ying Theatre Company. 2010. *The Program of Sustaining the Scent of Sham Shui Po*. Hong Kong: Chung Ying Theater Company.

Ding Tsun, J. Z and H. Y. Shi Ze. 2012. (trans. Y.B. Su) *The Sociology of Cities*. Taipei: Chun Shue (In Chinese).

Dramabox Theatre Company. 2010. The Unpublished Script of Flowers. Singapore.

Dramabox Theatre Company. 2011. The Unpublished Script of *How Much?* Singapore

Dramabox Theatre Company. 2009. The Unpublished Script of *IgorLand of Its Desires—Geylang*. Singapore.

Fong, Y.L. 2012. (ed.) *The Reader of Cultural Memories Theories*. Beijing: Beijing University Press (In Chinese).

Foucault, M. 1984. 'Texts/contexts of other spaces'. *Diacritics* 16: 22–37.

Hallbwachs, M. 1992. *On Collective Memories*. Chicago: Chicago University Press.

Harvey, D. 2003. *The New Imperialism*. Oxford: Oxford University Press.

Harvey, D. 2006. *Spaces of Global Capitalism: Towards a Theory of Uneven Geographical Development*. London and New York: Verso.

Hsu, G.M. 2004. *Indigenous Art and Museum Exhibitions*. Taipei: Nang Tian(In

Chinese).

Huang, K.H. 2012. The Unpublished Script of *Sustaining the Scent of Sham Shui Po*. Hong Kong (In Chinese).

Huyssen, A. 2003. *Present Pasts: Urban Palimpsests and the Politics of Memory*. California: Stanford University Press.

Jackson, A. 2007. *Theatre, Education and the Making of Meanings*. Manchester: Manchester University Press.

Jacobs, J. 1992. *The Death and Life of Great American Cities*. London: Vintage Books.

Jones, O. and Garde−Hansen, J. (eds.) 2012. *Geography and Memory: Explorations in Identity, Place and Becoming*. New York: Palgrave Macmillan.

Kuo, E.T. 2011. *The Spatial Production in Eastern Asian Cities*. Taipei: Garden City Cultures (In Chinese).

Lefebvre, H. 1991. (trans. D. Nicholson Smith) *The Production of Space*. Oxford: Blackwell.

Lefebvre, H. 1996. (trans. E. Kofman and E. Lebas) *Writings on Cities*. Oxford: Blackwell.

Smith, L. 2006. *Uses of Heritage*. London and New York: Routledge.

Soja, E. 1996. *Thirdspace: Journeys to Los Angeles and Other Real−And−Imagined Places*. Oxford: Blackwell.

Wang, S.S. 2014. *The Original State of Art: Taiwanese Indigenous People's Creative Anthropology*. Taipei: Hiking Cultures (In Chinese).

Wang, W.J. 2013. The Unpublished Report on the Museum Theatre Project from 2012 to 2013. Tainan: Taiwan History Museum (In Chinese).

Wang, W.J. 2009. *The Legend of King Du*. Tainan: Taiwan History Museum (In Chinese).

Warren, J.F. 2007. *Pirates, Prostitutes and Pullers: Exploration in the Ethnohistory and Social History of Southeast Asia*. Crawley: University of Western Australia Press.

Yeoh, B and W. Lin. 2012. Rapid Growth in Singapore's Immigrant Population Brings Policy Challenges. Migration Information Source. Singapore: Migration Policy. Available from www.migrationpolicy.org. Last accessed 3 April 2015.

Zhang, J. Y. 2011. 'On the multiple forms of community drama and theater' in Hong Kong Drama Association (ed.) *Hong Kong Yearly Book of Drama*

2011. (Hong Kong: International Association of Theatre Critics, pp. 30–38(In Chinese)).

Zukin, S. 1995. *The Cultures of Cities.* Oxford: Blackwell.

Zukin, S. 1988. *Loft Living: Culture and Capital in Urban Change.* London: Radius.

Zukin, S. 2010. *Naked City: The Death and Life of Authentic Urban Places.* Oxford University Press.

친애하는 니세
- 리우 데 자네이루 정신병원에서의 방식, 광기 그리고 예술 작업

폴 헤리티지(Paul Heritage), 실비아 라모스(Silvia Ramos)

1995년 브라질 정신과 의사인 니세 다 실베이라(Nise da Silveira)는 바뤼흐 스피노자(Baruch Spinoza)에게 편지를 썼다. 그녀는 이미 90년간 선구자로서의 삶을 살며 정신과 개혁에 헌신하고, 정신병원 반대운동(anti-asylum movement)[1]의 영웅이며, 칼 융(Carl Jung)의 전 동료였다. 그녀는 17세기 네덜란드 철학자와의 서신교환을 통해 1920년대 의대를 처음 졸업한 이후 그녀를 매료시킨 윤리적, 예술적, 과학적 질문 사이의 상호 연관성을 되돌아보려 하였다. 그녀의 편지나 그녀가 제기한 질문에 대한 대답은 없겠지만 그녀는 그녀의 삶이 끝을 마주하면서도 계속 질문을 던져야 할 필요가 있었다.

2014년, 우리(폴 헤리티지와 실비아 라모스)는 니세 다 실베이라(Nise da Silveira)에게 청하지도 않은 세 통의 편지를 썼다. 니세가 그렇게 단호하고 열정적으로 던졌던 ─브라질 최고 문화 및 인권 상[2]을 수상했던 그녀의 인생 마지막 몇 년 동안에─ 질문이 그녀에게 필요했듯이, 오늘날에도 필요한 예술, 의학,

---

1) 역자 주: 브라질의 심리학자 및 정신과 의사들, 그리고 사회 복지사들이 공공 서비스의 인도주의적 개선을 요청한 운동

2) 니세 다 실베이라(Nise da Silveira)는 그녀의 편지에 각주를 추가하였기에 저자는 자신들의 편지를 작성할 때 동일한 방식을 채택하였다. 그녀는 1987년 리오 브랑코 훈장(Order of Rio Branco)과 1993년 치코 멘데스 메달(Chico Mendes Medal)을 수상하였다.

삶 사이의 구분을 깨려고 한 질문이기 때문이다. 우리 중 한 명인 실비아 라모스 (Silvia Ramos)는 공중보건정책을 공부한 브라질 사회학자이다. 그녀는 안보, 시민권 및 인권문제에 대한 정부의 특별 고문으로 일했으며, 청소년 및 폭력과 관련된 연구를 진행해 왔다. 폴 헤리티지는 지난 23년 동안 영국과 브라질에서 활동해온 런던 출신의 연극인이자 학자이다.

폴 헤리티지

런던

2014년 9월 25일

나의 친애하는 니세,

당신은 특별합니다. 20세기 마지막 해에 94세의 나이로 리우 데 자네이루에서 맞이한 죽음으로 인해 당신의 깊이 있는 철학과 부끄러움이 없는 시적 혁명의 반향은 줄어들지 않았습니다. 필요 이상으로 스스로를 치료하려 하지 말라는 말로 우리를 초대한 정신과 의사는, 우리 모두는 내면에 조금씩 광기를 가지고 있고 그것이 완전히 치유된다면 더 지루하단 걸 알고 있었습니다. 우리는 알려지지 않고 알 수 없는 것의 예술성에 확신을 조절해 줄 당신과 같은 의사가 계속적으로 필요합니다. 광기와 예술의 더 나은 이해를 위한 당신의 여정은 1940년대 칼 융과의 서신 왕래로 시작되었고, 분석심리학 창시자와 함께 만성 정신질환을 이해하기 위한 수단으로 예술을 사용하는 것에 대해 의사로서 발견한 것을 탐구했습니다. 그러나 1990년대 17세기 네덜란드 철학자 바뤼흐 스피노자에게 쓴 편지에서 제기한 문제의 울림은 실비아 라모스와 제가 당신이 죽은 지 15년이 지난 지금 당신에게 편지를 쓰도록 용기를 주었습니다. 또한 우리의 편지를 통해 우리는 당신이 근무했던 리우 데 자네이루의 정신병원에서 현재 일하고 있는 비토르 포르데우스(Vitor Pordeus) 박사를 소개하려 합니다. 그는 니세 다 실베이라의 정신에 완전히 감염된 면역학자이며 예술가입니다.

당신이 거의 50년간 일했던 리우의 북부 외곽 지역인 엔겐호 데 덴트로

(Engenho de Dentro)의 기관이 현재 니세 다 실베이라(Nise da Silveira) 시립 연구소로 불리게 되었다는 사실을 알게 된다면 어떤 기분이 드실지 궁금합니다. 1944년 정신과 의사가 되어 이곳에 왔을 때 이곳은 1,500명 이상이 되는 환자들의 집이었고 브라질의 두 번째이자 마지막 황제인 페드로 2세의 이름을 갖고 있었습니다. 이제 이곳은 이러한 모든 기관을 해체하고 분해하기 위해 열심히 싸웠던 여성, 당신의 이름을 따서 이름 지어졌습니다. 저는 1952년에 당신이 병원 내에 세운 무의식의 이미지 박물관(Museum of Images of the Unconscious)이 아직 운영 중이라는 것을 말할 수 있게 되어 기쁩니다. 당신의 보살핌 아래 정신과 환자들이 제작한 작품과 페르난도 디니즈(Fernando Diniz), 아델리나 고메즈(Adelina Gomes), 에미그디오 데 바로스(Emygdio de Barros), 카를로스 페르티우스(Carlos Pertius)의 그림과 조각이 여전히 전시되고 있습니다. 이 예술가 중 많은 수가 1951년 제1회 상파울루 비엔날레 전시와 유럽 미술관 순회를 통해 브라질 모더니즘 회화의 유명작가로서 그 중요한 위치를 계속 차지하고 있습니다. 하지만 우리는 *광기의 호텔과 스파(Hotel and Spa of Madness)*라고 불리는 장소에서 박물관과 함께 의학과 공연 사이의 경계를 다시 생각하고 있는 새로운 세대의 예술가-활동가-치유자에 대해 이야기하고 싶습니다.

에리카 폰테스와 실바(Erika Pontes e Silva)는 2014년도 니세 다 실베이라(Nise da Silveira) 시립 연구소 소장입니다. 그녀의 사무실에는 그녀가 지금 앉아 있는 무거운 나무의자를 소유했었던 이전의 소장들의 어두운 유화가 있습니다. 그녀는 저에게 당신의 연구를 브라질 정신의학 역사의 획기적인 사건이라고 설명하였습니다.

정신의학의 개혁과 오늘날 정신질환을 가진 사람을 어떻게 대하는가에 대해 생각할 때, 그것은 니세의 작업과 많은 관련이 있습니다. 니세 다 실베이라는 우리가 그녀의 전과 후로 나누어 이야기하게 합니다. 그녀는 개척자로서 흔적을 남겼습니다. 그 시절 어떤 의료당국도 감히 그녀의 길을 쫓아가지 못했습니다. 그녀는 전통적인 정신의학에 반대했고 그것이 아니라고 말할 수 있는 용기도 있었으며

또한 정신이상을 치료하는 다른 방법도 있다는 것을 보여주었습니다.[3]

20세기 중반 모든 정신의학 보살핌과 치료의 개혁에도 불구하고 연구소는 여전히 병원 산하에 있습니다. 에리카는 법적 및 의학 규정에 대응함과 동시에 정신건강협회의 해체와 관련된 해결되지 않은 갈등을 설명합니다. 격리된 환자를 위한 병동에는 약을 관리하고 격리를 풀 것인지 계속할 것인지 등을 결정할 일정 수의 자격을 갖춘 직원이 필요합니다. 게다가 격리된 대략 400명의 환자들, 단기간 위기를 겪고 있는 사람들을 위한 50개의 임시 병상과, 지역사회에 마땅한 시설이 없어서 병원 내의 다양한 수준으로 감독되고 있는 호스텔에 살고 있는 약 200명의 사람들이 있습니다. 에리카와 그녀의 팀이 직면한 과제는 환자가 병원 환경에 완전히 압도되지 않도록 이러한 상황을 다른 종류의 일상적 현실로 바꾸는 것입니다. 지난 3년 동안 병원 환경의 변화에 대해 말하자면, 면역학자, 문화정신과 의사, 의사 및 공연제작자인 비토르 포르데우스(Vitor Pordeus)에 의해 여전히 만성 정신질환 환자가 있는 건물의 사용되지 않는 2개의 병동에 *광기의 호텔과 스파(Hotel and Spa of Madness)*가 설립될 수 있었다는 것을 전할 수 있겠습니다. 비토르는 호텔을 문화, 건강, 횡문화정신의학(transcultural psychiatry)의 중심으로 묘사하고 있으며 급성 및 만성 정신질환 환자와 전문 배우, 화가, 무용수, 감독, 시인, 교육자, 그래피티 예술가의 다양한 예술적 문화적 활동을 주최합니다.

이 호텔 '프런트'에는 90대의 니세, 당신 초상화가 걸려있고 또한 융(Jung), 아인슈타인(Einstein), 셰익스피어(Shakespeare), 파울로 프레이리(Paulo Freire), 스피노자(Spinoza)가 약하지만 밝게 빛나고 있습니다. 벽을 가로질러 신조어가 적혀있고 고대 아테네의 언덕에 자신의 극장을 가지고 있던 그리스 신 디오니시우스(Dionysius)에서 우리는 당신의 이름을 찾게 됩니다. 디오-니세! 당신의 이름은 명령형 동사로 다시 활용되지만, 위기 병동 및 만성질환 병동과 나란히 있는

---

3) 에리카 폰테스와 실바-폴 헤리티지와의 인터뷰, 2014년 7월 24일.

니세 다 실베이라 연구소의 4층과 5층 *광기의 호텔과 스파(Hotel and Spa of Madness)*의 35개의 침상을 차지하는 예술가와 예술집단에게 공연적 영감을 주는 것으로 생각됩니다. 우리가 방문하는 동안, 실비아와 저는 호텔에서 환자, 의사, 간호사와 예술가들이 공연에 참여하기 위해 모이면서 서로를 알아볼 수 없게 되는 의도적으로 호텔이 만들어 놓은 혼란을 경험했습니다. 우리가 처음 방문했을 때 상주하던 두 명의 젊은 예술가들이 그들이 무엇을 하고 있었는지 좀 더 자세히 설명해 줄 수 있습니다.

가브리엘라: 우리는 매주 금요일 밤 트로피카오스 — 열대의 혼돈이라는 공개 파티를 주최합니다.[4] 환자와 외부에서 온 사람들은 활발한 교류를 합니다. 예술가들과 관객들은 공간이 자유롭고 제약이 없어서 처음에는 두려워하지만 점차 공연으로 들어가 참여하게 됩니다. 그것은 교류와 자유의 굉장한 경험입니다. 공간은 독특한 환경과 에너지를 줍니다. 트로피카오스는 병원 마당에서 시작해서 안으로 이동하게 됩니다. 6시경이 되면 간호사들은 환자들을 모아 병동에서 내려옵니다. 그들이 참여하기 시작하면 언제나 강렬합니다. 사람들이 노래하고, 낭송하고, 표현할 때 우리는 '행복'을 봅니다. 환자 중 한 명인 펠레지뉴(Pelezinho)는 노래를 부르고, 그것이 그에게 얼마나 좋은지 당신도 알 것입니다. 그는 타고난 예술가입니다. 그 사람들 사이에 있다는 것은 그에게 치유이며 우리에게도 그렇습니다.

카를로스: 예술가이든 호텔을 방문하는 그룹이든 그들과 해야 하는 유일한 약속은 외부에서 들어오는 순간 내부에 있는 사람들에게 영향을 받는다는 것을 기억해야 한다는 것입니다. 저는 그들을 치유하고 그들은 저를 치유합니다. 70년 동안 리우에서 창의성을 자극했던 니세 다 실베이라와 직접 연결이 되어 있다고 느낍니다.[5]

---

4) 이 이름은 지난 60년간 가장 중요한 브라질 음악가들로 평가되는 주앙 질베르토(João Gilberto), 카에타노 벨로소(Caetano Veloso), 질베르토 길(Gilberto Gil), 호르헤 벤 조르(Jorge Ben Jor), 갈 코스타(Gal Gosta)와 협업한 디자이너 로제리오 두아르테(Rogério Duarte)의 책 트로피카오스에서 따왔다. 1964년, 그는 브라질 글라우바 로샤(Glauber Rocha)가 감독한 브라질 뉴 시네마의 획기적인 영화인 태양의 나라 신과 악마(Deus e o diabo na terra do sol)(1964)의 상징이 될 포스터를 디자인하였다.
5) 폴 헤리티지와 실비아 라모스와의 인터뷰, 2013년 5월.

당신이 한때 걸었던 복도와 병실을 따라 그림 그리고, 춤추고, 노래하고, 공연하며 이 자유로운 창의적 정신 안에서 나는 당신이 당신의 유산을 인식하거나 받아들일 수 있을지 알 수 없습니다. 당신이 전기충격과 향정신제 치료의 훌륭한 대안으로 작업요법을 확립하기 위해 싸웠던 곳에서, 이 젊은 예술가들은 계획을 세웠습니다. 당신은 이전에는 조현병으로 인식되었던 정신건강 시설의 중심에 예술을 가져와 예술가들이 국제적으로 명성이 높은 그림과 조각컬렉션을 만들도록 이끄는 워크숍을 만들었습니다. 그들은 활동가에게 게릴라 예술에 대한 불경함을, 거리연극의 활기 넘치는 미학을, 브라질 대중문화의 참여적인 집단 축하를 불러일으켰습니다. 아마도 저는 비토르 포르데우스 박사가 아니었다면 이 겉보기에 무질서해 보이는 실험이 당신이 던진 구명밧줄과 연결되어 있었다는 것을 확신하지 못했을 것입니다. 그는 그가 외부에서 초대한 예술가들, 그리고 그가 발견한 병원 내부에서 살며 일하는 이들의 동료배우이자 동료감독입니다. 비토르는 전혀 다른 분야의 지식을 연극 기반 방법론 적용에 결합하면서 연구는 주변과 우리 자신 안에 뿌리를 두고 있어야 한다는 당신의 원칙에 충실하였습니다: 반드시 모든 존재에서 지식을 찾으려 해야 한다.

　　1665년 스피노자는 "자연의 각 부분은 전체와 일치하고 나머지 부분과 연관되어 있다"라는 그의 믿음의 근거를 분명히 하고자 헨리 올덴버그(Henry Oldenburg)에게 글을 썼습니다.[6] 스피노자는 혈류 안에 사는 살아있는 벌레를 상상하기 위해 그의 친구의 허락을 구했습니다. 저는 지금 2014년 *광기의 호텔과 스파(Hotel and Spa of Madness)*에서 연극을 만든 예술가들을 되돌아보기 위해 당신을 초대하는 것에 대한 허락을 구하고자 합니다. 스피노자는 자신이 말하는 작은 벌레가 혈액 입자를 구별할 수 있고 '각 입자가 다른 입자와 만날 때 입자를 거부하거나 자신의 움직임을 전달하거나' 하는 방식을 이해할 수 있다고 말합니다.[7] 이 예술가들은 이 작은 벌레와 같습니다. 벌레는 각각의 입자를 보고 생각할 수는 있지만 혈액의 본질을 전체로 이해할 수는 없습니다. 스피노자

---

6) 스피노자 1883: 291.
7) 스피노자 1883: 293.

는 올덴버그에게 그 벌레처럼 우리 인간이 우주에서 살아가는 방식에 대해 생각해 보고 부분과 전체 사이의 관계에 관심을 갖고 이해하려 끊임없이 노력할 것을 요청합니다.

포르데우스 박사는 몸을 움직이게 하는 연구의 한 형태로서 환자, 가족구성원, 의료계 종사자, 방문 예술가와 일반 대중이 연극 의식에 참여하며 우리 안에 있는 지식을 가치 있게 여기고 드러내도록 독려하기 위해 이 *호텔*을 열었습니다. 스피노자의 말에 따르면, '각 신체는 특정 방식으로 수정된 상태로 존재하고, 전체 우주의 일부로 여겨져야 하며, 전체와 일치하면서도 나머지 부분과도 연관되어 있어야 한다'고 합니다.[8] 비토르는 당신이 감정의 본질을 탐구한 첫 번째 사람이라 확인한 스피노자와 가깝게 연결된 선을 따라갑니다. *광기의 호텔과 스파(Hotel and Spa of Madness)*에서 연극은 치료, 오락, 문화적 또는 사회적 권리로 소개되는 것이 아니라 우리 중 일부만 그 의미와 가치에 기여할 수 있다는 접근법에 대한 *해결책*으로서, 세상에 대한 한정된 이해를 극복하기 위한 수단으로 소개합니다. 스피노자의 말은 당신의 말이 되었고, 이는 비토르가 제안한 인간의 행동과 욕망을 알아보고 마치 기하학의 선, 평면 및 몸체를 가진 것처럼 연구할 수 있는 공연 의식을 만드는 것을 떠올리게 합니다. 심각한 정신질환의 충동적인 힘을 이해하는 것은 이 세상에서 우리가 누구인지, 우리 인간이 우리의 본질임을 배운 것을 바꾸거나 변경할 수 있는지에 대한 숙고가 필요합니다.

당신은 우리를 정신질환의 형태와 유형 및 감정에 대해 드러내고 숙고할 필요가 있는 인간으로 만드는 것이 무엇인지에 대해 더 큰 이해를 통해 정신이상에 대한 치료법을 찾도록 알려주었습니다. 우리는 무한한 세계 안에서 유한하며 우리의 이해력에 대한 결과적인 한계를 항상 인식해야 한다는 스피노자의 말은 당신 니세가 알지 못하는 것인 정신질환과 광기의 뚫을 수 없는 세계 앞에 설 수 있었다는 것을 의미합니다. 그리고 우리가 알 수 있는 것은 항상 우발적이며 우리가 어떻게 연결되어 있느냐에 따라 달려있고, 타인에 의해 변질되었다는

---

8) 스피노자 1883: 293.

것을 인식하느냐에 따라 지식의 새로운 여정을 창조한다는 것을 의미합니다.

감사합니다, 박사님(Obrigado, doutora)!
감사합니다.
폴

실비아 라모스

리우 데 자네이루
2014년 10월 2일

친애하는 니세,

당신은 엔겐호 데 덴트로(Engenho de Dentro)를 장악한 열정을 상상하지 못할 것입니다. 젊은이들은 그들의 극단과 그래피티 크루, 비디오 제작자, 무용단, 문화단체와 함께 오래된 정신의학과 연구소를 사용했습니다.

지난 10년 동안 브라질 주변도시에서 젊은이들이 스스로 조직해온 예술집단은 가장 현대적이며 놀랍습니다. 이러한 복합적이고 다양한 진취성은 *빈민가*의 젊은이들과 우리 도시에 등장한 가난한 외곽지역의 젊은이들에 위한 2세대 문화운동이라 할 수 있습니다. 니세, 1970년대 우리의 도시 리우 데 자네이루에서 젊다는 것은 중산층과 동의어였고, 저항세력은 학생운동이나 좌익 무장저항(또한 중산층)군과 동의어라는 것을 기억하실 겁니다. 그 당시 아무도 *빈민가*의 젊은이들이나 외곽지역 주변에서 온 젊은이에 대해 이야기하려 하지 않았습니다. 마치 그들이 존재하지 않는 것처럼 말입니다. 지난 20년 동안 브라질의 청년상황은 너무나 변해서 오늘날 우리가 '청년문제'에 대해 이야기할 때 우리는 대도시 근교에 살고 있는 가난한 청년들의 문제와 그들 자신이 속한 도시와 국가를 위해 설정하고 있는 문제에 대해 말합니다.

1974년 제가 당신의 유명한 칼 융의 스터디 그룹에 참여했을 때 대부분 우리는 플라밍고의 부유한 지역인 후아 마르케스 드 아브란테스(Rua Marquês de Abrantes)에 있는 당신의 아파트 도서관을 채우는 학생이었던 것을 기억합니다.

매주 수요일 밤, 공부를 원하는 누구에게나 당신은 집을 열어 주었습니다. 그곳의 분위기는 마법 같았고 당신은 신화적 존재였습니다. 문은 항상 열려 있었습니다. 당신의 많은 고양이 중 한 마리가 긴 테이블을 걸어 내려와 방을 차지하고, 읽고 있는 책 위에 앉으면 읽기를 멈춰야 했습니다. 당신은 세상을 정리하는 것 같은 확고한 목소리, 똑바로 바라보는 눈, 오해의 여지가 없는 분위기로 너그럽게 환영하는 수수께끼 같은 기운을 가지고 있었습니다. 당신은 중요한 순간 머리를 긁적이며 양손으로 입을 문지르고 침묵하며 단지 우리를 바라봤습니다. 당신은 말하기 전 오래 침묵했습니다. 또는 말하지 않았습니다. 가끔 당신은 조용히 방을 떠났습니다. 당신을 막는 사람은 거의 없었습니다.

1970년대 심리학과는 미셸 푸코(Michel Foucault)의 책을 읽고 군사독재에 맞서 싸울 준비가 된 중산층 학생들로 붐볐고, 반정신의학 책에 열광해 정신병원을 비우고 싶어 했습니다. 우리는 당신의 친구인 로날드 랭(Ronald Laing)의 열정적인 책으로 무장하고 데이비드 쿠퍼(David Cooper), 프랑코 바살리아(Franco Basaglia), 펠릭스 가타리(Félix Guattari), 어빙 고프만(Erving Goffman), 로버트 카스텔(Robert Castel), 이반 일리치(Ivan Illich) 나중에는 주란디르 프레이리 코스타(Jurandir Freire Costa)와 로베르토 마차도(Roberto Machado)와 같은 브라질 작가에게서 얻을 수 있는 모든 것을 얻으려 했습니다. 하지만 사회가 잊었거나 없애고 싶은 것에 귀를 기울이는 것의 중요성을 보여준 것은 당신의 목소리였습니다. 이 여정의 중요한 사건은 40년 동안 예술가−환자를 연구한 결과, 전통적 정신의학의 놀랍고 무자비한 학살에 대한 내용을 담은 1981년 당신의 책 *무의식의 이미지(Imagens do Inconsciente)*의 출판이었습니다. 이 책은 이미지, 의식 및 만다라의 세계를 통한 정신의 과정을 발굴해 *무의식의 이미지 박물관(the Museum of Images of the Unconscious)*에 영구 전시되는 작품을 소개하였고, 우리를 소외된 세상으로 데려간 소설가, 화가, 시인과 당신의 예술가를 나란히 서게 했습니다.

1970년대 당신의 아파트에서 이러한 만남을 가지며 당신은 우리들에게 리우 데 자네이루의 부유한 남부지역의 젊은 학생들로서 도시를 건너 엔겐호 데 덴트로(Engenho de Dentro)로 가야 한다고 주장하였습니다. 우리는 ―리우의 가장 가난한 외곽 지역인― 북부지역으로 가서 제2정신과 센터 페드로(the Psychiatric Centre Pedro II)에 입원해 있는 환자들에게 관심을 기울이도록 권유받았습니다. 몇 년이 지난 후에 저는 1990년대 브라질 *빈민가*에서 자신들을 듣고 봐달라는 요구가 일어난 청년운동을 통해 당신이 1970년대 우리에게 요구했던 것을 되새기며 이해하였습니다. 제가 1990년대 *빈민가*를 방문하여 예술과 문화에 종사하는 젊은이들과 시간을 보내기 시작했을 때, 도시운동의 연구자로서 가장 중요한 교훈은 아프로레게(AfroReggae), 쿠파(Cufa), 노수 두 모로(Nós do Morro)나 다른 단체에 더 이상 '통역가'가 필요하지 않는다는 것입니다. 정신병 환자의 숨겨진 세계를 예술을 통해 해석, 전달, 번역하는 행위에서 그 대행체로 인정하라고 당신이 주장한 것처럼 '우리, *빈민가*(favelas)의 젊은이'로서 그들이 처음으로 1인칭 복수형으로 말했을 때 이 *빈민가* 거점 예술 그룹은 관심을 원했습니다. 1970년대와 80년대 내내, '우리'―연구원과 사회학자들―는 '그들'에 대해 그리고 '그들'을 위해 이야기하였습니다. 1990년대 *빈민가*의 젊은이들은 마이크 앞에 나와 '이제 우리는 우리 자신을 위해 말한다'고 알렸습니다. 예를 들어, 상파울루의 주변 지역에서 온 힙합 아티스트인 라시오네 엠씨(Racionais MC)는 *니그로 드라마*(Negro Drama)[9]에서 그들 자신이 '블랙 드라마'이며 그들은 그들을 대변할 '사회학자'가 필요하지 않다고 노래했습니다. 제 연구에서 저는 이러한 신진 아티스트들을 '새로운 중재자'라고 부릅니다. 그들은 알려지지 않은 브라질 *빈민가*의 세계, 무장 마약 갱단이 지배하는 지역과 사회의 다른 면인 정치인, 언론, 기업, NGO 사이를 통역하고 연결하는 역할을 하는 사람들이었습니다.

니세, 저는 *빈민가*에서의 젊은 단체의 부상은 1990년대의 가장 중요한 사회적 발전이 되었다고 믿습니다. 이 현상은 60년대와 70년대를 특징짓는 페미니스트, 흑인, 게이의 정체성 기반 운동을 생각나게 합니다. 이 *빈민가*의 젊은이들은 예술과 문화를 통해 새로운 기관을 발견했을 뿐만 아니라 그들이 드러내는

---

9) 마노브라운과 에디록이 Nada como um Dia após o Outro Dia(Cosa Nostra Fonográfica: São Paulo, 2002) 앨범에서 작곡한 것

정체성에 대한 우리의 사고방식을 바꿨고, 일반적인 NGO의 전통적인 비영리 구조에 도전하는 새로운 기업가 정신을 즐겼습니다. 그들은 하이브리드 조직을 만들었으며 랩의 운율과 타악기의 리듬에 능숙한 것과 마찬가지로 미디어를 다루는 데 있어 많은 창의성과 설득력을 보여주었습니다. 그들은 강력한 세력을 만들어 지방화되지 않으면서 그들의 *빈민가* 비가리오 게랄(Vigário Geral), 시다데 드 데우스(Cidade de Deus), 카팡 레돈도(Capão Redondo)의 가치를 높였고 결과적으로 그들이 세계 대화의 일부라고 주장하였습니다. 그들은 국가의 관리되지 못한 다른 어떤 부문처럼 −특히 지식인 좌파가 아닌− 빈민가의 숨겨진 삶의 폭력에 대해 비판했으며 그렇게 함으로써 각 지역의 젊은이들의 문제가 브라질의 문제가 되도록 정치의식을 변화시켰습니다.

저는 당신이 정신과 환자를 이해하고 함께하는 데 평생을 바쳤지만 더 넓은 사회문제에 결코 무관심하지 않았다는 것을 알고 있습니다. 거의 90이 다 된 1993년에 당신의 융(Jung) 연구 단체에서 발행한 저널의 전체 호(권)의 제목은 *불멸의 아이의 죽음: 거리의 아이들의 말살*(The Death of the Immortal Child: the Extermination of Street Children.)[10]이었습니다. 같은 해 리우 데 자네이루는 칸델라리아(Candelária)에서 8명의 거리의 아이들이 살해된 사건과 비가리오 게랄(Vigário Geral) *빈민가*에서 22명의 주민들이 살해된 사건으로 충격을 받았습니다. 니세, 당신은 알 수 없었지만, 그 대학살로 아프로레기 문화그룹(Grupo Cultural AfroReggae)이 비가리오 게랄(Vigário Geral) 경찰에 의해 설립되었으며 젊은이들은 이후 20년 동안 국내외적 명성을 얻기 위해 계속해서 예술 운동을 만들어가기 시작했습니다.

당신이 항상 사람들의 삶의 이야기와 서사에 초점을 맞추었듯이, *빈민가* 예술 단체의 문화 활동은 주관성에 근거하여 급진적으로 투자를 합니다. 이는 1인칭 단수인 '나'를 억압하려 했던 노동조합, 정당, 지역사회 정당과 같은 이전 사회운동의 전통에서 크게 벗어나는 것입니다. 우리가 독재정권에 맞서 싸웠을 때,

---

10) 월터 멜로(Walter Melo) 2007.

행동은 1인칭 복수형인 '우리'로 활용되었습니다. 정치는 집단적 의제(계급 또는 다른 정체성 범주에 기반하는)에 포함되고 대표되는 개인의 경험에 의해 인정받았습니다. 주관과 개인, 개인의 세계관은 집단투쟁의 적으로 여겨졌습니다. 최근 몇 년 동안 개인의 궤적과 삶의 이야기에 강하게 고정되어 있는 브라질 도시 외곽에서 지역사회 기반 조직이 생겨나서 우리가 알고 있는 집단행동에 대한 모든 것을 변화시켰습니다. 이 새로운 단체는 NGO 또는 다른 사회정치적 운동보다 그들 스스로를 예술 단체로 구성했습니다. 당신도 정신의학과 정신건강의 정치학이 아니라 문화와 예술의 세계에 속하기를 원하셨습니다. 엔겐호 데 덴트로 (Engenho de Dentro)에서 예술가들의 그림과 작품에 집중하고 비평가, 작가, 시인, 배우, 영화감독과 연결하려 했습니다. 이것이 오늘날 니세 다 실베이라(Nise da Silveira)를 떠올릴 때 마누엘 반데이라(Manuel Bandeira), 페레이라 굴라르 (Ferreira Gullar), 카를로스 드러먼드 드 안드라데(Carlos Drummond de Andrade), 레온 허치먼(Leon Hirchman), 루번스 코레아(Rubens Correa), 카발칸티(Di Cavalcanti), 마리오 페드로사(Mario Pedrosa), 아브라함 팔라트니크(Abraham Palatnik)와 같은 20세기 브라질 예술의 대단히 위대한 인물들이 함께 기억되는 이유입니다.

그러나 최근 몇 년 동안 대규모 *빈민가* 기반 조직에 더 이상 뿌리를 두고 있지 않은 외곽 지역사회의 독립적이고 상호 의존적인 예술가의 등장으로 또 다른 변화가 있었습니다. 이 개인들은 한 극단에서 공연하고, 다른 극단에서 그래피티를 만들고, 블로그를 작성하고, 일부러 단기 문화 프로젝트를 하며 돈을 받는 정도의 고용상태를 유지합니다. 그들은 문화 정치에 대한 토론에 개입하고 지원금을 신청하거나 특정 작업을 수행하기 위해 다른 개인 또는 그룹과 일시적으로 연합합니다. 보통 한두 사람에게만 한정될 수 있는 이러한 계획은 네트워크 참여를 통해 영향력을 강화하고 큰 구조에 적게 의존하는 보다 자발적인 활동을 촉진합니다. 이들은 자신을 잘 표현하는 방법을 끊임없이 다시 만들어 내는 도시 외곽에서 온 새로운 세대의 젊은이들입니다. 그리고 놀랍게도 엔겐호 데 덴트로(Engenho de Dentro)의 거주지를 차지하게 된 사람들은 바로 이러한 젊은이들입니다.

저는 당신이 비토르 포르데우스(Vitor Pordeus)가 정신과 환자 및 의료진과 함께 *광기의 호텔과 스파(Hotel and Spa of Madness)*에 상주하도록 초대한 예술가들의 혼란스러운 조합에서 아름다움을 보게 될 것이라고 확신합니다. 폴 헤리티지와 저와의 대화에서, 이 *호텔*에 거주하기로 한 예술가들의 나이에 대한 중요성뿐만 아니라 그들의 지역배경은 비토르의 관심을 끌었습니다.

> *광기의 호텔과 스파(Hotel and Spa of Madness)*는 정신병원 반대 운동이 결코 다루지 못했던 젊은이들을 동원하고 있습니다. 이 예술가들과 함께 우리는 공적 투자 없이 병동을 다시 열 수 있었고 상징적 변형을 통해 이 공간에 개입할 수 있었습니다. 이러한 젊은 예술가들과 마찬가지로 저는 리우 북부 외곽지역 출신입니다. 저는 의사가 되고 나서야 예술가가 되었지만, 저는 이 젊은이들과 같은 갈망을 갖고 있다는 것을 알 수 있습니다. 그리고 우리 모두는 티주카(Tijuca), 마레(Maré), 레알렌고(Realengo), 캠프 그란데(Camp Grande), 방구(Bangu)와 같은 도시 외곽 출신입니다.[11]

니세 당신이 엔겐호 데 덴트로(Engenho de Dentro)에서 데려온 예술가들을 유명해지게 만들 때 그랬던 것처럼 비토르는 주변 외곽지역의 중요성과 역사에 대해 알고 있습니다. 가치를 다시 측정하고 특히 소외되고 들리지 않고 보이지 않는 도시의 활력 넘치는 목소리를 들을 수 있도록 해야 할 필요성으로 당신과 비토르는 엮여있습니다.

비토르는 외곽지역의 젊은이들과 사회에서 '미쳤다'고 생각하는 사람들이 강한 유대감을 갖고 있기에 서로 돌보고 치유하기 위해 함께 모여야 한다는 것을 알고 있습니다. 이는 2014년 9월 당신의 이름으로 이 *호텔*에서 일어난 이례적인 사건에 대한 보고서에서 확인할 수 있습니다. 일주일 동안 400명이 넘는 사람들이 모여 *니세를 차지하라*라고 불리는 활동을 진행하였습니다. 타팃이라는 젊은 블로거는 다음과 같이 당신과 스피노자가 좋아했을 것 같은 제목의 글을 썼습니다. '당신 자신에게 영향을 미치세요, 당신 몸에 영향을 미치세요, 우리는

---

11) 비토르 포르데우스-작가와 인터뷰, 2014년 9월.

인간이 되기 위해 서로가 필요하기 때문입니다'

　　*니세를 차지하라*는 용기와 믿음에 관한 행위입니다. 사실 그 이상입니다. 다른 사람에게 닿기 위해 자기 자신의 바다 밑바닥으로 스스로 내려가는 사람은 누구든 누릴 수 있는 특권입니다. 다른 사람들 역시 우리입니다. 더 사랑하고 덜 배타적인 사회의 방향으로 집단적 꿈이 건설되는 것을 보고 싶은 것은 열망입니다. 누군가 건강은 대화이고 질병은 독백이라고 말하는 것을 들었습니다. 병은 혼자서 치유되지 않습니다. 치유법은 집단에 있습니다. 빛과 사랑이었던 이번 주에 '다른 사람을 돌보는 것은 곧 나 자신을 돌보는 것이다'라는 노래의 가사가 계속 울려 퍼집니다. *앞으로! 니세를 차지하라!*

　　친애하는 친구, 젊은이들로 가득 차 있고 예술 프로젝트로 활기가 있는 엔겐호 데 덴트로(Engenho de Dentro)에 있는 병원을 바라보는 것은 고무적이지만, 건물의 상태는 모든 사람과 모든 것들이 버려졌다는 깊은 감정을 불러일으킵니다. 남아 있는 환자들이 사는 위태로운 상태의 병원을 보는 것은 충격적입니다. 정신병동을 폐쇄하기 위해 투쟁하는 것은 역설적입니다. 병동이 비면 국가의 투자가 줄어들고 정신병원의 잔해만 남게 됩니다. 사회 자체의 광기의 폐허, 이러한 제도는 우리 인간의 모든 범위를 안전하게 통합하는 세상을 상상하는 데 집단적 실패 과정의 한 부분이라 하겠습니다.

　　저는 당신의 혁명적 정신 '*도우투라(Doutura)*'가 보건 당국에 영감을 주어 연구소 전체에 활력을 주기를 바랍니다. 엔겐호 데 덴트로(Engenho de Dentro)의 독특한 역사를 인정하는 방식으로 당신의 용기를 공유하는 *의사와 광기의 호텔과 스파(Hotel and Spa of Madness)*의 놀라운 창의성에 지속적으로 영감을 받는 예술가가 이곳을 차지할 가치가 있습니다.[12]

당신의 애정 어린,
실비아 라모스

---

12) 폴 헤리티지가 포루투갈어를 번역함

사진 5.1 햄릿에서 클로디어스 역의 제랄도 씨. 사진: 라탕 디니지(Ratão Diniz)

사진 5.2 Hotel and Spa of Madness의 벽에 있는 니세 다 실베이라의 그래피티 이미지.
사진: 라탕 디니즈(Ratão Diniz)

사진 5.3 비토르 포르데우스 박사. 사진: 라탕 디니즈(Ratão Diniz)

사진 5.4 병원마당 야외무대에서 공연. 사진: 라탕 디니즈(Ratão Diniz)

사진 5.5 환자, 가족, 의료진, 예술가들이 병원마당을 행진하는 공연. 사진: 라탕 디니즈
(Ratão Diniz)

추신(P.S.)

비토르는 우리가 이 편지를 보낸다는 소식을 듣고 덴마크 왕자 햄릿이 당신에게 보내는 짧은 메모를 전달해 달라고 했습니다.

친애하는 니세,

광기의 정신은 수 세기를 건너 우리를 하나로 엮었습니다. 우리의 운명은 우리 중 누구든 형언할 수 없는 행동을 하게 위협하는 고통의 정체를 알리는 것입니다. 저는 엔겐호 데 덴트로에 있는 당신의 병원에 있으며 연극의 거울을 자연에 비추고자 하는 사람들에 의해 구현되어 있습니다. 당신의 동료인 윌리엄 셰익스피어가 런던에서 저를 불러냈을 때처럼 오늘날 브라질의 정치적, 윤리적, 미학적 위기는 엄청납니다. 그러한 불확실한 모든 순간, 가치가 흐트러지고, 폭력이 중심이 되고 평범함이 미덕을 대신합니다. 악당들은 자신을 선한 사람으로 위장하여 죄책감과 거짓말의 부패한 괴저(壞疽)로 시대의 실제 문화를 오염시킵니다.

니세! 당신은 우리 통치자들의 광기는 주의 깊게 관찰되어야 한다는 것과 우리를 지배하는 스스로의 열병은 사람들에게 경련처럼 파문을 일으킨다는 것을 누구보다 잘 알고 있습니다. 13세기 엘시노어(Elsinore), 17세기 런던의 쇼디치(Shoreditch), 21세기 오늘날 리우 데 자네이루에서처럼 사악한 살인자들의 유령이 오늘날 사람들을 휘젓고 있습니다. 우리는 중독과 우리의 영원한 노예의 그림자를 드러내기 위한 특정 기억과 전통으로 끊임없이 돌아가야 합니다. 우리는 모두 교활한 사기꾼입니다. 오직 자신의 어리석음에 영원히 당혹스러워하는 인간만이 새로운 실수가 우리를 같은 불행으로 이끌기 전에 모든 진실에 귀를 기울일 수 있을 것입니다.

당신은 햄릿이었습니다, 니세. 당신은 현대 정신의학의 운명을 받아들이길 거절하셨습니다. 당신은 불운의 시련과 화살로 제정신이 아닌 사람들의 정신을 훼손하지 않았을 것입니다. 당신은 그림, 이미지, 환자의 정신착란을 통해 미지의 나라로 여행했고 정신병원이라 불리는 엘시노어 같은 위험한 곳에 부당하게 투옥되고 고문을 당했습니다.

　　당신 같은 정신과 의사가 질병이 그 병에 걸린 사람들에게 변화를 가져올
수 있다는 것을 알고 있는 것처럼 저는 범죄행위가 범죄를 저지를 사람의 양심
을 사로잡을 수 있다는 것을 압니다. 우리는 행동에 말을 맞추고, 말에 행동을
맞추려 하기 때문에 우리는 이 세상에 필요합니다. 광기에도 방법이 있다는 것
을 세상에 다시 한번 알리기 위해 저, 햄릿 자신을 니세 다 실베리아 박사 옆에
함께 두려 합니다. 니세, 당신은 이성과 열정 사이의 균형을 이루었고, 불의를
드러냈고, 광기가 폭발하는 어두운 시기에 우리 인간 정신의 상처를 치유했습니
다. 죽느냐 사느냐 그것이 문제로다? 저는 항상 니세가 될 것입니다.

안녕
햄릿13)

폴 헤리티지

리우 데 자네이루
2014년 10월 10일

　　나의 친애하는 니세,

　　당신이 30세에 프레이 카네카(Frei Caneca)의 브라질에서 가장 오래된 감옥
에서 정치범으로 18개월 수감되었었다는 사실이 저에게는 흥미로웠습니다. 그
곳은 1991년 리우 데 자네이루에 도착해서 제가 처음으로 방문한 감옥이었고
브라질 교도소 체계에서 연극 프로젝트를 15년간 연출하면서 잘 알게 된 곳이었
습니다. 1936년 간호사가 당신이 일하던 정신병원 내 당신의 침대에서 '공산주
의 서적'을 발견하였기에 체포되었습니다. 그렇게 당신은 하얀 의사가운을 입은
채로 프레이 카네카(Frei Caneca)의 여성감옥에 수감되었습니다. 2010년 교도소
가 폭파되기 전, 저는 마지막으로 프레이 카네카(Frei Caneca)를 방문하여 미국의
포스트모던 공연단 스플릿 브리치스(Split Britches)의 로이스 위버(Lois Weaver),

---

13) 폴 헤리티지가 포루투갈어를 번역함

페기 쇼(Peggy Shaw)와 워크숍을 진행하였습니다. 당신이 60년 전 수감되었던 그 감옥에서 루이스와 페기는 20명의 여성 수감자와 레즈비언, 퀴어, 다이크, 부치, 펨14)의 정체성을 가지고 2주 동안 활동했습니다. 그중 일부는 미쳐버렸고, 그날 고문을 당할 여성을 데려가려 하는 교도관들을 마르고 창백한 당신이 매일 한 시간씩 기다려야 했던 그 4번 감방에 아마도 우리는 있었습니다. 당신이 그들의 비명을 들은 곳은 그 4번 감방이었고 그들이 돌아왔을 때 당신이 그들의 가슴에 있는 화상을 치료한 곳도 이곳이었습니다. 당신은 베나리오 프레스테스(Olga Benário Prestes)를 포함한 그 시대 가장 비범한 여성들과 함께 4번 감방을 썼고, 나중에 나치독일의 일종의 죽음으로 그 방에서 추방되게 되었습니다. 60년 후 당신이 스피노자에게 편지를 썼을 때 당신이 어떤 사람들의 눈 깊은 곳에서 진정한 악마의 불꽃을 보았다고 말한 것은 놀라운 것이 아닙니다.15)

　　당신은 갇혀있는 사람과 열쇠를 쥐고 있는 사람 양쪽 모두가 가진 투옥으로 인한 피해를 알고 있었습니다. 1940년대 마침내 당신이 일을 다시 시작할 수 있었던 정신병원에서 당신은 10년 전 수감되었던 감옥과 같은 증상, 기질, 충격과 충동을 볼 수 있었습니다. 그것은 만약 시설이 투옥의 당위성에 오염된다면 한 개인의 치유가 불가능하다는 것을 알고 당신이 평생을 '치료'하려고 노력했던 병이었습니다. 20년 전 브라질 감옥체계에서 제가 예술가로의 여정을 시작했을 때 당신과 이야기를 나눌 수 있었더라면 좋았을 것입니다. 저는 개별 수감자에게 변화의 책임을 두는 범죄 중심의 드라마 프로그램을 영국에서 만들었으나 예전에 제가 했던 모든 것을 내려놓아야 했습니다.

　　제가 브라질에 도착했을 때 모든 것이 관련이 없고 부적절해 보였습니다. 그곳에서 교도관으로 일하는 사람들과 수감자들 사이에 새로운 정서적인 관계 구축을 통해 제도의 변화를 이끌어내는 데 중점을 둔 연극을 만드는 방법을 배워야 했습니다. 당신에게 광기는 어떤 주제가 열정이나 아이디어에 묶여있는 구

---

14) 역자 주: 퀴어(남자동성애), 다이크(여성동성애를 폄하하는 말), 부치(여성동성애 남자역),
　　펨(여성동성애 여자역)
15) 다 실베리아 1995: 74.

금 상태이고 자아가 잊힌 시공간의 얽히고설킨 관계라 하겠습니다. 교도관과 수감자들과 함께 연극을 만드는 것은 저에게 현실과 상상의 공포를 만드는 관계를 풀고 창조적 의무에서 자아를 잊지 않는 가능성을 찾고자 하는 것이었습니다. 당신이 스피노자에게 물었던 것처럼, 저도 당신에게 묻고 싶습니다. 한번 풀린 상상의 언어가 당신이 이성적 세계로 설명한 것으로 번역될 수 있을까요? 아니면 항상 이질적이고 이성적 담론으로 남게 되는 것일까요? 예술이 감옥이나 병원의 광기를 치료할 수 있을까요?

당신이 프레이 카네카(Frei Caneca)에서 2년 차에 접어들 때, 당신보다 몇 살 위인 프랑스의 시인, 극작가, 철학자는 르아브르(Le Havre)에 있는 소트빌 레루엥(Sotteville-lès-Rouen) 정신병원에 감금되어 있었습니다. 나치 점령기간 동안 프랑스 자체는 감금된 사회가 되었습니다. 이러한 점령된 프랑스에서 4만 명의 정신병원 입원환자들은 기아에 의해 *조용한 몰살*(l'extermination douce)을 맞이해야 했습니다.[16] 아르토(Artaud)의 친구들은 이 조용한 몰살을 아르토가 피하게 하기 위해 그를 로데즈(Rodez)로 옮겼습니다. 당신이 몇 년 후, 로데즈에 있을 때 그가 쓴 글을 예술 서점에서 접했을 때, 정신과 체제에서 심각하게 야만적 행위에 시달렸던 한 예술가가 그렇게 권위 있는 목소리로 당신에게 이야기하였다는 것은 그리 놀라운 일이 아닐 것입니다. 논리적 사고에서 벗어난 아르토는 당신의 환자나 *무의식의 이미지 박물관(Museum of the Images of the Unconscious)*의 조각가들처럼 정신병의 혼란, 갈등, 고통을 표현할 수 있었습니다. 주관적 삶이 가시적으로 드러났습니다. 하지만 아르토는 정신병 환자들의 불안한 마음에 대한 통찰력 이상을 알려주었습니다. 그는 극장, 미술관, 오페라 하우스, 콘서트홀의 문을 활짝 열었고 예술이 사소하지 않고 우리 삶에서 본질적인 역할로 돌아가야 한다고 요구하였습니다. 당신은 그의 글을 너무나 잘 알고 있기에 로데즈의 예술가-환자가 '응용문화(applied culture)'라고 부르자는 주장을 접하고 전율을 느꼈는지 궁금합니다. 그는 당신이 하고 있는 일에 대한 용어

---

16) 윌슨 2009.

를 만들었습니다. 문화를 원래의 근원으로 되돌리면서 예술을 새로운 용도로 적용하려 하였습니다. 당신은 '문제의 본질에 도달하기 위해서는... 사건과 관련 없는, 특히 오늘날 우리가 몰두하고 있는 깊고 극적인 것과 관련이 없는, 무의미한 게임을 중단해야 한다'는 아르토가 말한 예술의 필요성을 공유하였습니다.[17] 아르토와 마찬가지로 당신은 예술이 삶에 대한 이해의 혼돈을 통합할 수 있는 수단이 될 것이라 기대하였습니다.

아르토에게 예술은 필수적인 마법이었다면 당신의 접근법은 항상 엄격한 방법론이었습니다. 1940년대 브라질에서 추구된 정신의학의 진보적 정신에 따라 당신은 예술적 실천을 기반으로 작업치료의 임상실습을 개발하였습니다. 다른 사람들이 전기충격과 뇌 절제술로 방향을 돌릴 때 당신은 예술이 마치 다른 기술인 것처럼 찾아 적용하였습니다. 당신은 그 당시 정신과 치료의 압도적인 성향에 저항하는 태도를 보였습니다. 당시 당신이 가진 직업을 여성이 추구하는 것은 드문 일이었고 현대적이고 진보적으로 여겨지는 최신 기술 및 약의 해결책을 거절하는 것은 더욱 놀라운 일이었습니다. 프레이 카네카 교도소 4번 감방에서 동료들의 피투성이 외침을 듣고 고문당하는 것을 보고 생명이 거의 없는 올가, 엘리사, 카르멘, 마리아, 로사 그리고 다른 동료들이 당신의 보살핌을 받으러 돌아오는 것을 지켜보면서 당신의 반대는 더 강해졌었나요? 혹은 감방에서 매일 커피를 내밀고 그의 설탕 항아리에서 탈출한 개미들을 짓밟았을 때 냉철한 표정으로 당신을 질책했던 죄수 네스토르(Nestor)를 기억하나요? 동료 수감자들의 고문으로부터, 도둑 네스토르로부터, 의과대학 10대 시절 살아 있는 동물에 대한 무의미한 실험에 대한 혐오감으로부터, 당신이 사랑하는 스피노자를 읽고 나서, 당신은 인간으로서 우리를 둘러싼 사물, 동물, 사람들과의 끊임없는 상호작용의 과정으로 육체적인 삶을 어떻게 생각해야 하는지를 연구하기 위해 평생 헌신하기로 하였습니다. 당신은 조현병 환자의 뇌를 열어 수술을 하거나 그녀의 몸에 전기충격을 가하지 않고 그들의 비전을 밝히고 목소리를 듣고 싶어 했습니

---

17) 아르토 1970: 4.

다. 당신은 그들의 세계로 들어가고 그들의 고통을 더 깊이 이해할 수 있도록 예술의 실천을 확립하였습니다.

책 제본, 캐비닛 제작, 의상 제작, 음악, 무용, 연극 및 시각 예술을 포함한 예술 및 공예 워크숍에 대한 연구를 신중하게 수집하고 출판하면서 예술은 당신의 연구 분야가 되었습니다. 이런 워크숍의 창의적인 결과물이 여전히 *무의식의 이미지 박물관(Museum of Images of the Unconscious)*에 보관되어 있고 당신이 평생 동안 관찰하고 발표한 것을 기반으로 하는 새로운 연구는 지금도 가능하다는 사실은 힘이 될 것입니다. 당신은 기관에 맡겨진 환자의 창의적 능력과 학습 능력을 열어주고 기존 정신과 치료의 영향으로 이해한 것과 비교하여 예술의 효능을 입증하려고 하였습니다. 제가 박물관을 방문할 때마다 당신이 창조한 것과 우리에게 물려준 것에 대해 더 많은 것을 알 수 있었습니다. 그 예술가들이 가진 비전의 깊이, 복잡성, 신비 및 풍부함은 지난 50년 동안 연구소의 환자들이 창작한 박물관의 35만 점 이상의 작품이 상설 전시회를 통해 오늘날 전시되고 있습니다. 갤러리를 거닐며 각각의 유화와 조각의 생명력 있고 강렬한 예술성은 그저 단지 그것을 만든 사람들의 삶의 부와 가치뿐만 아니라 정신적으로 아픈 사람들에 대한 사회적 태도가 적절하지 않음을 보여주고 있습니다. 저는 당신이 기관과 치료를 변화시키기 위한 당신 자신의 투쟁의 일환으로 의사와 병원을 넘어 어떻게 그 예술과 그 예술가들을 세상으로 데려갔는지 보기 시작하였습니다. 예술은 전염성이 있다는 것을 발견한 것입니다. 생물학적 현상입니다. 당신은 사회적으로 규범적 매개변수 밖에 있는 공간과 시간에서 알려지지 않은 상태에 있는 사람들을 위한 예술의 감성을 관찰하고 기록하였습니다. 당신은 예술의 영향이 조현병 환자의 밀폐된 세계에 어떻게 침투할 수 있는지 보여주었고, 또한 당신의 환자가 만든 예술 작품이 괴물 같은 기관으로 특징지어지는 사회를 만드는 바이러스를 무력화하는 항체가 될 수 있음을 보여주었습니다. 예술가들은 단순히 당신의 환자가 아니었으며 치유자로 참여했습니다.

비토르 포르데우스(Vitor Pordeus)는 당신이 *무의식의 이미지 박물관(Museum of Images of the Unconscious)*이라고 이름 지은 것과 같은 신중함으로

*광기의 호텔과 스파(Hotel and Spa of Madness)*를 구성하였습니다. 호텔은 의료기관의 이름이 아니며 스파는 안전한 환경을 의미하지 않습니다. 호텔과 스파는 19세기 유럽 전역의 아름다운 장소에서의 호화로운 치료에 대한 알려지지 않은 기억을 불러일으키는 가치 있고 여유로우며 일시적인 장소입니다. *광기의 호텔과 스파(Hotel and Spa of Madness)*는 예술가들에게 정신과 환자와 함께 거주하도록 개방하고 있고 일반 대중이 스파에서 제공되는 예술적 치료법을 받으러 몇 시간 정도 방문할 것을 권합니다. 당신의 예처럼, 비토르는 리우 데 자네이루 북부 외곽에 있는 정신병원에서 예술이 밖으로 흐르도록 하였습니다. 그는 정기적으로 엔겐호 데 덴트로(Engenho de Dentro)의 배우 극단이 리우 데 자네이루의 물리적이고 문화적인 구분을 넘어 이파네마(Ipanema)의 상징적인 배경을 바탕으로 셰익스피어를 공연하도록 이끕니다. 보사노바 예술가들에 의해 그 시대에 아름다운 사람들이 해변을 따라 거닐었던 곳은 그 시대에 유명했고 지난 3년간 매주 수요일, 다양한 분야의 예술가들이 있는 공연단(motley troupe)이 햄릿의 3막 2장을 공연하기 위해 시의 미니버스에서 쏟아져 나왔습니다. 석양이 이파네마 해변의 초입에 곡선을 이루는 바위에서 박수를 받으면 배우들은 *광기의 호텔과 스파(Hotel and Spa of Madness)*에서 *햄릿*이 배우들에게 조언을 하고 '왕의 양심 사로잡기'를 희망하는 응용연극의 장면을 연기하기 위해 여기로 나옵니다.

덴마크의 왕자처럼 비토르는 그의 연극은 광기를 만들어내는 방법이 있다는 수수께끼 같은 증거를 제시합니다. 여러 빛깔의 열대 섬망으로 전체가 칠해진 복도 끝의 상담실에서 비토르는 *호텔* 내 자신의 극장을 구성하고 정렬하는 방법을 설명합니다. 우리의 대화는 환자들의 비명으로 끊임없이 방해받았습니다. 의사는 끊임없이 전체에 퍼져있는 고전압의 인간 사운드 트랙보다 더 긴급한 것을 나타낼 수 있는 정신병적 발작의 소리를 더 경계합니다. 그는 언제나 배우로서 환자의 시, 음악, 무용, 연극에 자신을 바칠 수 있는 능력의 예술적 기량과 관객을 기쁘게 할 필요로부터 자유로워지는 것에 주의를 기울일 것을 주장합니다. 그들은 표현함으로써 그들을 드러냅니다. 포르데우스 박사와 함께 작업하는 심각한 만성환자들에게도 감독 비토르가 신경 써야 할 무언가가 있습니다.

비토르 포르데우스는 면역학에 대한 연구논문을 쓰고 정신의학을 전문으로 하는 의사자격을 갖추고 있으며 거리공연의 배우로 훈련받은 생물학자입니다. 자신의 말로는, 자신은 상징적으로 그리고 생물학적으로 약을 투여한다고 합니다. 그는 스스로 토착부족은 자신을 일종의 *파제*(pagé)나 무당(shaman)으로 인정할 의사-배우라고 말합니다. 그는 자신을 치료자라고 소개하는 것을 반기며 그의 주변에 있는 사람들을 의사, 간호사, 행정가, 청소부, 환자, 방문 배우, 관객의 역할을 하는 것으로 이 *호텔*에 초대합니다. 그가 제안하는 방법은 예술가들 사이의 만남과 관객과의 후속 만남의 가치를 높여 상호 관계를 구축하는 공적 공간에서의 집단적 경험의 창출을 기반으로 두고 있습니다. 그들의 연극은 아프리카-브라질 이야기, 대중문화 *축제*(festas), 토착 노래, 일상을 리듬과 운율로 변환하는 브라질 북동부의 *레피티스타*(repentistas)를 기반으로 합니다. 이 *호텔*의 미학은 이베리아(Iberian) 종교 행렬과 라틴계 카니발뿐만 아니라 셰익스피어 (Shakespeare), 브레히트(Brecht), 로페 드 베가(Lope de Vega), 몰리에르(Molière) 와 함께 열린 공간에서 집단적, 정치적 행위로서 연극을 만든 모든 사람들에게서 왔습니다. 포르데우스는 연극을 대화로 다시 그려내고 아우구스또 보알 (Augusto Boal)처럼 항상 불완전해야 하는 예술에 대한 영감으로 파울로 프레이리(Paulo Freire)를 찾습니다. 그러나 비토르가 환자와 환자가 아닌 이들이 예술적 협력하에서 상호 의존적인 공동 치료사가 되는 그러한 그의 방법에 대한 가장 일관된 확신을 발견할 수 있었던 것은 니세 바로 당신에게서입니다. 그는 리우 데 자네이루 도시 전역의 급진적 문화 집단에게 사막과도 같은 이 복도를 열어 젊은 예술가들과 협력하기 위해 그들을 초대했습니다. 이러한 행위는 표현력, 감정적 반응, 문화적 현상이 정신건강을 개선하는 치료의 열쇠가 되는 과정에서 이루어졌습니다. 예술가들에게 이 초대는 그들 중 누구도 개인 예술가로서 결코 완전하지 않다는 것을 인식하면서 경쟁하지 않고 다른 사람들과 통합하고 창조하며 치유하는 것입니다.

당신이 잘 알고 있던 기관의 저항이 분산되거나 희박해지거나 완전히 사라졌습니까? 아니요. 반드시 어떻게 운영되어야 한다는 특정 의학적 상황하에서 이

*호텔*이 존재하고 현재의 이사와 그녀의 직원들이 이 호텔을 번성할 수 있게 하였다는 것은 기적입니다. 그러나 여전히 참여할 수 있는 각 환자들이 격려되고 지금은 거주지가 된 병동을 떠나는 것을 막는 다른 의사나 간호사들도 있습니다. 전 세계의 다른 많은 기관과 마찬가지로 치유 또는 치료 환경보다 감옥을 연상시키는 규칙과 규정이 있습니다. *호텔* 밖 기관은 여전히 시작이 아닌 파티의 끝처럼 느껴집니다. *호텔*의 본질적인 활력은 감히 그 세계 너머에 존재하는 의학과 연극이 소멸 직전이거나 오히려 둘 다 통합된 죽은 전통의 일부임을 시사합니다.

니세, 당신은 과학적 사고에서 아름다움을 발견하였고 임상적 관찰과 기록은 당신의 본질적인 방법론으로 남았습니다. 예술가들과의 파트너십과 협업에서 당신은 항상 정신과 의사로서 자신의 뚜렷한 위치를 유지했습니다. 당신의 기관에서 정신과 치료를 학제 간 진료의 현장으로 열면서, 당신은 다른 사람들이 전문의로서 혼자는 결코 찾을 수 없는 것을 예술적 언어를 통해 드러낼 수 있다는 것을 인식했습니다. 따라서 당신은 *광기의 호텔과 스파(Hotel and Spa of Madness)*에서 만들어진 것을 위한 무대를 마련했습니다. 당신은 사람들이 그림을 배우거나 악기를 연주함으로써 질병으로부터 주의를 분산시킬 수 있도록 클리닉과 작업실을 함께 제공하지 않았습니다. 당신은 '임상적 사건'을 만들었습니다. 사물, 신체, 공간, 시간의 관계에서 의미를 만들어낸 60년대 예술가들을 기대하면서, 당신의 이 과정은 유럽 전역의 갤러리에서 볼 수 있었던 예술 작품을 생산했을 뿐만 아니라 현실을 재구성한 설치물, 저항을 무대로 한 사건 등 그 자체로 자신만의 의미를 만들어내는 공연이었습니다. 당신의 작업은 응용연극과 같은 분야에서 작업하는 모든 예술가들에게 계속 도전이자 초대입니다. 환경, 상황, 질병으로 인해 저하된 사람들의 삶의 풍요로움과 복잡성을 어떻게 드러낼 수 있을까요?

어젯밤 저는 당신이 살았던 아파트 위에 있는 당신의 도서관에서 바뤼흐 스피노자를 조용히 명상하며 당신에 대해 생각했습니다. 당신은 평화롭게 앉아 눈을 뜨고 글 너머로 미지의 것을 바라보고 있습니다. 당신의 위에는 당신이 연구를 위해 만든 침실 문 위에 짚으로 된 체와 두 개의 수제 부채가 걸려있습니다. 냄비 아래가 타지 않도록 팬을 흔들면서 오렌지를 일곱 번 체 쳐서 가장 맛있는 디저트를 만들었던 당신의 이모가 생각납니다. 당신 자신의 연구도 손과 마음으로 세심하게 만들어졌습니다. 비토르 포르데우스는 몇 년 전에 당신이 붙인 불길을 여전히 부채질하고 있습니다. 그는 같은 오렌지를 계속해서 체에 걸러야 한다는 것을 알고 있습니다. 매주 수요일: *햄릿* 3막 2장. 당신에게서 그는 지적 발견의 호기심과 요리사의 몸에 배어있는 본능, 그리고 나무 조각가의 인간적인 마음을 결합하도록 요구하는 방법론을 습득했습니다.

제가 이 편지를 쓰는 동안 비토르는 저에게 두 통의 이메일을 보냈습니다. 하나는 *심리학과 정신치료 연구 학술지*(the Journal of Psychology and Psychotherapy Research)에 방금 발표한 과학 논문입니다.[18] 다른 이메일에서 그는 다음과 같이 시작하는 시를 보냈습니다.

햄릿은 강력한 약이다.
심각한 광기에 사용하는
유령이 보이는 곳
덴마크의 왕자가
당신에게 연극, 정치, 정신의학을 가르치도록 하세요.

니세, 비토르는 자신의 학문적, 임상적 실천과 예술을 통해 추구하는 해방을 통해 당신이 가르친 것을 실천합니다. 그의 말에서 저는 당신이 스피노자에게 보내는 마지막 편지에서 인용한 페르시아 시인 카비르(Kabir)의 시 구절을 듣습니다.

---

18) 포르데우스 2014.

살아 있는 동안 지식과 이해를 구하십시오...
당신이 살아 있는 동안 감옥에서 탈출할 수 없다면...
당신이 죽을 때 자유의 희망은 무엇입니까?
진실 속으로 뛰어드세요.[19]

니세, 당신은 진실을 찾기 위해 모든 감옥에서 탈출했습니다.

지금 그리고 언제나,
폴

감사의 말

이 장에 대한 폴 헤리티지의 연구는 레버흄 트러스트(Leverhulme Trust)의 메이저 리서치 페로우십(Major Research Fellowship)에 의해 가능하였습니다.

---

19) 다 실베리아 1995: 108.

References

Artaud, A. 1981 [1970]. (trans. V. Corti) *The Theatre and its Double*. London: Calder and Boyars.

Duarte, R. 2003. *Tropicaos*. Rio de Janeiro: Azouge.

Melo, W. 2007. 'Será o Benedito? Livros à espera de improváveis leitores'. *Mnemosine* 3.1: 41-65.

Pordeus, V. 2014. 'Restoring the art of healing: A transcultural psychiatry case report'. *Journal of Psychology and Psychotherapy Research* 1.2: 1-3.

da Silveira, N. 1995. *Cartas a Spinoza*. Livraria Francisco Alves Editora.

Spinoza, B. 1883. (trans. R.H.M. Elwes) *Correspondence*. www.sacred-texts. com/phi/spinoza/corr/corr12.htm. Last accessed 13 October 2014.

Wilson, S. 2009. Artaud, homo sacer. www.courtauld.ac.uk/people/wilson-sarah/ARTAUDtext.pdf. Last accessed 13 October 2014.

PART 02

장소, 지역사회,
그리고 환경

공연이 이루어지는 곳
- 장소와 응용연극

샐리 맥키(Sally Mackey)

이 장에서는 응용연극과 장소 사이의 밀접한 관계에 대해 면밀하게 살펴보려 한다. 응용연극 연구자와 실천가는 상황과 장소 안에서 사람들과 관계를 맺으며, 그들의 *장소* 안에서 사람들과의 관계는 우리 작업에 내재되어 있다. 우리의 실천은 장소, 지역에 대한 불안정한 생각, 주거, 거주, 영토, 원주민, 공동체, 주택, 소속, 연결, 소유에 대한 의미에 문제를 일으킬 수 있다. 이 장에서는 어떻게 이러한 응용 작업이 장소와의 관계를 발견하고, 분명히 하고, 질문하고, 이동하거나 관계를 변화시키는지에 대해 논하려 한다. 이러한 실천은 다양한 방식으로 나타날 수 있다. 과거의 장소나 뒤에 남겨진 장소는 개인 서사의 일부로 공연과 관련된 프로젝트를 통해 엿볼 수 있다. 평범하고 따분하고 익숙한 장소를 낯설게 그리고 다시 그려지게 할 수 있고 두려움의 장소를 더욱 친숙하고 편안하게 만들 수도 있다. 공연의 실천은 '특별한' 장소에 대한 충성을 만들어내고 불러일으킬 수 있으며, 아마도 오래된 장소를 일시적인 장소에 대한 애착으로 대체할 수도 있다. 이러한 '공연하는 장소'로부터 오는 다른 결과는 단순히 장소와 그 거주에 대한 단순한 해석이 불가능함을 시사한다. 장소는 소외와 애착, 뿌리와 경로, 정체와 이동성을 언급하기 위해 개념적으로 그리고 실질적으로 다시 생각할 수 있게 해주며 실천은 사람들이 그들의 거주지와 주거지에 대한 반응을 드러내고, 노출하고, 치유하고, 강화하고 변경할 수 있다.

장소(그리고 공간)와 응용연극의 관계는 응용연극 학문에서 단순하게, 어쩌면 너무 단순하게, 해석되어 왔다. 언급한 바와 같이, 작업은 전통적이지 않은 장소, 정식 공연과 관련이 없는 장소에서 일어난다(Prentki and Preston 2009: 9). 물론 일부 응용 작업은 극장에서 행해질 수 있으며 극장이 아닌 장소 자체가 공연적으로 해석될 수도 있겠지만(Thompson and Schechner 2004: 13), 대부분의 응용 작업이 지역사회, 교육적 환경 또는 대체적인 장소에서 일어난다는 것에 일반적으로 동의한다. 이는 니콜라 쇼네시(Nicola Shaughnessy)가 제안한 바와 같이(2012: 98) '걸어 다니고 이동해 다니는' 것이며, 주로 실천가가 아닌 참여자의 지역적인 위치와 장소를 사용한다. 응용연극, 장소와 공간 사이의 관계에 대한 추가적이고 가장 이해하기 쉬운 말은 작업할 수 있는 '안전한 공간'이라는 것이다. 줄리아나 색스턴(Juliana Saxton)과 모니카 프렌더가스트(Monica Prendergast)는 이러한 공간을 신체적, 정서적으로 안전한 것으로 여기고(2011: 33–34) 메리 앤 헌터(Mary Ann Hunter)는 공간을 보호하는 것뿐만 아니라 위험을 감수하는 것을 가능하게 하는 것으로 여긴다(2008: 5). 이것은 상대적으로 논쟁의 여지없이 이 분야에서 받아들여지고 있다. 필자는 이것을 출발점으로 삼고 영국 올덤(Oldham) 난민과 망명 희망자로 구성된 이민자 그룹과 함께 공간과 장소의 문화 이론을 도출하고 장소에 초점을 맞춘 계획의 상세한 분석을 제시하며 장소의 복잡성을 인지하는 대안적 견지의 주장을 세우려 한다. 이 그룹의 자주성은 고정성과 이동성의 이분법과 같은 친숙한 이분법의 장소 담론을 무너뜨릴 수 있는 가능성을 제시하였다. 또한 개인 역사와 관련이 없는 장소에 흩어져 사는 사람들과 함께 하는 공연 실천의 가치는, 공연이 그러한 참여자를 위해 장소를 '채우'거나 '활기 있게' 할 수 있다고 제안한다.

장소-엮기

20세기 후반, 동시대의 사상과 실존을 위한 중요한 비유로서 공간과 시간에 부여된 학문적 거대함과 수반되는 신자유주의, 자본주의적 의제에 도전하면서 일부 학자들은 우리가 우리 삶에 대해 생각하는 방식으로 '장소'가 귀속된 것에 대해 애석해 하였다. 현상학 철학자인 에드워드 케이시(Edward Casey)는 인간이 '제자리로 돌아가야 한다'는 체계적이고 열정적인 사례를 만들었으며(1993), 인류학자 아르투로 에스코바르(Arturo Escobar)는 '개발' 의제와 그것이 지역 경제의 근절에 미치는 영향에 대한 지속적인 비판으로 주목을 끌었고 '세계화 열풍'이 장소를 무력화하였다고 시사했다(2001: 141). 하지만, 이렇게 낮추는 것은 응용연극과 장소의 잠재적인 관계를 이해하는 데 도움이 되지 않으며 필자는 이러한 입장에 이의를 제기하기 위해 도움이 되는 특정 장소 이론(케이시, 매시, 아민)을 이용하려 한다. 시작 부분에서는 응용연극의 실습 및 연구와 관련된 세 가지 겹치는 개념적 장소-엮기를 탐색한다. 그 장소는 활기의 공간이다. 그 장소는 일시적일 수 있지만 여전히 감정적일 수 있으며, 그 장소가 중요하다. 이 세 가지 요점은 응용연극에서 장소의 '실천'이 물리적 위치에서 소외되고 권리를 박탈당한 사람들-혹은 반대로 너무 많이 단련된-과 작업하는 데 중점을 두고 재구성하는 데 도움이 된다.

첫째, 장소는 작업과 행동을 통해 생기를 불어넣고 개인화되는 공간(또는 장소)이다. 다시 말해서, 장소는 지리적으로 위치하며 단기간 또는 장기간 거주하며 사람들이 장소에 대한 개인적, 주관적 관계를 발전시키는 데 도움이 되는 다양한 작업, 행위나 행동을 통해 구성된다. 후자는 아래에서 논의되는 바와 같이 자주 장소가 '애착'과 연관되지만 반드시 긍정적인 관계일 필요는 없다. 장소는 거주자에 의해 생기가 불어넣어지게 된다. 예를 들어, 우리가 사람들과 함께 보다 쉽고, 자신감 있고, 소속감이 있는 자신의 위치를 가능하게 하기 위해 작업할 때 응용연극에서 의미가 있는 것은 활기를 통한 이러한 위치성이다.

공간 내 작업이나 현장과 같은 장소에 대한 강조는 그 지역에 친밀해지도록 하는 것으로, 미셸 드 세르토(1984), 앙리 르페브르(1991, 1974) 등의 견해에 기반을 두고 있으며 1960년대와 1970년대의 장소와 공간의 문제를 다시 생각하게 한다. 르페브르(Lefebvre)는 공간이 어떻게 생산되는지에 대한 논쟁의 최전선에서 공간적 실천을 확립하는 데 중요한 역할을 하였다. 비록 공간과 장소 사이의 구분이 지금 그의 작업을 읽을 때 모호해 보일 수 있지만 (예를 들어 '장소'는 르페브르의 '공간'의 측면에 대안으로 여겨질 수 있다) 관계적이며 조건적인 그의 공간에 대한 의미는 이후에 공간과 장소에 관한 이론에 중요한 영향을 끼쳤다 할 수 있다.

장소와 공간을 분리하는 것은 도움이 되지 않으며 이 두 생각 사이의 모호한 경계를 주장하는 것이 논의의 기초이다. 공간은 장소의 범위에 들어있다. 장소는 공간적이다. 차원 없이는 존재할 수 없다. 그것이 지구 물리학이다. 도린 매시(Doreen Massey)의 주장은 흥미롭다. 그녀는 '장소'를 지역화된 경험과 나란히 하고 그에 반해 추상적이고 세계화된 경험의 지도로서 '공간'이라는 개념을 갖는 공간과 장소 사이의 특정 구분을 받아들이지 않는다(2005: 5). '지역/세계'와 '장소/공간'이 '구체적/추상'으로 그려지지 않는다는 점을 지적하면서, 그녀는 예를 들어 '세계'가 '지역'보다 덜 구체적이며, 공간은 장소와 같이 그 기반을 두고 살고 있다고 하였다(2005: 185). 우리 주변 어디에 선을 그어야 할까? 지역의 끝은 어디일까? 라는 질문을 던지며 그녀는 '지역'을 단순히 영역으로 이해할 수는 없다고 주장한다. 비록 그녀가 장소에 대한 개인적이고 주관적인 경험에 광범위하게 관심을 두지는 않았지만 매시(Massey)의 장소와 공간의 결합은 장소와 공간을 유용하게 재배치한다. 필자는 연극이 공간에 생기를 불어넣는다고 제안할 때, 결정적으로 장소가 거주자에 의해 개인적 친밀감 또는 친숙함을 인지하고 경험되는 위치된 공간(지구 물리적 장소의 공간)으로 언급하려 한다. 이 정서적 동일성은 매시가 제안한 것처럼 더 넓은 맥락, 지금까지 우리의 모든 연결이 광범위하게 합쳐져서 형성이 되지만, 장소에 대한 원초적인 감각을 구현하는 나와 관련 있는 실천과 함께 특정한 위치가 된다. 장소는 위치 자체와 함께 위치의 기운이며, 반드시 긍정적일 필요는 없고 일시적일지라도 사람이 관계를 맺고 상호작용을 하는 장소이다.

응용연극 프로젝트에 특히 유용한 '위치한 공간의 활기'라는 개념을 제안하면서, 나는 낯설고, 새롭고, 실제로 너무 익숙한 장소와 관련되는 사람이 살지 않거나 '무관심한' 공간으로부터의 이동을 예상한다. 이는 공간이나 장소가 새롭게 또는 재해석된 장소가 되도록 행동, 활동 및 작업의 공연의 수행으로 인한 변화의 과정을 통해 이루어질 수 있다. '장소'는 이러한 활동으로 인해 중요하고, 사람이 거주하며, 의미가 있는 곳이 된다. 장소는 참으로 공간적이다. 장소는 차원을 가지고 있고 지금까지 이야기들의 세계 동시대적 수집에 대한 매시의 개념을 받아들인다(2005: 130). 그러나 장소를 역사화하지 않고 재구성된 현재와 미래를 제공할 수 있는 것은 새로운 실천이라 하겠다.

둘째, 연극적 개입으로 활기가 불어 넣어진 장소는, 예를 들어 세계화와 이동과 같은 동시대의 경험을 조사한 특징을 기반한 유동성과 정체 사이에서 감지된 긴장을 조절하는 방법을 제공한다. 응용연극 작업에서 장소의 결정적인 중요성에 대한 나의 논문의 일부는 *공연* 장소가 정지와 움직임의 건설적인 결합을 강화하고, 영향을 미치고, 유발한다는 것이다. 장소는 종종 이동성 또는 '유동성'(또한 공간 및 위치)과 대조적으로 배치되었다. 우리가 장소를 일시적인 것으로 다시 생각한다면 절대적인 이분법 없이 이동성과 정체 상태에 대해 다시 생각할 수 있다고 제안하고자 한다.

장소는 정적이고, 폐쇄적이며, 방어적이고, 파괴적이며, 편견을 불러일으키는 것으로 인식되었다. '이동성'은 새 천년의 시대의 현대적 삶의 인구, 빠른 의사소통과 개념의 변화를 설명하는 데 사용되는 용어로 현대 사상의 대안이 되었다. 세계화, 디아스포라[1] 및 포스트모더니즘에 대한 담론의 결과, '이동성'은 팀 크레스웰(Tim Cresswell)에 의해 '반본질주의, 반기초주의 및 반재현주의의 아이러니한 기초'(2006: 46)로 묘사되어 많이 사용되는 은유법이 되었다. 이러한 학문적 담론에서 고정되고 정적인 장소는 실제로 단순히 세계화되고 유동적이며 흥미진진한 이동성에 반대되는 것으로 낮춰져서 보일 수 있다. 그러나 필자는 장소를 언제나 '임시적'인 것으로 다시 생각함으로써(2007), 이분법을 유지하기보다는 이동성과 장소의 어떤 면을 유용하게 조화시킬 수 있다고 제안하였다. 여기서, 주민들은 거주 기간에 의해 구성되는 것으로 민감하게 이해된다. 애쉬 아민

---

1) 역자 주: 고국을 떠나는 사람 혹은 집단의 이동을 뜻한다.

(Ash Amin)은 '[장소]는 멀리 있는 것과 가까운 것, 가상과 물질, 존재와 부재, 흐름과 정지가 하나의 존재론적인 면으로 서로 미묘하게 접히므로 그 위치 − 지도상의 장소 − 는 관계적으로 그리고 체계적인 분리로 정의된다'(2007: 103)라고 하였다. 장소는 잘 위치해 있을 수 있지만 이러한 해석에서 관계적이기도 하며 일시적이거나 변화하는 것일 수 있다. 그러나 감정이 전혀 없는 곳일 필요는 없다. 장소는 '위로, 건너서, 따라서'(Ingold 2006: 21)의 일부로 일시적으로 정지될 수 있으며, 어디에 위치하는 경험, 환경 보호 또는 행동의 안전에 대한 감정을 반드시 줄이거나 포기할 필요는 없다. 우리는 장소를 빨리 만들 수 있다. 일시적인 장소에 애착이 부족할 필요는 없다. 이러한 절차적 반복에서 '장소'는 정착과 이동이라는 잘 정립된 이분법에 도전한다. 첫 번째 장소 − 엮기와 함께, 이 이론은 실제 연극 프로젝트에 영향이 있다. 일시적으로 있는(또는 최근에 도착한) 장소에 대한 애착이 증가하거나 활기가 생기고, 따분한 장소는 물리적 위치에서의 공연의 실천을 통해 다시 그려질 수 있다. 장소에 대한 친밀감은 재해석될 수 있다. 이 장의 두 번째 부분에서는 특정한 맥락에서의 활동 예시를 제공하려 한다.

　제안하고 싶은 세 번째 가닥은 처음 두 개에 암시되어 있다. 바로 그 장소가 중요하다는 것이다. 위치나 공간을 장소로 다시 생각하거나 경계나 영토가 없는 장소로 유동성과 정체를 조화시키는 것은, 장소가 중요하기 때문에 여기서 다루었다. 케이시(Casey)의 작업은 공간과 시간(1993: 11)보다 우위에 장소를 두고 있었고 우리의 문화와 정체성을 이해하는 데 있어서 비판의 중심에 장소를 놓고 있다. 그의 작업은 적극적이며 철학적으로 장려되는 방식이지만 아마도 오늘날의 장소 담론에 영향을 미치지 않을 것이다. 지리학자 테렌스 영(Terence Young)이 말했듯이 '세계화의 비평가들과 장소 보존론자들은... 케이시에게서 생산과 소비를 최대화하기 위해 채워지고 채워지지 않기를 기다리는 공간에 불과한 국제 자본의 무분별한 취급을 보고 그에 대한 저항으로서 비경제적 정당성을 발견할 것이다'(2001: 682). 케이시의 작업은 여전히 명확하고 시기적절한 논쟁을 일으키기에 더 *많은 주의를 기울여야* 한다. 응용연극과 장소에 대한 논쟁을 유발하는 것은 바로 이것이다. 케이시는 장소를 잃으면서 절망한다(1997: 197). 응용연극에서 우리는 종종 여러 가지 이유로 장소를 박탈당한 사람들과 함께 일한다. 그들은 아마도 케이시가 의미하는 방식으로는 살 수 있는 위치에 있지 않을 것이다. 나의 실천과 연구는 장소에 관여하거나 장소에 주의를 기울이라는 케이시의 광범위한 철학적인 권유를 구체화하고 거주기간이 짧더라도 공연의 실천을 통해 사람들에게 '장소성'을 적용할 수 있는 능력이 있다고 믿는다.

장소에 대한 이론과 철학에 대한 직접적인 반응은 아니더라도 장소가 왜 중요한가에 대한 관심이 높아졌다. 영국에서 특히 주목할 만한 것은, 최근 사회 정책연구에 의해 장소의 생생한 경험에 대해 관심을 불러일으켰다는 것이다. 예를 들어, '장소 애착' 및 '장소 만들기'는 정책 보고서에서 행동 변화를 일으키기 위한 것으로 인기를 얻은 문구이다. 장소 애착은 '개인이 지역이나 장소에 느끼는 정서적 또는 정서적 유대로 설명되었고... 애착은 일반적으로 개인과 이웃 모두에게 긍정적인 영향을 미치는 것으로 보인다'(Livingston et al. 2011: 1, 5). 저소득 지역에 대해 추가된 의뢰 보고서의 결과를 반영하여(Batty et al. 2011), 리빙스턴(Livingstone)과 동료들은 장소 애착과 장소에 거주하는 것을 오래 지속되게 하기 위해서는 동질적이라 여겨지는 공동체가 선호된다는 것을 제시하였다. 그들은 또한 베티 등(Batty et al.)이 이에 반대하지만 높은 부와 나이가 장소 애착의 중요한 원인이라고 말한다. '경제적 유산과 지역사회의 미래 전망 모두가 가장 불리한 사람들에게 이웃은 가장 중요하였다'(2011: 4). 거주자의 높은 이직률 또한 장소에 대한 사람들의 애착을 감소시킬 수 있고(Livingston et al. 2011), 비록 지역사회 공간과 초등학교가 문화 집단의 이주를 통해 활성화될 수 있다는 이점이 있지만 이것이 *항상* 공간의 공유로 이어지는 것은 아니라 하였다(Batty et al. 2011). 응용연극에서 장소를 고려하는 데 있어서 두 가지 유용한 중요 사항이 있다. 첫째, 지각된 유동성은 장소에 대한 애착을 감소시키는 측면이 있고 애착은 사람들이 자신의 지역과 지역사회에 대해 긍정적인 느낌을 갖는 데 중요하다고 여겨진다. 이는 장소가 중요하다는 것과 같이 장소에 대한 애착을 가속화시키는 공연활동의 역할을 시사한다. 둘째, 장소 애착은 긍정적인 정서적 관계로 촉진된다. '애착'은 감정적으로 '좋다'라고 여겨진다. 경계가 있고, 밀폐되고, 방어적인 장소도 또한 장소 애착의 부정적인 파급효과로 지적되지만, 다수의 장소 만들기나 장소 애착을 권장하는 것은 주의해야 한다. 장소 애착에는 어떤 자격이 필요하다. 마지막은 이 장의 두 번째 부분에서 분석된 프로젝트의 최전선에 있는 것은 아니지만 응용연극의 실천에서 일반적으로 고려해야 할 사항으로 여겨진다.

첫 부분을 마치며, '자격을 갖춘' 장소 애착에 주의를 기울이는 방법에 대한 한 가지 실례를 제시하려 한다. 바라지도 않고 원하지도 않는 장소 애착을 우리는 어떻게 생각할 수 있을까? 팔레스타인의 활동가와 지역사회 연극 작업에 대해 글을 쓸 때 마우이라 윅스트롬(Maurya Wickstrom)은 -파괴되고 산산조각 난 혹은 그녀가 '상상할 수 있는 파열'(2012: 14)로 설명한- 현재의 공연적 실천에서 새로운 공연과 새로운 정치를 요구한다. 그녀는 저항하고 추방된 공간에서 자라나는 '생각'(페이스 바디우: pace Badiou)으로 우리를 되돌리는 공연을 주장한다(Wickstrom 2012: 188). 연극의 실천이 신자유주의에 어떻게 도전할 수 있는지에 대한 논쟁의 일부인 메마른 공간에 대한 윅스트롬(Wickstrom)의 관심은 공포의 시대에 공연에 대한 제니 휴즈(Jenny Hughes)의 발화와 동시에 일어났다. 제니 휴즈는 불확실성, 위기, 공포, 덧없는 시대에 거주할 수 없게 된 장소에 '거주 가능한 환경의 꿈을 불러일으키고 삶을 가능한 긍정하기 위한'(2011: 197) 공연의 *가능성*에 대해 논의하였다. 두 저자 모두 텍스트에서 '임시 수용시설'을 거주하기 어려운 분쟁 지역의 징후로 여긴다. 우리는 이제 임시 수용시설을 *특정 형태의 동시대의 장소*, 즉 '전통' 장소에 대한 왜곡된 조롱, 대규모의 탈 영토주의를 일깨우는 일시적이지 않은 고착된 물질적 상징으로 해석할 수 있다. 임시 수용시설은 윅스트롬과 휴즈가 제안하는 것처럼 아마도 저항적이고 희망적인 장소일지라도 특정한 동시대 세계 정치의 상징일 수 있다.

여기서 마지막으로 나의 요점은 유동성과 정체성을 의도적으로 긍정적이게 조화시키고 장소의 공연 실천을 고려하는 데 있어서 장소가 중요하다고 주장하면서, 규범적인 주거지에 부가된 전제는 고려할 가치가 없다는 것이다. 예를 들어, 이러한 강제된 장소에서 그러한 장소 애착이 바람직한가? 장소에 대한 해석, 장소 애착 및 장소에 대한 응용연극 공연의 실천은 맥락과 관련 있어야 한다. 다음은 올덤(Oldham)에서 난민들과 함께 작업한 사례를 보여준다. 두 가지 예시 (임시 수용소와 올덤 이주자들)는 장소에 대한 사람들의 관계 단절과 일정 수준의 일시적인 공간 점유에 관한 것이다. 그러나 각각의 상황은 매우 다르다. 우리는 장소와 장소에 대한 사람들의 애착을 향상시키는 일반적인 접근 방식을 짐작할 수 없다. 이러한 실천은 장소마다 다르게 사정에 따라 주의를 기울여야 한다.

올덤(Oldham)의 도전적인 장소

예술 및 인문학 연구 위원회(AHRC)는 자금 지원을 통해 연구 프로젝트 '지역사회 맥락에서 공연의 실천을 통해 "유동적인" 장소의 개념에 도전하기'(2011 – 2014)(도전적인 장소: Challenging Place)를 진행하였다. 이는 공연의 실천을 통하여 특정 지역사회가 '장소'의 개념을 경험하고 연관시키는 방법을 연구한 것이다. 나는 장소에서의 공연이 참여자들을 *위해* 준비된 작업의 수령인이 아니라 *행위자*로서 참여하는 활동이라고 주장한 바 있다(2007). 이것은 일반적으로 사용되는 응용연극의 모델이다. 이 연구에서 참여자의 활동은 이 장에서 지금까지 표현된 아이디어와 함께 실험되었다 할 수 있다. 장소의 활기, 이동성 그리고 그 장소가 중요하다는 것이다.

세 지역사회 그룹이 도전적인 장소(Challenging Place) 프로젝트에 참여하였으며, 이들은 모두 비록 사회적 취약요소가 있었지만 각각은 지역 및 이주에 있어 서로 다른 관계를 가지고 있었다. 연구는 일시적인 혼란의 현대 이론이 특정 '실제 세계' 맥락에서 어느 정도로 입증되는지, 공연의 실천이 어떻게 장소와의 관계를 고려하며 사용될 수 있는지, 그리고 혼란이 존재한다면 이러한 실천을 통해 완화될 수 있는지에 관해 질문하였다. 이 연구 프로젝트에서 한 가지 분명한 것은 '전통적인' 장소와 '현대적인' 이동성에 대해 짐작하며 더 자세히 조사하는 것이었다. 이러한 주장의 실체는 무엇인가? 취약하거나 심지어 위험에 처한 것으로 인식되는 사람들이 실제로 자신의 위치를 어떻게 인식할까? 만약 제자리에서 벗어난다면, 이것은 그들의 일상생활에서 어떻게 나타날까? 어떤 다른 형태의 혼란이 존재할 수 있을까? 물론 프로젝트가 진행됨에 따라 사람들의 삶에 대한 시선, 지식, 상상력이 작업을 계획할 당시 명백하게 드러난 이론적 논증에서 우리를 멀어지게 하였고 질문은 희미해지고 흐려지기도 하였다.1 이 장에서는 세 가지 프로젝트 중 하나인 영국 올덤에서 진행한 프로젝트를 살펴보려 한다.

올덤의 북부 마을(2011년 기준 인구 103,544명)은 관련 없는 두 개의 역사로 가장 잘 알려져 있다. 첫째, 20세기 초반에 최고조에 달했던 337개의 면직 공장이 있는 영국에서 가장 '성공적인' 방직공장이 있는 마을(Stacey 2013: 20)이었으며, 이후 100년이 넘는 시간 동안은 제분무역이 발달한 마을이다. 마지막 제분소는 1998년에 폐쇄되었다. 대부분의 제분소가 문을 닫았지만 관련 역사는 여전히 도시의 건축물에 남아 있다. 그 유산은 많은 사람들에게 자부심의 원천으로 남아 있다. 20세기에 그 산업이 쇠퇴하면서 올덤은 빈곤의 도시가 되었고 죽어가는 면화 무역에 대한 과도한 의존이 쇠퇴하는 경제의 원인으로 인식되었다. 1960년대 다수의 영연방 이민자들은 올덤에 정착하였다. 부자가 되리라는 약속을 믿고 인도와 파키스탄 지역을 떠나온 이민자들은 남아있는 제분소의 야간 근무와 같은 이 마을에서 인력을 동원하기 어려운 일자리에 채용되었다. 에드 스테이시(Ed Stacey)가 언급하였듯이 일부 아시아인들은 1972년에 우간다에서 추방되어 그곳에서 사업가가 되었다(2013: 122). 그러나 20세기의 마지막 몇 년 동안 백인 우익과 주로 2세대 젊은 아시아 남성 사이의 긴장은 고조되었다. 2001년 올덤 '폭동'으로 3일간의 싸움이 벌어졌고 이는 인근 브래드포드(Bradford)와 번리(Burnley) 마을까지 퍼졌다. 그리고 이것이 올덤이 유명해진 두 번째 이유이다. 뒤이어 −논란이 된− 올덤 인디펜던트 리뷰(Oldham Independent Review)('그리치 리포트', 2001)는 폭동을 초래한 주요인으로 문화 공동체와 양쪽의 깊은 인종 차별을 이유로 들었다. 일부 사람들은 '폭동'이라는 용어는 올덤에서 발생한 사건을 잘못 표현한 것으로 생각했다는 점에 주목할 필요가 있다.

스테이시는(Stacey)는 아시아 지역사회가 '[폭동]'을 통해 명성과 자신감을 얻었다'고 언급했으며(2013: 124) 올덤 도시 자치구 위원회(MBC)는 폭동 이후 시민들의 결속에 상당한 발전을 이루었다는 찬사를 받았다. 2006년에 테드 캔틀

(Ted Cantle) 조사팀은 올덤 도시 자치구 위원회, 올덤 합작기관 및 다른 이해 관계자가 투자한 자원, 노력 및 생각에 깊은 인상을 받았으며, '소수의 국내 다른 지역 도시, 마을 또는 지역만이 커뮤니티 결속을 구축하기 위해 올덤만큼 노력'한다는 것을 발견하였다(Cantle 2006: 4). 2001년 초반에 리치 보고서의 권장 사항은 어린 나이에 서로 다른 문화적 배경을 가진 사람들이 모일 수 있도록 학교를 병합하라는 것이었다. 예를 들어 오아시스 아카데미(Oasis Academy)와 워터헤드 아카데미(Waterhead Academy)(둘 다 2010년 개교)는 주로 아시아인이 있는 학교와 주로 백인들이 있는 학교를 합친 것이다. 웅장한 예술 및 박물관 공간인 갤러리 올덤(2002)과 함께 수년에 걸쳐 새로운 문화 지구는 조성되었고 그 뒤를 올덤 도서관 및 평생 학습 센터 증축(2006)이 뒤따랐다. '하나의 올덤'과 더 최근에는 '단결된 올덤'이라는 용어는 마을에서 커뮤니티 결속을 결집하려는 포부를 나타내기 위해 사용되었다.

정치 지리학자로서 자신의 관점에서 글을 쓴 애쉬 아민(Ash Amin)은 2001년 올덤, 번리, 브래드포드의 폭동에 관한 보고서에 대해 다음과 같은 다른 사안을 제시한다.

[폭동 이후] 강조점은 지역사회의 결속과 합의에 이르렀다. 그러나 이 보고서에서 강조한 힘은 다원적이고 상충되는 권리 주장을 지원할 수 있고 평등한 사람들 사이에서 강력하지만 민주적인 충돌을 통해 다양성을 협상할 준비가 되어 있는 존재의 정치를 향해 다른 방향을 가리키고 있다. 문제는 다름과 불일치가 지역사회 결속의 명령으로 승화될 수 있는지 여부가 아니라, 편견 없이 다원적인 요구를 유지할 수 있는지 여부인 공공 영역의 문화이다(Amin 2003: 463).

아민은 지역사회의 합의보다 평등한 다수가 선호하는 대답을 지지한다. 이는 '협동조합 올덤 제공'(2014)이라는 부제가 붙은 위원회의 최근 기업 계획에서 입증된다고 주장할 수 있지만 그 구분이 확실히 실현되었는지는 아직 명확하지 않다. 확실한 것은 리치/캔틀과 아민의 다른 입장은 '지역사회'에 대한 깊은 헌신으로 응용연극을 고려해 볼 것을 촉구한다는 것이다. 그러나 올덤에서 우리의 작업은 2001년과 2006년의 리치와 캔틀 보고서에서 급히 강조한 지역사회 결속을 명확히 목표로 하지 않았다. '지역사회'와 '장소'는 자주 결합되며 너무 쉽게 연결된다. 우리는 새로운 주민과 장소의 관계를 용이하게 하고 질문하는 데 더 관심이 있었다. 이 마을은 계속해서 난민이든 망명 신청자든 어느 정도 이주민들이 새롭게 정착하는 곳이었으며, 우리의 소규모 실천 연구 프로젝트는 새로온 사람들에게 힘들 수 있는 이상적인 '장소'에서 지역의 비교적 새로운 이주민들과 함께 장소의 공연을 탐색하는 것을 목표로 하였다. 우리는 이러한 이민자들이 장소를 편안히 느끼게 하기 위한 목적으로 실험하면서 장소의 확장된 공연 실천을 하기로 하였다. 이것은 '지역사회 결속'이라는 남용된 개념보다는 공공 및 문화 영역에서 다원성에 대한 아민의 요구와 더 일치한다.

최근 올덤의 인종 갈등 역사는 올덤 연극 워크숍(Oldham Theatre Workshop)을 도전적인 장소(Challenging Place) 연구 프로젝트로 초대한 이유 중 하나였다. 올덤 연극 워크숍은 지방 정부 기관인 올덤 의회의 일부인 지역사회 연극 단체이다. 주로 청소년 연극으로 매주 400명 이상의 청소년이 참석한다. 이민자들이 많이 살고 있는 마을에 위치한 올덤 연극 워크숍은 지역사회, 참여 작업을 확장하기를 열망하고 있었으며 이 연구 프로젝트를 위해 이주 성인 프로젝트 그룹인 '드랍 인(drop-in)'이 새로 설립되었다. 의회 주도의 영어 수업의 일환인 3개의 예비 워크숍에 이어 올덤 연극 워크숍 장소(place)는 2012-2013년 마지막 4일 여름 집중 프로그램과 18번의 주당 2시간 수업으로 구성되었다. 때로는 20명, 때로는 2명으로 구성된 그룹이 매주 의료, 음식 및 기타 보살핌이 제공되는 자선 행사장을 방문한 '레이더를 벗어난' 이민자들과 함께 영어 수업의 구성원이 되었다. 주간 자선행사를 운영하는 그룹은 공개되는 것을 거부하였기에 이름을 명시하지 않았다. 제임스 애서튼(James Atherton), 크레이그 해리스(Craig Harris)가 운영하고 올덤 연극 워크숍의 나이가 많은 10대 회원과 가끔 다른 진행자의 추가 지원을 받아 4일간의 집중 수업을 제외하고는 그룹이 매주 다양했기에 수업은 개별적이었고 거의 연속적으로 진행되지 않았다. 새로운 장소에 대한 참여와 알려진 장소에 대해 되돌아보는 광범위한 공연 기반 워크숍 활동이 진행되었다.

사진 6.1 장소 워크숍, 올덤, 2013. 사진: 데이나 브래닉(Dayna Brannick)

케이시는 장소를 '활기 있고'와 '활기 없고'로 묘사하였다. 활기가 없는 장소는 '활기가 있는 장소의 엄격함과 실체가 결여되어 유지'되지 않는다(2001: 684). 올덤에서의 실용연구는 현장(예: 스튜디오, 공원, 실내 시장)에서 특정 공연과 관련된 활동을 하면서 대안적이고 예상치 못한 기억이 겹쳐지면서 공연 실천이 활기가 없는 장소에 활기를 가속화할 수 있는 방법을 탐구하였다.

공연 장소를 이론화하기 위해 무언가를 제공하는 이 프로젝트에 대해 이야기하고 싶은 두 가지 특징적인 논점이 있다. 각 논점은 난민, 망명 신청자, 이민자 상황에 대한 기존 연구 틀을 기반으로 하며 또한 특정 실천의 구체적인 실례를 기반으로 한다.

재 경험되는 장소

이 장의 첫 부분에서 확인했듯이 장소에 대한 친숙한 생각은 낯선 곳을 친숙한 것으로, 새로운 것을 오래된 것으로, 빈 곳을 가득 채움으로써 형성된다는 것을 말한다. 장소는 경험되고, 실천되고, '공연되고', 구현된다. 이것은 상관관계가 있다. 다른 곳에서 언급된 표현일 수 있겠지만, 장소는 물리적으로 위치한다. 에드워드 렐프(Edward Relph)(1976) 이후로 친숙함과 용이함은 장소의 이론화에서 '장소 감각'에 대한 설명으로 특징지어졌다. 렐프는 '실존적 내부성'이라는 용어를 사용하며 환경에 대한 깊고 무의식적인 친숙함을 통해 가장 편안해지는 경험을 설명하였다(1976: 51). 낯섦이 친숙해지고 비어있는 '구역'은 개인의 역사로 채워진다. 이것은 확실히 도전적인 장소 프로젝트의 의도였다. 활기를 불어넣는 과정에서 덜 기대하고 그래서 더 흥미로운 것은, 이 문구가 반전되었을 때였다. 즉, 공연 역사에서 알려지지 않은 효과인 친숙한 것이 낯설게 되었을 때이다. '다시 경험하는 장소'라는 주제가 여기서 생겨났다. 장소를 재 경험하고 전복시키는 것은 내가 장소를 공연하는 개념과 관련하여 이전에 발전시킨 이론의 일부이며 나는 이를 '실제 세계'에서 '시험'해 보고 싶었다. 올덤 연극 워크숍 장소 프로젝트의 두 순간이 이를 잘 보여준다.

가장 첫 세션에서 한 마지막 활동은 각 참가자가 컬러 조명 젤에 즐거움을 나타내는 것(15, 그 주)을 그리도록 하는 것이었다. 예를 들어, 어린이를 위한 꽃과 생일 케이크 같은 장면이 그려졌다. 올덤 연극 워크숍 건물 앞 벽에는 투명하고 깨끗한 유리창이 있었다. 이 창문은 평생 학습 센터와 도서관으로 이어지는 이민자 지역사회의 주요 도로에 놓여 있다. 도서관에서 수업이 있을 뿐만 아니라 집과 소통할 수 있게 컴퓨터를 사용할 수 있었다. '그림 젤'을 빈 유리창 안쪽으로 가져와 꽃의 메들리, 해변, 생일 케이크 등 다른 즐거운 순간을 콜라주로 형성했으며 그룹은 외부에 모여 콜라주로 된 '그들의 그림'을 행인들에게 분명하게 시각적으로 보여주었다(책 말미 참조). 한 참여자는 교회에 가기 위해 이곳을 지나칠 때마다 미소를 지을 것이라고 말하였다. 거의 1년 후의 인터뷰에서 소피아는 이 순간을 즐겁게 느끼고 있다고 대답하였다. 더불어 거기에 중국 그림이 있는데 중국 사람들이 지나가며 그것을 알아볼 것이라 생각하기를 좋아한다고 말하였다. 그녀는 그녀의 젤이 그곳에 있었고 그녀와 장소가 '함께 녹아든 것 같다'며 자신이 '문화의 일부'가 되었다고 느낀다고 하였다. 글을 쓰는 시점에도 젤 필터는 올덤 연극 워크숍 창문에 남아 있다.

　　장소 프로젝트 작업의 토대가 되는 아이디어 중 하나는 공연 실천을 통해 일상의 장소를 전복하고 재구성하여 새로운 거주자들을 그들이 처한 환경에서 참여시키는 것이었다. 이는 미래 시점에서 장소를 마주칠 때마다 장소 기반 공연이 긍정적이거나 쓰라린 기억, 혹은 즐거운 기억을 불러일으킬 수 있는 기억의 다층적인 구조를 구축하면서 이루어졌다. 공연의 실천은 해당 공간(또는 장소)에 다른 활기를 준다. 젤을 사용한 활동은 문자 그대로 빈 공간을 채웠고 그 장소에 대한 예상치 못한, 흔치 않은 기억을 더했다. 이것은 일상을 옮겼다. 그것은 더 이상 도서관을 가는 단순한 길이 아니라 예술 활동을 통해 장소를 다시 경험하게 하고 다시 만드는 것이다. 또 다른 실례는 이 아이디어를 확장한다. 프로젝트의 마지막 집중 주간 동안 그룹은 일상적인 장소인 올덤 실내 시장을 방문하였다. 여기서 시장에서 볼 수 있는 동작이나 제스처(공동 연구자 마가렛 에임스의 주도하에), 음악 및 리듬(제임스 애서튼 주도하에)을 사용해 움직임을 구성하였다. 시장을 다시 방문하여 전면이 유리로 된 빈 가게에서 이 작품을 '공연'하였다. 또한, 그룹 각 멤버에게는 다운로드한 리드미컬한 음악이 탑재된 헤드폰과 MP3 플레이어가 제공되었다. 개개인은 움직임을 모티브로 시장을 '걸어' 다녔다. 이 프로젝트는 예술가나 공연자가 아닌 무리 지어있는 사람들의 눈에 띄었다. 6개월 후, 인터뷰에서 두 명의 참여자는 시장에서 '춤을 추던' 시간을 기억하며 미소 지은 이유를 이야기하였다. 두 사람 중 한 명은 여전히 걸으면서 부드럽게 거의 눈에 띄지 않게 일부 동작을 하고 있다며, '이 프로젝트의 한 부분을 맡아서 기분이 좋고 행복하며 영원히 잊지 못한다.'라고 말하였다. 시장은 개인 공연 장소가 되었다. 현지화 하위전략(2001년 에스코바르에 기반)이 실행되었고 무관심했던 장소는 겹겹의 기억의 장소로 바뀌었다.

현장 이론가들은 장소 *간(between)*의 차이점과 그것이 실질적으로 어떻게 변할 수 있는지에 주목하였다. 예를 들어 로즈(Rose)는 현재 자명한 사실인 '[장소]는 각각의 환경, 경제, 사회, 정치 및 문화적 과정의 특정한 상호 연관성이 있다는 점에서 서로 다르다'(1993: 41)고 언급하였다. 에스코바르(Escobar)는 '환경'이 변화함에 따라 우리의 장소 감각이 변한다고 하였다. 그는 채굴과 같은 활동을 통한 자연경관의 악화와 이것이 주민들에게 미치는 부정적인 영향을 언급하였다(2001: 149). 예를 들어, 나는 조명 젤 필름을 빈 창문에 설치하거나 시장에서 춤을 추는 등의 *공연* 장소는 *동일한* 환경에서 예기치 않은 경험을 더해줄 것이라고 제안한다. 환경 자체는 거의 변하지 않지만 그곳에서 행하는 일상적이지 않은 활동으로 인해 환경에 대한 우리의 인식이 바뀐다. 장소는 그것을 즐겁게 행하고 일상을 고조된 장소로 향상시키고 이동시키고, 일상을 넘어, 증강되고 다르게 구현되는 장소로 참여자들에게 재 경험된다. 이러한 재 경험은 실제로 무한할 수 있으며 올덤 연극 워크숍 건물 내부와 주변의 일부 장소는 프로젝트 과정에서 여러 번 공연을 위해 활용되었다. 기억을 공유하는 그룹이 형성되면서 마을에서 비교적 새로 이주해온 사람들의 해당 장소에 대한 이해가 바뀌었다 할 수 있다. 잘 관리되지는 않았더라도 이미 친숙한 장소(도서관 가는 길, 실내 시장, 올덤의 알렉산드라 공원)가 약간 낯설어지고 그 과정에서 참여자들에게 사랑받게 된다. 장소가 활기 있어졌다고 보인다. 또한, 공공 영역의 이러한 장소는 다른 문화의 대표자들이 장소 안에서 자신의 일부를 수용하고 자신의 실천을 통해 다른 사람을 재해석한 결과 아민이 제안한 다원적인 요구를 유지할 수 있는 것처럼 보인다.

현재에 거주하기

올덤 연극 워크숍의 *장소* 프로젝트는 대단한 걸 하려 한 게 아니었다. 리치와 캔틀 보고서의 마을에서 무례하게 지역사회의 결속을 구체적으로 언급하기 위한 프로젝트가 아니었다. 그리고 일반적으로 '여러 나라의 공연하는 사람들이

난민으로서 자신을 받아준 나라에서 대부분 고국의 음악과 춤 공연을 선보이는'
그런 난민 예술 축제에서의 문화적 공연이 아니었다(Jeffers 2012: 113–114). 또한
'일반적으로 연극이나 공연 예술에 대한 경험이 거의 또는 전혀 없는 난민 그룹
이 예술가와 협력하여 자신의 이야기와 경험을 바탕으로 작품을 만들고 공연하
는' 프로젝트가 포함되는 난민 참여 연극도 아니었다(2012: 137). 예를 들어, 아
담 페리(Adam Perry)가 캐나다의 이주 노동자와 억압받는 노동에 대한 그의 보
알리안 극장(Boalian theatre)에서 열망했던 룸바의 탈식민적 혼종성처럼 무언가
특정한 것에 구체적으로 관련된 공연도 아니다(2012, citing Loomba 2005). 사실
우리는 누가 망명 신청자인지, 누가 난민 지위를 갖고 있고, 누가 유럽 이민자인
지 완전히 확신할 수 없었다. 우리는 그룹에 구체적인 신원 정보를 요구하지 않
았다. 이것은 참여자들이 주로 성인, 그룹으로, 다른 장소(지역 도서관의 영어 수업,
자선 그룹)에서 참석하도록 권유받았거나 입소문을 듣고 참석한 것이다. 그룹의
모든 사람들은 영국에 새로 온 지 1년이 채 안 된 사람들이었고, 일상적인 대화
를 통해 서서히 그룹에는 적어도 한 명의 난민, 망명 신청자, 유럽 이민자가 포
함되어 있다는 걸 알았다. 그들은 아파두라이(Appadurai)의 사람들의 공간이동성
(ethnoscape)과 가장 흡사한 사람들의 그룹인, 아마도 '우리가 살고 있는 변화하
는 세계를 구성하는 사람들의 풍경… 이민자, 난민, 망명자, 객원 노동자, 기타
이주 단체 및 개인'(2006 [1990]: 589)이었다.

　　대부분의 프로젝트에서 이것이 필자의 관심사였다. 신중하게 계획된 '허가
서 양식'과 결과물을 출판하려는 의지로 무장한 연구원으로서, 참가자들의 현황
을 구체적으로 알아야 한다고 느꼈다. 그러나 이민자들을 새로운 장소로 이끌기
위한 이 프로젝트는 분쟁 후 치료적 만남과 같은 역할을 하는 경우처럼, 의도적
으로 과거를 다루지는 않았다. 사실, 현재에 집중하는 것이 실제로 얼마나 지속
되는지를 보는 것은 놀라웠고, 장소의 공연을 이론화할 때 고려할 만큼 충분히
흥미로웠다. 아주 가끔 누군가가 한순간의 기억을 내놓았지만 이것은 드문 일이
었다. 올덤 연극 워크숍의 스텝(연구원인 나를 포함하여)은 잠시 들리는 참여자들
에게 그들의 과거에 대해 묻는 것이 어색하고 준비가 부족하다고 느꼈다. 그러

나 이것이 문제가 되지는 않았다. 시간제로 진행을 도와주며 이 프로젝트에 참여한 한 르완다 난민은, 그의 생각에 이 프로젝트가 중요하고 매우 성공적이었던 요인은 과거에 연연하거나 이전 삶에 대한 기억에 대해 다루려 하지 않기 때문이라고 하였다. 이 프로젝트는 현재를 위한 것이었다. 프로젝트 이후 인터뷰에서, 청소년 난민과 드라마작업을 하는 경험이 풍부한 것으로 런던에서 가장 유명한 스텔라 반스(Stella Barnes)는 오발 하우스(Oval House)에서의 자신의 작업에 대해 말하면서 '현재의 존재'를 지지하였다. '여기에는 꼬리표가 없다... 우리는 당신을 난민, 망명 신청자, 이민자라고 말하지 않는다.' 따라서 그들은 꼬리표를 붙일 필요가 없다(2014). 그녀는 젊은이들과 함께하는 작업에서 이것이 중요하다고 강하게 느끼고 그러한 전략이 ─비록 계획되지는 않았지만─ 올덤 연극 워크숍 프로젝트가 효과적이었던 이유였다고 말한다.

　　이주민과 함께하는 장소의 공연은 다양한 사람들을 위한 의도적이며 건설적인 장소의 암묵적으로 과거의 역사와 관련되어 있다고 할 수 있다. 올덤 워크숍에서 알게 된 사실은, 한번 공연이 되고 최근 이주한 이주민들과 관련이 있을 때, 탈역사화(de-historicization)로서 아주 근접한 '지금'의 공연에 유용하게 초점을 맞출 수 있다는 것이다. 이런 실질적인 연구는 오래된 것과 새것을 조화롭게 하여 어려움을 완화시키는 것이 아니라 현재를 생각하고 거주하는 새로운 방법을 제시하는 것이다. 인터뷰 대상자 중 한 명은 공연 장소인 저수지 옆길에 대해 이야기하며 '지금은 욜린다의 길이라고 불러도 좋을 것 같다'고 말하며 새로운 주거지와 장소의 소유권에 대해 말하였다. 참여자인 욜린다는 그녀가 거기에 놓아둔 점토 인형에 관한 이야기를 그 장소에서 만들었다. 젤 콜라주 작업에서 소피아의 즐거움은 문화적으로 자리 잡은 느낌에 대한 것이었다. 두 사례 모두 장소에 대해 *새로운* 이야기를 제시하고 있으며, 그로 인한 참여자들의 흥분을 보여주고 있다.

　　장소와 공간에 대한 그녀의 자세하고 긴 참여에 대해 매시(Massey)는 다음과 같이 이야기한다. '만약 공간이 오히려 지금까지의 이야기가 동시에 일어나는 것이라면, 장소는 그러한 이야기의 모음, 더 넓은 힘, 장소의 기하학 내에서의 표현이다'(2005: 130). 올덤 연극 워크숍 *장소*(Oldham Theatre Workshop's Place)에 참여한 그룹과의 작업에 대해 내가 흥미를 느낀 것은 지금까지 이야기의 표현이 아니라 *새로운 글쓰기*가 중요하다는 것이다. 그들의 '이야기', 그들의 역사적 서사에서 누군가를 분리하는 것이 불가능하다는 점에서, 역사는 구현된다. 이것은 *백지 상태*의 사람을 말하는 것이 아니다. 그러나 이 프로젝트는 다른 미묘한 차이를 보여준다. 즉, 참여자를 위한 탈역사화의 중요성과 다양화된 현재를 공연하며 장소에 대한 새로운 서사를 구축하는 것이다.

마지막 그리고 다시

올덤 이민자들과 함께한 장소 중심 연구 프로젝트를 통해 보여준 바와 같이, 공간에 생기를 불어넣고 공연 실천을 통해 일시적 공간을 유동적으로 조정하는 특성은 공연 장소의 특정한 사용을 제안한다. 이 장에서 제시한 질문은, 특히 현재에 초점을 두어 함께 일상생활의 전복과 그러한 전복을 통한 장소의 재경험(때로는 여러 번)으로 특징지어진다. 이러한 '발견'은 장소와의 관계를 다시 보고, 용이하게 하며, 마주하는 것에 대해 참여적이고, 현실에 기반을 둔, 공연에 기초한 접근방식을 개발하는 데 도움이 된다. 이는 장소와 위치가 전면에 있고 참여적이며, 사회적 참여 실천에 초점을 둔 응용연극 활동으로서 장소공연으로 나타난다. 우리는 공간에 생기를 불어넣고, 움직임과 정체를 조화롭게 하고, 올덤의 이러한 장소가 중요하도록 장소 애착을 고무하기 위해 노력하였다. 연구를 의도하지는 않았지만, 돌이켜 보면 이러한 실천이 아민의 '현존의 정치' 및 '공공 영역'의 다양한 요구와 관련이 있음을 시사한다(2003: 463). 개인이 장소에 활기가 생긴다는 것은 또한 지역사회 결속에 대한 지나친 걱정과 지루한 강조를 약화시킬 수 있다.

이 장의 연구를 진행하는 동안, 나는 미래에 응용연극에서 공연장소의 담론과 실천을 확장할 수 있는 국면을 생각하게 되었다. 따라서 이 마지막 부분은 마지막에 관한 것이 아니다. 새로운 두 분야가 나의 흥미를 불러일으킨다. 첫 번째는 '가상의 장소'이다. 장소에 관한 문제에 있어, '디지털'과 결합된 '장소'가 응용 연극 연구에서 아직까지 세세하게 고려되고 있지 않지만, 디지털 기술의 이용은 새로운 것이 아니다. 디지털 기술은 많은 응용연극 프로젝트에서 그 역할을 하지만, 장소 만들기와의 연관성은 아직 제대로 연구되지 않았다. 디지털 기술과 장소 사이의 관계에 대한 광범위한 관심이 증가하고(Wilken and Goggin 2012), 혁신적인 공연 실천의 일부로 GPS 지도제작 기술을 사용한 예가 있지만(예: 블라스트 씨어리(Blast Theory)의 작업), 미래에 응용연극, 디지털과 장소(또는 가상의 장소) 사이의 관계가 어떻게 뒤섞이는지 보는 것은 흥미로울 것이다. 어떤 면에서는, 예술 프로젝트의 일부로 장소와 의미를 향상시키는 수단으로 창의적으로 사용되는 디지털 기술의 이점에 대해서 거의 이의를 제기하지 않는다. 실제로, 올덤의 한 세션에서 참여자들은 아이패드를 사용하여 지역 장소의 작은 세세한 것의(예: 근처 도서관의 책상 가장자리) 사진을 찍도록 했고 이 사진은 참여자들이 다시 스튜디오에 전시하였었다. 이러한 실천이 만들어낸 일상과의 친밀한 만남은 장소와의 연결성을 높이는 중요한 부분이다. 디지털 기술과 장소 만들기 실험의 더 큰 규모의 실례는 제임스 톰슨(James Thompson)과 동료들로부터 찾아볼 수 있다. 그들은 갈등의 현장에서 예술가들이 만든 공연과 예술을 위한 온라인 '세계적인 장소'를 창조하였다. *전쟁터*(In Place of War) 사이트는 만들어진 이후 수백 명의 아티스트와 단체가 모이는 광범위한 증거가 되었으며, 지원 장소가 되었다. '전쟁에 대한 반응을 공유할 수 있는 예술가들을 위한 온라인 만남의 장소는' 예술가들이 '세계의 다른 이들과 연결할 수' 있게 하였다.2 살아남지 못할 수도 있는 격렬하고 취약한 전쟁터가 아닌 예술로 바로 접근 가능한 디지털 보관함 역할을 한다. 이러한 예는 가상의 장소가 사람이 거주하는 장소의 역할을 맡을 수 있을까 하는 질문을 유발한다. 디지털의 사용 증가로 인해 위험에 처한 지역사회의 생생한 경험을 언급하면서 셰리 터클(Sherry Turkle)은 살아있는 지역사회 기반 실천의 장점으로 응용연극의 관습과 즉각적인 울림을 일으키는 방식을 제시한다. 그녀는 특히 디지털이 젊은이들에게 미치는 영향에 관심을 갖고 점점 더 혼자가 되는 것에 주의와 경고를 한다: 우리는 영감을 주고 향상시키는 기술을 발명하였지만, 그것이 우리를 약화시키게 만들었다(2011: 295).

둘째, 중요한 문제인 기후 변화와 환경에 대한 걱정은 우리 분야에서 고려해야 하는 부분임이 분명하다. 디어드레 헤돈(Deirdre Heddon)과 내가 *RiDE: 응용연극과 공연 저널(The Journal of Applied Theatre and Performance)*(2012)의 환경보호주의에 관한 호(권)를 편집할 때 발견한 것처럼, 응용연극과 환경보호주의의 결합은 실천을 위한 새로운 조건을 만들었다. 영국에서는 기후 변화를 다루는 TIE(Theatre in education)와 참여 프로그램이 제한적이었지만 다른 곳에서는 변화하고 있다. 예를 들어, 최근 호주 학교 교과 과정의 변화는 환경 문제에 대한 인식을 높이고 있다. 필자가 본 것 중 가장 성공적인 영국 작품 중 하나인 씨어터 벤처(Theatre Venture)의 *탄소 발자국 탐정기관(The Carbon Footprint Detective Agency)*은 2008년부터 2010년까지 런던 초등학교(5 – 11세)를 순회하며 공연하였다. 학생들의 학교와 가정에서 에너지를 절약하기 위한 결정에 청소년들이 참여하도록 하였다. 각 학교는 관찰을 위해 탄소 발자국 탐정을 지명하고 에너지 절약을 지지하였다. 감독이자 연기자인 레이 다우닝(Ray Downing)은 물론 추적하긴 어렵지만(Downing 2010), 의도는 집에서도 실천하게 하는 것이다. 이 투어의 일환으로 에너지 절약의 결과에 대해 논하는 '모임'이 있는 학교를 다시 방문하였다. 이것은 가벼운 생태 행동주의로서의 TIE였으며 주제는 간단했다. 30년의 역사 끝에 재정지원이 삭감되면서 씨어터 벤처는 2011년 문을 닫았다. 따라서 이 보기 드문 영국의 청소년 환경연극 사례도 사라졌다.

기후 변화를 완화시키는 것에서 적응 전략으로 이동함에 따라 기후 변화 문제는 갈수록 더 관련성이 높고 복잡해질 것이다. 2007년 기후 변화에 관한 정부 간 합의체(IPCC)의 보고서는 적응과 완화를 언급하지만 2014년 보고서는 완화 활동이 너무 늦었음을 시사하며 −기후 변화를 막기는 너무 늦었다− 영향, 적응 및 취약성3에 초점을 맞추고 있다는 점은 주목할 만하며 대신 기후 변화의 결과에 적응하는 데 집중할 필요가 있다. 이는 예술가와 지역사회가 '장소'에 접근하고 탐색하는 방식을 차례로 변화시킬 환경의 중요한 변화에 반영될 것이다. 장소의 취약성과 가변성은 전쟁 지역이나 인간이 주도하는 탈영토화의 관련 형태보다는(또는 마찬가지로) 기후 변화를 동반하며 세계적인 문제가 되었다. 참여적이고 장소의 응용적인 공연, 반응하기, 시작하기 또는 환경적 변화에 대한 비판, 그리고 그것이 장소에 대한 우리의 이해와 장소의 활력에 미치는 영향이 갈수록 더 중요해질 것이다.

References

Amin, A. 2003. 'Unruly strangers? The 2001 urban riots in Britain'. *International Journal of Urban and Regional Research* 27.2: 460–463.

Amin, A. 2007. 'Re−thinking the urban social'. *City* 11.1: 100–114.

Appadurai, A. 2006 [1990]. 'Disjuncture and difference in the global cultural economy' in Meenakshi G.D. and Kellner, D.M. (eds.) *Media and Cultural Studies Keyworks*, Rev edn. Malden, MA and Oxford: Routledge, pp. 584–603.

Barnes, S. 2014. Interview with the author.

Batty, E., Cole, I. and Green, S. 2011. *Low−income neighbourhoods in Britain: The gap between policy ideas and residents' realities* www.jrf.org.uk/sites /files/jrf/poverty−neighbourhood−resident−experience−full.pdf. Last accessed 4 July 2011.

Cantle, T. and the Institute of Community Cohesion, 2006. *Review of Community Cohesion in Oldham: Challenging local communities to change Oldham*, http://news.bbc.co.uk/1/shared/bsp/hi/pdfs/25_05_06_oldham_report.pdf. Last accessed 2 June 2012.

Casey, E. 1993. *Getting Back into Place: Toward a Renewed Understanding of the Place−World*. Bloomington: Indiana University Press.

Casey, E. 1997. *The Fate of Place: A Philosophical History*. London: University of California Press.

Casey, E. 2001. 'Between geography and philosophy: What does it mean to be in the place−world?' *Annals of the Association of American Geographers* 91.4: 683–693.

Cresswell, T. 2006. *On the Move: Mobility in the Modern Western World*. New York and London: Routledge.

De Certeau, M. 1984. (trans. S. Rendall) *The Practice of Everyday Life*. London: University of California Press.

Downing, R. 2010. Interview with the author.

Escobar, A. 2001. 'Culture sits in places: Reflections on globalism and subaltern strategies of localization'. *Political Geography* 20: 139–174.

Heddon, D. and Mackey, S. 2012. 'Environmentalism, performance and applications: uncertainties and emancipations'. *RiDE: The Journal of Applied Theatre and Performance: Environmentalism* 17.2: 163–192.

Hughes, J. 2011. *Performance in a Time of Terror: Critical Mimesis and the Age of Uncertainty.* Manchester: Manchester University Press.

Hunter, M.A. 2008. 'Cultivating the art of safe space'. *RiDE: The Journal of Applied Theatre and Performance* 13.1: 5–21.

Ingold, T. 2006. 'Up, across and along'. *Place and Location: Studies in Environmental Aesthetics and Semiotics* 5: 21–36.

Jeffers, A. 2012. Refugees, *Theatre and Crisis: Performing Global Identities.* Basingstoke: Palgrave Macmillan.

Lefebvre, H. 1991 [1974]. (trans. D. Nicholson–Smith) *The Production of Space.* Oxford: Blackwell.

Livingston, M., Bailey, N. and Kearns, A. 2011. *People's Attachment to Place: The Influence of Neighbourhood Deprivation.* York: Joseph Rowntree Foundation.

Loomba, A. 2005. *Colonialism/Postcolonialism.* London: Routledge.

Mackey, S. 2007. 'Transient Roots: Performance, place and exterritorials'. *Performance Research: On the Road* 12.2: 75–78.

Massey, D. 2005. For Space. London: Sage.

Perry, J.A., 2012. 'A silent revolution: "Image Theatre" as a system of decolonisation'. *Research in Drama Education: The Journal of Applied Theatre and Performance* 17.1: 103–119.

Prentki, T. and Preston, S. (eds.) 2009. *The Applied Theatre Reader.* Abingdon: Routledge.

Relph, E. 1976. *Place and Placelessness.* London: Pion.

Ritchie, D. 2001. *Oldham Independent Review: One Oldham, One Future.* www.tedcantle.co.uk/publications/002%20One%20Oldham,%20One%20Future%20Ritchie%202001.pdf. Last accessed 3 August 2003.

Rose, G. 1993. *Feminism and Geography: The Limits of Geographical Knowledge.* Cambridge: Polity Press.

Saxton, J. and Prendergast, M. (eds.) 2013. *Applied Drama: A Facilitator's Handbook for Working in Community.* Bristol: Intellect.

Shaughnessy, N. 2012. *Applying Performance: Live Art, Socially Engaged Theatre and Affective Practice.* Basingstoke: Palgrave Macmillan.

Stacey, E. 2013. *Cotton, Curry and Commerce: The history of Asian businesses in Oldham.* Oldham Council.

Thompson, J. and Schechner, R. 2004. 'Why social theatre?' *TDR: The Journal of Performance Studies* 48.3: 11-16.

Turkle, S. 2011. *Alone Together: Why We Expect More from Technology and Less from Each Other.* New York: Basic Books.

Wickstrom, M. 2012. *Performance in the Blockades of Neoliberalism: Thinking the Political Anew.* Basingstoke and New York: Palgrave Macmillan.

Wilken, R. and Goggin, G. (eds.) 2012. *Mobile Technology and Place.* New York and Abingdon: Routledge.

Young, T. 2001. 'Place matters'. *Annals of the Association of American Geographers* 91.4: 681-682.

전쟁 후유증 속에서 평화 구축을 위한 퍼포먼스
- 부겐빌(Bougainville)에서 배운 것들

폴 드와이어(Paul Dwyer)

2006년 런던, 필자는 '퍼포먼스 권리'를 주제로 한 '국제 퍼포먼스 연구 콘퍼런스(Performance Studies international conference, PSi #12)에서 '커뮤니티 퍼포먼스(community performance)' 그룹의 일원이었다. 폭력적인 갈등 지역에 응용연극을 개입하는 데 따르는 어려움과 가능성에 대해 고찰할 수 있는 기회였다. 그즈음 나는 파푸아뉴기니(PNG)에 속한 부겐빌의 자치 지역에서 초기 현장 연구를 마쳤다. 연구 질문은 '제의적 화해 의식들이 어떻게 10년의 내전을 딛고 평화의 단계로 나아가는 데 활용될 수 있는가?'였다. 필자는 지역의 비정부 기구들(NGOs)로부터 지원을 받았고 마을 중재자들의 제의 작업을 관찰할 수 있었다.[1] 나는 콘퍼런스에서 내가 부겐빌 사람들과 문화 교류를 통해 경험한 것들에 대해 논의하고 싶었다. 응용연극에 대한 전문적 훈련과 경험이 풍부한 내가 아우구스또 보알(Augusto Boal)의 '억압받는 자들의 연극(Theatre of the Oppressed)' 워크숍을 진행하는 것도 한 가지 방법이었지만 말이다. 실제로 나에게 자문을 구한 비정부 기구 중 한 곳은 문해력(literacy), 건강, 환경, 좋은 정부, 인권 존중 등에 대한 의식을 고취시키기 위한 캠페인에 보알이 영감을 받은 파울로 프레이리(Paulo Freire)의 '억압받는 사람들을 위한 교육법(Pedagogy of the Oppressed)'을 활용하고 있었다. 사실 나는 어쩔 수 없이 직면하게 되는 이동의 어려움과 자금 문제가 아니더라도 부겐빌에서의 작업을 고민했었다. 콘퍼런스 동료 중 한 사람은 그 망설임에 대해 이렇게 직설적으로 말했다. '자율권을 위한 수단이 절실하게 필요한 사람들에게 그것을 주고 싶지 않았던 것은 아닙니까?'

질문에 대한 답은 역사와 관련이 있다. 1988년에서 1997년 사이의 부겐빌을 떠올려보자. 만약 당신이 호주 출신이라면 부겐빌이 파푸아뉴기니로부터 독립하기 위해 전쟁을 시작한 이유 중 하나는 호주가 부겐빌에 가한 거대 규모의 구리 채굴, 즉 환경 파괴에 대한 고충과 관련이 있다는 것을 알고 있을 것이다. 호주는 자국의 기업, 외국의 주주뿐 아니라 파푸아뉴기니 정부의 상업적 이윤추구를 지지하였다. 순찰 보트, 박격포, 고성능 자동 소총 등을 지원하기도 하였고 군사 고문들은 파푸아뉴기니 부대의 전략적 철수 및 봉쇄 결정 등을 제안하며 부겐빌을 외부 세계로부터 고립시켰다. 그 밖에도 정부 서비스, 의약 용품, 무역, 미디어, 인권 보호 등으로부터 모두 차단되었다. 결국 부겐빌 시민 사회는 무너졌다. 무법 지대의 불안함은 당연한 결과였다. 이러한 상황은 파푸아뉴기니 국방부가 귀환하여 '케어 센터들(care centres)'로 사람들을 불러 모으기 시작한 배경이 되었다. 파푸아뉴기니 국방부는 지역의 민간인들로 군대를 조직하여 '부겐빌 레지스탕스(Bougainville Resistance)'와 '부겐빌 혁명 부대(BRA, Bougainville Revolutionary Army)' 사이 내전의 최전방에 세웠다. 부겐빌 사람들은 파푸아뉴기니 국방부가 호주 용병들이 조종하는 호주의 헬리콥터를 타고 와, 마을에 폭격을 가하고 희생자들의 시신을 바다에 버리는 것을 목격했다. 호주 사람인 내가 그러한 부겐빌의 평화 구축 예술 프로젝트로 뛰어 들어가기 전에 멈칫하게 되는 것은 필연적 결과이며 어쩌면 필요한 것이었는지도 모른다.[2] 그러나 나는 역사를 탓하며 그렇게 주저하고만 있을 수는 없었다. 나의 호주 시민권이 작업의 장애물은 아니라고 판단했다. 너그러운 부겐빌 주최자 친구 중 한 명은 내게 이렇게 말했다. "걱정하지마, 폴! 네가 너무 식민지적이면 우리가 알려줄게!"

현재까지 응용연극과 그 외 다른 형식의 미적, 문화적, 사회적 퍼포먼스가 전쟁과 관련된 지역에서 평화를 추구하는 데 기능하는 방법들을 고찰하는 방대한 학문적 연구와 실천의 기록이 있다(Cohen et al. 2011; Thompson et al. 2009). 또한 정책 분석가, 국제 구호활동가뿐 아니라 평화 갈등 연구, 국제 관계, 전환기 정의 등의 학제 간 접근을 하는 학자들이 시민 사회의 평화 구축 방법으로 연극 및 예술 기반 실천 계획의 잠재력을 고려하기 시작하였다(Lederach 2005; Lederach and Lederach 2010; Rush and Simic 2014; Schirch 2005). 이러한 학제 간 연구들은 부겐빌의 평화 과정과 관련하여 필자가 발전시키고 있는 실천 기반 연구에 영감이 된다. 동시에 평화 구축 맥락에서 응용연극 프로젝트를 발전시키는 데 있어 주의 깊고 냉철한 성찰의 필요성을 확인하게 한다.

이 장은 최근 학계에 발표되고 있는 두 가지의 주요 관심사를 다룬다. 첫째, 응용연극 개입의 가치를 단순히 사회적 효용성 측정으로 한정하지 않을 것을 주장한다. 둘째, 응용연극 실천가들이 발전시킨 '안전한 공간'에 대한 담론을 살핀다. 안전한 공간은 전체 참여자 집단뿐 아니라 1인칭 관점으로 증언하듯 말하는 특별한 역할에게도 필요한 공간임을 의미한다. 이후엔 필자가 부겐빌 관계자 집단과의 문화적 교류의 형태로 얻게 된 교훈을 공유하려 한다. 내가 주도한 '퍼포먼스 민족지학 프로젝트'엔 그들의 지원이 필요했고 그들의 '제의적 화해 과정'엔 나의 도움이 있었다. 부겐빌 사례 연구의 결론들은 포럼 연극, 플레이백 등 장르가 분명한 응용연극의 일부 개념에 도전하는 것이며 그렇게 기준이 되는 기존의 형식 밖에 있기에 응용연극 실천 확장에 기여를 한다고 생각한다.

효용성의 미끼: 제의와 응용연극 사이

많은 학자들이 예술 기반 평화 구축 프로젝트의 예술가와 관객의 경험을 이해하는 것과 주로 지원 기관이나 기부자들이 하는 제한된 모니터링과 평가 체계 사이에 큰 간극이 존재할 수 있다는 것에 주목한다(Haseman and Winston 2010). 자금을 운영하는 기관 입장에서는 측정 가능한 결과가 필요하다는 것은 이해하지만 그로 인한 경쟁을 고려하면 현재 상황은 만족스럽지 못하다. 그리고 그 방법은 기껏해야 예술가나 국제 구호활동가가 평가 설문지 조사를 하는 것이다. 예술 기반 작업 참여의 특징인 미학적 표현, 정서적 개입 등과 관련된 요인을 발견하기보다는 워크숍 참여자의 인구학적 데이터 수집, 태도의 변화를 암시하는 설문 조사 수준에 머문다. 최악의 경우에는 참여적 예술의 힘을 불신하게 만들고 그러한 믿음을 재생산한다. 이러한 문제는 예술 기반 작업에만 해당되는 것이 아니라고 다이아나 프란시스(Diana Francis)는 설명한다. 그녀는 평화 구축 활동의 전반적인 관료주의적 체제가 '정작 중요한 것보다 측정 가능한 것에 대한 압박'을 가한다고 말한다(2010: 42). 예술을 가장 지지하는 사람들이 종종 그런 문제를 악화시키는데 이는 정말 큰 문제이다.

예를 들어 분쟁 해결 학자인 마이클 생크(Michael Shank)와 라서 쉬르흐(Lisa Schirch)(2008)는 '전략적 예술 기반 평화 구축'의 기능을 갈등 악화, 갈등 관리, 갈등 변형, 갈등 예방 등으로 개념화된 틀 안에서 서술하였다. 그리고 그러한 틀을 종형 곡선(bell curve) 그래프로 제시했는데 x축은 (위의 언급된) 갈등 단계를, y축은 갈등 강도를 의미하며 각각의 예술적 접근이 적용되기에 최적인 시기를 보여준다. 그들은 '비폭력적인 갈등 지속' 상황에서는 힙합 또는 다큐멘터리 영화 만들기, '직접적인 폭력을 감소시키기'가 목표일 때는 드라마 테라피, '수용력 형성'을 위해서는 포럼 연극을 제안한다(2008: 231). 이 모델링은 대략적인 도구적 접근을 제안하는 것이다. 예술 기반의 실천이 평화 구축 개념을 잘 정립하기 위한 하나의 새로운 전달 체제이며 실질적인 방법은 개입의 타이밍이라는 것이다. 생크와 쉬르흐는 참여적인 예술 실천이 갈등 상황을 직접적으로 재현하거나 예술적 틀 안에 문제를 놓음으로써 완곡하게 표현하며(비언어적 의사소통 형식 포함) 결과적으로는 사람들이 갈등을 다루기 힘든 것이 아니라 변화시킬 수 있는 것으로 보게 한다고 말한다(2008: 231–237).

이와 비슷한 생각은 예술 기반 평화 구축에서 미적 경험의 본질이 화해 과정을 촉진할 수 있다고 이론적으로 강력하게 설명한 신시아 코헨(Cynthia Cohen)(2005)의 연구에서도 찾아볼 수 있다. 특히 그녀는 예술을 감각적, 인지적 영역 모두에 도움이 되는 것, 안전한 거리에서 강렬한 몰입이 가능한 것, 새로운 것과 전통 사이를 중재하는 기능을 하는 것 등으로 설명한다.

예술 작업이 예술로서 작동할 수 있는 것은 예술적인 것은 보는 사람 또는 들는 사람이 그것에 대한 감수성을 표현하기 때문이다. 그리고 예술 작품을 통해 아름다움을 인식하게 된 사람은 그것을 통해 감수성을 발달시킨다. 미적 처리 과정이 내재적으로 타인과 관련된다는 점은 바로 그러한 호혜성으로 설명된다. 그들은 다른 사람을 인지하고 존중과 같은 감수성을 키운다. 이러한 미적 경험의 성질은 문화적 작업을 가능하게 하고 특히 예술은 적대적 상황에서 가치가 빛난다. 서로 다른 집단이 서로의 삶의 질을 처절히 무시할 때, 전쟁으로 개인이 고통받고 공동체적 삶이 파괴될 때, 오랜 탄압으로 도덕적 위엄이 무너질 때 예술은 인정받고 존중받는 것이 무엇인지 일깨워준다(Cohen 2005: 73).

예술 기반 평화 구축의 미적 차원에 대한 코헨의 주장은 응용연극 학계에서 중요한 주제이며 기록 및 평가 체계를 발전시킨 그녀의 기여는 가치가 크다 (Cohen and Walker 2011). 게다가 그렇게 미학적 가치를 매기는 것은 제임스 톰슨이 강력하게 이야기한 것처럼 응용연극에서 더 큰 '정서적 전환'의 일부로 여겨질 수 있다. '눈에 보이는 사회적 결과, 메시지, 영향력 등에만 신경을 쓰고 *아름답고 빛나는 것*을 즐기는 자유로움을 망각한다면 응용연극은 매우 제한된다'(2009: 6; original italics).

나는 이러한 관점에 동의하는 반면 문제는 효용성 그 자체가 아니라, 효용성의 개념이 리차드 쉐크너(Richard Schechner)의 퍼포먼스 연구의 핵심 용어로서 대중화되는 느슨함이라고 생각한다. 잘 알려졌듯이 효용성에 대한 쉐크너의 이해는 인류학자 빅터 터너(Victor Turner)의 제의 이론에 기반을 둔다. 터너는 제의적 과정을 사회 질서 위반으로 인한 위기를 극복하는 공동의 목표를 지닌, 제의적 교정(바로잡음)으로 보았다. 이러한 '사회적 드라마(social drama)' 모델에서 제의는 선거, 전쟁, 재판 등의 정치적, 법적 조치 형태와 유사한 기능을 수행한다. 참여자들이 사회적 존재로서 그들의 과거와 미래 '사이에서(betwixt and between)' 리미널(a liminal, 변화의 경계)을 협상하는 것이 의식(ritual)의 핵심이다. 모든 것은 균형 속에서 흔들리는데 이것은 '순수한 가능성의 순간'이다. 일상의 규범과 제한을 벗어나서 다시 제자리로 돌아가기 전에 *커뮤니타스*(communitas)[1]

의 강력한 치유와 대안적 사회 질서를 엿보는 경험을 한다.

쉐크너에게 터너의 작업을 가능하게 하는 핵심은 후자의 관점으로서 과거 소규모 농경 사회나 수렵 채집 사회에서의 제의의 기능이 기술적으로 복잡한 현대 사회에서는 연극과 그 밖의 공연 예술이 한다는 것이다. 모든 미적 공연은 일종의 제의적 성질을 가지고 있고 그것이 사회적 교정 효과를 지닌다는 터너의 대담한 논점을 따라 쉐크너는 1960년대 이후 뉴욕에서 그가 만들거나 목격한 아방가르드 또는 지역사회 기반 퍼포먼스와 호주 원주민인 멜라네시안족(Melanesian)과 그 밖의 토착적 맥락에서 관찰한 제의 사이에 존재하는 형식적, 기능적 유사점들을 발견한다. 그러한 '사회정치적 효용성'에 대한 가능성은 바즈 커쇼(Baz Kershaw)(1992)가 언급하였듯이 현재 응용연극의 형태로 여길 수 있는 많은 퍼포먼스 실천에 정당성이 된다.

응용연극(퍼포먼스 이론에서 더욱 일반적으로)의 주춧돌로 여겨지는 효용성의 대한 개념에는 세 가지의 명백한 어려움이 보인다. 첫째, 제의로서 공연의 교정적 잠재력에 대해 다룰 때 터너가 그의 초기 사회 드라마 모델에서 고려한 다른 형태의 교정 행위에 대한 맥락적 연결(contextual links)에 대한 고려를 하지 않는다. 이러한 관점에서 아난다 브리드(Ananda Breed)(2014)와 캐서린 콜(Catherine Cole)(2009)이 각각 미학적 퍼포먼스들과 르완다의 가차차(아프리카 특유의 재판), 그리고 남아프리카 진실 화해 위원회(South African Truth and Reconciliation Commission) 사이의 관계를 추적한 최근 연구들은 열렬히 환영받는다. 둘째, 쉐크너와 여러 학자들은 '완전한 리미널(liminal)'이 되는 제의의 수행과 '제의와 같은 *리미노이드(liminoid)* 장르에서의 참여와 같이 더 분산된 형태' 사이의 차이점을 경시하거나 무시하는 경향이 있다. 존 맥켄지(Jon McKenzie)(2001)가 짚었듯이 퍼포먼스는 퍼포먼스의 '경계 기준(liminal norm)' 범위에서 가치가 정해진다. 셋째, 그러나 이제는 터너가 주장한 리미널(liminal)과 리미노이드(liminoid) 장르의 명확한 구별이 어렵다는 것이 분명하다. 최근 로웰 루이스(Lowell Lewis)가 주

---

1) 역자 주: 터너가 제창한 개념으로 사회관계의 두 가지 양식 중 평등한 개인으로 구성된 덜 조직적이고 덜 세분화된 중간집단으로서의 양식을 의미한다.

장하듯 터너는 리미널에서 리미노이드를 구별하는데 '놀이의 위치'가 중요하다는 것은 받아들였지만 제의가 인간의 모든 특별한 사건의 원시적 자원이라는 그의 주장에 놀이가 의구심을 던질 수 있는 영역이라는 점을 깨닫지 못하였다.

필자는 응용연극이 근본적으로 제의를 닮아야 한다기보다 다양한 공연의 장르가 고안된 그 자체로 존중받았으면 한다. 이것은 제의와 연극적 실천 사이의 복잡한 관계를 부인하는 것이 아니라 효용성에 대한 획일적인 이해는 위험하다는 것을 이야기하고 싶은 것이다. 이러한 맥락에서 우리가 하는 예술의 힘을 축소시키지 않기 위해 우리는 우리 스스로 '조커(joker)', '치유자(healer)', 그 밖의 제의를 암시하는 역할로 불리는 것에 신중해야 한다. 소명의식은 고사하고 연극 작품의 모양이 어떻게 될지 미리 알 수 없다는 것을 받아들일 필요가 있다.

장소와 스토리텔링의 활용

응용연극 실천가들이 (공식적으로나 암묵적으로) 약속하는 사항 중 한 가지는 드라마 워크숍이 다루기 어려운 주제와 사회적 이슈를 탐색하기에 '안전한 환경'을 제공한다는 것이다. 그러나 메리 앤 헌터(Mary Ann Hunter)(2008)가 관찰했듯이 그러한 안전에 대한 담론은 종종 위험과 관련된 생각으로 연결된다. 게다가 안전한 공간에 대한 개념이 워크숍이 열리는 실제 공간과 연결되지 않기도 한다. 이러한 문제는 특히 평화 구축 맥락의 응용연극 현장에서 일어난다. (개발도상국이며 인구 대부분이 작은 시골 마을에 사는 경우) 부겐빌의 경우도 그러했다. 공연이나 워크숍이 열리는 공간이 개방되어 있었기 때문에 흥미로운 점도 있었지만 불안정하고 산만하였다. 교회 옆 나무 밑 공터, 시장 길가의 초가지붕 아래, 완전히 문을 닫을 수 없는 교실이나 마을 회관 등 (사진 7.1) 공간의 물리적 개방성은 워크숍 중 사람들의 예측할 수 없는 출입을 끊임없이 허용하였다. 이는 그들이 누구인지, 얼마나 머물 것인지는 물론 그들이 무엇을 들었는지, 워크숍을 통해 얻은 지식으로 무엇을 할 수 있을지 예상하기 어렵게 하였다. 그러한 개방적 공간과 그로 인한 유동적 참여는 문제를 발생시킨다. 예를 들어 부겐빌 전쟁의

사진 7.1 부겐빌 남서쪽 하리(Hari) 근처 작은 마을의 공동 공간. 사진: Richard Manner.

결과 중 하나는 남성이 여성에게 가하는 합법화된 성폭력 문화이고 이것은 부겐빌 응용연극 프로젝트 중 하나의 주제가 되었다. 많은 이야기들이 나오고 참여자들 스스로가 기꺼이 극화(dramatisation)하고 문제를 야기하는 대화가 포함된 포럼연극의 형태로 발전되었다. 극의 내용은 다음과 같다. 한 소녀가 학교 기숙사에서 강간을 당하여 임신하게 되었다. 소녀는 자살 충동을 느낄 만큼 힘든 시간을 보내고 있지만 강간범의 가족은 그가 기소되는 것을 막고 있다. 이러한 내용을 다루는 드라마 워크숍이 만약 열린 공간에서 진행되었다면 어떨까? 물론 이 이야기는 실제 이야기에서 변형된 것이고 익명이지만 보통의 평범한 마을 주민들과 작업한다는 것을 고려하면 우리는 소문과 비밀 보장을 염려해야만 한다. 작은 마을의 소문은 마법처럼 어떠한 믿음이 되기도 하고 그래서 누군가에게 폭력이 될 수 있기 때문이다. 비밀보장이 지켜지기 어려운 위험한 게임이 되기도 하는 것이다.

스토리텔링이 모든 예술 기반 평화 구축 전략의 특징은 아니지만 많은 작업의 핵심에 스토리텔링이 있다. 톰슨(2009)이 지적하듯 응용연극이 문화적, 역사적 외상 후 스트레스와 관련한 스토리텔링을 다룰 때 그것의 치료적 가치에 비판적이지 않은 경우가 있다.3 외상 후 스트레스 장애의 임상적 진단이 오래되고 복잡한 역사를 가지고 있을 때 우리는 부정할 수 없는 고통스러운 심리적 상태뿐 아니라 사회적 구조를 생각하게 된다(Balfour et al. 2015; Edkins 2003). 트라우마 상황을 이야기하는 것이 그것의 감소에 도움이 된다는 생각에 반대하는 몇 가지 이유가 있다. 혼란의 기억을 견디며 서사의 순서로 이야기하는 것만이 트라우마 경험을 관리하고 극복하는 데 유일한 방법인가? 어떤 사람들은 끔찍한 폭력의 사건에 노출에도 불구하고 외상 후 장애 증상을 겪지 않는다. 게다가 큰 규모의 프로젝트에서 개인의 트라우마에 대한 선형적 내러티브 접근을 하는 것이 반드시 권장할 만한 것은 아니다. 집단적 트라우마 경험과 시에서 후원받은 추모식 사례를 통해 제니 애드킨스(Jenny Edkins)는 설명하였다. '선형적 서사 만들기[트라우마를 다시 새기는]의 과정은 … 일반적으로 탈정치화의 과정이다 … *트라우마를 둘러싼* 대안이 있다. "그것을 매우 불가능하게 만들기 위해."'(Edkins 2003: 15, Zizek 인용). 마지막으로 많은 비서구권 문화에서 행해지는 춤과 제의를 포함한 무언 또는 비언어적 표현은 더 높게 평가되고 문화적으로 전략적인 대처라 할 수 있다(Vayrynen 2011).

폭력적 갈등이 만연한 후유증 상황에서 응용연극의 적용을 고려할 때 위에서 언급한 터너의 사회 드라마 모델의 암시를 따른다면 더 큰 차원의 정치적, 법적 과정과의 관계를 생각해 볼 수도 있으며 평화 구축 전략의 기본 설정처럼 쓰이는 증언의 내러티브 사용과 관련하여 전환기 정의를 연구하는 일부 학자들이 회의적인 것 역시 주목할 만하다. 로잘린드 쇼(Rosalind Shaw)와 라르스 발도르프(Lars Waldorf) 역시 진실과 화해 위원회와 같은 메커니즘의 무분별한 적용을 비판한다.

말하고 기억하는 것이 힘을 부여하고, 구원하고, 나쁜 운을 막는 힘이 있다는 것과 관련된 생각은 서구의 종교적, 심리적 사고에 의해 오랜 시간 동안 구축되었고, 냉전 종식 후 권위주의 시대에 전환기 정의 패러다임에 진입했다. 사실을 말하고 공동으로 기억하는 것이 강한 권력의 억압적인 폭력에 대항하는 중요한 무기가 된 것이다. 그러나 현재의 세계화 국면에서 전환기 정의는 낮은 강도의 국가 내 갈등 또는 '이웃 내' 폭력에 의해 붕괴된 후에 (점점 더 그 와중에) 이뤄진다. 만성적인 불안 속에서 이웃과 살아가야 하는 사람들은 (다른 지역에서 정치적 억압의 후유증을 다루기 위해 개발된) 전환기 정의의 메커니즘인 우선순위, 기억 프로젝트, 언어 관행 등을 반드시 공유할 필요가 없다(Shaw and Waldorf 2010: Ⅱ).

이러한 비판을 전개하면서 쇼와 발도르프는 '우리가 고칠 수 없는 어떤 것들에 대해 사람들에게 말하게 하는 것'에 대한 질문을 불러일으킨다(2013: 13). 그들은 '전환기 정의를 위치시키기' 위해서 민족지적 사례 연구의 필요성을 강조한다. '정의, 교정, 사회 재구성에는 장소에 기반한 관점이 반영되어야 한다'는 것이다. 부겐빌에서의 평화 구축 응용연극 프로젝트는 최근 몇십 년 동안 가장 성공적인 사례 중 하나로 여겨지는데(Braithwaite et al. 2010) 그것은 플레이백, 포럼 연극 등과 같은 스토리텔링 장르의 활용을 피하였다. 전쟁 범죄의 고발, 진실 규명의 장이 될 가능성이 있기 때문이었다. 대신에 토착의 화해 의식에 의지하였다.

부겐빌 화해 의식에 대한 설명을 하기 전에 보알 기반의 응용연극 개입과 부겐빌 문화적 맥락 사이에 발생할 수 있는 긴장에 대해 언급하는 것이 좋겠다. 보알의 기법은 반대(opposition)의 연출법을 기반으로 한다. 관객은 억압된 주인공이 그들의 반대자에 대항해서 애쓰는 것을 목격한다. 관객은 주인공의 입장이 되어 난관을 극복하기 위한 많은 전략들을 시도하고 연습해본다. 물론 이러한 드라마 모델은 여러 차례 비판받기도 했고 억압하는 사람과 당하는 사람의 대립을 완화시킨 기법을 사용하기도 한다. 그러나 그러한 적용에서도 다음의 질문은 여전히 유효하다. "말을 꺼내기에 문화적으로 적당한 장소인가?"

부겐빌 사람들은 이미 수많은 지역의 서로 다른 관습과 언어에 익숙하다. 영어만 사용하는 국제 구호활동가들에게는 그렇지 않을 수 있지만 대부분의 부겐빌 사람들에게 영어는 유창하게 사용 가능한 언어 중 하나 정도로 여겨진다. 그들은 공용어인 톡 피신(Tok Pisin)으로 소통한다. 공용어는 다른 지역에서 온 사람들 사이의 의사소통을 편하게 한다. 만약 당신이 '우리', '우리 것'에 대해 말하고 싶다면 '우리 모두' 중 '우리'인지 '당신은 제외한' '우리'인지 구별해서 이야기해야 한다.4 분열된 사회 이슈에 대해 이야기할 때면 그러한 문화적 차이에 대한 섬세함이 필요하다. 부겐빌 사람들이 '가해자와 피해자'라는 두 종류로 나뉜 언어를 쓰지 않는 것과 '*위기의 시대(taim bilong crisis)*'로 그들의 내전을 표현하는 것엔 충분한 이유가 있다. 사회 분열의 치유는 존경받는 문화적 리더들에 의해 이뤄진다. 그것은 '왕복 중재(shuttle mediation)'의 과정과 같다. 근친결혼으로 분쟁을 겪는 양쪽 집단 모두에 강한 부족적인 연대를 가지고 있기 때문이다. 그러한 치유 과정은 끝나기까지 수년이 걸리기도 한다는 점에서 상당한 경제적, 문화적 자본을 필요로 하는 의식이라 할 수 있다.

퍼포먼스 민족지학에서 제의적 퍼포먼스까지

'평화 구축을 위해 이 문화의 어떤 자원이 이용 가능할까?'라는 연구 질문으로 활기에 차서 필자가 부겐빌을 처음 방문한 때는 2004년이었다. 그들의 희망이 담긴 화해 의식에서 기념적 행위는 어떤 의미일까? 그러한 행위를 통해 어떻게 사람들은 그들 자신과 화해하는 걸까? 이러한 학문적 궁금증에 대한 이야기는 상세하게 설명했지만(Dwyer 2008) 사실 내가 부겐빌에서의 작업을 시작하기 위해 애쓴 것에는 감상적인 이유도 있었다. 광산과 갈등의 역사에 대한 나의 초기 독서는 잊고 있었던 나의 아버지의 이야기를 떠올리게 했다. 아버지는 내가 태어나기 전 해인 1962년 그리고 1966년, 1969년 부겐빌 프로 보노(pro bono)에 머물며 정형외과 의사로 일하셨다. 아버지는 내가 열한 살이 되던 해에 돌아가셨고 30년이 흘렀다. 나는 아버지가 그곳을 여행했다는 것을 거의 완전히 잊고 있었다. 어머니 집 다락을 뒤져보니 부겐빌 지역과 사람들이 찍힌 사진이 나왔다. 나는 부겐빌 방문 직전 그중 일부를 디지털화하여 인화하기도 했고 책자로도 만들었다. 대화를 시작하는 데 유용하게 쓰일 것으로 기대하며 말이다.

아버지의 오래된 사진들은 나를 전쟁 이전의 오래된 사건들로 데려가 주었다. 40년 전 작은 병원에서 아버지와 일했던 간호사와 환자들도 만났다. 아버지는 수십 명의 소아마비 환자들의 증상을 완화시키는 치료를 하였다. 급히 만든 책자에는 주석이 달렸다. 부겐빌에서 만난 사람들 덕분에 사진 속 사람들의 이름을 알게 되었기 때문이다. 그들은 아버지가 사진을 찍었던 곳으로 나를 데려가주기도 하였고 전쟁 중에 그 장소들에서 일어났던 실제 이야기를 들려주기도 하였다(사진 7.2).

사진 7.2 Tarlena 소녀 합창단. 사진: Dr A. F. Dwyer, 주석: Paul Dwyer.

나는 아버지가 사진 하단에 마을 이름을 써 놓았다는 것을 깨닫게 되었는데 언젠가 인권 침해에 대한 문서에서 본 것과 같은 지명이었다(Havini 1995). 특별히 부겐빌 남서쪽에 위치한 시와이(Siwai) 지역은 아버지가 대부분의 시간을 보냈던 곳인데 나 역시 그러한 사실을 알기 전에 아버지와 같이 그곳에서 많은 시간을 보냈었다. 그곳에서 주요 문화적 조언자들과 이미 관계를 맺고 발전시키기 시작했다. 2004년 존 톰포트(John Tompot), 쎄스 카후루(Ces Kahuru), 윌모(Willmo)는 '위기 내 위기'인 시와이(Siwai)에서의 싸움에 대해 나와 이야기하였고 그것에 대한 분석은 부겐빌의 평화 과정이 담긴 문학에 담겼다. '가장 극적인 지역의 힘겨루기로 그것의 여파는 여전히 치유되지 않았다. 대부분의 리더들이 서로를 위협했으며 2008년 아직도 화해되지 않았다'(Braithwaite et al. 2010: 30). 나는 이 위기를 바로잡고 싶어졌다. 전혀 예상하지 못했던 일이었다.

첫 부겐빌 여행 후 위의 언급된 나의 연구 질문에 답을 얻기 위해서는 더 많은 현장 조사가 필요하다는 것을 깨달았다. 사실 어떻게 진행해야 하는지도 불명확했다. 우선 나는 아버지의 사진과 그것에 대한 풍부한 역사 이야기를 보충할 자료를 모으기 시작하였다. 어머니의 다락방에 있는 또 다른 상자 속 상아색 폴더에는 아버지와 부겐빌 선교사들이 주고받은 편지 그리고 치료했던 환자들의 편지까지도 들어있었다. 나는 의료용 노트, 엑스레이, 수술 슬라이드, 위기에 대한 국회의 논쟁, 언론 보도, 학문적 글, 기록을 위한 영화 장면 등을 자세히 살펴보았다. 그러면서 이후의 현장 탐방을 계획하게 되었고 모은 자료를 바탕으로 1인 퍼포먼스를 만들기 시작하였다. '부겐빌 사진연극 프로젝트(The Bougainville Photoplay Project)'는 전쟁 전과 전쟁 중의 이야기가 담겼다(Dwyer 2010). 이는 광산과 위기 전, 식민지 시기 부겐빌 사람들과 호주인의 삶을 기억하는 것이었다. 아버지의 여행에 동참했던 나의 형제자매도 포함해서 말이다. 나의 현장 작업은 이렇게 계속되었다. 연극은 형식적인 강의처럼 시작되지만 이내 다른 장르로 바뀐다(톡 피신어로 진행된 벌리츠 스타일의 특강[2], 현장 기록을 바탕으로 한 공연, 수술 절차를 다룬 오락 등). 그리고 관객에게 부겐빌 사람들과 호주 사람들

....

2) 역자 주: 막시밀리안 벌리츠(Maximilian Berlitz)에 의해 고안된 언어교수학습방법으로 모국어를 습득하듯이 회화를 중심으로 이해와 추론을 통한 듣기와 말하기 방식을 중시하는 교수법이라 할 수 있다.

사이에 이제 어떤 관계가 가능할 것 같은지 묻는다.

스토리텔링은 확실히 작업의 중요한 특징이었지만 선형적 서사는 없었고 이야기의 끝을 확실히 매듭짓지 않았다. 그리고 1인칭 증언의 서사가 아니었다. 필자의 목소리는 당혹스러운 여행자, 인류학자 정도였다. 또는 가까이에서 다른 사람들의 이야기를 해주는 역할로 기능했다(Trinh Minh-ha, cited in Grimshaw 2001: 6). 이 작업의 또 다른 전제는 부겐빌 위기와 관련해 기억의 문제가 있는 쪽은 호주 사람들이라는 점이다. 대부분의 호주 사람들은 부겐빌에 대해, 광산과 전쟁에 대해 들어보지 못하였다. 많은 사람들이 호주가 파푸아뉴기니를 통제했다는 것도 모른다. 그렇기 때문에 시작부터 나는 나의 주요 관객을 호주인으로 생각하였다. 물론 부겐빌 역사 이야기에 대한 부겐빌 사람들의 피드백도 중요하지만 말이다. 2007년 두 번째 부겐빌 여행 때 나는 진행 중이던 사진연극 프로젝트를 부겐빌 사람들에게 보여주었다. 아버지의 전 환자, 간호사, 의사, 교사, 정치인, 3년 전 만났던 문화적 조언자, 그리고 장날이나 예배 후 평범한 부겐빌 사람들에게.

시와이(Siwai)의 모노이투(Monoitu)에서의 수백 명의 관객을 대상으로 한, 기억에 남을만했던 사진연극의 야외 공연 여파로 나는 다시 존, 쎄스, 그리고 윌모와 앉아 진지하게 그들의 이야기를 들었다. '몇 년 전 당신을 처음 만났을 때 우리는 솔직히 당신이 왜 왔는지 모르겠더라고요. 근데 지금은 같이 일할 기회를 찾고 싶어요.' 2004년 이후엔 그들 역시 바빴다. 시와이 지역의 과거 전투 부대(파푸아뉴기니의 후원을 받는 레지스탕스 부대)와 부인(Buin) 지역의 부대(BRA H-Company) 사이의 화해를 주도하기 위해 평화 위원회를 만들었기 때문이다. 갈등의 핵심 지역은 하리(Hari)라는 곳이었는데 그곳의 수장들이 BRA에 대항하여 파푸아뉴기니 국방부와 뜻을 같이 했기 때문이었다. 그러한 지역 간의 화해 프로젝트는 대규모 프로젝트였다. 존 톰포트와 그의 동료들은 왕복 중재를 잘 해냈고 2005년 휴전을 이끌어냈다. 그러나 부상을 입은 가족들, 파괴된 영토, 사랑하는 사람의 죽음을 겪은 사람들 등 (과거 전투 부대 대원들을 움직이게 한) 전쟁으로부터 회복되지 못한 이들을 위한 만남이 필요했다. 화해의 축제에서 가족들, 과거 전투 부대, 리더들은 어느 정도 금액의 조개 화폐 및 전통적인 선물 교환에

동의했다.[5] 12,000 PNG Kina(6,000 호주 달러) 정도의 금액이 음식과 운송을 위해 필요하였다.

거래가 성사되었다. 존은 하리(Hari) 레지스탕스와 BRA H-Company 사이의 중재 진전 상황에 대해 나에게 지속적으로 공유해 주었고 평화 위원회는 내가 연구의 일환으로 화해 의식을 기록하는 것을 허락해주었다. 나는 사진연극 프로젝트를 계속 발전시켜 나가며 그들의 이야기를 포함시키기도 하였다. 공연에 대한 그들의 기여에 대해 보답하기 위해 나는 호주로 돌아가서 가능한 어디에서든 공연을 하여 돈을 벌고 싶었다. 그리고 그 돈이 그들의 화해 기금으로 쓰일 수 있기를 바랐다. 나의 공연이 '퍼포먼스 민족지학' 또는 '편안하고 따뜻한 대화가 함께 하는 공연' 등 다양하게 홍보될 수 있는 시장은 작았지만 그럼에도 불구하고 호주에 돌아갔을 때 보상을 잘 받았다고 생각한다. 작은 축제들에서 뿐만 아니라 프린지와 '대안적 주류' 연극의 관객 앞에서도 공연할 수 있었기 때문이다.[6] 2012년, 동료 리처드 매너(Richard Manner)와 나는 윌모의 트럭으로 돼지, 닭, 과일, 채소 등의 가격을 협상하는 평화 위원회 구성원들을 따라 시와이 전역을 다녔다. 노래와 춤을 연습하는 지역의 퍼포먼스 그룹을 만나기도 하였다. 전직 전투원을 수송하기 위한 침대 트럭도 갖췄다. 그들과 협력하여 음식을 만들기도 하고 축구장에 무대도 지었다. 그리고 그곳에서 화해의 마지막 행동이 일어났다.

이 시점에서 방법론에 대한 이야기를 하고자 한다. 하리(Hari) 화해 의식과 같은 이벤트를 무대화하곤 했던 민족지학자들은 돈에 대해 말하길 꺼린다. 마치 그러한 물질적 교환이 참여 관찰의 '공감적 몰입'과 '훈련된 분리' 사이의 이상적인 균형을 왜곡한다는 듯이 말이다(Margaret Mead, cited in McAuley 1998: 77). 응용연극 실천가들이 자금 배분, 제작 예산 등을 다룰 때에도 마찬가지이다. 그들은 말을 잘하지 못한다. 그러나 개발도상국이나 위험에 처해 있는 공동체에서의 작업은 커리어 쌓기 전략처럼 되어야 한다. 많은 동료들의 좋은 의도와 헌신을 폄하하려는 것이 아니다(생계를 유지하는 데 더 쉬운 방법이 있다는 말이다!). 다만 현장에서 만나는 민족지학자들처럼 응용연극 개입에서도 일반적으로 동등하지 않은 집단 사이의 교환이 수반된다는 것이다. 커스턴 하스트루프(Kirsten Hastrup)(1992)는 민족지학 연구에서 현장 작업자는 '정보 제공자'에게 끊임없는 질문하기를 통해 어느 정도의 부담을 유지할 필요가 있다고 설명한다. 인류학 연구가 더 깊은 성찰과 다양한 해석으로 나아가야 하지만(Clifford 1986) 현장에서 대화를 주도하는 것은 궁극적으로 연구자여야 한다. 그래야만 현장 기록을 학문적인 글로 발전시킬 수 있다.

친구 존 톰포트와 화해를 위한 음식과 운송비용으로 쓰인 보조금에 관해 이야기하였다. 나는 '문화적 물물교환'의 개념을 언급하였다.7 사진연극 프로젝트에서의 성과는 내가 부겐빌에서 경험한 실질적인 도움과 스토리텔링 세션만이 아니다. 존과 그의 동료들이 하던 작업을 계속할 수 있게 된 것 역시 그 성과다. 물론 몇 해가 지나 화해 의식은 외부 재정 도움을 덜 필요로 하게 되었지만 지역 경제는 여전히 위기 회복에 애쓰고 있다. 광산은 문을 닫았고 많은 야자 플랜테이션 농장과 돈벌이 작물이 파괴되었다. 수확할 수 있는 음식도 적다. 게다가 부겐빌 전통 권위의 근원인, 리더들이 관리하는 지식 관습(kastom)도 전쟁의 피해를 입었다. 이 지식은 깨지기 쉽지만 화해 의식에 필요하며 의식이 관습을 촉진할 수 있다. 시와이 평화 위원회인 *키심 첵 칼사(Kisim Kek Kalsa)*의 모토는 '우리 문화 회복하기'이다. 내가 추후 연구를 진행할 수 있도록 하는 그들의 프로젝트를 나는 지지한다. 그리고 나는 이러한 교환이 합리적이라 생각한다.

부겐빌 화해 기념 의식의 전통과 혁신

부겐빌에서 '전통적' 의식은 여전히 현재의 현상이다. 부겐빌 사람들의 전통적 화해 의식을 현재까지 적용시킨 유연함은 주목할 만하다. 예를 들면 하리(Hari)의 화해 무대 디자인은 여러 개의 상징이 다층적으로 쌓여 있는 것이다. 서로가 서로의 위에 쌓으며 다양한 의미를 만들어가는 체계이다. 참여자들은 의식 중에 전해지는 많은 의미를 탐색할 수 있다.

사진 7.3엔 파푸아뉴기니의 깃발이 있다. 그곳을 자신의 정부라고 생각하는

사진 7.3 Hari의 화해를 위한 무대. 영상 사진: Richard Manner.

사람이 걸어놓은 것이다. 바로 옆에는 독립 운동을 오랫동안 해 온 사람들이 걸어 놓은 부겐빌의 깃발이 있다. 지역 경찰이 이 깃발들을 들어 올리면 사람들은 국가의 노래와 지역의 노래를 부른다. 그리고 나서 기도하는 사람들이 들어오고 다양한 교파의 기독교 목사와 성가대가 찬양을 부른다. 의식이 시작되는 것이다. 그러는 동안 평화 위원회가 무대 앞쪽에 지역의 정령 신앙에서 신성시되는 동물들이 새겨진 나무 기둥을 배치한다. 가장 중요한 장치는 이 목적을 위해 선정된, 가벼운 나무 기둥에 꼭 묶인 돼지이다. 돼지는 전직 전투원들에 의해 운반되었다. 돼지의 등장은 의식적 교환의 전통적 형태이며 등장과 동시에 마을 사람들이 무대 앞으로 뛰어 들어온다(더운 날 그늘과 같은 희망을 표현).

　의식의 일부가 계획대로 되지 않을 때면 해결방법을 찾기 위해 전통적 실천의 적용이 확장된다. BRA와 레지스탕스 사이의 마지막 화해 의식 전날, 싸움으로 갈라진 한 가족은 다음 날 애도하고, 선물을 받아들이고, 춤을 추기 전에 개인적 화해가 필요하다고 느꼈다. 죽은 남성 중 한 명이 지역 남성(BRA 동맹)의 처남이었다. 죽은 사람의 형제들은 자신의 매형이 하리에서의 BRA 공격을 도왔다는 것을 알고 있었다. 우리는 troim aut(감정을 토해내는) 세션 중 매형 집에서 만났다. 동생들은 슬픔을 말로 표현했고 매형은 자신의 잘못을 온전히 인정하고

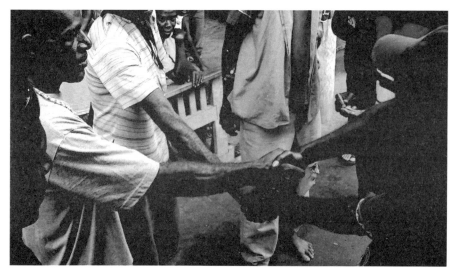

사진 7.4 화해의 순간. 영상 사진: Richard Manner.

용서를 구했다. 조용히 흐르는 눈물 가운데 조개 화폐가 교환되었다. 만약 이 과정을 위한 시간이 없는 경우엔 터너가 교정적 제의로 문턱(liminal threshold)을 넘는 것을 설명한 대로 가장 간단한 신체 표현으로 대신한다. 두 명의 중재자가 그들의 팔을 뻗어 악수를 유지한다. 가장 연장자 형제와 매형이 서로에게 손을 뻗고 차례로 악수한다(사진 7.4). 그들은 빈랑나무 열매를 한입씩 먹고 짧게 씹는다. 미약하게 마약이 들어있지만 그것을 즐기는 것은 아니다. 그리고 미리 파 놓은 작은 구멍에 뱉는다. 가장 연장자가 구멍 위에 돌을 두고 땅에 박히도록 발로 밟는다. 그리고 모두를 불러들여 악수를 한다. 그리고 함께 식사를 한다. 담담한 가족 내 화해처럼 보이지만 사실 여기엔 강력한 의식적 효과가 있다. 전쟁 이후 16년 만에 처음 이뤄진 소통이었다. 이 화해 제스처의 경제성에는 '감수성의 매트릭스(matrix of sensibility)'를 특징으로 한다(Geertz 1983). 다이아나 테일러(Diana Taylor)(2003)가 퍼포먼스는 개인 간의 풍부한 감정 교류일 뿐 아니라 체현된 문화 기억의 '레퍼토리'라고 표현한 것과 같은 맥락이다. 뱉는 행위의 의미는 심리학자 실번 톰킨스(Silvan Tompkins)의 감정 이론에서도 찾아볼 수 있듯 강력한 감정으로 인한 역겨움과 연결된다. 음식뿐 아니라 도덕적으로 맞지 않는 것도 내보내려고 하는 본능과 같은 것이다. 맨 위에 돌을 두는 행위는 여러 층의 의미가 혼합되어 있다. 부겐빌 사람들의 감정적 경험은 마음이나 심장에 있지 않고 소화기관(내장)에 있다. 화해할 때의 깊은 슬픔을 부겐빌 사람들은 '내장의 무거움'을 뜻하는 *bel hevi*라고 표현한다. 돌의 단단함과 무게는 상징적으로 이런 정서를 의미하는 것이다. 또한 돌에는 이러한 화해 의식의 지표라는 의미도 있다. 매형의 집 옆길 한 가운데에 박힌 돌은 과거를 기억하게 해주는 현재의 것이 된다.8 마지막으로, 의식은 *관습(kastom)* 신념을 상징적으로 뜻하는 것이다. 화해가 되었으면 이제 모두 돌처럼 침묵해야 한다. 무거움(hevi)을 일으킨 그들의 행동은 잊히지 않겠지만 그들은 용서받았다.

다음 날 레지스탕스와 BRA의 지휘관들은 하리의 축구장에서 600여 명의 사람들 앞, 더 화려한 의식에서 다시 만난다. 쉽게 깨질 수도 있지만 *관습 (kastom)* 지식의 유연함으로 다시 특별한 화해의 감성이 이곳을 채운다. 의식의 일부를 설명하면 다음과 같다. 한쪽에서 레지스탕스와 BRA 지휘관들이 모의 전투를 하는 듯 창을 휘두르며 왔다 갔다 한다. 이후, 창을 부러뜨리고 땅에 묻기로 동의한다. 두 명의 남자들이 어떤 순서로 진행해야 하는지 모르는 것처럼 보인다. 푸른 조명의 댄스 무대로 들어가는 럭비 선수들처럼 어색해 보인다. 규범을 위반하는 것이 별것 아니라는 듯 평화 위원회의 구성원들과 노장들은 미소를 짓고 군중으로부터는 따뜻한 박수갈채가 나온다. 그러나 의식의 핵심인 빈랑 열매를 씹고 구멍에 뱉어 묻고 돌을 심는 행동이 이 경우엔 해석하기 어려웠다. 가족 내 화해의 날과 비교해보면 레지스탕스와 BRA 지휘관들은 그들의 견과를 더 오래 씹고 즐기기 위해 겨자씨와 라임을 섞었다. 의장 요셉 함페쿠의 지시에 따라 악수하기 전에 약간 어색한 멈춤이 있기도 하였다.

이러한 세부사항을 보면 BRA와 레지스탕스의 지휘관들은 전날의 사적인 화해에서보다는 진지하지 않은 것처럼 보일 수 있다. 그러나 이것은 상황을 잘못 읽은 것이다. 리더들은 정치적으로 행동한다. 그들이 충성했던 과거 전투 대원들을 대표하는 역할로서 갈등을 종결하는 공식적 의식에 온 것이기 때문이다. 양 측의 두 남성 모두 연설을 한다. 싸움에 대한 상세한 설명은 가볍게 넘기고 회복의 정의와 화해에 대한 문학에서처럼 이상적인 사과의 형식을 보인다. 그들의 언어와 태도는 평온하고 정중하다. 파푸아뉴기니로부터의 독립에 대한 국민 투표를 준비하며 부겐빌 자치 정부를 지지하는 공동의 결의가 느껴진다. 이러한 관점에서 부겐빌 화해 의식과 로잘린드 쇼(Rosalind Shaw)가 1990년대 시리아 내전에서 관찰한 화해 의식 사이에는 공통점이 많다. '특정한 행동을 이야기하는 퍼포먼스의 진실은 도덕적 주관성의 "진실"이 구현된 퍼포먼스보다 덜 중요하다. 말하는 사람의 마음의 변화를 보여주는 것이 사회적 관계의 기본을 변화시켰다'(2010: 129-130).

'더 느린' 응용연극 실천을 위해

부겐빌의 화해 의식에 내재된 강력하게 효과적인, 그리고 복잡한 정서 등을 강조하기 위해 퍼포먼스를 매개로 하는 평화 구축이 하리(Hari)에서처럼 큰 자본이 필요하다는 것을 이야기하는 것은 아니다. UN 개발 프로그램과 같이 대개 국제기구가 지원했던 전후 초기의 화해 의식을 위한 후한 예산과 비교해보면 부겐빌 자치 정부에도 분명히 재정적 부담이 있었을 것이다. 물론 하리(Hari)에서의 의식은 비교적 비용이 적게 들었지만 지속성을 고려한다면 상당한 예산일 것이다. 의식(ritual)이 '정의로운 평화'라는 목표를 성취했는지 아닌지는 어려운 질문이다(Lederach 1997).

하리의 두 집단 모두 화해의 표현을 분명히 했지만 BRA는 더 적극적으로 보였다. 누군가는 이것을 파푸아뉴기니 국방부에 대항하는 그들의 영웅적 투쟁 서사와 결부시킨다. 제임스 톰슨(James Thompson)(2004)이 스리랑카와 관련하여 주장하였듯이 그러한 대립의 서사가 향후 갈등의 원인이 될 수도 있다. 부겐빌 화해 의식은 위기의 시기 동안 발생한 심각한 인권 침해에 대해 무엇을 할 수 있는지에 대한 질문을 남긴다. 인권 침해의 희생자들 특히 여성들에게 이 의식은 법적 교정을 방해하는 일이라는 오해를 살지도 모른다. 몇 명의 중재자들과 필자가 화해 의식은 법정에서 선고받아야 하는 가해자를 대변하는 것이 아니며 희생자와 가해자 가족 사이에 언제든 일어날 수 있는 것임을 설명하였음에도 불구하고 말이다.

많은 부겐빌 사람들이 위에 제기된 것과 같은 질문들을 스스로에게 던지며 공동의 답을 찾는 것을 중요하게 여긴다. 볼카 뵈게(Volka Boege)(2006)가 부겐빌의 평화 구축을 '느린 음식(slow food)' 운동으로 묘사하였는데 여기서 느림이라는 것은 중요한 개념이다. 필자가 이 글을 시작할 때 부겐빌에서의 보알 기반 응용연극 프로젝트에 대한 의구심을 표현하였듯 응용연극은 시간이 흐르며 조심스럽게 하나의 범주로 받아들여졌다. 물론 부겐빌 사진연극 프로젝트는 처음부터 이러한 용어로 표현되지 않았고 주로 호주 '예술의 집'에서 공연되었지만 말이다. 그럼에도 불구하고 그것은 자금 유통의 도구가 되며 많은 부겐빌 관계자들과 유기적으로 성장할 수 있었다. 이러한 사진연극 프로젝트의 기대하지 못했던 결과는 응용연극이라는 갈래가 특정 미적 형식 또는 장르의 기법으로만 한정되지 않음을 시사한다.

응용연극 실천가들은 평화 구축의 현장에서 포럼 연극과 같은 외부 장르의 섣부른 도입이 토착의 방식과 부딪힐 수 있음을 인지할 만큼 충분히 현장에 머물 필요가 있다는 것을 기억해야 한다. 보알의 멘토인 파울로 프레이리가 개발한 문해력 프로그램의 계획과 실행에 있어 주의 깊은 참여 관찰이 한때 현장 작업의 매우 중요한 구성 요소였지만, 그것은 이제 평화 구축 작업에 있어 변화가 필요한 관료주의적 문화를 반영한다. 그러므로 더욱 느린 응용연극 실행에 대한 논쟁은 공동체에서 창의적인 과정을 이끌어낼 수 있는 환경을 만들기 위한 평가와 관련되어야 하고 예술가와 지원 기관(자금 조달 기관) 사이의 심도 깊은 대화에 바탕을 두어야 한다. 무엇보다 시와이 평화 위원회의 존 톰포트와 그의 동료들을 보며 중재자의 중요한 기술은 개입과 개입하지 않음을 유연하게 넘나드는 것이라고 생각하게 되었다. 가장 창의적인 평화 구축은 '무대 밖'에서 일어난다. 주요 퍼포먼스 이벤트가 무엇이든 그것의 의미는 그 활동 중심에서 보이는 것이 아니라 주변부에서 발견된다.

References

Balfour, M., Bundy, P., Burton, B., Dunn, J. and Woodrow, N. 2015. *Applied Theatre: Resettlement. Drama, Refugees and Resilience*. London: Methuen.

Boege, V. 2006. 'Bougainville and the discovery of slowness: An unhurried approach to state－building in the Pacific'. *Australian Centre for Peace and Conflict Studies Occasional Paper Series, 3*. Brisbane: ACPACS.

Boege, V. and Garasu, S.L. 2011. 'Bougainville: A source of inspiration for conflict resolution' in Brigg, M. and Bleiker, R. (eds.) *Mediating Across Difference: Oceanic and Asian Approaches to Conflict Resolution*. Honolulu: University of Hawai'i Press, pp. 163‑182.

Braithwaite, J., Charlesworth, H., Reddy, P. and Dunn, L. 2010. *Reconciliation and Architectures of Commitment: Sequencing Peace in Bougainville*. Canberra: Australian National University Press.

Breed, A. 2014. *Performing the Nation: Genocide, Justice, Reconciliation*. Calcutta: Seagull Books.

Clifford, J. 1986. 'Introduction: Partial truths' in Clifford, J. and Marcus, G. (eds.) *Writing Culture: The Poetics and Politics of Ethnography*. Berkeley: University of California Press, pp. 1‑26.

Cohen, C. 2005. 'Creative approaches to reconciliation' in Fitzduff, M. and Stout, C. (eds.) *The Psychology of Resolving Global Conflicts: From War to Peace*, Vol. 3. Westport, CT: Praeger, pp. 69‑102.

Cohen, C., Gutiérrez Varea, R. and Walker, P. (eds.) 2011. *Acting Together on the World Stage: Performance and the Creative Transformation of Conflict*, Vol. 1 and 2. Oakland: New Village Press.

Cohen, C. and Walker, P. 2011. 'Designing and documenting peacebuilding performance initiatives', in Cohen, Gutiérrez Varea and Walker, Vol. 2, 219‑28.

Cole, C. 2009. Performing *South Africa's Truth Commission: Stages of Transition*. Bloomington: Indiana University Press.

Diamond, D. 2007. *Theatre for Living: The Art and Science of Community—Based Dialogue.* Bloomington: Trafford Publishing.

Dorney, S. 1998. *The Sandline Affair: Politics and Mercenaries and the Bougainville Crisis.* Sydney: ABC Books.

Dwyer, P. 2007. 'Though this be madness? The Boal method of theatre and therapy'. *Applied Theatre Researcher* 8: 1–12.

Dwyer, P. 2008. 'Theatre as post—operative follow—up: *The Bougainville Photoplay Project'. About Performance* 8: 141–160.

Dwyer, P. 2010. *The Bougainville Photoplay Project.* Sydney: Currency Press.

Edkins, J. 2003. *Trauma and the Memory of Politics.* Cambridge: Cambridge University Press.

Francis, D. 2010. *From Pacification to Peacebuilding: A Call to Global Transformation.* London: Pluto Press.

Geertz, C. 1983. 'Art as a cultural system' in L*ocal Knowledge: Further Essays in Interpretive Anthropology.* London: Fontana, pp. 94–120.

Grimshaw, A. 2001. *The Ethnographer's Eye: Ways of Seeing in Modern Anthropology.* Cambridge: Cambridge University Press.

Haseman, B. and Winston, J. 2010. '"Why be Interested?" Aesthetics, Applied Theatre and Drama Education'. *RIDE: The Journal of Applied Theatre and Performance* 15.4: 465–475.

Hastrup, K. 1992. 'Writing ethnography: State of the art' in Okley, J. and Callaway, H. (eds.) *Anthropology and Autobiography.* London: Routledge, pp. 116–133.

Havini, M.T. (ed.) 1995. *A Compilation of Human Rights Abuses Against the People of Bougainville, 1989–1995.* Sydney: Bougainville Freedom Movement.

Howley, P. 2002. *Breaking Spears and Mending Hearts: Peacemakers and Restorative Justice in Bougainville.* Sydney: Federation Press.

Hunter, M.A. 2008. 'Cultivating the art of safe space'. *RIDE: The Journal of Applied Theatre and Performance* 13.1: 5–21.

Kershaw, B. 1992. *The Politics of Performance: Radical Theatre as Cultural Intervention.* London: Routledge.

Lederach, J.P. 1997. *Building Peace: Sustainable Reconciliation in Divided Societies.* Washington: United States Institute of Peace.

Lederach, J.P. 2005. *The Moral Imagination: The Art and Soul of Building*

Peace. Oxford: Oxford University Press.

Lederach, J.P. and Lederach, A. 2010. *When Blood and Bones Cry Out: Journeys through the Soundscape of Healing and Reconciliation*. St Lucia: University of Queensland Press.

Lewis, J.L. 2013. The *Anthropology of Cultural Performance*. Basingstoke: Palgrave Macmillan.

McAuley, G. 1998. 'Towards an ethnography of rehearsal'. *New Theatre Quarterly* 14.1: 75–85.

McKenzie, J. 2001. *Perform or Else: From Discipline to Performance*. London: Routledge.

Nathanson, D. 1992. *Shame and Pride: Affect, Sex and the Birth of the Self*. New York: Norton and Company.

Rush, P. and Simic, O. 2014. *The Arts of Transitional Justice: Culture, Activism and Memory after Atrocity*. New York: Springer.

Schechner, R. 1976. 'From ritual to theatre and back' in Schechner, R. and Schutzman, M. (eds.) *Ritual, Play and Performance*. New York: Seabury Press, pp. 196–222.

Schirch, L. 2005. *Ritual and Symbol in Peacebuilding*. Bloomfield, CT: Kumarian Press.

Sedgwick, E.K. and Frank, A. (eds.) 1995. *Shame and its Sisters: A Silvan Tomkins Reader*. Durham: Duke University Press.

Shank, M. and Schirch, L. 2008. 'Strategic arts−based peacebuilding'. *Peace and Change* 33.2: 217–242.

Shaw, R. 2010. 'Linking justice with reintegration? Ex−combatants and the Sierra Leone experiment' in Shaw, R., Waldorf, L. and Hazan, P. (eds.) *Localizing Transitional Justice: Interventions and Priorities after Mass Violence*. Stanford: Stanford University Press, pp. 111–132.

Shaw, R. and Waldorf, L. 2010. 'Introduction: Localizing transitional justice' in Shaw, R., Waldorf, L. and Hazan, P. (eds.) *Localizing Transitional Justice: Interventions and Priorities after Mass Violence*. Stanford: Stanford University Press, pp. 3–26.

Sirivi, J.T. and Havini, M.T. (eds.) 2004. A*s Mothers of the Land: The Birth of the Bougainville Women for Peace and Freedom*. Canberra: Pandanus Books.

Tanis, J. 2002. 'Reconciliation: My side of the Island' in Carl, A. and Garasu Sr.

L. (eds.) 'Weaving consensus: The Papua New Guinea-Bougainville peace process'. *Accord* 12: 28-31.

Tavuchis, N. 1991. *Mea Culpa: A Sociology of Apology and Reconciliation*. Stanford: Stanford University Press.

Taylor, D. 2003. *The Archive and the Repertoire: Performing Cultural Memory in the Americas*. Durham: Duke University Press.

Thompson, L. (dir.) 2001. *Breaking Bows and Arrows*. Documentary Film. Waverly, NSW: Firelight Productions.

Thompson, J. 2004. 'Digging up stories: An archaeology of theatre in war'. TDR: *The Journal of Performance Studies* 48.3: 150-164.

Thompson, J. 2009. *Performance Affects: Applied Theatre and the End of Effect*. Basingstoke: Palgrave Macmillan.

Thompson, J., Hughes, J. and Balfour, M. 2009. *Performance in Place of War*. Calcutta: Seagull Books.

Turner, V. 1982. *From Ritual to Theatre: The Human Seriousness of Play*. New York: PAJ Publications.

Väyrynen, T. 2011. 'Silence in Western models of conflict resolution' in Brigg, M. and Bleiker, R. (eds.) *Mediating Across Difference: Oceanic and Asian Approaches to Conflict Resolution*. Honolulu: University of Hawai'i Press, pp. 38-56.

방글라데시의 기후 변화와 응용연극
- 신자유주의 씨어트릭스(theatricks)가 된 향토 연극법

시드 자밀 아흐메드(Syed Jamil Ahmed)

방글라데시 남서쪽, 쿨나(Khulna)의 비정부기구 '루판타르(Rupantar)'는 1990 년대 중반, 연극 창작방법을 고안하기 위해 향토 연극인 폿 간(Pot Gan)을 들여왔다(루판타르는 '변화'를 뜻한다). 포투야 간(Potuya Gan)으로도 알려진 폿 간의 이 야기는 스크롤 그림으로 시각적으로 보이는 특징이 있다. 이 장은 루판타르가 어떻게 '향토 연극'인 폿 간을 복구하여 방글라데시의 기후 변화 문제를 성공적으로 적용하고 창작했는지를 검토한다. 동시에 그 과정이 어쩔 수 없이 신자유주의의 영향을 받은 사실도 설명할 것이다. 결과적으로 '방글라데시에서 만들어진 연극 예술'인 '토착 연극법(indigenous theatrics)'은 예술계에 부정적으로 존재하는 'k'와 함께 부상하여 '연극법(theatrics)'이 '연극적 속임수(theatre tricks)'를 의미하는 'theatricks'로 인식되었다.

이 장의 내용은 사유화, 규제완화, 정부 서비스 줄이기 등이 핵심 원리인 시카고 경제학파의 영향을 받아 기관의 변화를 도모하는 프로젝트와 관련된 것으로 이는 신자유주의로 설명된다(Klein 2007: 561). 신자유주의는 상품을 사고파는 일상적인 경험에서 만들어지는 사상에 근간을 두고 사회 영역이 경제화되는 것이라 볼 수 있다. 그리고 "개인의 책임"과 "자기 돌봄"에 대한 요구의 증가로 국가 복지 서비스와 보안 시스템을 줄여야 한다는 입장이다(Lemke 2001: 203). 이 장은 2013년과 2014년 방글라데시 남서 지역에서 수행된 현장 연구 결과를 바탕으로 쓰였고 네 개의 부분으로 나뉜다. 첫째, 기후 변화의 위협을 받는 방글라데시에서 루판타르(Rupantar)와 그들이 복구한 향토 연극법을 살펴본다. 둘째, 루판타르의 폿 간(Pot Gan)이 기후 변화를 다루기 위한 개입의 도구로 어떻게 만들어지고 공연되었는지 검토한다. 셋째, 신자유주의하에서 루판타르의 실천과 응용연극 적용의 결과를 밝힌다. 마지막으로는 그러한 세 가지 결과를 요약하며 개입, 신자유주의, 퍼포먼스 등의 거대 담론을 제시하기 위해 지역의 세계화에 대한 검토를 한다. 이 검토는 '자신'에 대한 것이지 '다른' 것을 비난하는 것이 아님을 밝힌다.

루판타르(Rupantar), 향토 연극법(indigenous theatrics), 방글라데시의 기후 변화

방글라데시는 갠지스(the Ganges-Padma), 브라마푸트라(Brahmaputra-Jamuna), 메그나(Meghna) 등 세 개의 큰 강의 합류 지점이자 200개가 넘는 강이 교차하는 광대한 범람원에 위치해 있다. 습한 아열대 기후이며 연간 강수량의 80%가 6월에서 9월 사이인 몬순 시기에 있다. 이러한 수문기상학적 특징은 매우 독특한 것이며 사람들의 생활 방식에 영향이 크기 때문에 방글라데시를 '수력의 문명(a hydraulic civilization)'이라고 부르기도 한다(Yu et al. 2010: 5). 그리고 이러한 특징 때문에 심한 범람을 유발하는 태풍, 만조, 가뭄 등 많은 기후적 위기에 예민할 수밖에 없다. 그리고 그러한 '극심한 수문학적 현상들에 대한 노출'은 '기후 변화의 영향으로 미래에 더 심해질 것'이라며 데미안 리케(Damien Riquet)는 우려한 바 있다(2012: 8). 결과적으로 방글라데시는 2011년에 기후 변화에 가장 취약한 국가로 꼽히기도 하였다(Maplecroft 2014).

방글라데시의 가장 중요한 기후 변화 중 하나는 해수면 상승이다. 지형의 대부분이 매우 낮고 평평하다. 평균 해발이 90m 이하이고 영토의 3분의 2가 평균 해발과 5m 차이도 나지 않는다. 해수면의 1m 상승은 방글라데시의 1,300만 명에게 영향을 끼치고 국내 쌀 생산량의 6%를 감소시킨다. 또한 조수의 양에도 영향을 끼쳐서 지표면과 지하의 염분의 질을 변화시킨다(Yu et al. 2010: 7). 위협은 방글라데시의 가장 큰 숲이자 유네스코 세계자연유산으로 지정된, 벵골 호랑이의 마지막 주거지인 순다르반(Sundarbans)에서도 감지할 수 있다. 상황의 심각성을 인지한 방글라데시 정부는 기후 변화 관리 전략을 세웠는데 '적응과 재난 위험 줄이기, 저탄소 개발, 기술 이전과 동원, 재정의 국제적 공급' 등이 그 구체적인 내용이다. 기후 변화의 영향을 다루기 위해 방글라데시 정부는 2010년 내부 자본으로 '방글라데시 기후 변화 신탁 자금'을 설립하였다(Khan et al. 2013: 9). 그리고 같은 해 개발 파트너들 및 세계은행과 손을 잡음으로써 '방글라데시 기후 변화 회복 기금'도 설립하였다(BCCRF 2014). 그러나 다른 기금과 마찬가지로 이 두 기금은 방글라데시가 기후 변화 문제를 효과적으로 처리하는 데 턱없이 부족한 금액이었다. 라이론(Raillon)은 다음과 같이 설명한다.

> 국가 차원에서의 현재 전략은 오히려 기후 변화 위기 회복을 위한 전략을 약화시키고 있다. 1990년대 세계무역기구, 국제통화기금, 세계은행 등과 같은 국제 경제 기구들에 직접적인 도움을 받은 구조 조정 정책은 국가 개입을 약화시킨 반면 경제적 자유주의는 국내 및 국제 규제를 꾸준하게 해체시켰다(Raillon 2014).

방글라데시 기후 관리 전략의 마지막 항목인 적절한 자금은 기후 변화로 인한 위기의 역설을 정확히 짚는다. '돈과 권력이 있는 국가의 국민들은 즉각적, 포괄적 수습이 필요한 환경 재해를 피할 능력이 있다'(Kretz 2012: 9-10). 예를 들어 방글라데시와 네덜란드는 모두 지대가 낮은 삼각주평야이지만 '재정적, 과학적, 기술적 역량이 있는 네덜란드는 더 높은 방파제를 지을 수 있는 반면 방글라데시는 그렇지 못하다'(Huq 2001: 1617). 가난은 악순환을 만들며 작동된다. 심각한 부채는 식민지 개척자와 노예 상인들 때문에 생긴 것이라 할 수 있으며 가난은 기하급수적으로 가난을 낳는다. 1990년대 전반부부터 잘 통합된 '시장은 인간 본성을 따른다'는 신자유주의적 명제에 박차를 가한 세계에서 방글라데시에 기후 변화로 인해 곧 닥칠 재난은 재정 자본을 위한 막대한 이윤 창출 기회를 의미할 뿐이다.

이러한 맥락에서 국가 소속이 아닌, 비영리집단으로 알려진 루판타르는 '문화적 형식과 방법의 소생, 발전, 촉진을 통하여 시민들을 일깨워' '기후 변화와 자연재해의 영향에 대처하고 자연적인 생물 다양성을 보호하겠다는' 목표를 설정하였다(Rupantar 2014a). 개발의 개념을 '국민 총생산' 또는 '개인 소득의 증가' 등의 좁은 관점으로 보아선 안 되고 '문화가 지속 가능한 개발과 긴밀하게 연결되어 있다'는 것이 루판타르의 입장이다(Popular publications' n.d: 13). 루판타르는 1997년 방글라데시 정부가 인정한 비정부기구로서 전체 인구의 약 26%의 삶에 영향을 끼치는 개발 프로그램을 운영한다. 개발의 메시지는 추가적인 7.7% 인구에게도 전달된다(Rupantar 2012: 39). 그러한 프로그램은 정부 간 기간들(IGOs)뿐 아니라 방글라데시 정부의 재정 지원을 받는다. 2012년 12월 31일에 루판타르는 tk. 231,316,724(미국 달러 2,825,000 이상)를 받았고, 수익은 그것의 92.26%에 달한다(Rupantar 2012: 39).

루판타르는 방글라데시의 변화를 위한 개발 프로그램 실행에 실패하지 않는 연극을 동원하였다. 폿 간은 루판타르가 도입한 연극 형식 중 가장 인기 있고, 혁신적이고, 성공적이다. 젠더, 여성 인권, 민주주의, 정치, 기후 변화 등 다양한 이슈를 다룬 폿 간이 있다('Rupantar Method', n.d: 6-7). 오늘날 루판타르가 제작하고 공연하는 폿 간은 포투야 간(Potuya Gan)이라는 토착 연극의 복구, 적용, 재창작 등 오랜 과정을 거친 결과이다. 포투야 간은 내용 면에서 완전히 종교적이고 목적이 뚜렷하다. 토착의 포투야 간 연극의 스크롤은 보통 55cm 너비로 작은 판의 그림들로 구성되며 리더 해설자 옆에 수직으로 세워진다. 해설자는 한두 명의 악사, 함께 노래 부르는 가수들과 함께인데 음악은 단조롭다. '순다르반¹⁾을 구하라'라는 의미의 *Bachao Sundarban*이 루판타르의 첫 제작 공연이다(1996년 6월 5일). 오늘날의 연극은 춤을 추고 노래를 하는 9-13명 사이의 퍼포머가 등장하고 토착 포투야 간 연극과 달리 인기 있는 민속 음악을 다양하게 차용한다.

....

1) 역자 주: 관목림이 펼쳐져 있어 벵골 호랑이가 서식하는 방글라데시의 저습지대

사진 8.1 Pir Gazi에서 전통적인 방식의 포투야 간(Potuya Gan) 연극. 사진: 시드 자밀 아흐메드.

루판타르 폿 간의 음악극 대본은 각 행에 일곱 개의 악센트가 있는 2행 연구로 구성된다. 줄거리 구조는 유럽의 극작법을 적용했다. 줄거리의 첫 단계는 도입, 두 번째 사건 전개, 세 번째 위기 절정, 네 번째 사건 하강, 다섯 번째 결론, 마지막 여섯 번째로 변화 촉구의 내용이 담긴다. 스크롤 그림에서도 전통 방식은 버리고 방글라데시 인력거 뒤판에서 볼 수 있을 듯한 대중적인 스타일을 차용하였다. 공연은 '서양의' 원리에 따라 꼼꼼하게 연출되었다. 연출은 방글라데시 주류 연극계에서 활동했던, 현재는 루판타르의 상임 연출인 스와판 구하(Swapan Guha)가 맡았다. 스크롤 그림에도 변화가 있었다. 펼치면 2m 길이로 두 명의 사람이 스크롤의 양쪽을 한쪽씩 담당하는데 한 판당 1.2m까지 그 폭을 늘렸고 그 결과는 만족스러웠다. 2014년 7월 기준 루판타르는 137개의 공연을 총 10,396회, 1억 7백만 명의 관객에게 선보였다.

폿 간(Pot Gan)의 창작과 공연:
루판타르(Rupantar)가 기후 변화에 도전장을 내다

2014년 2월 14일 아침이었다. 쿨나(Khulna)시의 Fine and Performing Arts Academy에서 학교에 다니는 약 500명의 어린이들과 몇 명의 정부 고관들이 함께 프로시니엄 무대 앞에 앉았다. 루판타르는 순다르반의 날을 기념하는 의미로 공연을 올렸다. 여덟 명의 악사와 코러스 가수들이 있는데 남자들은 *파투아(fatua)*와 나팔바지를 입었고 여자들은 *사리(sari)*를 입었다. 그들은 무대 양쪽에 앉아있다. 무대 오른쪽에는 남성 하모늄 연주자, 세 명의 여성 코러스 가수들이 있고 왼쪽에는 두 명의 코러스 여가수, 두 명의 남성 악사(바이올린과 *도타라(dotara)[2]* 연주자)가 있다. 그들이 합주를 시작하면 다섯 명이 넘는 퍼포머가 왼쪽에서 등장하여 음악의 리듬에 맞춰 춤을 춘다. 두 명의 남성 퍼포머는 말린 스크롤을 어깨에 지고 있다. 여자 댄서들인 *나치아이(nachiye)*는 (껍질 없는 빈 통의)

---

2) 역자 주: 방글라데시에서 주로 사용하는 보통 4개의 현이 있는 현악기

사진 8.2 루판타르(Rupantar)의 정글 보호 폿 간(Pot Gan) 연극 (무대1). 2014년 2월 14 일, 쿨나(Khulna)시 실파칼라 아카데미(Shilpakala Academy). 사진: 시드 자밀 아흐메드.

탬버린을 연주한다. 남성 *바엔(bayen)* 한 명이 *북(bangla dhol)*을 치고 빨간 지휘 봉을 든 리더 해설자 여성 *가엔(gayen)*이 있다. 여성 댄서가 북 치는 남성 악사 와 무대 앞 중앙으로 이동하여 격렬하고 즐거운 춤을 추기 시작한다. 동시에 스 크롤을 나르는 사람들이 무대 뒤쪽으로 가서 펼치며 '첫 번째 주제'를 보여준다. 공연의 제목과 출연진이 나온다. 제목: 본 수락샤르(정글 보호 폿 간 Bon Surakshar Pot Gan), 작곡: 엘리아스 파키르(Elias Fakir), 스크롤 그림: 드바쉬시 사르다르 (Debashish Sardar), 연출: 스와판 구하(Swapan Guha). 여성 댄서와 북 치는 악사 가 댄스를 마치면 리더 해설자가 설명을 시작한다(사진 8.2).

　스크롤은 여덟 개의 판으로 구성되며 전반 주제와 후반 주제가 있다. 한 판 엔 줄거리의 여섯 단계가 담겨있다. 퍼포먼스 각 단계의 시작에서 스크롤 운반 자 중 한 명이 한 축을 따라 펼치면 또 다른 운반자는 동시에 말아 접는다. 판이 바뀔 때마다 스크롤이 수평으로 이동하는 것이다. 합성의 이미지인 첫 번째 판 을 제외하고 줄거리가 묘사된 다섯 개의 스크롤 판은 네 개의 하위 판으로 나뉘 어 구체적인 이야기를 전달한다. 판이 바뀔 때마다 여성 댄서와 드러머는 무대 앞으로 나와 관객의 시선이 스크롤 운반자에게 가지 않도록 흥겨운 춤을 춘다.

공연은 여섯 단계에 걸쳐 진행되고 각 단계는 스크롤의 여섯 개의 판 중 하나에 시각화된다. 음악극의 형식으로 해설자가 각 무대마다 노래를 하고, 음악의 리듬에 맞춰 움직이고, 그녀의 이야기를 시각적으로 강조하기 위해 관련 판을 가리킨다. 첫 무대에서 해설자는 순다르반을 창조한 알라신, 숲의 여신, 성자들을 찬양한다. 두 번째 무대는 다양한 생명으로 넘치는 과거의 숲과 자연의 자원을 수확함으로써 번영하는 사람들, 숲 바깥에서 풍성한 농작물을 경작하는 농부들의 모습들이 펼쳐진다. 그러나 염분이 점차적으로 증가하여 이 균형이 깨진다. 세 번째 무대에서는 순다르반을 과도하게 이용하지 말라는 과거의 사람들의 종교적 금언에 따라 더 나은 방식의 실천을 추구하고 행하는 모습을 보여주며 해설자가 관객들을 일깨운다. 네 번째 무대에서는 과거의 사람들이 지역 교류의 지식 시스템과 문화적 관습을 따라 숲의 자원(꿀, 목재 등)을 어떻게 이용했는지 보여준다. 그러나 다섯 번째 무대에서 해설자가 지적하듯이 그러한 균형은 인구의 증가로 순다르반의 자원 사용자 수가 늘게 되며 무너진다. 오늘날 사람들이 개인의 욕심에 따라 토착 지식과 문화적 관습은 무시하게 된 모습을 보여주는 것이다. 여섯 번째 무대에서 해설자는 사람들에게 과도한 경작의 착취에 변화를, 정부에게는 주범을 찾아 순다르반을 구할 것을 촉구한다. 본 수략샤르 정글 보호 폿 간(Bon Surakshar Pot Gan)은 후반 주제를 포함하는 판으로 끝난다. 이 판의 맨 위에는 '미래 세대를 구하려면 당신이 세계문화유산인 순다르반을 구해야 한다.'는 슬로건이 있다. 하단은 크레딧 라인으로 '방글라데시 유네스코 위원회와 함께하는 루판타르 제작'이라는 문구가 있다. 퍼포머들은 입장 순서와는 반대로 퇴장한다.

폿 간의 제시 방식은 루판타르의 모든 작품에서 비슷하다. 관객의 흥미를 끌기 위해 퍼포머들은 음악과 춤에 매우 숙련된 사람들로 구성된다. 이상적으로는 연극을 만들기 전에 공연할 지역의 현장 조사를 한다. 연극이 인식 캠페인으로서도 기능하기 때문에 공연할 지역의 주민들의 사고방식, 경제 조건, 현재 겪고 있는 사회적, 환경적 문제 등에 대해 상세한 정보를 모을 필요가 있는 것이다.

이것은 이후 정부와 비정부 기구로부터 수집한 추가 데이터로 보충한다. 그리고 모은 정보를 바탕으로 지역의 요구를 파악한다. 다음 단계로는 연출, 작곡가, 출연진, 현장 개발 활동가들이 선정된 이슈의 과거, 현재, 미래에 대해 연구한다. 이 연구로부터 그들은 연극을 통해 전할 메시지를 발전시킨다. 연극의 본질적인 이유가 결정되면 작곡가는 자신의 일을 시작한다. 무대는 6단계로 구성되고 줄거리 구조는 다음과 같다. (무대1) 주제 설명, (무대2) 문제와 그 원인 탐색, (무대3) 문제가 어떻게 확대되었는지 설명, (무대4) 초기 문제로 인한 결과 설명, (무대5) 사람들이 문제를 극복한 공식, (무대6) 앞으로 우리가 해야 할 것(Mondal 2009: 123). 연주될 악보는 공연할 지역의 인기 있는 민속곡의 곡조를 반영하여 탄생한다.

이렇게 작곡가가 자신의 일을 시작하면 연출, 출연진, 스크롤 화가는 줄거리의 여섯 단계를 시각화한다. 이 과정은 줄거리 여섯 부분의 각각이 네 개의 이미지로 표현되는 원칙을 따른다. 전체 제작팀은 프로젝트에 현장 개발 활동가들과 각 시각적 이미지의 장점에 대해 논의하여 프로젝트의 의도를 가장 잘 표현하는 것으로 선택한다. 이미지가 완성되면 퍼포머들은 그 즈음까지 완성된 일부 대본으로 연습을 시작한다. 음악과 스크롤 그림도 작업을 진행해 나간다. 일주일 정도 후 스크롤 그림이 준비될 즈음이면 음악도 준비되기 때문에 퍼포머들은 음악과 함께 연습한다. 이후에는 연출가와 전체 연습을 한다. 이 기간 동안 연출은 해설자, 댄서, 북 연주자 등의 안무와 움직임 등 시각적 구성을 한다. 처음부터 끝까지 이어서 하는 런쓰루(run through) 연습을 통해 전체 퍼포먼스의 리듬 확인, 다듬기 작업을 하고 나면 테스트 쇼를 한다. 자문 위원, 관계 공무원, 유명한 시민, 예술가, 프로젝트 지역의 일부 대중 앞에서 시범 공연을 하는 것이다. 연극은 그들로부터 받은 피드백을 바탕으로 수정 과정을 거치고 이 작업이 끝나면 진짜 공연을 할 준비가 된다.

루판타르(Rupantar) 연극의 하락:
응용 씨어트릭스(applied theatricks)의 등장

　　루판타르의 목표 중 하나는 자연적인 생물 다양성을 보존함과 동시에 기후 변화와 자연재해에 대처하는 사람들의 역량을 키우는 것이다(Rupantar 2014a). 그리고 이를 위해서 상의하달(top-down)과 성토 과정(banking process)을 통해 말 그대로 *rupantar* 효과, 변화를 추구해야 한다. 사실 이러한 과정에서 프레이리의 '자유의 실천으로서의 대화'의 여지는 없다. 그러나 이것은 놀랄 일이 아니다. 루판타르는 '문화와 지속 가능한 개발이 밀접하게 연결되어 있는' 방식 중 하나가 '문화가 사람들의 인식을 형성하는' 수단으로 사용되는 것이라고 꽤 분명하게 설명하기 때문이다. 특히 문맹의 사람들을 대상으로 할 때 더욱 그러하다 (Popular Publications' n.d.:13-14, emphases added). 따라서 그 고유한 과정에 따라서 루판타르의 개발 운동가들은 현장 초기 리서치를 수행하고 필요한 정보를 모은다. 그리고 제작팀은 연극을 통해 전달될 메시지를 발전시킨다. 연극팀은 필요한 정보를 전달하며 관객이 무엇을 해야 하는지 교육한다. 이러한 과정에서는 공연 후 관객 의견이 꼭 필요하진 않다. 하지만 실질적으로는 '왜' 제작해야 하는가의 이유가 프로젝트의 목적과 목표에 의해 한정되며 그것은 재정 기부자의 의견에 맞추어진다. 대부분의 경우 루판타르 개발 활동가들은 프로젝트 지역의 사람들의 정보를 모으는 것과 관련하여 아무 일도 하지 않는 경우가 많다. 선정 주제에 대해 제작팀이 조사하는 경우도 거의 없다. 결과적으로 루판타르는 재정 기부자의 요구 사항에 맞춰 폿 간을 만드는 것이다.

　　예를 들어 루판타르가 케어 방글라데시(Care Bangladesh)의 파트너로 협력하여 제작한 잘라바유 파리바르탄 폿 간(Jalabayu Paribartan Pot Gan)은 CIDA (Canadiean International Development Agency)의 지원을 받은 '기후 변화 취약성 감소(RVCC, Reduction of Vulnerability of Climate Change)' 프로젝트이다(Rupantar 2005: 1). 프로젝트의 목표는 '기후 변화의 부정적인 영향에 적응하도록 방글라데시 남서쪽의 공동체 역량을 키우는 것'이었다(Chowhan et al. 2005: 1). 인식, 행

동, 지지 등 세 갈래의 접근방법을 계획한 프로젝트에서 잘라바유 파리바르탄 폿 간(Jalabayu Paribartan Pot Gan)은 인식 개발 캠페인의 일환이었고 세 개의 행정 구역에서 2002년 12월부터 2005년 3월까지 실행되었다(Rupantar 2005: 2). 연구는 실제로 '인지적 활동들의 기준점'을 설정하기 위해 기후 변화와 관련한 '지식, 태도, 행동' 등을 바탕으로 수행되었지만(Chowhan et al. 2005. 1) 루판타르는 아무 역할도 할 수 없었다. '의식의 특정 요소'를 실행하는 과제만 맡았다(Rupantar 2005: 2). 잘라바유 파리바르탄 폿 간(Jalabayu Paribartan Pot Gan)은 비정부 간 국제조직에 의해 제한되어 기후 변화에 대해 기부자가 원하는 정보를 전달하고 관객이 그것에 적응하도록 준비시키는 역할을 하였다. 폿 간이 기후 변화에 사람들을 적응하게 하려는 거대한 '개발' 기계의 한낱 톱니일 뿐이었으므로 기후 변화 취약성 감소 프로젝트의 행동과 구성에 관해서는 아무런 말을 할 수 없었다.

결과적으로 루판타르가 폿 간을 만들기 위해서 필요하다고 생각하는 상의하달 성토 과정은 실현된 적이 없다. 각 단계가 특정한 목적을 가진 여섯 단계의 줄거리 구조는 절대 작동되지 않는다. 본 수략샤르 정글보호 폿 간(Bon Surakshar Pot Gan)을 떠올려보자. 과한 개발로 인해 문제가 어떻게 확대되는지 설명하는 세 번째 단계는 옛날에 전통적 자원 사용자들이 어떻게 과한 개발로부터 순다르반을 보호했는지 알려주는 것으로 대체되었고, 네 번째 단계는 초기 문제로 인한 결과를 보여주는 대신 꿀과 목재의 전통적 수확 방법에 대한 추가 정보를 제공한다. 스와판 구하(Swapan Guha)가 안타까워하며 인정하듯이, 기부자의 개입과 지시는 폿 간이 '이상적으로 하고 싶어 하는' 것을 불가능하게 한다(personal communication, 11 July 2014).

다시 말해, 자본에 의해 움직이는 거대한 '개발' 기계의 톱니인 폿 간 제작은 중요한 역할을 담당할 수 없다. 잘라바유 파리바르탄 폿 간(Jalabayu Paribartan Pot Gan)의 경우를 생각해보자. 사람들에게 걱정하지 말라고 하거나 운명에 있어 스스로를 탓하지 말라고 하였지만 그러면서 사람들을 적응시킴으로써 기후 변화로 인한 재난과 함께 살아가게 한다(Stage vi). 그리고 기후 변화에 대한 인간의 적응에만 집중함으로써 기후 변화를 경감시켜야 한다는 것을 완전히 잊는다. 잘라바유 파리바르탄 폿 간은 삶정치적(biopolitical) 도구로 만들어져 모든 배우들을 자기 자신의 사업가로 제시함으로써 개인에 대한 책임과 자기 관리를 주장하는 신자유주의의 추진력을 제공한다(Foucault 2008: 226). 그 도구는 후반부 주제의 구호에서 가장 분명하게 드러난다. '이러한 재난에 적응하도록 우리에게 주도권을 달라.' 폿 간이 생략하고 있는 것은 사람들의 주도권에는 "가격표"가 달려있다는 것이다. 그들은 각 개인으로서 '행동과 그로 인한 발생 가능성이 있는 실패에 책임을 져야 하기 때문이다'(Lemke 2001: 202).

잘라바유 파리바르탄 폿 간은 선진국들이 가난한 나라에 가한 역사적 부담에 대해서는 언급하지 않는다. 그들이 가난한 나라에 온실가스를 배출한 주범임을 말하지 않는 것이다. 기후 변화 취약성 감소 프로젝트가 시행되기 일 년 전인 2001년 방글라데시는 세계 온실가스의 0.1%보다 적은 양의 온실가스를 방출하고 있었고(미국은 24%), 그럼에도 불구하고 재생 가능한 에너지 개발과 상대적으로 깨끗한 천연 가스의 사용을 통해 미래의 방출을 줄이려는 시도를 하고 있었다(Huq 2001: 1617). 놀랍게도 폿 간은 이 사실에 대해 침묵한다. 대신 파키스탄 정부를 탓한다. 1960년대 방글라데시가 파키스탄의 일부였을 때 파키스탄 정부가 홍수가 난 지역을 구하기 위해 강둑, 수문, 간척지 등을 만들었기 때문이다. 동시에 선진국들은 2008년부터 2012년까지 온실가스 배출을 평균 5%까지 줄여야 한다는 교토 의정서에 대해서도 침묵을 유지하였다(BBC 2013). 유엔기후변화협약에 대한 침묵이 이해할 수 없는 것은 아니다. 캐나다가 협약을 포기하였고 캐나다의 주요 무역 파트너인 미국은 애초부터 그것에 동의할 생각이 없었다. 따라서 CIDA(Canadiean International Development Agency), 캐나다의 재정 지원을 받는 방글라데시의 프로젝트는 기후 변화의 주요 책임을 파키스탄에 떠넘길 수밖에 없었고(파키스탄은 1971년 방글라데시 독립 전쟁 이래 '가치 있는' 악당으로 여겨진다), 교토 의정서를 그림자로 강등시켰다. 잘라바유 파리바르탄 폿 간은 시청각적으로 분명하게 설명할 뿐 아니라 침묵함으로써 그 그림자를 유지한다. 폿 간 연극은 '사회적 책임을 개인적 대비의 문제로' 돌려버리는 신자유주의적 장치로서 의도를 가지고 기능하는 것이다(Lemke 2001: 201).

잘라바유 파리바르탄 폿 간은 환경이 변하고 있는 것, 자연재해가 늘고 있는 것, 그리고 그러한 재해를 견딜 수 없다는 것 등의 사실로 관객에게 주의를 주면서 기후 변화 협상에 있어 선진국이 저개발국을 대상으로 할 때 동원하는 공포 요소를 잘 이용한다. '기후 변화의 가장 큰 피해는 개발도상국들이 입는다. 그들은 당장 얻는 이익 때문에 미래에 그들을 가장 위험하게 할 기후 변화를 두고 거래를 할 수밖에 없다'(Kapur et al. 2009: 36, emphasis added). 캐나다의 CIDA가 공포 요소를 안전하게 이용할 수 있는 것은 북아메리카는 최악의 기후 변화를 오랜 기간 동안 피할 수 있을 만큼 재정적으로 안정적이기 때문이다(Kretz 2012: 9). 명백히 신자유주의적 안건이 정치적 프로젝트로 만들어졌다. 여기에서 작동하는 것은 사람들이 통치되고 그들 자신을 통치하는 새로운 방식의 "지배성(governmentality)"이라는 것이다(Read 2009: 29). CIDA는 케어 방글라데시(Care Bangladesh)의 루판타르를 지휘함으로써 방글라데시 남서쪽의 사람들을 지휘하는 데 공포로 만들어진 관심을 통해 사람들의 행동양식을 구조화한다. '서양의' 기부자들, 비정부 간 국제조직들, 국가 비정부기구들은 '초국가적, 신자유주의적 통치 체제의 새로운 형태가 출현할 수 있는 맥락을 만든 것이다'(Cotoi 2011: 121).

잘라바유 파리바르탄 폿 간이 루판타르가 2003년 기후 변화에 어떻게 도전했는지 보여주는 것이라면(방글라데시 정부가 전략 계획을 아직 수립하지 않았을 때) 2013년 제작된 본 수략샤르 폿 간(Bon Surakshar Pot Gan)은 10년 후 어떻게 대처하고 있는지를 알 수 있는 지표가 된다. '토착의 지식과 문화 홍보를 통한 순다르반의 지속 가능한 보호'라는 목표를 품고, 본 수략샤르 폿 간은 유네스코의 지원을 받아 쿨나 지역에서 10회 이상, 5,600명이 넘는 관객을 대상으로 공연하였다(Nisha 2014: 1; Rupantar 2014b: 10 – 11). 폿 간은 순다르반의 생물다양성을 보존하였던 과거 토착 지식과 문화를 존중하라는 메시지를 사람들에게 훌륭히 전달하지만(Fakir 2013) 생물다양성을 파괴하는 현재 관습을 받아들이도록 함으로써 기후 변화가 지역의 경제사회적 기반 시설에 어떠한 영향을 미쳤는지 검토하는 데에는 실패하였다. 폿 간은 자연 착취에 대한 책임을 사람들에게 돌린다.

이는 '개인의 책임'과 '자기 관리'를 요구하는 신자유주의를 위한 삶정치적 도구로 기능하는 것이다.

이러한 맥락에서 순다르반 보호에 대해 열정적으로 이야기하는 본 수럅샤르 폿 간이 람팔 파워 플랜트(Rampal Power Plant) 프로젝트에 대해 침묵하는 것은 놀랍지 않다. 파워 플랜트(Power Plant)는 순다르반 북쪽 14km에 위치한 람팔(Rampal) 지역에 건설된 화학발전소이며 방글라데시 에너지 개발(Bangladesh Power Development Board, BPDB)과 인도의 화력 발전소(National Thermal Power Corporation, NTPC)의 공동 사업체이다. 2020년 완공 시, 공장은 1,320메가와트(MW)를 생산할 것으로 기대했다. 람팔 파워 플랜트 프로젝트는 방글라데시의 환경 운동가들을 일어나게 하였다. 공장 배수, 공기와 수질 오염, 석탄을 실어나르는 선박의 교통 혼잡 등이 순다르반의 생태계와 맹그로브 열대나무 숲에 생계가 걸려있는 50만 명의 사람들에게 해로운 영향을 끼칠 수 있기 때문이다(Hance 2013). 프로젝트는 석탄 기반 인도 화력 발전소의 환경 영향 평가 가이드라인을 위반할 뿐 아니라 생태적으로 민감한 지역의 반경 25km 밖에서 행해져야 한다는 환경부의 승인 획득을 거부하였다(Kumar 2013).

그러나 방글라데시 국무총리는 발전소에 반대하는 환경 운동가들은 국가개발에 반대하는 것이며 정부는 '세계에서 가장 큰 맹그로브 숲에 어떠한 해도 끼치지 않을 것이라고' 약속하였다(Asif 2013). 루판타르 역시 환경 운동가들에 반대한다. 그래서 람팔 발전소의 해로운 영향보다 맹그로브 숲 자원을 남용하는 인간이 더 위협적이라고 주장한다. 두 입장 모두 틀렸다는 것은 2014년 12월 9일 순다르반의 셀라(Sela)강에 350,000L의 기름 유출 사건으로 증명되었다. 바다에 유출된 기름은 8일 동안 다른 강과 350㎢ 넓이의 여러 물길로 퍼져나갔다. 글을 쓰는 시점인 2015년 1월, 기름의 70,000L가 겨우 제거되었다. 앞으로도 루판타르는 람팔 발전소에 관해 언급하지 않을 것이고 정부는 공장이 지역을 발전시킬 것이라고 주장할 것이다. 그러나 작가 나오미 클라인(Naomi Klein)은 람팔 지역과 그곳을 두고 일어나는 상황을 '재앙 자본주의', 즉 '재앙을 시장의 기회로 다루는, 공적 구역에 대한 조직화된 습격'으로 표현하였다(2007: 6). 바게르하트

(Bagerhat) 행정구역에 속하는 맹글라(Mangla) 지역에 위치한 람팔이 2007년 11월 15일 카테고리4 열대 사이클론 시드라(Sidr)에 심각하게 피해를 입은 것은 우연이 아니다. 18개월 후인 2009년 5월 25일, 이 지역은 다시 카테고리1 사이클론 에일라(Aila)의 타격을 입었다. 그런데도 8개월 후 방글라데시와 인도가 람팔에 화학 발전소를 짓기로 동의하였으며 2년 후인 2012년 1월 29일엔 공동으로 발전소를 건설한다는 계약을 체결하였다. 자본금만 150만 달러였다.

발전소 프로젝트의 영향으로 자본은 람팔과 인근 지역으로 들어오기 시작하였다(람팔의 샤프마리(Sapmari)에서 10km 거리의, 순다르반 숲에서 몇백 미터 떨어진 주거 지역인 제이마니(Jaymani)까지). 이는 사이클론 시드라와 에일라가 찾아온 것처럼 또다시 위기를 겪을까 두려워하는 지역 사람으로부터 땅을 쉽게 사기 위한 것이었다. 그렇게 팔린 땅에는 순다르반에 위험한 영향을 미칠 수 있는 의류 공장이 들어왔다. 프로젝트를 지지하는 기업가들은 환경부를 무시할만한 충분한 사회적 자본을 가진 자들이었다.

람팔 – 제이마니(Rampal – Jaymani)의 '골드 러쉬(gold rush)'는 쓰나미 후 거대한 리조트가 들어서는 등 외국 투자자와 국제 대출 기관이 몰렸던, 스리랑카 해안을 떠올리게 한다(Klein 2007: 9). 리드(Read)가 언급했듯 신자유주의는 '이상이 아닌 현실을 제시한다고 주장한다: 인간의 본성'(Read 2009: 26). 따라서 그러한 결과는 '비인격적 관계와 대상이 개인적 의존 관계를 대체하고, 자본 축적이 그 자체로 목적이 되는, 대체로 비합리적인 경제 체제에서 예상된다'(Lowy 2002: 77). 더 중요한 것은 람팔 – 제이마니의 자본이 방글라데시와 인도에서 왔기 때문에 이 지역에 '서양'과 '나머지'라는 익숙한 탈식민지적 이분법적 인식에 중요한 변화를 불러왔다는 것일지도 모른다. 그러나 여기서 국가는 실체가 없다. 신자유적인 호모 *이코노미쿠스(homo economicus)*는 그 자신이 기업가, 자본 그 자체, 생산자, 돈벌이의 원천이기 때문이다(Foucault 2008: 226). 끊임없이 수익성과 시장 기준에 영향을 받을 뿐 인종, 젠더, 국가 등 그 외의 다른 것에 있어서는 자유롭다. 그렇다고 할지라도 람팔 샤프마리에 대한 루판타르의 침묵은 '기후 변화와 자연재해에 대처할 수 있도록, 생명 다양성을 보존할 수 있도록 사람들의 역량을 키우겠다'고 하는 스스로의 주장을 빈껍데기로 만든 것이다(Rupantar 2014a).

지역에서 세계로: 응용연극이 하는 것

루판타르가 1996년 이후로 잘 만들어 공연한 대중적인 폿 간 연극은 '변화'와 관련이 있지만 그 '변화'는 신자유주의 체제를 위한 것으로 기능하게 되었다. 결과적으로 퍼포먼스는 개인적 투자로서 자신에게 이익이 되는 행동을 하는 신자유주의의 '자기 자신의 기업가' 개념과 지역 특수성을 견고하게 결합한 지역화된 지배 기술의 총체로 기능하며 응용 씨어트릭스(theatricks)로 전락하였다(Dilts 2011: 139). 이러한 현상은 방글라데시 비정부기구들의 일반적인 추세로 보인다. 우딘(Uddin)(2013: 207)이 설명하듯 그리민 은행(Grameen Bank)과 BRAC와 같이 많은 찬사를 받는 대출 기관들은 소액 대출을 활용하여 신자유주의적 사상을 시골 대출자들에게 주입하였다. 이러한 재정적 도구는 '모든 문제의 해결로써 "시장"과 기업가정신의 가치를 퍼트림으로써 사람들의 행동, 신념을 통제하였다는 점에서 통치성의 형태로 여겨질 수 있다'. 중요한 것은 응용연극 과정이 (토착적이든 아니든) 그것의 구성 요소 측면이 아니라 그것이 무엇을 위해 작용하는지, 이 경우엔 신자유주의가 윤리적 윤곽을 정의한다는 것이다. 예를 들어 미국, 영국, 남아프리카공화국, 레소토(Lesotho)의 네 개의 대학 합동으로, 발전을 위한 연극(Theatre for Development(TfD))을 위한 계절학교(WSI, Winter/Summer Institute)의 경우 표면적으로는 외딴 시골 마을의 참여자들이 이슈를 기반으로 하여, 미학적으로 도발적이고, 재미있는 연극을 하는 것을 추구하지만(WSI 2014a) 그곳에서 개발된 작품인 *오직 당신과 나, 나의 아내와 당신의 남자친구*(*It's Just You and Me ... and My Wife and Your Boyfriend, 2008*)는 전문가, 지역의 비정부기관, 의료인, 커뮤니티 활동가 등의 논의를 통해 그리고 보알의 기법을 적용하여 만들어진 것이다. 이 작품은 에이즈 바이러스에 대한 정보를 접해 보지 못한 것은 물론이고 연극 감상의 기회를 가진 적 없는 레소토의 외딴 시골 마을에서 공연되었다. WSI는 마을 사람들이 스스로 그러한 연극을 만드는 데 필요한 연극 지식을 전하는 워크숍을 5일간 진행하였다.

WSI의 과정이 참여적이긴 하지만 극 만들기 과정과 사후 활동 과정 전체에서 '우리'인 TfD 실천가들과 '그들'인 마을 사람들 간의 뚜렷한 구분이 있었다. 마우리아 윅스트롬(Maurya Wickstrom)(2012: 98)이 2010년 WSI가 진행한, 에이즈를 다루는 워크숍을 직접 관찰한 바에 따르면, 진행하는 '우리'는 2008년 레소토에서의 작업 전 전혀 거리낌 없이 '우리'가 감염될 수 있는지에 관해 질문한 것, 참여자인 '그들'은 검사를 받거나 그들의 에이즈 상태에 대해 밝혀야 한다고 했던 것을 위선적으로 부인하였다고 한다(WSI 2014b). 더 심각한 것은 경제적 빈곤과 에이즈 사이의 복잡한 관계가 양방향이라는 것, 즉 '가난이 에이즈 전염의 핵심 요소이며 에이즈가 그러한 방식으로 사람들을 가난하게 하며 전염성을 강화한다'고 주장하였다는 것이다(Drimie 2002: 7). WSI 퍼포먼스는 자기 관리에 대한 사회적 책임을 가볍게 다루는 신자유주의적인 기반을 드러낸다. 이러한 주장은 세계에서 세 번째로 에이즈가 만연한 나라인 레소토에 대해 연구한 안셀(Ansell)에게서 분명히 뒷받침된다. '그것은 지역과 세계의 담화가 혼합된 것으로 권력 관계가 의도적이진 않겠지만 젊은 세대에게 개인은 스스로를 구제해야 하고 개인의 자율성, 권리를 높여야 한다는 신자유주의적 의제를 묘사하는 것이다'(2010: 1).

역설적이게도 응용연극이 불가피하게 신자유주의에 빠져 응용 씨어트릭스(theatricks)가 된 과정에 영향을 받지 않은, 스스로의 중요성을 강화하려는 응용연극 실천가들은 의구심 없는 자기 정당성과 의무적인 도구주의에 물들어 정적인 상황을 역동적으로 변화시키기 위해 스스로 '닫힌 세계로 들어가게 될 수도 있다'(Prentki 2009: 181, emphasis added). 이러한 패러다임에서 일하는 실천가들은 그들의 작업을 TfD를 위한 엡스캄프(Epskamp) 설정에 맞춘다. 이는 '도움이 되는 특정 행동이나 관습을 받아들이라고 사람들을 설득하기 위한'(2006: 109) 일종의 '개발 지원 소통 장치'라 할 수 있다(2006: 5). 그들은 식민주의와 신자유주의의 유산이 닫힌 세계의 정적인 상황에서 수동성을 유도한다고 생각한다. 그러므로 그들은 '응용연극 과정의 퍼실리테이터(facilitator)와 같이 탈식민지화적 외부 중재자의 개입'이 필요하다고 주장한다(Prentki 2009: 182). 그러한 주장에 대해 누군가는 방글라데시 루판타르와 레소토의 WSI의 사례를 다시 언급하며 '사람들은 [응용연극 실천가들을 읽는다] 그들이 하는 것을 안다. 종종 그들이 그것을 왜 하는지도 안다. 그러나 그들이 정말 하고 있는 것은 모른다'라는 푸코(Foucault)의 말에 동의할 수 있다(qtd. in Dreyfus and Rabinow 1983: 187). '그들이 정말 하고 있는 것'을 지적하면 그들은 '전쟁, 기근, 가난, 세계화, 인권 축소 등이 다양한 모습으로 현실이 되며 서서히 퍼져나갈 것'이라는 선험적 지식으로 반론을 전제한다(Preston 2004: 230, emphasis added). 그들은 그들이 헌신하는 '가장(guise)3)'이 자유롭고 변혁적인 의제를 통해 지배적 담론을 변혁하는 데 있어 '급진적인 역할을 한다'고 스스로 정당화하며 주장한다(Preston 2004: 230). 숨겨지기도, 때론 아주 명백한 그러한 이데올로기적 토대를 가지고 응용연극 실천가 제인 플레스토(Jane Plastow)(2007)는 아이들을 그들의 공동체로부터 멀어지게 하고 더 우월한 문화와 비교해 그들이 열등하다고 가르치는 교육을 실패하게 하기 위해 에리트레아(Eritrea)4)로 가서 2–3일간 워크숍을 진행하였다. 그녀는 워크숍이 끝나갈 무렵 마법과 같은 변화의 순간을 경험하였다. 작은 목소리에, 손은 뒤로 하고, 긴장해서 웃기만 했던 학생들의 자신감이 어마어마하게 높아졌다는 것이다(Plastow 2007: 353). 80명에서 100명 가까이 되는 어린이들을 대상으로 하는 TIE(Theatre In Education) 프로그램을 진행하기 위해 아제르족 캠프(추방당한 사람들이 모여있는)로 낙하산을 타고 날아간 벨다 헤리스(Velda Harris)와 대학 2학년인 그녀의 학생들의 사례도 있다. 캠프 내 교사들과의 대화나 컨설팅도 없이, 후속 활동도 없이 그녀는 자신 있게 그녀와 그녀의 학생들이 연못의 조약돌처럼 물결의 변화를 만들며 '앞으로 계속 퍼져나갈 것'이라고 주장한다(2005: 106). TfD 응용연극 실천가들은 구식의, 제대로 기능하지 못하는 분석 도구에 막혀있다. 그래서 식민주의에 짓밟혔음에도 불구하고 식민지와 식민지 이후의 세계가

---

3) 역자 주: 어떤 것의 진정한 본성을 전형적으로 은폐하는 표현의 외양
4) 역자 주: 아프리카 북동부 홍해 연안에 있는 공화국

고정된 적이 없음을, 사람들은 '자루 속 감자'와 같다는 것을 이해하지 못한다 (Marx 1977: 317). 오히려 이는 파농(Fanon)이 열정적으로 주장하듯 활기차고 끊임없이 움직이는, 숨겨진 생명이 있는 '초자연적 불안정의 영역'이었고 지금도 그렇다. 오늘날 방글라데시, 베트남, 중국, 인도와 같은 국가의 농부들은 핸드폰으로 그들의 거래처에 연락하여 시장 수요와 가격을 예상한다. 농부들의 절반이 전화로 판매에 대한 약속을 하는 시대인 것이다(Halewood and Surya 2012: 39). 이러한 농부들이 있는 세계가 어떻게 수동적이고 닫혀있다고 할 수 있는가? 필자가 다른 곳에서 주장했듯 살고 있는 세계를 정적이고 닫혀있다고 생각하는 하위 주체는 지배계급의 노동, 생산, 재산의 물질적 독차지 시도를 최소화하거나 저지하는 것을 목표로 하는 신중한 전략과 위장된 노력을 통해 행사되는 하부정치에 참여한다(Ahmed 2009: 73).

많은 응용연극 실천가들이 좋은 의도를 가지고 있지만 우리가 사는 세계화 시대는 신자유주의가 점점 더 그 기준이 된다는 것을 잊는다. 그리고 자본가인 '서양'과 식민지의 희생자, 신자유주의와 나머지 제국주의의 사이에 분열이 있다는 것을 막연하게 가정한다. 그들은 신자유주의적 호모 이코노미쿠스(homo economicus)를 이해하지 못한다. 서양과 나머지 영역 모두에서 존재하는, 끊임없이 자본을 축적하고 인간미 없이 수익 계산만 하며 사회적 정체성을 지우는 신자유주의적 호모 이코노미쿠스를 말이다. 중국, 인도, 러시아, 브라질은 세계에서 두 번째, 세 번째, 여섯 번째, 일곱 번째로 큰 경제 국가이다. 브릭스(BRICS) 경제가 설립한 신개발 은행(New Development Bank)이 IMF와 세계은행에 심각한 위기 신호를 보내기는 했지만 이것은 새로운 금융 세계 질서의 신호가 아니라 하겠다(Hartley 2014). 세계 경제는 아시아의 고대 정치 논문에 설명된 matsyanaya, '물고기 세계의 정의'의 논리로 움직인다. '큰 물고기'(거대 재정 자본)가 작은 것을 다 사버리거나 능가한다는 의미이다. 물고기의 크기를 결정하는 자본은 집합적 산물이다. 우리 모두는 신자유주의적 제도가 세계화된 시장에 뛰어들어 재정 자본을 다루는 세계에 연루되어 있다. 자본이 개인적인 것일 뿐만 아니라 사회적 힘이라는 것을 부정할 수 없다. 그러나 마르크스와 엥겔스가 자본의 사회적 성질이 필연적으로 그것을 '사회의 모든 구성원의 자산으로' 전환시킬 것이라고 믿었던 과정은 이미 '사회적 영역을 경제적 영역의 한 형태로 인코딩'하는 신자유주의적 계획에 의해 크게 전복되었다. 가족, 결혼생활, 전문인으로서 삶 등에서 수익 계산과 시장의 기준은 의사 결정 과정에 영향을 미치고 있다(Lemke 2001: 200). 이러한 신자유주의의 정치적 프로젝트가 성공한다면 '개별적이고 구분 가능한 회사, 생산자, 가정, 소비자, 아버지, 어머니, 범죄자, 이민자, 원주민, 성인, 아이들, 그 외의 인간 주관의 고정된 범주'는 없어질 것이다. '이질적인 인적 자본, 특징으로 구별되는, 능력, 자연적 재능, 기술' 등만 남을 것이다(Dilts 2011: 138).

윅스트롬과 다르게, 오래되어 적합하지 않은 도구로 세상을 인식하는 응용연극 실천가들은 '서구'와 나머지 세계에 대한 그들의 분할이 TfD 작업의 전제 조건이 된다는 것을 때때로 눈치채지 못한다. 개발을 강요하려는 지하디(jihadi)[5] 개입주의 의제로 충만한 응용연극 실천가들은 '서구'와 나머지 세계 사이의 거리를 없애려고 끊임없이 애쓰고 있다. 그러나 이런 거리를 없애려는 시도가 오히려 거리를 만들게 되는 현실에 영향받지 않는다(Ranciere 2007: 277). 결과적으로 방글라데시 루판타르(레소토의 WSI를 포함한 다른 기관들 역시)와 같이 매개자의 개입은 신자유주의 프로젝트를 위해 행동하는 정치적 행동의 과정만 형성할 수 있을 뿐이다.

필자는 응용연극 실천가들이 정적이고 닫힌, 존재하지 않는 세계에 개입하는 대신 그들의 인식과 관점을 급진적으로 바꿔 그들의 예술성과 이야기꾼으로서의 연극 기법을 세계에 적용할 것을 제안한다. '무질서의 정신, 경계의 적', 사기꾼의 모호하고 리미널(liminal, 애매한) 속성을 채택하라는 것이다(Kerenyi 1972: 185). 기발한 이야기꾼들은 개발과 개입을 하지 않는다. 그들은 스토리텔링과 놀이가 일종의 '위험한 무해함'을 가지고 있다는 것을 인지하면서도 두려움을 모르는 "그림자 전사" 또는 "카게무샤(Kagemusha)"처럼 놀아야 한다(Turner 1986: 32).

---

5) 역자 주: 이슬람교의 신앙을 전파하거나 방어하기 위하여 이교도와 이른바 '성전(聖戰)'을 벌이는 투사를 의미

응용연극 실천가−이야기꾼들의 기발한 놀이는 '사회적 영역을 경제의 영역으로 인코딩하는' 신자유주의 프로젝트를 전복시킬 수 있다. 자기 관리가 사회 복지로 다시 보이는 이야기를 들려줄 수 있다. 나는 모든 예술 형식 중 모양을 만들어 내고 공연을 하는 연극에서 공동체 감각을 만들어낼 수 있는 가장 큰 가능성을 본다. 이것은 나의 21세기 동화이다!

References

Ahmed, S.J. 2009. 'Performing and supplicating Manik Pir: Infrapolitics in the domain of popular Islam'. *TDR: The Drama Review* 53.2: 51–76.

Ansell, N. 2010. 'The discursive construction of childhood and youth in AIDS interventions in Lesotho's education sector: Beyond global–local dichotomies'. *Environment and Planning D: Society and Space* 28: 791–810.

Asif, S. 2013. 'PM backs coal–based power plant at Rampal' http://news.priyo.com/2013/11/13/pm–backs–coal–based–power–plant–r ampal–91196.html. Last accessed 16 July 2014.

BBC. 2013. 'A brief history of climate change'. www.bbc.com/news/science environment –15874560. Last accessed 15 July 2014.

BCCRF (Bangladesh Climate Change Resilience Fund). 2014. 'Bangladesh Climate Change Resilience Fund'. http://bccrf–bd.org/. Last accessed 19 July 2014.

Chowhan, G., Barman, S.K. and SAFE Development Group. 2005. The Reducing *Vulnerability to Climate Change (RVCC) Project: Reflecting on Lessons Learned*. Dhaka: CARE Bangladesh.

Cotoi, C. 2011. 'Neoliberalism: A Foucauldian perspective'. *International Review of Social Research* 1.2: 109–124.

Dilts, A. 2011. 'From "entrepreneur of the self" to "care of the self": Neo–liberal governmentality and Foucault's ethics'. *Foucault Studies* 12: 130–146.

Dreyfus, H.L. and Rabinow, P. 1983. *Michel Foucault: Beyond Structuralism and Hermeneutics*. Chicago: University of Chicago Press.

Drimie, S. 2002. *The Impact of HIV/AIDS on Rural Households and Land Issues in Southern and Eastern Africa, a background paper prepared for the Food and Agricultural Organization, Sub–Regional Office for Southern and Eastern Africa*. ftp://ftp.fao.org/docrep/nonfao/ad696e/ad696e00.pdf. Last accessed 16 January 2015.

Epskamp, K. 2006. *Theatre for Development: An Introduction to Context, Application and Training*. London: Zed Books.

Fakir, E. 2013. 'Pot Song on Jungle Protection' (Unpublished translation of *Bon Surakshar Pot Gan*). Rupantar Theatre Archive, Rupantar, Khulna.

Fanon, F. 1968. *The Wretched of the Earth*. New York: Grove Press Inc.

Foucault, M. 2008. *The Birth of Biopolitics: Lectures at the Collège de France, 1978–79*. New York: Palgrave Macmillan.

Freire, P. 1972. *Pedagogy of the Oppressed*. Harmondsworth: Penguin Education.

Halewood, N.J. and Surya, P. 2012. 'Mobilizing the agricultural value chain' in *Information and Communication Development: Maximizing Mobile*. Washington DC: World Bank, pp. 31–43. http://siteresources.worldbank.org /EXTINFORMATIONANDCOMMUNICATIONANDTECHNOLOGIES/Resources/IC 4D−2012−Report.pdf. Last accessed 28 July 2014.

Hance, J. 2013. 'A key mangrove forest faces major threat from a coal plant'. *Environment 360*, 29 October. http://e360.yale.edu/feature/a_key_ mangrove_forest_ faces_major_threat_from_a_coal_plant/2704/. Last accessed 17 July 2014.

Harris, V. 2005. 'Parachuting in: Issues arising from drama as intervention within communities in Azerbaijan' in Billingham, P. (ed.) *Radical Initiatives in Interventionist and Community Drama*. Bristol: Intellect, pp. 85–107.

Hartley, J. July 28 2014. 'The BRICS bank is born out of politics'. *Forbes* www.forbes.com/sites/jonhartley/2014/07/28/the−brics−bank−is−born−out −ofpolitics/.Last accessed 28 July 2014.

Huq, S. 2001. 'Editorial: Climate change and Bangladesh'. *Science*, New Series, 294.5547: 1617.

Kapur, D., Khosla, R. and Mehta, P.B. 2009. 'Climate change: India's options'. *Economic and Political Weekly*. 44.31: 34–42.

Kerényi, K. 1972. 'The trickster in relation to Greek mythology' in Radin, P. (ed.) *The Trickster: A Study of American Indian Mythology* (with comment aries by K. Kerényi and C.G. Jung). New York: Schocken Books, pp. 173–191.

Khan, M., Zakir, H., Haque, M. and Rouf, M. 2013. *An Assessment of Climate Finance Governance Bangladesh*. Dhaka: Transparency International.

Klein, N. 2007. *The Shock Doctrine: The Rise of Disaster Capitalism*. New York: Picador.

Kretz, L. 2012. 'Climate change: Bridging the theory−action gap'. *Ethics and the Environment* 17.2: 9–27.

Kumar, C. 24 September 2013. 'Bangladesh power plant struggle calls for international solidarity'. *The World Post*. www.huffingtonpost.com/chaitanya −kumar/bangladesh−power−plant−st_b_3983560.html. Last accessed 16 July 2014.

Lemke, T. 2001. '"The birth of bio−politics": Michel Foucault's lecture at the Collège de France on neo−liberal governmentality'. *Economy and Society* 30.2: 190–207.

Löwy, M. 2002. 'Marx, Weber and the critique of capitalism'. *Logos* 1.3: 77–86.

Maplecroft. 2014. 'New Products and Analysis' http://maplecroft.com/about/ news/ccvi.html. Last accessed 19 July 2014.

Marx, K. 1977. 'The eighteenth Brumaire of Louis Bonaparte' in McLellan, D. (ed.) *Karl Marx: Selected Writings*. Oxford: Oxford University Press, pp. 300–325.

Marx, K. and Engels, F. 2010. *Manifesto of the Communist Party*. www.marxists.org/archive/marx/works/download/pdf/Manifesto.pdf. Last accessed 29 July 2014.

MoEF (Ministry of Environment and Forest). 2009. *Bangladesh Climate Change Strategy and Action Plan 2009*. Dhaka: Ministry of Environment and Forest, Government of the People's Republic of Bangladesh.

Mondal, K.U. 2009. *Unnayan Nattya−e Babahrita Nattya Angik Prosongo: Rupantar* (On the Subject of the Theatre Forms Used in Development Theatre: Rupantar). Khulna: Rupantar.

Nisha, A. 2014. 'Prodorshito Pot Gan' (an unpublished report on Pot Gan performances by Rupantar). Rupantar Theatre Archive, Rupantar, Khulna.

Plastow, J. 2007. 'Finding children's voices: a pilot project using performance to discuss attitudes to education among primary school children in two Eritrean villages'. *Research in Drama Education: The Journal of Applied Theatre and Performance*, 12.3: 345–354.

Popular Publications as Development Communication (Brochure). n. d. Khulna: Rupantar.

Prentki, T. 2009. 'Introduction to intervention' in Prentki, T. and Preston, S. (eds.) *The Applied Theatre Reader*. Routledge: Milton Park, Abingdon, pp. 181 −183.

Preston, S. 2004. 'An argument for transformative theatre in development: Continuing the debate'. *Research in Drama Education* 9.2: 229–235.

Rahman, M. 2014. '1320MWRampal Power Project' www.fairbd.net/Details.

php?Id=518. Last accessed 16 July 2014.

Raillon, C. 2014. 'Climate Change and Natural Disasters in Bangladesh: Humanitarianism and the Challenge of Resilience'. www.urd.org/ Climatechange−and−natural. Last accessed 12 July 2014.

Rancière, J. 2007. 'The emancipated spectator'. *Artforum*, pp. 271−280 http://members.efn.org/~heroux/The−Emancipated−Spectator−.pdf. Last accessed 27 July 2015.

Read, J. 2009. 'A genealogy of homo−economicus: Neoliberalism and the production of subjectivity'. *Foucault Studies* 6: 25−36.

Riquet, D. 2012. *Review of Development Partners' response to cyclone Aila* (final report commissioned by Disaster Management and Relief Division, Ministry of Food and Disaster Management). www.solutionexchange-un.net/repository /bd/cdrr/update14−res1−en.pdf. Last accessed 21 July 2014.

Rupantar. 2005. 'RVCC Final Report' (unpublished report). Rupantar Archives, Rupantar, Khulna.

Rupantar. 2012. *Annual Report* 2012. Khulna: Rupantar.

Rupantar. 2014a. 'About Rupantar: Rupantar Profile' www.rupantar.org/index. php?option=com_content&view=article&id=90&Itemid=482. Last accessed 5 July 2014.

Rupantar. 2014b. 'Completion Report on Conservation of the Sundarbans (the World Heritage Site) through Indigenous Knowledge and Culture (CSIKC) Project' (unpublished report). Project Management and Monitoring and Evaluation Department, Rupantar, Khulna.

Rupantar Method of Development Communication (Brochure) n. d. Khulna: Rupantar.

Sen, A. 1999. *Development as Freedom*. Oxford: Oxford University Press.

Turner, V. 1986. 'Body, brain and culture'. *Performing Arts Journal* 10. 2: 26−34.

Uddin, M.J. 2013. *Microcredit, Gender and Neoliberal Development in Bangladesh*. Helsinki: Department of Social Research, Sociology, University of Helsinki https://helda.helsinki.fi/bitstream/handle/10138/37948/microcre.pdf? sequence=1. Last accessed 29 July 2014.

Wickstrom, M. 2012. *Performance in the Blockades of Neoliberalism*. Basingstoke: Palgrave Macmillan.

WSI (The Winter/Summer Institute). 2014a. 'Make Theatre: Make a Difference' www.maketheatre.org/. Last accessed 29 July 2014.

WSI (The Winter/Summer Institute). 2014b. 'About Us' www.maketheatre.org/aboutthewintersu.html. Last accessed 29 July 2014.

Yu, H.W., Alam, M., Hassan, A., Khan, A.S., Ruane, A.C., Rosenzweig, C., Major, D.C. and Thurlow, J. 2010. *Climate Change Risks and Food Security in Bangladesh*. Abingdon, Oxon: Earthscan. www.wds.worldbank.org/external/default/WDSContentServer/WDSP/IB/2012/05/24/000426104_20120524164749/Rendered/PDF/690860ESW0P1050Climate0Change0Risks.pdf. Last accessed 21 December 2013.

‥●09
응용연극과 재난 자본주의[1)
- 뉴질랜드 크라이스트처치의 저항과 재건

피터 오코너(Peter O'connor)

어떤 것은 지하철이 들어오는 때를 떠올리게 하는 길고 느린 굉음으로 시작해서 땅 깊숙한 곳까지 도달하고 어떤 것은 짧고 날카로운, 아무것도 할 수 없게 만드는 충격을 준다. 또 어떤 것은 당신이 밟고 있는 땅을 젤리처럼 만들어 구르고, 미끄러지게 하는 지진이고, 어떤 것은 안전하다는 감각을 혼란스럽게 하여 마음을 날카롭게 하는 엄청난 강도를 보여준다. 도시의 심장을 치명적으로 강타하여 상상할 수 없는 크기의 슬픔을 만들어낸다. 이렇게 지진은 다양한 방식으로 그 모습을 드러낸다. 지진이 단층선과 지각판을 조작하는 것은 자발적이고, 미리 정해지지 않은 즉흥과 같다. 대규모 지진에는 반복 공연이 필요하지만 앵콜 시간은 장담할 수 없다.

에트나(Etna) 산[2)의 호전성에 대한 반항으로 요동치는 지진은 성 아가타에 대한 헌신으로 관리되고 있다. 그녀의 황금빛 형상은 화려한 미인 대회를 통해 매년 도시 전역에서 퍼레이드로 펼쳐진다. 그녀가 도시를 구한 것을 기념하는 것이다. 페루와 칠레의 잉카 신들은 여전히 남아메리카 산 아래에 사는 악마들을 물리친다고 믿어진다. 뉴질랜드의 마오리족의 믿음에 따르면 지구의 어머니

---

1) 역자 주: 사람들이 평상시라면 받아들이지 않을 진보경제정책을 통과시키기 위해 정부가 자연재해, 전쟁, 테러 등을 이용하는 것
2) 역자 주: 이탈리아 시칠리 섬의 활화산

인 파파투우누쿠(Papatuunuku)의 가슴에 있는 신 루모코(Ruaumoko)는 세상의 중심에 있는 불로 따뜻하게 유지된다. 화산과 지진의 소리는 루모코(Ruaumoko)가 걸어 다닐 때 만들어진다. 그가 돌아다니는 것만으로 사람들은 겁에 질리고, 그저 지켜볼 수 없는 관객이 되며, 결국 희생자가 된다. 사람들은 그 사나움에 저항할 수 없다. 미디어에서 재현되는 지진은 일말의 타협도 없는, 무자비한 신들에 대한 인간의 무력함을 강화한다. 보험 회사들 역시 일어난 모든 일에 책임을 질 수는 없다.

2010년 9월, 루모코는 지하 깊은 곳을 흔들었고 뉴질랜드의 캔터베리 지역은 강도 7.1 지진의 타격을 입었다. 사망자는 없었으나 심각한 부상을 입은 사람들이 생겨났다. 2011년 2월 22일, 다시 강도 6.3의 지진이 캔터베리의 185명의 생명을 앗아갔다. 하지만 이때까지는 이것이 시작에 불과한 것이며 몇 년간 지속될 개인과 공동체의 트라우마가 될 것이라는 것을 아무도 알지 못하였다. 루모코는 쉬지도 않고 지치지도 않았다. 13,000번 이상의 여진을 일으켰다. 액체화, 즉 땅의 균열을 통해 액체와 거품으로 변하는 것처럼 보이는 현상이 일어났고 이러한 균열과 범람은 길거리와 집을 가리지 않고 일어났다. 이후 루모코는 골짜기에서 이 지구의 움직임을 일으켜 '100년에 한 번 일어나던 홍수'를 거의 매달 주기적으로 일어나게 촉발했다. 사람들은 대피하고 또 대피해야 했으며 집은 버려지고 뽑혔다. 도시 전체와 교외까지 불도저가 지나간 것 같았다. 땅이 다시 만들어지기엔 너무 위험하고 불안정했다.

지진은 예측할 수 없이 찾아왔지만 거의 모든 재해 지역에 적용 가능한, 예상 가능한 패턴으로 정착하였다. 2월의 지진 후 세계의 텔레비전에서는 도시 내 CCTV에 잡힌 이미지를 보도 배경으로 제시하였다. 충격과 공포로 뛰어다니는 사람들, 비명, 울음소리, 파괴 등의 이미지는 다른 재난에서 볼 수 있는 모습과 유사하였다. 여진이 남아 있는 동안 카메라에 잡힌 주황색 조끼와 모자를 쓴 냉담한 얼굴의 공무원의 모습에서 혼돈 속의 질서 감각을 찾아볼 수 있었다. 정치인들은 헬리콥터를 타고 날아와서 시민들과 어깨를 나란히 하고 서 있는 모습을 보여줄 기회를 잡았다. 크라이스트처치의 시장이자 전 텔레비전 진행자인 밥 파커 경(Sir Bob Parker)의 침착한 태도는 도시의 날카로운 신경을 가라앉히는 데 도움이 되는 것으로 보고되었다. 그러나 이 정도 규모의 사건은 크라이스트처치 이야기가 담긴 공연이 본질적으로 중앙 정부, 특히 전직 월스트리트 상품 중개인인 총리에 의해 주도될 것임을 의미하였다. 총리 존 키(John Key)는 크라이스트처치에서 태어났다. 그가 구성한 이야기는 신자유주의 경제 정치에 대한 그의 지속적인 헌신에 기본을 두었고 재난 자본주의를 위한 수익성 있는 기회의 사적 추구에 대중의 지지가 결합된 호소였다.

신자유주의적 토지 재편

피터 프리바디(Peter Freebody)는 '신자유주의'가 현대의 비판적 담론에서 과도하게 제기되는 용어가 되었다고 주장하였다. 그가 설명하듯, '그것은 그것이 묘사하는 일련의 방식에 대해 많은 반대자들의 격론을 불러일으킬 수 있는 기술 언어(descriptor)이지만 "신자유주의자들" 스스로는 거의 사용하지 않는다'(2014: 3). 래시브룩(Rashbrooke)에 따르면 신자유주의 개혁은 1984년 뉴질랜드에 도입되었다. 역대 정부는 그것을 급진적으로 경제를 변화시키기 위해 활용하였지만 그것은 경제뿐 아니라 사회 구조까지 변하게 만들었다. 래시브룩은 신자유주의 도입 후 20년간 뉴질랜드의 소득 사다리의 맨 위와 아래의 격차가 다른 사회보다 더 커졌다고 설명한다(2013: 27). 신자유주의 동력은 국가에 있던 권력을 사적 자본으로 이동시켰고 기본적인 생필품을 제공하는 것을 포함한 공적 서비스의 새로운 수익 시장을 형성하였다. 이러한 민영화는 '사람을 이윤보다 앞세우지 않는 초국적 기업의 탐욕을 부채질하였고 그로 인한 대학살을 멸시하는 이데올로기에 의해 합리화되어 버린다'(Kelsey 2008). 뉴질랜드 케인즈주의 복지 제도가 호주나 영국과 같은 다른 '자유주의 복지 국가'를 포함한 어느 곳보다도 더 빠르고 더 극단적이었던 것이 그 증거가 된다(Ramia and Wailes 2006). 프리바디(Freebody)(2014)는 21세기의 모든 악에 대해 신자유주의에 지나치게 책임을 돌리는 것을 경고한다. 그러면서 신자유주의에 대한 뉴질랜드의 독특한 경험과 이것이 지진에 대한 정부의 대응과 어떻게 결합되었는지 이해하는 것은 지진 복구가 이루어진 방식을 이해하는 데 핵심이라고 덧붙여 설명한다.

개혁의 30년은 뉴질랜드 전역에 새로운 계급 단층선을 만들었다. 크라이스트처치는 두 개의 도시로 분리되었다. 부유한 백인 중산층 및 상류층과 주로 도시 동부에 사는 가난한 하층민으로 나뉜 것이다. 2011년 즈음 동부는 점점 더 힘겨운 빈곤을 겪었다. 높은 실업률, 가정 폭력, 높은 범죄 등은 1980년대 이후 신자유주의를 수용한 국가의 특징이다. 이러한 사회적 단층선은 계속되는 지진으로 심각하게 시험되었다. 호킨스와 마우러(Hawkins and Maurer)(2010)가 짚었듯 재난은 공동체의 취약점을 악화시키고 또한 추가적으로도 발생시킨다. 알렉스 리(Alex Lee)(2014)는 지진 후 크라이스트처치에 대한 연구에서 사회적 자본의 개념은 재난 상황에서 분명하게 드러난다고 결론지었다. 가난한 사람은 더 가난해지고 부유한 사람은 더 부유해진다는 것이다. 마치 신자유주의의 신이 쇼를 진행하듯이 크라이스트처치의 중심 비즈니스 지역을 심각하게 망가뜨렸다. 지진이 가난한 동부 지역을 더 세게 친 것이다. 고울드(Gould)의 말처럼 '심지어 선진국에서도 재난은 가난하고 취약한 사람들을 찾아내는 기술을 가지고 있다'(2008: 169).

지진은 도시 전역에서 매우 다양하게 경험된다. 계층에 관계없이 많은 사람들이 집이 붕괴되어 상당한 경제적 비용을 감당해야 했지만 가난한 사람과 부유한 사람 사이의 구분은 더욱 명확해졌다. 부자들은 어디로든, 원하는 기간만큼 떠날 수 있었지만 가난한 사람들은 그렇게 하기 어려웠다. 그들은 오랫동안 그곳에 머물렀다. 동부의 피해는 사람들의 개입으로 더 악화되었다. 1980년대 후반에서 1990년대 초, 새로운 교외 지역을 만들 때 평평한 동부 근교의 지진 피해 가능성을 예견한 전문가들의 경고는 무시되었다. 지역 평의회인 캔터베리 환경(Environmnet Canterbury, Ecan)의 전 회장인 캐리 버크 경(Sir Kerry Burke)은 2월 22일 지진 이후 몇 주도 채 되지 않아 액화되기 쉽다는 것을 알면서도 부동산 개발자들이 토지를 개발하기 위해 로비를 하였다고 말하였다. 버크는 '지진으로부터 얻은 교훈 중 하나는 우리가 주머니가 많은 사람들의 법적 논쟁보다 과학에 더 주의를 기울여야 한다는 것'이라고 말하였다(NZ Herald 2011). 신자유주의는 크라이스트처치의 지진이 더욱 재난화되는 것에 공헌하였으며 계급 단층선은 재난 후 정부 정책에 의해 더욱 깊어졌다.

나오미 클라인(Naomi Klein)은 '재난 자본주의'를 '흥미진진한 시장의 기회로서 재난의 처리와 결합된 재난 사건의 결과로 공적 영역에 대한 조직적 습격'이라고 정의하였다(2007: 231). 그녀는 허리케인 카트리나(Katrina) 이후 뉴올리언스의 사회적 혼란과 재난 대응의 결합이 어떻게 우익 경제 개혁과 시민권 감소를 위한 이상적인 조건을 만들었는지 정리하였다. 클라인은 공적인 부와 자원을 사적인 손으로 이동시키는 비민주적인 가속화에 재난을 이용하는 세계적인 트렌드가 좀 더 강해졌다고 주장한다. 뉴질랜드의 경우, 신자유주의 정책으로 인한 깊고 장기적인 영향을 고려하면 크라이스트처치의 지진이 이와 비슷한 기회를 제공하였다는 것은 새삼 놀랍지 않다. 심각한 재정 위기는 긴축 조치를 정당화하고 크라이스트처치의 나누어진 계급을 더 견고하게 하였다. 전면적인 법률 변경은 지역에 재난 자본주의가 유입되도록 만들었으며 이는 이후 초기 지진보다 크라이스트처치 풍경에 훨씬 더 급진적인 영향을 미쳤다. 재난 복구에 대해 대중이 '아무도 남기지 않기'와 통일된 국가와 단결에 대해 이야기하는 동안 존 키는 2월 지진 이후 몇 주 동안 크라이스트처치 재건 계획을 위해 50명의 CEO들을 만났다. 이내 정부 독립 공공 기관인 '크라이스트처치 지진 복구 위원회(CERA)'를 만들기 위한 전면적인 법률이 생겼다. 서둘러 제정된 법안은 CERA가 '자원의 정보를 얻는 것, 토지 또는 구조물의 철거 및 건설, 인접 토지 소유자 간 "필요한 협력", 계획, 정책, 자원동의, 기존 사용 권한 또는 준수 인증서를 일시 중단, 수정, 또는 취소'할 수 있도록 허락하였다. 뉴질랜드 인권 위원회는 그 법안이 칸타브리아인(Cantabrian)의 정치 참여 권리를 근본적으로 무시하고 있음을 보여주었다고 보고하였다(Joint Submission EQ Impacts [EQI] 2013).

정부가 크라이스트처치의 민주적 감독을 우회하는 수단을 제공하면서 상장 기업인 Fletcher Construction, Downer, MCConnell Dowell 등은 400억(뉴질랜드 달러) 재건 비용을 담보하게 되었다. 재건 계획은 컨벤션 센터, 쇼핑몰, 5억

(뉴질랜드 달러)의 럭비 경기장 등을 포함하고 이러한 중심 시가지에 대한 관심과 집중은 크라이스트처치 동부지역 사람들을 소외시켰다. 주민들이 보상을 위해 보험 회사와 싸우면서 10,000가구가 불도저에 밀렸다. 그들은 지진이 아니라 재건 과정 그 자체에 의해 발생한 변경 사항에 대해 불만을 제기할 곳도, 배상을 요청할 곳도 없다. 재난은 뉴올리언스에서처럼 도시 전역 학교 교육에 신자유주의적 관점을 주입하였다. 동부의 많은 학교는 문을 닫았고 교육을 더욱 민영화하려는 정부의 야망은 드디어 근거를 가지게 된 것이다.

재난 지역에서의 응용연극

무대 위 다섯 명의 배우들. 단테(Dante)를 기준으로 나뉜 서쪽 배우들과 동쪽 배우들.

단테는 서 있다. 제목이 나온다. "2012월 2월, 단테 바우어 거리(Dante Bower Ave)"

단테는 맥주를 한 모금 마시고 도시를 둘러보며 천천히 돈다.

단테: C 마을. 크라이스트처치. 정원 도시. 잔해와 먼지, 먼지와 투쟁, 투쟁과 먼지, 먼지와 잔해. 제길! 아들아, 자기 집에서 똥을 못 싸는 사람들도 있는데 어떤 미친 인간들은 성당 주변에서 팬티를 잔뜩 산다고? 배트 밥 파커(Bet Bob Parker)는 자기 집에서 똥을 싸. 배트 제리 브라운리(Bet Gerry Brownlee)는 큰 변기를 샀대. 제리 브라운리는 엉덩이가 크고 뚱뚱하기 때문이지. 저 자바 더 헛(Jabba the Hutt) 새끼는 생존자이지만 면역 때문에 화장실에 들어갈 수 없단다. 그들은 지진이 우리 모두를 하나로 모았다고 말하지만 '그들은' 그들이 무엇에 대해 말하는지 몰라. 이건 서쪽에 대한 이야기야. 사람들은 눈을 뜰 필요가 있어. 잔해와 먼지, 먼지와 투쟁, 투쟁과 먼지, 먼지와 잔해.

단테는 스프레이 캔과 스텐실을 꺼내 이동식 화장실 측면에 낙서를 한다. 제리 브라운리가 똥을 싸는 모습이다.

Dante: 그래. 동쪽을 대표한다!
빅터 로저스(Victor Rodgers)(2013), "여진(Aftershocks)"의 첫 장면.

위의 내용은 지진의 영향을 가장 많이 받은 지역의 커뮤니티 홀에서 공연된 창작극의 일부이다. 매우 정치적인 대화는 응용연극이 재난 영역에서 택하는 형식 중 하나이다. 제임스 톰슨(James Thompson)은 스리랑카에서의 연극과 퍼포먼스 연구에서 '전쟁에 대한 다중 퍼포먼스 반응과 치료적 기법, 제의적 관습, 정치적 설명'이 교차하는 형식에 대해 설명한다(2005: 7). 연극은 퍼포먼스의 넓은 스펙트럼을 가로질러 발생한다. 인간 문화의 많은 영역을 관통하는 의식(ritual)과 저항의 더 넓은 힘과 연결되는 것이다(Kelleher 2009). 연극 무대 퍼포먼스와 사회적 맥락 속 퍼포먼스의 상호 연결성에 대한 톰슨의 예를 따라 필자는 크라이스트처치 지진에 대한 연극적 반응을 고려할 때 다양한 퍼포먼스 기법을 포함시킨다. 나는 지진 후 크라이스트처치의 일상 속 공공 퍼포먼스 내 다양한 공연적 맥락을 밝히려는 시도 중 그것을 사회적인 것과 비사회적인 것으로 분할하는 것이 부인할 수 없는 상호 연결성과 특정 맥락 및 문제 상황과의 섬세하고 복잡한 관계를 부정하는 것이라고 생각하게 되었다(2005: 240).

정치인 존 키는 지진 다음 날 전국적으로 방송된 연설에서 자신도 모르게 지진에 대한 일련의 진실을 이야기하였다. '왜 이런 일이 벌어졌는지 이해할 수 없다. 어떤 말로도 우리의 고통을 덜 수 없다'(Key 2011). 예술가들은 '어떤 말로도 우리의 고통을 덜 수 없다'는 것을 충분히 인식하며 크라이스트처치의 회복의 중요한 역할을 할 수 있었다. 대부분의 작업은 학제 간 경계를 넘나드는 것이었고 예술 형식 간의 도시 경계가 사라지거나 재건되었다. 예술 활동 중 가장 중요한 것은 지진으로 파괴된 전통 극장을 넘어선 멀티미디어 퍼포먼스 이벤트였다. 이러한 퍼포먼스 이벤트는 도시에서 유기적으로 발생한 것처럼 보였지만 잔해와 먼지로부터 나와 만들어진 것이었다. 그 외 국가 후원 및 크라이스트처치 외부 후원으로부터 온 이벤트들도 있었다. 도시의 새로운 연극들은 일어난 사건을 이해하는 것을 뛰어넘어 정부의 무감각함, 도시 재건에 대한 정부의 이야기에 의구심을 던지고 있었다.

재난 문학은 종종 위기관리(Risk management), 대응(Response), 복구(Recovery) 및 회복력(Resilience) 등을 포함하는 재해에 대한 인간 대응의 겹쳐지는 단계를 보여준다((2000). 마이어스와 주닌(Myers and Zunin)의 예시 참고 요망). 이러한 R들(Rs)은 물리학뿐 아니라 사회 과학에서도 재난에 대한 생각을 알리는 데 사용된다. 내가 목격하거나 참여한 지진 이후 응용연극 작업이 다 그런 것은 아니었지만 집결(Rallying), 반성(Reflecting), 되찾기(Reclaiming), 안도(Relief), 저항(Resisting) 등의 다양한 R들을 제시했다. 이러한 분류의 경계가 고정되어 있지는 않지만 퍼포먼스 이벤트의 의도와 관련하여서는 파악될 수 있고 파악되어야 한다.

결집과 반추

오늘날 이 비극의 후유증을 겪으며 우리는 삶이 얼마나 깨지기 쉬운 것인지 알게 되었습니다. 우리는 우리 사이의 깨질 수 없는 연대를 나누고자 이 자리에 모였습니다. 크라이스트처치 공동체를 하나로 하는 이 연대는 뉴질랜드 국민으로서 세계시민으로서 우리를 하나로 만듭니다. 갑자기 목숨을 빼앗긴 사람들이 잘못된 시간과 장소에 있었던 것이 아닙니다. 그들의 죽음을 정당화시킬 수 있는 것은 아무것도 없습니다(John Keconcern for the plighty 2011).

50,000명이 넘는 사람들이 국가 추도식을 위해 크라이스트처치 해글리(Hagley) 공원에 모였다. 끔찍한 2월 22일 지진 후 불과 3주가 지난 때였다. 시민 지도자, 국가 지도자, 영국에서 온 케임브리지 공작 윌리엄 등의 연설이 있었다. 감동적인 마오리족의 전통 전투 춤인 하카, 노래, 대형 스크린에 재생되는

폐허가 된 도시의 영상 등이 주요 이벤트였다. 참여적 퍼포먼스도 있었는데 참여자들은 잃어버린 친구들을 찾기도 하였고 생존, 상실, 행운, 영웅들에 대한 이야기를 나눌 수 있었다. 이러한 슬픔의 공유는 감정을 표현하지 않기로 유명한 사람들에게 카타르시스를 경험하게 하였다. 많은 사람들이 3주 전 잃은 가족과 친구들을 기억하며 울었다. 도시 내 출입금지 구역을 보여주는 10분 분량의 영상이 처음으로 공개되며 그곳에서 무슨 일이 있었는지 사람들은 보게 되었다. 뉴질랜드 곳곳의 사람들을 위해 TV로 생중계된 이 서비스는 대형 스크린을 바라보며 조용히 눈물 흘리는 관중을 보여주기도 하였다. 존 키의 연설은 단순한 문장을 뒤섞는 것이 안타까웠지만 거의 처칠의 어조 같아 전시를 연상하게 하였다. 추도식은 지진 피해자들의 어려움에 대한 국가적, 세계적 관심과 걱정을 모으기 위한 것이었다. 지진 경험은 비교적 안전한 공간에서 극적 이벤트의 형식으로 반추되었다. '예술에서 트라우마는 개인적, 사적, 병적인 경험이 아니라 공유된 경험으로 공적 포럼에 적합한 것이기 때문이다'(Reisner 2002: 16).

라이즈너(Reisner)는 보스니아 내전 이후 코소보에서 연극을 기획하였다. 전쟁 후 2년, 그는 신랑의 죽음을 다룬 전통 이야기를 활용한 연극을 연출했다. 그는 공연 후 한 노인에게 다가갈 때의 순간을 이렇게 표현하였다.

그가 빨간 눈으로 나를 바라보았다. 그의 목소리는 숨이 막혔다. 그가 말하면 통역사가 통역을 해주었다. '내가 내 인생에서 볼 수 있다고 생각한 것보다 훨씬 많은 것을 봤어요. 싸움이 끝난 후에 고향으로 돌아갔어요. 사람들은 무덤을 만들기 위해 땅을 팠지요. 30여 구의 시신이 줄지어 있었어요. 내 이웃들, 친구들, 사촌이었어요. 울지 않았어요. 많은 끔찍한 것들을 봤지만 울지 않았어요. 그러나 오늘은 웁니다. 왜 이런 거죠? 왜???' 나는 당황했고 통역사가 괜찮은 얘기를 해주기를 바랄 뿐이라는 대답을 했다. 그러나 내가 그의 질문에 하고 싶었던 대답은 이것이었다. '전에는 눈물 흘릴 수 없었을 거예요. 왜냐하면, 전에는 당신이 느끼고 있는 것을 표현하기엔 눈물이 턱없이 부족했을 테니까요.'(2002: 27)

라이즈너는 연극이 슬픔을 공유하는 장소를 제공한다는 것은 알았다. 그렇지만 이것은 연극적 사건을 더 넓은 정치적 틀 안에서 이해할 필요가 있다. 한 익명의 블로거가 정부 웹사이트에 다음과 같은 글을 올렸다. '공원을 바라보는데 내 자신이 생각났다. 내가 두려움에 흔들릴 때 당신도 그랬다. 내가 한밤중 깨었을 때 당신 역시 그랬다. 내가 두려울 때 나는 혼자가 아니었다. "우리는 모두 이렇게 함께이다"'(Quake Stories 2012). 반면 또 다른 블로거는 추도식에 대해 회의적이었다. '정부는 지난 금요일 영국 왕자까지 모셔놓고 추도식을 치렀다. 2월 22일 지진으로 뉴질랜드에서에서 두 번째로 큰 도시인 크라이스트처치의 집들이 파괴되었고 사람들은 일자리를 잃었다. 정부는 충분하지 못한 구호에 대한 시민들의 불만을 가라앉히기 위해 추도식을 이용했다. 시민들의 "회복력"을 강조했지만 연설자 중 그 누구도 집이 무너져 수도, 하수, 전기 등의 기본적 서비스 없이 몇 주를 보낸 수천 명의 사람들의 절망적 상황에 대해서는 언급하지 않았다'(Worldwide Socialist Web 2012).

국가 차원의 다른 연극적 행사들은 지진 후 4년이 지난 시점에서 실시되고 대규모로 슬픔을 분출할 기회, 의식을 제공하였다. 공동의 카타르시스 경험 공간이 된 것이다. 크라이스트처치의 일부 사람들은 그것이 정치적 동요를 잠재우기 위해 계획된 것으로 생각하였다. 애국심과 공동의 선을 의도적으로 요구하는 그러한 퍼포먼스적 집결은 재건을 담당하는 장관 제리 브라운리가 2년 후에도 여전히 적절한 위생 시설이 없다고 불평하는 사람들을 대응해야 하는 기회가 되기도 하였다. 그는 '징징거리며 신음하는 사람들이 지겹다'고 하며 '우리가 그들을 버렸거나 잊었다고 하는 것이 그들이 할 수 있는 가장 모욕적인 말'이라고 덧붙였다(Dally 2012). 우익 블로거로 총리와 가까운 캐머론 슬레이터(Cameron Slater)는 동부 사람들을 '노동당에 투표하는 쓰레기들'로 표현하였다(Slater, in Hager 2014). 그로부터 일주일 후 크라이스트처치의 한 그룹이 '징징이 투덜이' 파티를 열었다. 온라인에 '파티에 초대합니다. 당신의 어려움을 적어보세요. 그리고 파티에 와서 그것을 "걱정 상자"에 넣어버리세요. 그렇게 걱정과 어려운 것들은 문 앞에 내버려 두고 우린 밤새 노래하고 춤추며 노는 겁니다!'라고 광고하며.

첫 번째 추도식뿐 아니라 그 이후 추도식 역시 많은 모순이 있다. 지진 이전에 계급을 구분 짓는 선으로 도시를 분열시키고 이후 신자유주의 정책으로 그 분열을 영속화하고 심화시킨 바로 그 정부가 고도의 기술로 무대화된 퍼포먼스 행사를 통해 성공적으로 지역 및 국가 정서를 잠식했다는 것이 그중 한 가지이다. 이러한 공연은 표면적으로는 공동체를 단결시키지만 동시에 공동체를 침묵시킨다. 도시 재건 계획의 공식적인 시작은 2012년 7월이었는데 이때는 매우 다른 퍼포먼스를 보여주었지만 총리는 다시 주연 배우였다. 키(Key)는 시민들의 지도자이기보다는 일류 사업가가 되었다. 경제계 인사들과 총리가 모여 만찬을 나누는 장면은 방송으로 송출되었는데 이때 도심의 컨벤션 센터, 카페, 식당, 다른 비즈니스 기회 등에 대한 계획을 밝혔다. 그날 밤 방송은 이렇게 시작하였다. '남부 섬에 전례 없는 기회가 생겼다'(Bayer 2012). 동부 교외의 사람들과 지진 후 그대로 방치된 28,000채의 망가진 집은 그들 계획의 일부가 아니었다. 전형적인 재난 자본주의 각본을 반영하며 공유된 공적 희생이 사적이고 사유화된 개인의 이득과 기회로 대체된 것이다.

정부가 재난 지역에서 통일된 서사를 발표하기로 결정한 경우 이러한 퍼포먼스적 행사를 함께 선택하는 것은 드문 일이 아니다. 지진에 대한 그리고 어떻게 연극 실천가가 지역사회 안에서 작업하는지와 관련한 필자의 첫 작업은 2008년 중국 쓰촨 지진 발생 이후였다. 당시 나는 한 중국 극단에 의해 초청되었는데 그 극단은 지진 직후부터 쓰촨성에서 장기간 활동한 후 최근 베이징으로 돌아온 극단들과 함께 일하는 사이였다. 그들은 자신들의 노력을 진심으로 아쉬워했다. 그들은 그간 해 온 작업을 나에게 설명하며 다시 돌아갔을 때 어떻게 다르게 할 수 있는지 물었다. 대화를 통해 그들이 사용한 역할놀이 기법이 지역사회에 일어난 사건의 암시를 이해하는 데 도움이 되기보다는 방해가 된 것을 파악하게 되었다. 실제 지진을 재현하는 것이 극단이 추구하는 대화의 공간을 제공하기보다는 지역사회에 다시 상처를 주는 것에 불과했던 것이다. 우리는 역할놀이의 자연적인 흐름을 방해할 다른 연극 형식을 탐색했고 그 결과 한 극단은 아크로바틱 댄스(곡예 무용) 형식을, 다른 극단은 꿈의 순서를, 또 다른 극단은 포럼 연극을 활용하였다. 쓰촨 지진 이야기의 핵심은 수천 명의 어린이들이 형편없이 지어진 학교에서 죽음을 맞이했다는 것이다. 정부는 극단에게 그들의 작업 초점이 학교 건물 상태로 인한 아이들의 죽음과 그것에 대한 정부 비난이 아닌 정부의 재건 관리에 대한 것이어야 지진 지역에서 계속 일할 수 있다고 말하였다고 한다. 이것이 정책으로 확실해진 후 지진 지역에서 계속 작업한 극단은 한 군데도 없었다.

뉴질랜드의 반민주적 힘과는 다른 차원과 스케일이었다. 나는 정부의 집결 요구에 맞서 계속 작업을 하면 위기에 놓일 그들의 자유를 걱정했던 것이 기억난다. 활발한 민주주의가 신자유주의적 정책에 의해 끊임없이 위협받는 뉴질랜드에서는 그것이 기업의 이익이라는 숨겨진 의제와 가난한 사람들이 겪는 진짜 고통에 대한 공적 비하로 일어난다. 크라이스트처치의 극단들은 정부 서사 동일화에 저항하는 방법을 모색하였다.

재생

첫 추도식 이후 몇 달이 채 지나지 않아 직업, 생계, 사람들이 사는 집 등 마을 전체가 사라졌다. 예술가들은 도시의 물리적, 정신적 풍경을 되찾는 작업에 깊게 개입하기 시작하였다. 가장 유명한 예술적 복구는 갭 필러(Gap Filler)라는 예술 단체의 작업이다. 그들은 '우리가 잃어버린 모든 것을 기억하고, 애도하고, 비판하는 데 도움이 되는, 그리고 미래에 대한 아이디어를 실험할 수 있으면서도 텅 빈 공간에 힘을 불어넣는, 궁극적으로는 도시가 다시 활기를 찾기 위한 장소 특정적 프로젝트들(site-specific projects)을 제공했다'(Gap Filler 2011). 갭 필러는 인기 있는 식당이 심하게 훼손되어 철거되자 예술가들과 함께 그 빈자리를 임시 정원 카페, 페탕크(petanque)3), 라이브 음악, 시 낭독, 야외 영화관 등을 주최하는 공간으로 탈바꿈하는 작업을 9월 10일 지진 이후 바로 시작하였다. 운영 후 2주가 지나자 그곳은 수백 명 거주자들의 집결지가 되었다. 이때 예술가들이 자발적으로 움직였다. 2014년 말까지 갭 필러는 도시 전역에 수많은 공간을 만들었고 직원이 여섯 명인, 수익을 얻는 기관으로 성장했다. 프로젝트 중엔 아이

---

3) 역자 주: 철구를 던지는 볼링 비슷한 게임

러니한 이름인 '도시 공간에서 다시 거주하기'를 뜻하는 *당신의 땅 위에 서라 (Stand Your Ground)*도 있다. 세 명의 예술가는 비디오 아트와 현대 무용의 예술 장르 간 협업으로 바위 더미와 기념비를 다시 썼다(Gap Filler 2011). 관련 프로젝트로 갭 필러의 공동 창립자인 라이언 레이놀즈(Ryan Reynolds)는 *변화하는 도시 투어(Transitional City Tour)*를 기획했다. 이 프로젝트는 지역 주민들과 관광객들에게 과거 도심의 일부가 어땠는지 걸어서 탐색할 기회를 제공한다. 투어는 참여자들을 몇 개의 선정된 장소, 건물, 랜드 마크(한눈에 알아볼 수 있든 그렇지 않든) 등으로 안내한다. '이 프로젝트는 변화하는 도시에 대한 관심을 공유한 사람들, 위에서 지시하는 "종합계획", 청사진을 비판하는 사람들이 만든 것이다'라고 레이놀즈는 설명한다. 프로젝트는 크라이스트처치 폴리테크닉 기술 대학, 링컨 대학, 캔터베리 대학 등의 미술, 창의적 예술 분야, 지리학, 도시 계획, 건축학, 조경학 출신의 사람들을 모이게 하였다. 이것은 정부가 주관하거나 지진을 기회로 보는 사업가들이 운영하는 비즈니스 중심 구역 투어와는 대조되는 것이다.

도시를 복구하는 연극 활용의 추가적인 예는 2013년 모든 극장이 지진으로 파괴되었을 때 임시 퍼포먼스 공간으로 만들어진 갭 필러의 *더 팔레트 파빌리온 (The Pallet Pavilion: 팔레트 가설 건물)*이다. 비엔나의 팔레턴 하우스(Paletten Haus), 독일의 노르딕 알파인(Nordic Alpine) 세계 스키 챔피언십, 런던의 젤리피쉬(JellyFish) 극장, 이탈리아의 아바타 이치텍추라(Avatar Architettura) 프로젝트 등이 지속 가능한 건축 프로젝트, '팔라텍처(Palletecture)'의 모델이다. 팔레트 파빌리온(Pallet Pavilion)은 자원봉사자들이 운반한 팔레트만 사용하여 지었다. 웹사이트에는 '공동체에 의한, 공동체를 위해 지어진' 것이라고 설명되어 있다(Gap Filler 2013). 2013년에서 2015년 사이 그곳에선 자발적 또는 전문적으로 기획된 다양한 퍼포먼스, 시각 예술 행사가 있었다. 갭 필러의 또 다른 설립자인 코랄리 윈(Coralie Winn)은 그 시기에 이렇게 말했다. '우리는 퍼포먼스 연구의 언어를 사용하는데 그것은 도시 디자인과 건축의 언어와 같은 언어입니다. 사람들이 공간과 상호 작용하며 움직이는 방식입니다. 다시 말해, 공간이 기능하는 방식, 그 공간을 통해 당신이 움직이는 방식을 의미하는 것입니다'(McCaffrey 2013 인용). 지진으로 지저분해진, 도시의 파괴된 건축 유산을 바탕으로 하는 갭 필러의 공간 재건은 응용연극 작업에서 아름다움의 중요성에 대한 논쟁을 반영한다. 상품화된 감각이 아닌 미학적 즐거움으로 도시를 아름답게 하고자 하는 열망은 희망과 아름다움의 중요한 연관을 이해하는 것에서 시작한다. 베로니카 백스터(Veronica Baxter)는 응용연극의 아름다움은 '변화를 만들고 선을 행하는 열망을 만들며 삶을 계속 이어 나갈 수 있는 힘'을 주는 것이라고 표현하였다(2015: 184).

저항

노먼 덴진(Norman Denzin)은 '퍼포먼스는 개입의 실행, 저항의 방법, 비판의 형식, 집단을 드러내는 방법이다. 퍼포먼스가 정치, 제도적 장소, 구현된 경험의 교차를 미학적, 수행적 수단을 통해 내세우면 공공 교육 방법이 된다. 이러한 맥락에서 퍼포먼스는 대리인의 한 형태이며 문화와 사람을 놀이로 끌어들인다(2003: 209)'고 하였다. 미학적, 수행적, 정치적 교차에서 존재하는 연극은 궁극적으로 공적으로 공연되는 저항의 행위로 보일 수 있다. 모든 계층의 사람들을 보이지 않는 것, 들리지 않는 것으로 여기는 지정학적 세력이 지배하는 재난 이후의 자본주의에서 연극의 중심 역할 중 하나는 주변부에 존재하는 사람들의 이야기, 그들의 삶을 공개하는 것일 수 있다. 민주주의의 중심에 다시 자리 잡는 연극의 형식을 만드는 것은 사람들을 침묵시키고, 가만히 있게 하는 방식에 대한 적극적 저항이다.

크라이스트처치의 연극은 정부의 공개 집회와 도시 전역의 사람들의 삶을 혼란에 빠뜨리고 있던 재난 자본주의 사이의 공간 경쟁에 관여하게 되었다. 이 경쟁은 곳곳에서 애국적이고 이타적인 크라이스트처치의 이야기를 찾아 그것을 도시의 불안하고 미묘한 감각으로 대체하는 것이다.

이러한 아이디어가 드러나는 응용연극은 도시 전역에 확산된 프로젝트의 일부이며 각 예는 재건에 대한 정부의 설명을 방해하고, 도전하고, 저항하기 위해 공동체가 다양한 형식과 과정으로 참여하는 것을 보여준다.

매튜: 우리는 크라이스트처치 재건이라는 연속극 속에 살고 있어.

벤: 영웅, 악당, 음모, 위험한 사람들

앤드류: 욕심 많은 임대주들, 창고와 차에서 사는 사람들

피터: 배고픈 학생들, 어렵게 돈을 모아 설립한 학교, 교육비 삭감, 중단된 사회적 서비스.

레베카: 모든 게 지진이라는 명목으로 정당화되지.

캐롤린: 이건 나오미 클라인의 책이야.

조시: 우리는 누가 정말 책임을 지고 있는지, 다음 반전은 무엇인지, 심지어 우리가 누구인지, 또는 언제 기록될지 확실히 알 수 없는, 끝없이 이어지는 재건의 연속극에 살고 있어.

매튜: 크라이스트처치 회복을 위해 존 키는 밥 파커와 의회에서 권력을 빼앗았어.

벤: 밥 파커는 인터뷰하느라 더 이상 바쁘지 않아. 그래서 재건하는 동안 책을 썼잖아.

엔드류: 크라이스트처치, 그것이 너의 재난이다.

매튜: 존 키는 제리 브라운리를 재건을 담당하는 총리로 임명했어.

피터: 재건.. 되겠니?

조시: 크라이스트처치 재건을 위해 일하는 여성은 없어. 왜냐하면 그건 남자들의 일, 안전모가 필요할 만큼 위험하거든.

위의 내용은 디퍼런트 라이트(Different Light: 색다른 빛) 극단이 창작하고 공연한 *외롭고 사랑스러운 사람들: 다른 드라마(The Lonely and The Lovely: A Different Soap Opera, 2013)*의 일부이다. 이 공연의 앙상블 배우들은 지적 장애를 가지고 있는 것으로 인식된다. 이 연극은 기회에 대한 정부의 서사와 도시가 공유한 트라우마에 대해 의문을 제기한다. 크라이스트처치 동부의 '멍청이, 쓰레기', 신음하고 투덜거리는 사람들을 제외하고는 모든 것이 괜찮다는 정부 노선에 대한 정치적 반대였다. 연극은 지진이 아니라 고의적인 정부 정책으로 도시가

무력화되는 것을 문제시한다. 날카로운 유머는 신자유주의에 저항하는 연극이 '신자유주의에 어떻게 비판적으로 참여하고, 회피하고, 비판하고, 부인하고, 조롱하고, 사회적 협력과 상호 의존의 원칙을 보존하는 존재 방식을 추구하고 모범을 보일 수 있는지에 대한' 통찰력을 제공한다(Harvie 2014: 193). 존 키가 지진으로 인해 크라이스트처치에서 무슨 일이 일어났는지 궁금해했을지 모르지만 디퍼런트 라이트(Different Light) 극단은 정부 대응의 대부분이 무감각하고 파괴적이었다는 것을 고발한다. 연극은 시민을 살피지 않는 정부의 태도를 연속극의 형식 안에서 재치 있게 설정한다. 총리는 가난한 사람들을 도시 사업 기회의 극대화에 이용하려는 철저한 악당으로 묘사된다. 그리고 재난 재건이 도시에서 가장 가난하고 취약한 사람들에 닥친 재난이었음을 드러낸다.

그러나 디퍼런트 라이트 극단은 갭 필러와 모순되는 자신을 발견하였다. 극단이 팔레트 파빌리온(Pallet Pavilion)에서 발표하도록 초청받았는데 휠체어에 탄 사람들이 무대에 올라가기 어려웠던 것이다. 극단의 예술 감독인 토니 맥카프리(Tony McCaffrey)는 다음과 같이 썼다.

프레젠테이션을 통해 명확하게 전달된 것은 크라이스트처치 도시 재건에 있어 접근성에 대한 고려가 부족하다는 것이었습니다. 휠체어를 탄 사람은 무대에 오르지 않을 것이라고 생각했거나 아님 그저 애초에 고려되지 않은 것입니다. 지금은 도시의 많은 부분을 처음부터 재설계하고 재건해야 하는 시점입니다.

맥카프리는 갭 필러 프로젝트의 안건에 또 다른 의구심을 던진다.

또 다른 추정은 '지역사회'가 팝업 프로젝트, 과도기적 구조, 갭 필링 솔루션 등의 변화에 적응할 수 있는 생각을 함께하고 함께 움직이며 유연한 도시로 구성되는 것에 대한 것입니다. 그러한 지역사회의 유연성은 신자유주의적 의제에 적합합니다. 과도기의 예술가들이 신자유주의 국가와 지방 정부의 일을 함으로써 과도기가 연장될 위험이 있습니다. 갭 필러가 말하는 '전문가들' 또는 큰 정부는 절대 오지 않고 모든 것을 '큰 사회'에 맡겨버립니다(2013: 8).

맥카프리의 주장은 갭 필러의 성공이 한 측면에서 보면 재난 자본주의의 훌륭한 성공 사례이지만 갭 필러가 재난 경제의 요구를 충족시키는, 틈새시장을 개척한 진취적인 스타트업 기업의 역할을 하였다는 것을 지적한다. 갭 필러는 수익성 있는 사업으로 성장하여 주류가 되었다. 2012년 즈음 독립 투자 기관인 라이프 인 베이컨트 스페이스(Life in Vacant Spaces: 빈 공간에서의 삶(LIVS))는 갭 필러와 다른 여러 단체 및 개인을 위해 일하는 우산 조직으로 기능하였다. 그들은 도시의 무수한 빈 공간과 건물을 단기 및 중기 용도로 찾아 예술가들에게 '저렴한 비용으로 브랜드를 운영하고 이름을 알릴 기회'이며 혁신가들 간 아이디어가 공유되고 시너지가 창출되는 건강한 경쟁 및 협업의 기회가 될 것(LIVS 2014)이라고 광고한다. 정부가 도시의 성공적인 재건, 성공적인 예술, 성공적인 크라이스트처치 정신에 대한 이야기를 팔기 위해 갭 필러는 상품화된 것이다. 갭 필러는 정부 자금 제공자에 의해 다음과 같은 인식을 전파한다. '중요한 것은 비즈니스 리더들이 이러한 전환기 프로젝트가 도시의 경제 건강을 향상시킨다는 것을 인지하고 있다는 점이다. 갭 필러의 작업은 기존의 사업체, 매력적인 스타트업, 크라이스트처치를 소규모의 새로운 아이디어에 투자하고 실험할 수 있는 곳으로 재정의하는 것을 지지한다'(Creative New Zealand 2015). 정부는 시민들의 실제 삶과 어울리지 않는 크라이스트처치의 공공 이미지를 제시하기 위해 저항하는 갭 필러 대신 갭 필러의 비판과 열정을 끌어들였다. 다른 연극들은 주로 일회성 커뮤니티 기반이었기 때문에 저항을 창의성으로 재구성하려는 정부의 열망에 저항하였다. 퍼포먼스 아티스트인 마크 하비(Mark Harvey)는 일련의 그룹 프로젝트를 이끌었다. 하비의 *생산적인 약속(Productive Promises)*은 크라이스트처치 동부에서 가장 많이 피해를 입은 곳에서 공연했는데 상가 내 공터에 쌓인 쓰레기 치우기, 쓰레기를 사유지에서 시의회 직원이 수거할 수 있는 공공장소로 옮기기 등 실질적인 대책을 제시하며 시민들의 사기와 자신감을 높였다. 하비는 주민들의 요청에 응답하여 거리 행진 선언을 기획하였다. '우리는 뉴 브라이튼(New Brighton)을 사랑한다.' 이것에는 지진 피해와 액화로 상당한 인구 이탈이 발생한 교외 지역과 벡슬리(Bexley)와 같은 교외 지역으로의 영구 대피 계획에 대해 지도자들이 계속 방치하는 것에 대한 주민들의 감정이 담겨있는 것이다. 하비는 재건을 둘러싼 정부 담론을 지배하는 경제적 보상보다 생산성을 측정하는 다른 방법이 있다는 것을 강조하고 싶어 하였다. 동부 교외의 회복 센터 역할을 했던 학교의 대규모 폐쇄와 함께 신자유주의적 교육 안건이 내려가면서 캔터베리 대학의 *Place in Time's Freeville* 프로젝트(이하 프리빌 프로젝트)는 프리빌 학교 학생들, 팀 벨링(Tim Veling), 데이비드 쿡(David Cook)이 함께한 협력 사업이었다. 프로젝트 당시인 2016년 프리빌 학교를 포기하려는 계획이 있었다. 학급과 직원들을 노스 뉴 브라이튼(North New Brighton)과 센트럴 뉴 브라이튼(Central New Brighton) 학교로 통합시키려고 했던 것이다. 프로젝트는 프리빌 학교의 위치가 지금부터 몇 년 후에 어떻게 나타날 수 있는지 고려하였다. 벨링은 학생들에게 사진과 구성에 대한 기본 수업을 제공하고 학교 건물과 운동장을 이미지화한 후 그것을 확대하여 장소의 미래를 상상한 그림을 편집하였다. 이것은 뉴 브라이튼(New Brighton) 상가와 가까운 두 개의 벽에 전시되었다. 그것은 설치, 공공 예술 작업으로서 지역사회의 미래에 대한 결정권을 빼앗겼을 때 공동체의 사건에 대한 수많은 개인의 반응이 담겨있는 것이었다. 프리빌 프로젝트는 대안을 상상하는 데 지역사회를 적극적으로 참여시켰다.

응용연극: 신들에게 말하기

2010년 이른 가을 아침 이후로 지진 이야기가 공연된 방식은 새로 만들어진 재난 자본주의라는 신이 루모코(Ruaumoko)와 공모하여 크라이스트처치의 많은 부분을 비극적인 황무지로 파괴했음을 보여준다. 퍼포먼스 행사는 정부의 관점에서 재난을 이해하고 함께 회복하는 통일된 도시의 이야기를 영속화하였다. 애초에 비판하기 위해 만들어진 연극은 평소와 같이 비즈니스 메시지에 채택되었다. 그러한 몇 해간의 연극은 지진과 정부의 무관심으로 어려웠던 시민들의 경험을 변화시킬 기회를 제공하지 못하였다. 당연히 그렇게 할 수 있을 거라고 생각한 것이 순진한 생각이었다. 그러나 몇몇의 연극은 재난 자본주의의 집결된 힘에 저항하고 힘을 되찾기 위한 공간을 제공하며 재난을 사업 기회와 이익으로 보는 시장의 언어에 구멍을 냈다. 연극은 도시 동쪽의 목소리를 되찾기 위해 이전의 신과 새로운 신에 대해 보다 민주적이고 인간적인 반응을 하며 폐허에 생기를 불어넣으려고 하였다. 재벌들이 목적을 달성하기 위해 도시를 재건할 때 동쪽 사람들의 목소리가 들리든 그렇지 않든 그것은 연극 작업의 가치를 떨어뜨리지 않는다. 신자유주의의 잔해 속에서 살아갈 방법을 찾는 것은 세계화된 자본주의의 지속적인 침해에 직면한 많은 사람들에게 도전 과제이다. 크라이스트처치의 일부 연극 제작자들이 두 손가락으로 경례하는 모습, 즉 그들의 집단적 투쟁은 우리의 인간성을 강탈하려 음모를 꾸미는, 만연해 있고 지치게 하는 그 압박에서 우리가 행동할 수 있는 방법을 제시한다.

References

Baxter, V. 2015. 'Imazamo Yethu—our efforts to engage through theatre' in Prentki, T. (ed.) *Applied Theatre: Development*. London: Methuen Bloomsbury, pp. 169–184.

Bayer, K. 2012. *Christchurch rebuild plan revealed* [Streaming video]. www.nzherald.co.nz/nz/news/article.cfm?c_id=1&objectid=10823289. Last accessed 23 March 2015.

Creative New Zealand. 2014. www.creativenz.govt.nz/en/arts–development–andresources/advocacy–toolkit/case–studies/gap–filler. Last accessed 23 March 2015.

Dally, J. 2012. 'Brownlee fed up with moaning residents' www.stuff.co.nz/thepress/news/christchurch–earthquake–2011/7656654/Brownlee–fed–up–withmoaning–residents. Last accessed 17 July 2015.

Denzin, N. 2003. *Performance Ethnography: Critical Pedagogy and the Politics of Culture*. New York: Sage Publications.

Freebody, P. 2014. *Controversies in Education: Orthodoxy and Heresy in Practice and Policy*. New York: Springer.

Gap Filler. 2011. www.gapfiller.org.nz/about. Last accessed 23 March 2015.

Gap Filler. 2011. *Stand your ground (improvised dance performance)* www.gapfiller.org.nz/gap–3b–276–colombo–street–beckenham/. Last accessed 23 March 2015.

Gap Filler. 2013. palletpavilion.com. Last accessed 23 March 2015.

Gould, C. 2008. 'The right to housing recovery after natural disasters'. *Harvard Human Rights Journal* 22: 169–204.

Hager, N. 2014. *Dirty Politics: How Attack Politics is Poisoning New Zealand's Political Environment*. Wellington: Craig Potton Publishing.

Harvie, J. 2014. *Fair Play: Art, Performance and Neoliberalism*. Basingstoke: Palgrave Macmillan.

Hawkins, R. and Maurer, K. 2010. 'Bonding, bridging and linking: Social capital operated in New Orleans following Hurricane Katrina'. *British Journal of Social Work* 40:177–193.

Joint Submission EQ Impacts. 2013. *Joint stakeholder submission: The human rights impacts of the Canterbury earthquakes for the universal periodic review of New Zealand* (submitted 17 June 2013 for 18th Session of the Human Rights Council: January 2014) www.pacifica.org.nz/wp-content/uploads/2010/07/CHC−Branch−Joint−Submission−17−June−final.pdf. Last accessed 15 July 2015.

Kelleher, J. 2009. Theatre & Politics. Basingstoke: Palgrave Macmillan.

Kelsey, J. 2008. 'Regulatory responsibility: Embedded neo liberalism and its contradictions'. *Policy Quarterly* 6.2: 36–41.

Key, J. 2011. John Key's Full Speech. www.stuff.co.nz/national/christchurch earthquake/4694016/John−Keys−full−speech. Last accessed 20 July 2015.

Key, J. 2011. Transcript: John Key's Memorial speech. *New Zealand Herald*, March 11th www.nzherald.co.nz/nz/news/article.cfm?c_id=1&objectid= 10713388. Last accessed 20 June 2015.

Klein, N. 2007. *The Shock Doctrine: The Rise of Disaster Capitalism*. London: Allen Lane.

Lee, A. 2014. 'Casting an architectural lens on disaster reconstruction'. *Disaster Prevention and Management* 22: 5: 480–490.

LIVS. 2014. http://livs.org.nz/home/. Last accessed 23 March 2015.

McCaffrey, T. 2013. *The city disabled; performance retarded: Responses to the earthquakes in Christchurch in performance by people with intellectual disabilities* Paper given at PSi 19, Performance Studies International Conference at University of Stanford, Stanford, CA.

New Zealand Government. 2011. *Canterbury Earthquake Recovery Act* http://www.legislation.govt.nz/act/public/2011/0012/latest/DLM3653522.html. Last Accessed 12 December 2015.

New Zealand Herald. 2011. 'Predictions of liquefaction ignored' http://www.nzherald.co.nz/nz/news/article.cfm?c_id =1&objectid=10711617. Last accessed 25 July 2015.

Quake Stories. 2012. www.quakestories.govt.nz/504/story/. Last accessed 23 March 2015.

Rashbrooke, M. 2013. *Inequality: A New Zealand Crisis*. Wellington: Bridget

Williams Books.

Ramia, G. and Wailes, N. 2006. 'Putting wage−earners into wage earners' welfare states: The relationship between social policy and industrial relations in Australia and New Zealand'. *Australian Journal of Social Issues* 41.1: 49−68.

Reisner, S. 2002. 'Staging the unspeakable: A report on the collaboration between theatre arts against political violence, the associzione culturale altrimenti and 40 counsellors in training in Pristina, Kosovo'. *Psychosocial Notebook* 3:9−30.

Thompson, J. 2005. *Digging up Stories*. Manchester: Manchester University Press.

Thompson, J. 2009. *Performance Affects*. Basingstoke: Palgrave Macmillan.

World Wide Socialist Web. 2012. www.wsws.org/articles/2011/.../eqnz−m22.sht. Last accessed 23 March 2015.

Zunin L.M. and Myers, D. 2000. *Training Manual for Human Service Workers in Major Disasters*, 2nd edn. Washington, DC: Department of Health and Human Services, Substance Abuse and Mental Health Services Administration, Center for Mental Health Services; DHHS Publication No. ADM, 90−538 www.mentalhealth.org/publications/allpubs/ADM90−538/tmsection1.asp. Last accessed 20 July 2015.

PART 03

시학과 참여

••10
'새로운' 남아프리카 공화국의
응용연극과 참여 가능한 정치 체제

마크 플라이시먼(Mark Fleishman)

정치 과학자 로렌스 헤밀턴(Lawrence Hamilton)에 따르면 남아프리카 공화국의 대다수 사람들은 아파르트헤이트[1] 이후 그가 '비(非)자유'라고 부르는 상태로 계속 살아가고 있다. 그들은 법적으로는 자유를 얻었지만 그것의 혜택을 받을 힘이 없다(2011: 355). 이 장은 특히 오늘날 남아프리카에서 '자유롭지 않은' 사회 구성원, 특히 젊은이들에게 참여적 퍼포먼스 프로젝트가 민주주의에 대한 신자유주의적 압박 및 적극적 참여의 약화 현상에 맞서기 위해 개입할 수 있는 범위를 탐구한다. 다음은 남아프리카의 상황을 요약한 문장이다.

인민 민주주의의 꿈은 강력한 대의제, 결사적, 참여 민주주의에서 약한 대의제 민주주의의 형태로 축소되었다(Satgar 2012: n.p.).

이 장은 비교적 기반이 잘 갖춰진, 자원이 풍부한 기관과 협력하여 이뤄지는 참여 연극 실행에서 발생한 질문과 특히 권력 개념과 관련하여 발생할 수 있는 정치적 문제를 다룰 것이다. 이를 다루기 위해 1987년에 필자가 제니 레즈넥(Jennie Reznek)과 창단한 마그넷 극단(Magnet Theatre)에서 1991년부터 함께한 소

---

1) 역자 주: 예전 남아프리카공화국의 인종 차별 정책

외된 청소년들과의 두 가지 장기 참여 퍼포먼스 프로젝트에 초점을 맞출 것이다.

첫 번째 프로젝트인 '클랜윌리엄 예술 프로젝트(the Clanwilliam Arts Project)'는 (2001년부터 현재까지) 케이프타운에서 300km 북쪽에 위치한 클랜윌리엄이라는 작은 마을의 8일간 무료 레지던시 프로그램으로, 참여를 원하는 지역의 학생들을 대상으로 한다. 산(San) 문화, 특히 엑삼(Xam)의 가장 광범위하고 중요한 기록 보관소인 블릭 앤 로이드 컬렉션(Bleek and Lloyd collection)의 이야기들을 활용한다. 이야기들은 19세기 중반의 언어학자 윌리엄 블릭(Wilhelm Bleek)과 그의 처제(처형)인 루시 로이드(Lucy Lloyd)가 들려준 것이며 현재는 UCT 도서관에 보관되어 있는 13,000권 이상의 노트에 기록되어 있다. 프로젝트는 매년 아카이브에서 하나의 이야기를 '풀고(free)' 그것이 원래의 배경으로 다시 들어가게 한다. 매년 마을의 500−700명의 학생들이 참여하고 다양한 창의적 분야의 40여명의 퍼실리테이터(facilitator)가 함께하는데 그들은 UCT(University of Cape Town)의 드라마, 음악, 미술 학과의 강사들과 학생들, 마그넷 극단의 크리에이티브팀이 지도하는 훈련 프로그램의 훈련생들이다.

15년 동안 매년 봄에 시작한 프로젝트는 일주일 동안 스토리텔링, 댄스, 뮤직, 시각예술, 랜턴 만들기와 불 퍼포먼스를 지역 학교 수업 시간 및 방과 후 시간에 맞춰 진행한다. (블릭 앤 로이드의 이야기에서 주제와 상징적 아이디어를 얻는다.) 8일째인 마지막 날 저녁엔 수천 명에 달하는 부모, 조부모, 동네 사람들이 지정된 장소에 모여 랜턴 퍼레이드와 퍼포먼스에 참여한다. 학생들은 엑삼(Xam) 전통 그대로가 아닌 시대에 맞게 재구성한 이야기를 다양한 예술 방식으로 탐색한 과정을 공유한다.

프로젝트의 15년 역사 동안 두 갈래의 추가적 확장이 있었다. '지역 기반 커뮤니티 예술 계획(COMNET)'은 연례 예술 프로젝트로서 더 집중적이고 지속적인 예술 참여를 원하는 성인들이 참여한다(고용 가능성 포함). 그리고 전에는 연례 예술 프로젝트에 참여할 수 없었던 가난한 농장 학교의 학생들을 대상으로 하는 농장 학교 프로젝트도 최근에 생겼다.

두 번째 프로젝트로는 '커뮤니티 그룹 개입(CGI, Community Groups Intervention)'

과 2002년부터 진행 중인 '문화 조직 프로젝트(Culture Gangs Project)'는 동료인 만드라(Mandla), 음보트웨(Mbothe), 제니 레즈넥(Jenny Reznek)이 케이프타운 도심 외곽의 카예리차(Khayelitsha)[2]에 있는 기존 지역사회 드라마 그룹의 멘토링 요청으로 시작하였다. 프로젝트는 주로 지역사회 드라마 그룹이 창작한 연극을 발전시키도록 돕는 연극 전문가의 멘토링과 역량 개발 워크숍으로 구성된다. 그리고 참여 그룹의 다양한 퍼포먼스 스타일에 대한 인식을 높이기 위해 그들을 케이프타운의 여러 극장으로 데려간다. 이에 더하여 드라마 그룹은 매년 말에 카예리차에서 마그넷 극단이 주최하는 하루 동안의 퍼포먼스 축제에서 작품을 선보인다. 축제는 부모 자녀 세대 등 다양한 그룹 간 논의로 마무리되는데 하루의 축제 동안 퍼포먼스를 통해 경험한 내용, 프로젝트의 결과 및 향후 가능성에 대한 것이 주요 주제이다.

6년 넘게 작업이 계속되며 연극에 대해 더 진지한 그룹들과 만나게 되었다. 시간이 지나면서 전문 연극 분야에서 일하기 위해 자신의 역량을 키우는 데 열중하는 참여자와 연극을 즐거운 여가 활동으로 생각하는 참여자(대부분이 이러함)의 구분은 명확해졌다. 이러한 현상으로 주최 측은 2008년까지 두 갈래 작업을 모두 제공하였다. 카예리차보다 더 큰 지역의 열정 넘치는 연극 제작자 및 공연자를 위한 '마그넷 극단 연극 훈련 및 직업 창출 프로그램(the Magnet Theatre Training and Job Creation Programme)'과 여가 활동으로 연극 활동을 이어가고 싶다는 뜻을 밝힌 이들을 대상으로 하는 '문화 조직 프로젝트'가 바로 그것이다. '문화 조직 프로젝트'는 '커뮤니티 그룹 개입(CGI)' 프로젝트와 유사한 활동을 포함하며 여기서의 '조직(Gang)'은 범죄와는 무관한, 문화 활동에 적극적으로 참여하는 '무리'의 의미이다. CGI와 마그넷 극단 훈련 프로그램은 참여자들이 학교 교육과 고등 교육 사이의 격차를 해소하는 데 도움이 되었고 많은 UCT 드라마 학과 출신을 배출하기도 하였다. 이어지는 두 프로젝트에 대한 검토는 집단적 참여, 권력 재분배, 적극적 시민의식을 다루는 세 부분으로 나뉜다.

---

2) 역자 주: 흑인 거주구

집단적 참여

연극과 퍼포먼스를 좀 더 넓은 개념으로 보면 제한된 시간 동안 어떤 종류의 공동체가 생겨나는 집단적 관행이라고 할 수 있다. 이 공동체는 일반적으로 무대 위에서 연기·춤·노래로 참여하는 부분(퍼포머, the performers)과 무대 밖에서 관람하며 참여하는 부분(관객, the audience)으로 나뉜다. 둘 다 다른 방식으로 퍼포먼스하고 있으나 이는 퍼포먼스의 필수적인 요소이다(논쟁의 여지가 있는 표현일 수 있다). 사실 연극적 행위에 대한 대부분의 정의에는 누군가 다른 사람이 지켜보는 동안 무언가를 하는 것이라는 공통점이 있다. 그러나 필자가 논의하는 프로젝트에서는 무대 위 공연과 무대 밖 관람하는 사람들 사이의 구분이 유동적이다. 다시 말해 퍼포머와 관객을 명확하게 구분할 수 없다. 하나의 공동체에 다양한 퍼포먼스 또는 퍼포먼스적 이벤트에는 집단적 참여가 있다. 집단적 참여가 공동체를 형성한다는 주장을 하기 위해 '집단적' 및 '참여'라는 두 가지 개념을 설명하겠다. 프로젝트 맥락에서 그것이 어떻게 이해되고 특정한 효과를 내기 위해 어떻게 작동하는지 탐구해보겠다.

마그넷의 프로젝트들은 세 가지 방식으로 참여를 활성화시킨다. 1. 참여자를 준비된 볼거리의 소비자라기보다는 이벤트의 생산자로 만든다. 2. 권력의 일부를 참여자에게 준다. 참여자들은 미리 짜인 구조 내에서 놀지만 그들의 놀이는 그 구조를 깨뜨릴 수도 있다. 3. 집단적 행사 참여로 사회적 유대를 회복함으로써 붕괴된 사회 구조를 복구할 수 있다. 이러한 방식의 연출법(dramaturgy)은 우리를 무대 밖과 사회 속으로 끌어들인다. 그러나 이 맥락에서 '사회적'이라는 것은 무엇을 의미하는가? 브루노 라투르(Bruno Latour)는 '*사회 재구성하기 (Reassembling the Social)*'(2005)에서 '소속감이 위기에 빠졌기 때문에 그리고 이 위기감을 기록하고 새로운 흐름을 따르기 위해서는 '사회적'에 대한 또 다른 개념이 만들어져야 한다'고 하였다. '사회적'이라는 새로운 개념은 다음과 같다.

일반적으로 그 이름으로 불리는 것보다 훨씬 더 광범위해야 하지만 새로운 연관성을 추적하고 조합을 설계하는 것으로 엄격하게 제한된다. [...] 특정한 범위,

영역, 특정한 종류의 것이 아니라 재결합과 재조립의 매우 독특한 움직임이 사회적인 것이다.

위의 내용은 두 가지를 시사한다. 첫째, 라투르에게 사회적인 것은 사물이나 '특수 영역'이라기보다는 많은 요소들이 혼합된 유동적인 과정이나 매체라는 점이다. 이러한 혼합에는 분리의 순간, 한 요소를 다른 요소에서 분리하기 어려운 순간이 있다. 그러나 이러한 유동성에도 불구하고 사회는 여전히 견고하며 쉽게 붕괴되지 않는다. 둘째, 라투르는 주로 배제되는 요소를 포함하는 것으로 '사회적'이라는 개념을 확장할 필요가 있다고 주장한다. 즉, 사회적 개입은 인간과 인간 행위자의 '순간적인 결합'을 통한 '새로운 형태', 새로운 집회를 포함한다(2005: 65). 라투르가 제안한 이 새로운 형태의 집회는 '사회가 아니라 집단'이다. 그리고 그러한 집합체는 결코 주어진 것이 아니며 항상 '새로 만들어지거나 다시 만들어져야' 한다(2005: 34).

여기서 개괄된 확장과 지속적이고 활동적인 조합의 연결은 자크 랑시에르(Jacques Ranciere)의 *미학 정치(The Politics of Aesthetics)*(2000)에서 논의된 '감성의 분할'이라는 개념과 통한다. '감성의 분할'은 사람들이 하는 일과 그 활동이 수행되는 시간과 공간에 따라 공동체의 공통적인 것을 누가 공유할 수 있는지를 드러낸다(2000: 12). 가브리엘 록힐(Gabriel Rockhill)에 따르면 '감성의 분할은 특정한 미학 정치 체제 내에서 보이는 것과 들리는 것을 정의하는 분할과 경계의 체계'(2004: 1), '공동체를 그룹으로 나누는 것, 사회적 지위와 기능 [...] 참여하는 사람들과 배제된 사람들을 암묵적으로 분리시키는'(2004: 3) 것이라고 한다. 두 사례 연구 프로젝트 모두에서 '참여'의 개념은 누군가는 경제적, 문화적, 지리적인 다양한 배제를 겪는다는 것을 의미한다. 더 이상 인종을 이유로 시민권을 거부당하지는 않지만 계급에 따라 주변화되고, 사용 언어에 따라 침묵하게 되고, 사실상 보이지 않는 도시 변두리 또는 시골 근처로 이탈된다. 중요한 것은 우리가 우리의 목적을 위해 그들을 사회 조직에 대한 개방적이고 적극적인 참여에서 배제시키고, 참여할 수 있는 그들의 능력 및 관심이 부족하다는 이유로 '행동하고 만드는' 것에 대한 공유를 하지 않는다는 것이다. 일반적인 시각과 청각으로는 느낄 수 없는 형태의 활동에 참여하는 동안에도 말이다.

랑시에르에게 있어 정치의 본질은 대개 참여에서 배제된 사람들을 포함하는 '행동하고 만드는 방식'을 통해 감성의 분할을 방해하는 것(Rockhill 2004: 3)에 있다. 이것은 한나 아렌트(Hannah Arendt)(1959: 178)가 주장한 '외양(appearance)의 공간'이기도 한 가능성의 공간을 열어주는 것이다(1959: 178). 아렌트가 말한 외양의 공간은 '사람들이 모이는 곳이면 말과 행동의 형태로 어디에서든지 생긴다'(1959: 178). 아렌트에게 '폴리스(polis)3)는 [...] 함께 행동하고 말하는 것에서 발생하는 대중의 조직이며 그 진정한 공간은 이러한 목적을 가지고 함께 사는 사람들 사이에 있다'(1959: 198). 그러나 외양의 공간은 다음과 같다.

그것은 그것을 발생시킨 운동의 현실에서 살아남지 못하지만 사람들의 흩어짐과 함께 사라질 뿐만 아니라 [...] 활동 자체의 소멸 또는 중단과 함께 사라진다. 사람들이 모이는 곳이면 어디든지 잠재적으로 존재하지만, 반드시 그런 것은 아니며 영원히 있는 것도 아니다(1959: 178).

따라서 모든 '외양 공간'은 일시적이고 깨지기 쉬우며 공동 프로젝트를 수행하기 위해 모인 개인의 행동과 말을 통해 지속적으로 재창조되어야 한다. 이렇게 공동 프로젝트를 수행하기 위해 함께 모이는 것이 아렌트가 말한 '권력'이다. '정치 공동체를 제일 먼저 훼손하고 죽이는 것은 권력 상실과 무능력이다. 권력은 비상사태를 위해 비축할 수 없으며 [...] 단지 실현될 때에만 존재한다'(1959: 178).

이를 염두에 두면 예술 활동에 대한 집단적 참여 행위를 통해 발생하는 공동체 의식은 정체성의 정치학, 즉 소속에 대한 기존 신화에 근거하지 않는다고 볼 수 있다. 마그넷 극단의 참여 프로젝트를 통해 나타날 수 있는 모든 종류의

....

3) 역자 주: 폴리스는 고대 그리스의 도시국가로 그 핵심 개념은 '국가의 주권은 국민에게 있다'는 사상이다. 이 부분에서는 문맥상 주권이 그 공동체의 참여자에게 있는 공동체로 이해할 수 있다.

잠정적 '우리'는 '순간적으로 존재'하며 아이릿 로고프(Irit Rogoff)의 용어로는 '집단 유산을 형성하지 않는 순간 공유되는 상호 작용'(2005: 123)이라 할 수 있다. 로고프에 따르면 그들이 할 수 있는 일은 '아렌트가 묘사한 권력에 대한 단기적인 접근을 제공하는 것이다. 국가의 권력[랑시에르가 설명하는 퍼포먼스 정치학의 방해]에 대한 것이 아니라 말하기(사람들이 자신을 주체로 묘사하는 방식)의 권력에 대한 접근을 제공하는 것이다'(2005: 123). 슬라보예 지젝(Slavoj Zizek)은 다음과 같이 표현한다. '사회 공간에 대한 국제 인식의 변화를 일으켜 그들의 주장이 정당화될 수 있도록'(2004: 69), '마법적이고 폭력적으로 시적인 정치적 주체화의 순간은 배제된 사람들이 [...] 자신을 대변하는 주장을 제시하는 것'이다.

어떻게 그것이 가능할까? 사례 연구 프로젝트에서의 '참여'의 의미는 무엇인가? 면밀히 검토 중인 두 프로젝트의 핵심은 바로 '스토리텔링'이다. 이야기가 일련의 양식적 관습 또는 규범에 의해 정의되는 예술적, 문화적 표현의 특정 범주 또는 형태인 반면, 이야기하기(storying)는 구성, 놀이, 퍼포먼스, 듣기, 보기, 반응하기뿐 아니라 다양한 과정을 포함하는 이야기로 '만들고 행동하는' 과정이다. 참여자는 이야기하기를 통해 자신의 관심사, 안건, 지배적인 서사에 반대되는 관심사와 의제를 반영할 수 있다. 2004년 기사를 보면 레토르트 집단(the Retort)의 구성원들은 신자유주의적 형태의 민주주의에서 국가가 이미지의 생산 및 분배를 제어함으로써 '외양의 세부 사항을 통제하고 상징적 생산 수단을 미세하게 관리하려는 끈질긴 의지'를 표현한다고 주장한다(2004: 5). 1994년 이후 남아프리카 공화국에서 이 과정의 주요 수단은 텔레비전이었고 필자가 다른 곳에서 주장하였듯이 지난 20년 동안 텔레비전에서의 서사적 드라마 제작은 평범한 사람들의 일상생활을 반영하기보다는 실제보다 더 열망적인 '현실'의 특정 버전이 된다. 그 결과 '빈곤 수준의 증가, 빈부 격차, 높은 실업 및 범죄와 같은 대다수 사람들이 직면한 현실 문제에 대한 도전은 사실상 "말할 수 없는" 것이 되었다'(Fleishman 2015: 6). 연극과 같은 그리 복잡하지 않은 기술(low-tech)이 요구되는 예술 형식은 '자유롭지 않은' 다수, 특히 젊은이들에게 현실을 보다 반영하는 '다른' 이미지와 이야기의 생산 및 배포를 위한 대안 공간의 가능성을 제공한다는 것이 필자의 주장이다. 여기에서 검토한 사례 연구에서 살펴볼 수 있는 참여 네트워크는 이러한 '다른' 이미지의 공유를 용이하게 한다. 인류학자 마이클 잭슨 (Michael Jackson)은 이야기는 불균형을 바로잡고 인식된 부당함을 개선하는 '전략을 제공하고 경험을 만들어 다른 사람들과 이야기를 할 때 주체성을 회복하고 목적의식을 되찾는다고' 주장한다(2002: 36). 이러한 관점에서 보면 이야기는 말하는 사람의 관심과 흥미가 담겨있다. 세속적 이익만 담긴 것이 아니라 아렌트가 설명하듯 단어 그대로의 의미에서 *관심(inter-est)*은 '사람들 사이에 놓여 있는 것이므로 그들을 연결하고 묶을 수 있는 것'을 의미한다(1959: 162, emphasis original). 이야기는 보통 '세속적이고 객관적인 현실'에 대한 것이지만 아렌트가 명명하듯 '행동하고 말하는 대리인을 드러내기도' 한다(1959: 162-163). 이것은 '사람들이 다른 사람들과 함께 있으며 그들을 찬성하거나 반대하지도 않는 것, 즉 순전히 인간적인 공생의 힘'에 이르게 한다(1959: 160). 말로 하는 스토리텔링의 특징이 바로 이것이다. 잭슨이 우리에게 상기시키듯이 이야기는 '이야기하는 사람의 신체와 듣는 사람의 신체의 물리적, 감각적, 활력이 넘치는 교류를 통해 삶을 함께 사는 것이다. 이야기를 나눔으로써 사람들은 에너지를 주고받는다. 가까이 앉게 되고, 조화롭게 노래하기도 하고 마치 같은 사람인 듯 웃거나 울기도 한다'(2002: 28, emphasis original). 이것은 또한 작은 공동체의 특징이기도 한데 각 사례 연구 프로젝트 모두에서 나타난다. 사회학자 게오르그 짐멜(Georg Simmel)이 언급한 '사교성'을 반영하는 사례인 것이다. '개인의 고독은 타인과의 결합, 즉 공생으로 해결된다'는 것이다(1997: 121). 이것은 게이 모리스(Gay Morris)가 기록한 2005년 CGI 쇼케이스 묘사에 드러난다.

참석한 300명은 비교적 젊은 사람들이었고 신나고 즐거운 분위기 속에서 관객과 퍼포머들은 서로를 받아들이며 한데 섞여 어울렸다. 많은 경우 다 그랬다. 아침에 하는 연극은 마그넷 극단 사람들뿐 아니라 많은 사람들이 참여함으로써 연극을 통한 공동체적 개입, 참여, 놀이가 빛나는 순간이었다. 참여자들은 모두 진지했고 퍼포머들은 '과시'하지 않았다. 그들이 직접 선정한 주제였기 때문에 퍼포먼스를 통해 소통하고 있었다. 그들은 스스로 선택한 형식으로 연극을 했으며 뛰어난 기술, 창의성, 특히 팀 내 일관성을 보여주었다[...](2010: 15).

개인으로서 자신보다 더 큰 집단과 이벤트에 참여하는 것에서 오는 재미와 흥분감, 사회성이 느껴졌다. 동시에 모두가 진지한 작업(좋은 연극 만들기)과 진지한 이슈(다른 곳에서는 꺼내지 않기 때문에 이야기될 필요가 있는)에 몰두하고 있다는 느낌이 들었다. '진지한 장난기'가 이 이벤트의 핵심이었다.

'놀이'는 미학적으로나 정치적으로나 이야기하기의 필수 요소이며 이야기의 두 가지 기본적 움직임인 '현실 개념에 대한 해체와 재구성'과 관련이 있다. 나이젤 트리프트(Nigel Thrift)에 따르면 놀이는 생각으로만 존재했던 가능성이 실현되는 '행위적 실험 과정'이라 할 수 있다(2008: 119). 빅터 터너(Victor Turner)에게 놀이는 '우리의 목표를 변경할 가능성을 보여준다. 따라서 우리 문화가 현실로 규정하는 것을 재구성한다'(1983: 233-234). 리차드 쉐크너(Richard Schechner)는 놀이가 '위험'하기도 하다고 했지만 우리는 놀이가 재미있는 것이고 자발적으로 행해진다고 설명함으로써 이에 반대한다. 쉐크너에게 '놀이의 즐거움은 재미로 하는 불장난과 같이 자신의 손에 들어와 수용된 절차와 위계를 뒤집는 것이다[...]'(1993: 27).

'불장난'은 위험한 활동에 참여하는 것인데, 사실 클랜윌리엄 프로젝트에서도 마찬가지이다. 참여자들은 실제로 불장난을 한다. 이는 위험이 주어진 상황에서 사회 질서를 깨고 말하고 행동하며 함께하는 새로운 방식을 제안하는 것이다. 개인이 이전에 해보지 않은, 익숙하지 않은 일을 하는 것은 다른 사람이 보기에 자신이 이상하고 우스꽝스럽게 보일 수 있는 위험을 감수해야 하는 것이다. 쉐크너가 '다크 플레이(dark play)'라고 명명한 것에서도 위험함을 찾을 수 있다.

다크 플레이(dark play)는 의식적인 놀이이지만 일부 또는 모든 참여자가 자신이 놀이를 하고 있다는 사실을 모르는 어둠 속의 놀이일 수도 있다. [...] 다크 플레이는 질서를 무너뜨리고, 프레임을 해체하고, 자체 규칙을 어기기 때문에 놀이 자체가 파괴될 위험이 있다(1993: 36).

예를 들어 말하자면, 클랜윌리엄 퍼레이드 중 일부 참여자가 게임을 폭력적으로 만들어 전체 이벤트가 통제 불능의 상태가 될 위험이 생긴 경우가 있었다. 일주일 내내 적극적으로 참여하지 않던 소년들이 퍼레이드 끝에 잠입하여 어린 아이들의 손에 있던 등불을 잡아채 무기로 사용해 다른 참여자의 머리나 등을 무차별적으로 때린 것이다. 퍼레이드가 진행되는 동안 처음에는 '이게 무슨 놀이인가? 같이 놀아야 할까?' 싶었지만 이내 희생자가 생기면서 당황과 공포에 휩싸였다. 또 다른 예로는 CGI 프로젝트에서 실제 현실의 폭력이 연극을 만드는 그룹에 영향을 미친 경우로 갱단으로부터 자신을 해방시키려 했던 한 참여자는 그 갱단의 구성원에 의해 살해당하게 되었다. 다시 말해서, 놀이가 더 사악한 것으로 대체될 가능성이 매우 높고 이러한 종류의 이야기가 나타낼 수 있는 정치적 효과는 현실 세계의 폭력에 직면하여 어떤 경고도 없이 매우 빠르게 통제 불가능할 수 있고, 큰 역효과가 나거나, 충격적으로 쓸모없는 것으로 바뀔 수 있다.

권위 재분배

두 프로젝트에서 만들어지는 것이 비록 오래가지 못하고 깨지기 쉬우며, 어떤 면에서는 '상상적인' 것임에도 불구하고 필자는 이것이 하나의 집합체, 작은 공동체라고 주장하였다. 이 집단은 각각 10년이 넘는 장기간에 걸쳐 퍼포먼스 활동의 집합체에 참여함으로써 뭉쳐졌다. 공연 창작 및 발표, 역량 개발 워크숍 참여, 연극 관람, 퍼포먼스와 퍼포먼스가 경험되는 방식에 대한 지속적인 논의 등이 활동에 포함된다. 두 경우 모두 참여자들은 사회 가장자리에서 어려운 사회 경제적 조건에 처한 사람들이었다. 기초 교육을 보장받지 못하였고 고용이나 추가 교육의 기회가 제한되었다. 이 장의 서두에서 인용한 해밀턴의 말처럼 남아프리카 공화국에서 민주주의가 도래한 지 20년이 지나서도 '자유롭지 못한' 사람들이었다. 참가자들은 변화무쌍한 상태로 오가다가 장기간의 프로젝트에 걸쳐 일관된 중심을 형성하며 참여의 형태를 변화시켰다.

그러나 이 변화하는 집단은 외부 조직인 마그넷 극단에 고정된 것이다. 집단으로 지속하는 데에 여러 면에서 마그넷 극단에 의존하고 있다. 마그넷 극단은 외부 존재로서 참여자들처럼 '자유롭지 않다'고 할 수는 없다. 집단 공동체의 구성 요소라는 점에서는 내부에 있다고 볼 수 있다. 이는 마그넷이 이질적인 특성을 갖는다는 것을 시사한다. 정치적, 경제적, 학문적으로 또한 사회적으로, 연극적으로 지배적인 계급의 대표자들이 조직을 운영하지만 많은 리더들은 사실 같은 공동체의 사람들이다. 동일한 프로젝트의 혜택을 받은 사람들이 계속해서 추가 교육 및 훈련을 받았던 것이다. 어쨌든 마그넷 극단은 참여자 공동체의 내부 또는 외부에 있으며 참여자 스스로 유지 관리에 실패할 수 있는 연속성을 위한 작업 체계와 접근하기 어려운 지식, 기술, 지위, 구조 및 경험에 대한 접근을 제공한다.

마그넷 극단은 항상 극작가들의 작품을 무대화하는 것 이외의 방식으로 연극을 만들어왔다. 이 제작 과정에서는 항상 전체 앙상블의 참여가 강조된다. 참여자마다 참여 방식이 다르지만 최소한 '모든 사람이 발언할 수 있다'는 약속이 있다. 이것은 남아프리카 공화국의 연극 워크숍 역사에서 비롯되었으며 워크숍 또는 공동 연극 창작에 대한 아이디어에 대해서는 모든 사람이 평등한 발언권을 갖는다는 감상적인 민주주의에서 모든 사람이 참여하지만 모두가 동등하게 참여하는 것은 아닌 합의 민주주의로 발전하였다(Fleishman 1991). 이 작업의 최전선에는 촉진(facilitation)의 철학과 실천이 있으며, 이는 차례로 '서로 다른 권위의 보유자 간'의 만남으로 이해될 수 있다(Wakeford and Pimbert 2013: 69). 마그넷 극단 내 연극 전문가의 권위와 특정한 삶의 경험에서 파생된 유기적인 시민 참여자들의 권위가 공존하는 것이다.

마그넷의 퍼실리테이터는 그룹과 함께 일할 때 준비하는 과정이 없다. 진행자가 채택하거나 따를 기존 기술 및 절차의 '기성품' 세트가 없는 것이다. 대부분의 퍼실리테이터는 마그넷의 협업 연극 제작 방식에 익숙한 편이며 (이것은 어느 정도 경험이 되긴 하지만) 현장에 들어가면 그룹이 하고 있는 작업에 즉각적이고 반응적으로 참여하며 포착하는 모든 것을 활용하는 브리콜뢰르(bricoleur)[4]로 기능한다. 현장 작업자는 마그넷과의 연결로 인해 권위를 가지지만 그것은 항상 임시적이며 협상 대상이다. 그가 너무 세게 밀어붙이거나 너무 엄격하면 그 권위는 철회된다. 그의 조언은 도전받거나 무시될 수도 있다.

사례 연구 프로젝트에서 마그넷 극단과 참여자들의 관계는 '권위적 권력 관계'로 정의하고 싶다(Blencowe 2013: 9). 즉, 마그넷이 퍼포먼스 영역에서 '권위'를 가지고 있기 때문에 참여자들은 마그넷과 관계를 맺는다는 것이다. 클레어 블랑코우(Claire Blencowe)에게 권위는 전통적으로 위계질서와 결부되어 있는 '힘의 유형'이며 '반민주적이고 불평등하고 잔인한 것을 지칭'하지만, 아렌트에 이어 그녀 역시 그것이 '매우 긍정적인 용어'가 될 수 있다고 설명한다(2013: 12). 아렌트에게 '권위는 인간이 자유를 유지하는 데 필요한 복종을 내포'(1977: 105)하고 이것은 블랑코우가 권위를 '현명한' 또는 '알고 있는' 조언의 힘(2013: 10)으로 설명한 이유로 볼 수 있다. 그러나 이것은 그저 이론적인 것으로 무시될 수 있다. 권위는 힘을 가진 자가 내리는 명령이 아니라 힘이 부족한 자가 실행해야만 하는 것이다. 그럴 때만이 '명령이나 외부 강요가 아닌 단순한 조언'이 된다(Arent 1977: 123). 블랑코우는 권위에 대한 아렌트의 아이디어를 재구성하며 그것이 '경험적 지식의 필수적인 외부, [...] 특정 관점(공동체)의 외부, 주관적 해석 영역 외부에 위치한' 객관성과 관련이 있다고 설명한다(2013: 15). 마그넷이 참여자에게 제공하는 권위는 그들이 지역사회의 주변 환경에서 스스로 얻을 수 있는 경험 밖에 존재하고, 자신의 존재와 능력을 통해 스스로 이해하고 경험할 수 있는 것 너머에 존재하는 지식이다. 참여자들은 마그넷과의 경험이 아니면 쉽게 접근하기 어려운 새로운 사고방식과 행동 방식을 접하며 대안적 영역(기술, 아이디어, 형식, 스타일, 방법, 재료 측면에서)으로 나아갈 수 있는 잠재력을 가지는 것이다.

블랑코우는 계속해서 다음과 같이 주장한다.

---

4) 역자 주: 다양한 도구를 활용하여 다양한 방식으로 만들기를 진행하는 브리콜라주(bricolage)를 하는 사람

권위에는 근본적으로 협력의 무언가가 있다. 권위는 권위 관계에 있는 모든 참여자의 손에 있다. 권위는 그 제약을 받는 사람들이 부여해야 한다(2013: 13).

두 가지 사례 연구 프로젝트의 참여자는 마그넷에게 '권위'를 부여하고 이것에 따른 제약과 제한에 자신을 종속시키는 데 동의한다. 그러나 블랑코우는 아렌트를 따라 '정치의 가능성을 다원화'하고 '분명히 불평등한 관계임에도 불구하고 더 포용적인 자유의 공간'을 만드는 것이 바로 그러한 제한이라고 주장하였다. 이러한 의미에서 프로젝트의 정치는 평등에 기반을 두지 않는다. '매우 배타적인 그리스 폴리스에서의 자유의 조건'이 아니라 '훨씬 더 포용적이고 다양한 그리고 불평등한 모든 로마 시민들 사이의 정치 조건(평등과 자유)'에 근거한다(2013: 14). 그러나 권위 관계는 고정된 것이 아니라 시간이 지남에 따라 변한다. 경험과 역량이 증가함에 따라 많은 참여자가 프로젝트 안팎에서 권위를 얻기 시작하였다. 일부 참여자는 프로젝트 내에서, 또 어떤 참여자들은 그들이 살고 있는 마을 또는 백스터 씨어터(Baxter Theatre)의 자바라자(Zabalaza) 지역사회 연극 페스티벌, 케이프타운 외곽의 구굴레투(Gugulethu)에서 열리는 카시-투-카시(Kasi-to-Kasi) 공공 예술 축제 등 외부 기관 프로젝트 등의 퍼실리테이터가 되기도 하였다. 최근 마그넷 극단은 여러 해 동안 프로젝트에 참여해 온 사람들이 현장에서 직면한 문제 및 과제에 대해 토론하고 참여할 수 있는 플랫폼을 제공하기 위해 동문 간담회를 열기 시작하였다. 마그넷 극단이 아이디어와 물질적 지원은 제공하였지만 행사 조직, 프로그램 기획, 대화의 방향을 결정한 것은 젊은 참여자들 스스로였다.

블랑코우에 따르면 '민주화는 사회 전반에 걸쳐 권위를 분산시키는 것'이다(2013b: 37). 민주주의는 종종 특정 권위가 없는 것으로 간주되기 때문에 눈에 띄지 않고 목소리가 들리지 않는 일반 사람들이 '정치적 요구를 하고, 책임을 묻고, 진지하게 받아들일 수 있는' 충분한 권위를 얻는 것이다(2013b: 37). 블랑코우는 '민주주의와 존엄성 사이에는 직접적인 연관'이 있는데, 이는 사람들이 권위를 가지고 있는지 없는지 여부와 관련이 있다. '보통 경제적으로 소외된 사람들의 존엄성과 자긍심'(2013b: 41)은 권위(특정 분야에 대한 전문 지식이나 실제적이고 가치 있는 경험을 통해 얻은 통찰력)가 부족하다는 인식이 형성될 때 훼손되고, 그러한 훼손은 그 사람들이 자신의 관점을 표현하거나 그것이 진지하게 받아들여질 것이라고 믿는 정치적 요구를 하는 것을 극도로 어렵게 만든다. 다시 말해서, 정치적 행동을 위한 그들의 능력, 민주주의에서 권위 있는 시민으로서 행동하는 능력은 권위 의식에 달려 있으며 이는 존엄성, 자존심과 결부되어 있다. 블랑코우는 전문 지식이나 경험의 부족으로 인해 종종 배제되는 집단에게 접근함으로써 참여를 확대하고, 나아가 현실에 대한 우리의 개념을 구성하는 것과 현실의 가치와 존중에 대해 열려 있음으로써 '참여적 실천이 권위를 재분배하는 방법이 될 수 있다'고 주장한다(2013b: 41). 마그넷 극단이 하는 참여적 과정과 프로젝트가 다음의 두 영역 모두에서 권위의 재분배에 기여한다는 것이 필자의 주장이다. 첫째, 그들의 경험과 전문 지식에 대한 접근을 높여 연극 참여를 확대한 다음 정치 과정에 참여를 확대한다. 둘째, 연극의 미학과 내용을 통해 이미지와 이야기의 생산과 수용을 촉진함으로써 사회에서 무시되는 사람들이 스스로 삶을 어떻게 살고 경험하는지에 대해, 즉 '현실' 인식을 재구성하도록 돕는다.

적극적 시민의식

서론에서 나는 다양한 퍼포먼스 프로젝트에 집단적 참여를 통해 일종의 '정치적 주체화'(Zizek 2004: 69)가 발생하며 이를 통해 참여자가 '주체로서 자신을 드러낸다'(Arendt 1959: 163)고 주장하였다. 그 과정에서는 참여자와 마그넷 극단 사이에 공동체가 생겨난다. 그 공동체가 아무리 일시적이거나 느슨하더라도 말이다. 두 번째 부분에서는 참여자와 마그넷 극단의 관계를 권위적 권력 관계로 정의할 수 있으며 프로젝트는 민주적 참여를 확대하기 위해 권위를 재분배한다고 하였다. 이제 마지막 부분에서는 위의 내용을 새로운 민주주의 체제인 남아프리카 공화국의 시민권 개념, 특히 약한 시민권에 반대하고 이를 능동적 시민권으로 대체하는 것과 연결하려고 한다.

킴리카(Kymlicka)와 노먼(Norman)(1994)에 따르면 시민권은 두 가지 방식으로 이해될 수 있다. 첫째, 시민권은 구성원에게 부여되는 특정 권리 및 책임과 함께 '법적 지위로서의 시민권, 즉 정치 공동체의 완전한 구성원으로서의 자격'이다. 둘째, '희망적 활동으로서의 시민권'으로 시민권의 정도와 질은 그 공동체의 개인의 참여와 밀접하다(1994: 353). 우리가 논의 중인 프로젝트의 젊은 참여자들은 아파르트헤이트 정책에 반대하는 성공적인 투쟁으로 앞서 언급한 첫 번째 종류의 시민권을 획득하였다. 새로운 남아프리카 공화국의 헌법은 다당제 민주주의 정부의 보편적인 성인 참정권과 인간의 존엄 추구, 평등, 인종과 성을 차별하지 않는 인권과 자유의 증진을 보장한다. 그러나 위르겐 하버마르(Jurgen Habermas)가 주장하는 바와 같이 '입헌적 자유의 제도는 시민이 그것을 행사할 때 그 가치가 있다'(1992: 7). 즉, 법적 지위로서의 시민권 획득이 자동적으로 능동적이고 참여적인 시민권으로 이어진다는 보장은 없다는 것이다. 1994년 이후 남아프리카 공화국에서는 분명히 그렇지 않았으며 그것이 사트가르(Satgar)가 '남아프리카 공화국의 민주주의는 '강력한 대의제, 결사적, 참여 민주주의의 삼위일체'에서 약한 대의제 민주주의 형태로 축소되었다'고 주장하는 이유이다(2012: np). 그리고 여기서 논의되고 있는 것과 같이 퍼포먼스 프로젝트 참여는 민주주의의 결사 및 참여를 활성화하여 민주주의를 강화하려는 시도라는 것이 내 주장이다.

이 논쟁에서 발생하는 질문은 다음과 같다. 능동적인 시민으로서 의미 있는 참여를 장려하거나 촉진하는 최선의 방법은 무엇인가? 예를 들어 정치 이론가 마이클 왈저(Michael Walzer)에 따르면 '민주주의 정치를 가능하게 하는 시민성은 시민 사회의 연합 네트워크에서만 얻어질 수 있다'(1992: 104)고 한다. 각 프로젝트를 통해 발생하는 커뮤니티는 그러한 '연합의 네트워크'이며 다음과 같은 특징이 있다.

1. 참여는 자발적이다. 참여자들은 개입 여부를 선택할 수 있다. 그들은 참여를 요구하는 법에 의해 참여하는 것이 아니다. '클랜윌리엄 프로젝트'에서 참여자들은 개별적으로 참여를 결정하였다(그들이 하게 될 것이 무엇

인지에 관한 정보의 양엔 다소 차이가 있었을 수는 있지만). 그러나 '문화 집단 프로젝트'에서 참여자들은 협회의 일원이 되기로 결정한 기존의 드라마 집단에 속함으로써 협회의 일부가 되었다.

2. 참여자들이 집단에 속하기 때문에 협회의 일부가 된 경우 그 집단은 별도의 개체로 남는다. 비슷한 다른 그룹들, 마그넷 극단과 구별된다. 연합 네트워크는 통일성이 아닌 다원성을 추구한다. 이러한 맥락에서 마이클 오크셧(Michael Oakeshott)은 인간의 모임을 두 가지 종류, *소시에타스와 유니버시타스(societas and universitas)*'로 구분하였다(1975: 199, emphasis original). 유니버시타스는 공동의 관심을 기반으로 공동의 목표 또는 결과를 달성하기 위한 프로젝트 모임을 의미한다. 그는 그러한 모임을 '그 자체가 사람인 사람들의 동반 관계'라고 표현한다. 사람들이 모이는 것은 그 자체로 한 사람처럼 되는 것, 즉 통일성을 지닌다는 것이다. 반면 소시에타스는 함께 모이는 '시민의 연합'을 의미하는 것으로 사람들이 서로 공통점이 있음을 인식하고 결과적으로 서로에게 충실하고 연대를 표현한다는 개념이다.

3. 참가자 및 집단은 다른 목표 및 목적을 추구하기 위해 다른 집단 및 협회에 자유롭게 속할 수 있다. 즉, 마그넷과 집단들은 딱딱하고 배타적인 구조라기보다 느슨한 집합체로 결속되어 있고, 집합체는 내면성보다는 외면성의 관계에 의해 결정된다. 데 란다(De Landa)가 짚었듯이 집합을 구성하는 구성 요소는 전체의 정체성에 필수적인 것은 아니다. 그들은 다른 구성 요소로 대체될 수 있다(De Landa 2006). 구성원을 결정짓는 본질적인 것은 없으며 몇 그룹이 해체된다고 해서 집합체가 무너지지는 않는다. 또한 이미 정해진 것이 아니라 매시간 새로운 것이다. 그것이 존재하기 위해서는 지속적으로 실천해야 하며 이 관행의 조건은 지속적으로 협상되며 결과적으로 항상 변경 가능하고 변화한다. 모우프 (Mouffe)가 설명하였듯이 그것은 '특정한 형태나 정체성이 없고 계속해서 재연되는 공동체'이다(1992: 233).

4. 협회는 주어진 상황에서 집단 간 권력 차이가 없는 것처럼 존재하는, 여러 집단의 동맹 이상의 개념이다. 주어진 상황에서 권력의 차이를 발견하고 그것을 변화시키기 위해 기능한다.

5. 협회와 그것의 활동들은 공적 영역에서 운영되며 특정한 공간적 차원을 가진다. 즉, 협회는 가정(home)과 같은 사적 공간과 국가 공간 사이를 매개하며, 협회의 관심사는 사적 선호에 의해 결정되지 않고 지속적인 숙고와 토론 그리고 '그 공간의 특징적인 관행과 활동', 제도적 한도를 통해 공적 공간에 드러난다(Arendt in Passerin d'Entreves 1992: 153). 이 공적 공간에서 이러한 우려 사항은 명확하게 표현되고 협상되어 배포된다.

집단이 협회와의 관계에서 이익을 얻으려면 협회의 규칙 또는 '행동 규범'(Mouffe 1992: 233)에 따르는 데 동의해야 한다. 이러한 규범은 협회의 사회적 관행에서 참여자의 행동에 '문법'으로 기능한다. 모우프(Mouffe)는 마이클 오크셧 (Michael Oakeshott)을 인용하며 다음과 같이 설명한다.

> 수행할 행동을 규정하는 것이 아니라 '수행하기를 선택할 때 동의해야 할 조건을 지정하는 도덕적 고려 사항'을 규정하는 규칙 또는 규칙과 유사한 지시사항의 복합체(Mouffe 1992: 232, Oakeshott 1975: 182 인용)

오크셧과 모우프는 연극 및 퍼포먼스 학자들이 생각하는 방식으로 퍼포먼스를 바라보지 않는다. 그럼에도 불구하고 나는 현재 사례의 경우 연극적 의미의 퍼포먼스에도 이러한 구상이 적용된다고 생각한다. 예를 들면 집단들과의 작업 초기에 우리가 본 공연의 대부분이 그들이 속한 지역사회에 만연한 폭력과 관련이 있었다. 우리가 가장 우려한 것은 폭력이 미화되는 것이었다. 희곡은 허세 넘치고 심지어 자부심을 느끼며 휘두르는 총으로 가득했고, 가장 인기 있는 캐릭터는 조폭이었으며, 무대가 시체로 뒤덮이는 일은 예사였다. 대부분의 사람들이 권력이 없다고 느끼는 커뮤니티에서 갱스터가 권력을 가지고 있고 총이 권력을 획득하는 수단이라는 맥락을 생각하면 쉽게 이해할 수 있다. 일반적으로 우리가 연극의 주제를 결정하지는 않지만 총과 갱단은 없어야 한다는 것을 우리 협회의 규칙으로 삼았다. 그 결과 내용(훨씬 더 넓은 범위의 주제와 캐릭터)과 스타일(특정 인물의 인기에 단순히 의존할 수 없을 때 관객을 끌어들이는 더 흥미롭고 도전적인 방법을 찾아야 할 필요가 있었음) 면에서 공연의 많은 것이 바뀌었다. 이 규칙은 마그넷 극단의 가치에 기반을 둔 것이었고, 마그넷의 권위 때문에 유지될 수 있었다. 그러나 이러한 가치를 모든 집단의 모든 구성원이 보편적으로 공유한다는 의미는 아니다. 네트워크 내에는 '가치 동질성'이나 '가치 합의'가 없으며 조화나 만장일치에 대한 궁극적인 목표도 없다. 따라서 참여자들이 집단 관행 밖에서 만드는 연극은 변하지 않을 수 있다. 개인마다 무엇이 선을 구성하는지에 대해 다른 생각을 가질 수도 있기 때문이다. 그러나 행동 규칙과 결과물은 협회 자체의 맥락에서 변화했다.

나는 이 연합 네트워크가 아렌트가 '정치 공동체'라고 명명한 특정한 형태라고 주장하고 싶다. 더 나아가 그것을 *하나의 정치 공동체*로 정의할 것을 제안하고 싶다. 샹탈 모우프(Chantal Mouffe)가 설명했듯이 '시민권을 정의하는 방식은 우리가 원하는 종류의 사회 및 정치 공동체와 밀접하게 관련된다'(1992: 225). 우리의 목표가 급진적이고 다원적인 민주주의를 보장하는 것이라면, 평등과 정의의 원칙이 사회적 영역까지 확장되는 것이라면, 그 사회 내에서 동등함을 바탕으로 다수의 정치적 투쟁을 인식할 필요가 있다. 아파르트헤이트에 반대하는 투쟁이 여성이나 소수자의 권리를 보장하려는 다른 모든 투쟁을 대체하였을 때처럼, 투쟁보다 더 중요한 것은 없다. 다시 말해 우리는 정치와 정치 참여가 사회의 여러 수준에서 작동하고 이러한 수준이 적어도 어느 정도 통합되어 있음을 인식한다. 정치적인 것은 대의정치에만 국한되지 않고 분산된 개념이며, 시민권 가치의 상당 부분은 그러한 정치에 참여함으로써 결정된다. 모우프가 말했듯이, 우리는 우리의 시민권을 '정치 공동체에 속하는 것과 독립적으로'(1992: 4) 생각할 수 없다. 그리고 위의 논의와 관련하여 블랑코우는 정치 공동체가 권위를 통해 구성된다고 설명한다.

권위의 힘을 느낀다는 것은 공동체의 현실을 느끼는 것 … 그 공동체에 속한다는 것이다. 권위를 확인, 행사 또는 인정하는 것은 특정 공동체의 현실을 확인하고 이에 투자하는 것이다. [...] 의사 결정으로 발생할 수 있는, 무감각해질 수 있는 고통에 직면할 때 권위는 그 소지자에게 공동체의 지지를 제공한다(2013: 13).

더욱이 랑시에르에 따르면 '합의'가 아닌 '불합의'로 특징지어지는 경우에만 공동체를 정치적인 것으로 설명할 수 있다. 가브리엘 록힐(Gabriel Rockhill)은 랑시에르의 *미학의 정치*에서 다음과 같이 설명한다.

의견 불일치는 개인의 이익이나 의견과 관련한 다툼이 아니다. 그것은 인식, 생각, 행동의 확립된 틀에 '받아들일 수 없는 것'을 대면시킴으로써 감각적 질서에 균열을 만드는 정치적 과정이다(2004: 85).

'받아들일 수 없는 것'은 배제된 것이고 랑시에르는 이것을 *데모(demos)*라고 지칭하였는데, 이는 그리스어로 권리나 힘이 없는 자들, 즉 '공동 분배에 참여하지 않는 자들'을 뜻한다(2004: 84). 데모는 랑시에르의 '대중' 또는 '사람들의 무리'를 뜻하는 그리스어 *오클로*(ochlos, 데모를 배제하는 대신 자체 통일에 집착하는 공동체)에 반대되는 개념이다. 이 개념에서 민주주의는 데모가 오클로의 합의된 추진력을 방해할 때만 가능하다.

이 장의 제목에서 필자는 남아프리카 공화국의 참여 퍼포먼스 관행을 위한 가능한 정치를 제안하였다. 우선 정치는 '가능하다.' 연극/퍼포먼스와 정치의 관계는 더 이상 명확한 것이 아니기 때문이다. 바즈 커쇼(Baz Kershaw)와 앨런 리드(Alan Read)와 같은 작가들은 그 관계가 다른 곳에도 큰 영향을 미칠 수 있음을 우려하였다(Kershaw 1999; Read 2008). 둘째, 그것은 가까이 있고 성취할 수 있다는 점에서 '가능한 정치'이다. 불가능하지 않다. 문제에 대한 이해와 상황을 바꾸기 위해 실제로 적극적으로 무언가를 하고 있다는 의미에서 젊은 참여자들의 이해를 넘어서는 영역에서 작동하지 않는다. 셋째, 참여적 프로젝트와 그것이 만드는 네트워크가 '가능한 새로운 지형'을 만들어 내기 때문에 '가능한 정치'이다(Ranciere 2008: 49). 랑시에르에 따르면 우리는 '둘러싼 결속을 느슨하게 할 필요가 있다 [...] "상황"이 명백하고 의심할 여지없이 보이는 체계 내 가능성'을 보아야 한다(Ranciere in Carnevale and Kelsey 2007: 261). 지금까지 논의한 프로젝트에서의 적극적인 참여와 변화하는 권위가 바로 그러한 역할을 한다는 것이 필자의 주장이다.

References

Arendt, H. 1959. *The Human Condition*. New York: Doubleday.

Arendt, H. 1977. *Between Past and Future*. Harmondsworth: Penguin.

Blencowe, C. 2013. 'Biopolitical authority, objectivity and the groundwork of modern citizenship'. *Journal of Political Power* 6.1: 9‒28.

Blencowe, C. 2013b. 'Participatory knowledge matters for democracy' in Noorani, T. Blencowe, C. and Brigstocke, J. (eds.) *Problems of Participation: Reflections on Authority, Democracy and the Struggle for Common Life.* Lewes: ARN Press, pp. 37‒47.

Carnevale, F. and Kelsey, J. 2007. 'Art of the possible: Fulvia Carnevale and John Kelsey in conversation with Jacques Rancière'. *Artforum* 45.7: 256‒269.

De Landa, M. 2006. *A New Philosophy of Society: Assemblage Theory and Social Complexity*. London and New York: Continuum.

Fleishman, M. 1991. 'Workshop Theatre in South Africa in the 1980s: A Critical Examination with Specific Reference to Power, Orality and the Carnivalesque'. Unpublished MA thesis, University of Cape Town.

Fleishman, M. 2015. 'Lapsing into democracy: Magnet Theatre and the drama of "unspeakability" in the new South Africa' in Luckhurst, M. and Morin, E. (eds.) *Theatre and Human Rights after 1945: Things Unspeakable.* Basingstoke: Palgrave Macmillan.

Habermas, J. 1992. 'Citizenship and national identity: Some reflections on the future of Europe'. *Praxis International* 12: 1‒19.

Hamilton, L. 2011. 'Collective unfreedom in South Africa'. *Contemporary Politics* 17.4: 355‒372.

Jackson, M. 2002. *The Politics of Storytelling: Violence, Transgression and Intersubjectivity*. Copenhagen: Museum Tusculanum Press.

Kershaw, B. 1999. *The Radical in Performance: Between Brecht and Baudrillard*. London and New York: Routledge.

Kymlicka, W. and Norman, W. 1994. 'Return of the citizen: A survey of recent work on citizenship theory'. *Ethics*, 104: 352–381.

Latour, B. 2005. *Reassembling the Social: An Introduction to Actor–Network–Theory*. Oxford: Oxford University Press.

Morris, G. 2010. 'Own–made in the (post–) new South Africa: a study of theatre originating from selected townships in the vicinity of Cape Town'. Unpublished PhD thesis, University of Cape Town.

Mouffe, C. 1992. 'Democratic citizenship and the political community' in Mouffe, C. (ed.) *Dimensions of Radical Democracy: Pluralism, Citizenship, Community*. London: Verso, pp. 225–239.

Oakeshott, M. 1975. *On Human Conduct*. Oxford: Oxford University Press.

Passerin d'Entrèves, M. 1992. 'Hannah Arendt and the idea of citizenship' in Mouffe, C. (ed.) *Dimensions of Radical Democracy: Pluralism, Citizenship, Community*. London: Verso, pp. 145–168.

Rancière, J. 2000. (trans. G. Rockhill 2004). *The Politics of Aesthetics*. London: Continuum.

Rancière, J. 2008. (trans. G. Rockhill 2011). *The Emancipated Spectator*. London: Verso.

Read, A. 2008. *Theatre, Intimacy & Engagement: The Last Human Venue*. Basingstoke: Palgrave Macmillan.

Retort. 2004. 'Afflicted powers: The state, the spectacle and September 11'. *New Left Review* May/June(27): 5–21.

Rockhill, G. 2004. 'Translator's introduction: Jacques Rancière's politics of perception' in Rancière, J. *The Politics of Aesthetics*. London: Continuum, pp. 1–6.

Rogoff, I. 2005. 'Looking away: Participations in visual culture' in Butt, G. (ed.) *After Criticism: New Responses to Art and Performance*. Oxford: Blackwell Publishing, pp. 117–134.

Satgar, V. 2012. 'The neoliberal squeeze on post–apartheid democracy: Reclaiming the "South African dream"'. *Global Research*, January 2, n.p. Available: www.globalresearch.ca/the–neoliberal–squeeze–on–post–apartheid–democracy–reclaiming–the–south–african–dream/28453. Last accessed 6 October 2014.

Schechner, R. 1993. *The Future of Ritual: Writings on Culture and Performance*. London and New York: Routledge.

Simmel, G. 1997. (ed. by D. Frisby and M. Featherstone) *Simmel on Culture: Selected Writings*. London: Sage.

Thrift, N. 2008. *Non—representational Theory: Space, Politics, Affect*. London and New York: Routledge.

Turner, V. 1983. 'Body, brain and culture'. *Zygon* 18.3: 221–245.

Wakeford, T. and Pimbert, M. 2013. 'Opening participatory democracy's black box: Facilitation as creative bricolage' in Noorani, T., Blencowe, C. and Brigstocke, J. (eds.) *Problems of Participation: Reflections on Authority, Democracy and the Struggle for Common Life*. Lewes: ARN Press, pp. 69–82.

Walzer, M. 1992. 'The civil society argument' in Mouffe, C. (ed.) *Dimensions of Radical Democracy: Pluralism, Citizenship, Community*. London: Verso, pp. 89–107.

Žižek, S. 2004. 'Afterword: The lesson of Rancière' in Rancière, J. *The Politics of Aesthetics*. London: Continuum, pp. 69–79.

••11
노동 의식(Labour Rites)의 무대화

디 소이니 메디슨(D. Soyini Madison)

이 장은 어디에나 존재하는 노동을 다루는 공공 퍼포먼스를 무대화하는 과정을 통해 정치적이면서도 시적인 질문을 제시한다. 활동가 공연(an activist performance)으로서 노동을 무대화하는 것의 이론적 근거로는 그 영향력, 중요성, 아름다움, 미래상 등이 교차되며 다루어졌으며 노동의 의미와 느낌에 대한 대안적 서사와 상상을 제공한다.

우선 필자가 정의하는 노동을 열거하려 한다. 노동을 정의하며 그 의미를 한정하려는 것이 아니라 노동의 여러 측면을 설명하려 한다. 첫째로 '노동(labour)'과 '일(work)'의 개념을 구분하겠다. 노동은 일의 은유적, 시적, 상징적 상상일 뿐 아니라 일과 자연, 존재론, 철학, 일의 정치학을 의미한다. 두뇌와 신체가 하는 일은 노동의 무한한 일시성, 중요성, 힘의 역동으로 구성된다. 둘째, 노동과 직업(job)을 구분하고자 한다. 노동(labour)은 직업(job)의 개념을 포함하면서도 그것을 뛰어넘는 개념이다. 노동은 직업으로 일을 하는 데 있어 직업 그 자체이며 직업의 울림이기도 하다. 노동은 누군가와 함께 또는 누군가를 위해 행해지기 때문이다. 직업의 정서적 영향, 물리적 구조, 공유하는 맥락, 소속의 형태 등이 일하는 공간과 연결된다. 일하는 공간은 인권과도 관련이 있다. 셋째, 노동은 직업의 물질성과 절차 그리고 그것에 따르는 일의 존재론을 포함한다. 가능한 미래에 대해서만이 아니라 노동은 그러한 물질성과 절차에 대한 담론을 확장한다. 노동은 직업과 직업이 요구하는 일의 영역을 가로질러 많은 것에 관련되는 중요한 개념이 되었다. 노동은 감각으로 느껴지는 경험이며 역사, 일의 상징을 포함하는 개념이다. 넷째, 노동은 미래의, 상상의 (여기, 지금, 이곳에서, 어디에서나, 어디에도 없는 공간의) 유토피아를 포함한다. 그리고 그것에 도달하기 위해 필요한 자유와 행동의 형태를 안내하고 영감을 준다. 노동은 일과 직업에서 새로운 중요성을 상상하는, 엄청난 노력을 포함하는 개념이다. 즉, 이것은 그럴듯한 것일 수도, 실현 가능한 미래일 수도 있다.

질문은 다음과 같다. 무대화된 노동의 서술, 함축, 암시가 지역적으로 혹은 세계적으로 우리의 일상 행동과 어떤 관계가 있을까? 공연에서 그러한 묘사가 어떻게 보일까? 노동이 발생시킨 한정된 이야기에 우리는 어떻게 접근할까? 나는 신화적인 것이든 실제적인 것이든 존재적 고통과 저항하는 행동을 넘나드는 노동의 특별함에 관심이 있다. 공연은 다윗들과 골리앗들의 이야기이다. 골리앗들의 막강한 힘에 대항하는 다윗들의 물총에 대한 이야기이다. 작은 것으로 밀려나 꿈과 용기가 과소평가된 자들의 몸과 꿈을 지시하고 처벌하는 자들의 이야기이다. 공연은 이와 같은 상황에 들어가 이해 가능한 단절, 정형화된 상징적 대안에 대해 보여준다. 끈질기지 않으면 노동을 새롭게 상상할 수 없다. 나는 노동의 미래 이미지를 위해 도발하는 현재의 목격자로서, 정치적 행동으로서 공연을 제공하고 싶다.

물질성(materiality)

노동은 중요하다. 노동은 중요한 것에 끼어든다. (중략) 모든 것의 어머니이다. 노동하는 것은 노동으로 시작하는 삶을 긍정하는 것이다. (중략) 노동으로 삶이 시작하고 삶이 진행되는 것이라는 사실을 고려하면 삶의 진실은 노동이 정의한다. 즉, 노동이 삶에서 우리가 하는 많은 것을 한정한다. 노동은 언제나 있었고, 이미 시작되었으며, 노동을 부정하는 것을 포함한 여러 굴곡을 거쳐 살아남아 있다. (중략) 따라서 한 노동에서 다른 노동으로의 이행은 삶의 형태의 변화를 가져올

뿐만 아니라, 지나간 역사를 바라보는 관점의 변화와 역사 속 현재 자신의 위치의 변화를 이끈다(Chang 2010: 90).

창(Chang)의 문구는 모든 삶은 노동으로 이루어진다는 것을 깨닫게 한다. 존재는 시작되고, 유지되고, 변형된다. 그리고 무자비한 형태로 위협받는다. 노동은 축복이자 저주이다. 노동의 시간성은 무한한 형성으로 구성되어 있기 때문에 노동은 특정 지역에서든 세계 어느 곳에서든 우리의 과거, 현재, 미래의 모양을 그린다. 물질이 '만물의 어머니'이고 원자 입자와 우주의 별이 세계와 우리 모두를 존재하게 한 것이라면, 물질적인 모든 것의 결합 조직(무언가일 수도 있고 모든 것일 수도 있는)은 이 물질성이 어떻게 다양하게 분류되고, 배열되고, 규정되고, 영속화되고, 파괴되고, 유지되고, 결정되는지에 대해 반드시 생각해 볼 필요가 있다. 의식, 감정, 이념의 비물질성은 우리 삶의 위치와 위치에 대한 물질성과 정치 경제의 영향을 받기 때문에 필자는 이러한 공간, 시간, 신체, 사물, 자연, 자본의 정치 경제가 우리의 활동가 프로젝트를 어떻게 발생시키는지 살펴보려 한다. 활동가 퍼포먼스(activist performance)가 경제적 생산, 분배, 교환의 과정과 우리가 이러한 경제에 대해 어떻게 상상하고 느끼는지, 나아가 그들이 우리에 대해 어떻게 상상하고 느끼는지를 보여주고, 말하고, 뒤흔드는 것이라면 우리는 집단적 관심과 참여를 불러일으키는 예술을 만들어야 한다. 예술과 이야기 서술을 언급하면서 토니 모리슨(Tony Morrison)은 예술이 '당신을 일어서게 하고 당신이 무언가를 깊이 느끼게 [...] 울고 동의하거나 변화하도록 전달해야 한다'고 주장하였다(1994: 494). 그녀는 예술의 효과적이고 정서적인 울림에 대해 다음과 같이 표현하였다.

예술은 아름다워야 하고 강력해야 하지만 *일(work)*도 해야 한다. 깨달음을 주는 무언가를 지녀야 한다. 문을 열고 길을 알려주는 무언가 말이다. 갈등이 무엇인지, 문제가 무엇인지 암시하는 무언가가 있다. 하지만 예술이 이러한 문제를 해결할 필요는 없다. 예술은 사례 연구도 아니고 조리법도 아니기 때문이다(1994: 494).

모리슨은 우리로 하여금 '일어서서', 느끼고, 생각하고, 열려야 할 문과 나아가야 할 길을 제시하는 정치적이고도 아름답고 공동체적인 예술을 요구한다. 활동가 연극을 만드는 사람들은 사회 정의와 물질의 경제를 결합하여 시민 생활, 공동체 형성, 세계 시민의 마음과 정신에 영향을 미치는 지속적인 유산의 일부이다.

구현된 내레이션(narration)

공연된 이야기는 다른 방법으로는 잘 보이지 않고 들리지 않는 삶의 작은 순간 또는 파악하기에는 너무 먼 것에 주목하기 때문에, 그리고 사적 영역과 공적 구조 사이의 떼어놓을 수 없는 관계를 고려할 수 있는 공간을 창조하기 때문에, 그렇게 내레이션을 활용한 사회 정의 연극은 '개인이 몰입하는 다중 구조와 관계'에 영향을 미치면서 극적이면서도 눈에 잘 띄지 않는 힘의 형성뿐 아니라 사적 영역과 공적 영역을 연결한다(Slip et al. 2013: 85). 내러티브 공연은 현실이 어떻게 순서대로 정리되고 특정한 의식 및 맥락과 관련하여 존재하게 되는지에 대해 기록하기 위해 삶의 경험이 어떻게 구성되고 해체되는지 다룬다(ibid.: 88). 서사는 항상 이미 구성되어 있다는 점을 이해하면 '더 큰 선(greater good)'을 위해 다양한 방식으로 서사를 해체할 수 있다. 스토리텔러에 대한 워터 벤자민(Walter Benjamin)의 설명에 따라 헬렌 니콜슨(Helen Nicholson)은 다음과 같이 말한다. '스토리텔러의 사회적 역할은 스토리텔러가 선을 지지한다는 데 있다'(Nicholson 2014 [2005]: 65). 니콜슨은 계속해서 '스토리텔러의 재능 [...] 은 실용적인 지혜를 제공하기 위해 삶의 경험을 활용하는 것이며 있는 그대로의 삶과 있을 법한 삶을 연결하는 서사와 은유를 찾는 것이다.'(2014 [2005]: 65)라고 하였다. 니콜슨은 좋은 스토리텔링은 사실과 정보 전달이라기보다는 신체, 몸짓, 기술이 공유와 교환의 표현하는 순간을 만드는 사건이라고 설명한다. 따라서 좋은 스토리텔링은 '미학과 윤리, 그리고 관대한 행동을 결합'한다(2014 [2005]: 65). 구현된 관대함의 행위, 사적 영역과 공적 영역 사이의 마찰(치명적이거나 생생함)

이 흐려지고 피가 흐르는 권력의 폭로를 드러내는 더 많은 이야기들의 공유 공간을 만드는 행위가 바로 스토리텔링이다. 이 경우에 서사적 퍼포먼스와 관대함의 정신 안에 노동이 들어간다.

노동과 내레이션의 공연적 융합의 예는 필자가 2012년 미국 노스웨스턴 대학교의 다양한 학생들과 함께 미국 노동 운동의 이야기를 각색하고 감독한 *a free public performance*에서 발췌한 것이다. 지역 노동 운동 리더들을 대상으로 실시한 민족지학적 인터뷰뿐만 아니라 국제 점령 시위(International Occupy Protests)라는 현재의 사건에서 정보를 얻었다. 목표는 인간 노동의 권리와 의식의 순간을 무대화하는 퍼포먼스적 과정에 다양한 인종, 국적, 정체성을 가진 학생들을 참여시키는 것이었다. 감독과 각색 과정에서 필자는 워크숍과 연습 경험에 초점을 맞추었고 노동 교육 방법과 퍼포먼스 창작에 대한 공동의 노력에서 우리가 집단적으로 배우고 느낀 것을 구체화하는 것을 목표로 삼았다. 나는 공연이 관객들에게 정서적으로 영감을 주기를 바라기도 하였지만 주요 초점은 공동 창작과 노동 인식과 관련하여 학생들에게 영감을 주는 것이었다. 더 나아가 이러한 것들이 물질성으로서 그리고 열정적인 어떤 이유, 혹은 열정을 위한 이유로서 왜 그리고 어떻게 노동이 중요한 문제가 되는지에 대해 이해할 수 있게 되기를 바랐다. 노동 *의식(Labour Rites)*이라는 제목의 공연은 국제 노동 운동의 풍부한 음악 전통 및 시각적 아카이브에서 반영한 이미지, 사운드 설치뿐 아니라 희극적 풍자, 신화, 극적 독백, 구전 역사, 디지털 이미지, 춤, 상징적 움직임 등을 결합하여 노동 운동에 연극적 자취를 남겼다.

장면

열악한 환경의 작업장에서 일하는 노동자의 독백은 세계 경제의 역설과 잔혹한 모순, 국제 시장 주도 경제 질서 등의 영향을 받는 작은 공간 안에서 개인의 정서적 욕망을 밀도 있게 표현한다.

어두운 빈 무대. 한 여자가 들어와 중앙에 선다. 그녀는 반대편 세상에서 온 편지를 읽는다.

안나에게

오늘 미국인들이 그들의 공장에 방문 왔어. 멀리서 왔지. 미국 회사는 그들이 '공정한 노동'을 실현한다는 걸 증명해야 하나 봐. 오늘은 [...] 아무도 나쁜 이름으로 안 불렸어. 뒷방으로 보내진 여자도 없었어. 밤늦게까지 잠긴 문 뒤에서 일하는 사람도 없었지. 어린 애들은 집에 갈 수 있었어. 상사들은 미국인들이 오기 전날에 우리한테 청소를 시켰지. 바닥을 닦고, 기계도 닦고, 문과 창문의 자물쇠는 빼버리고, 쓰레기를 치우고, 화학물질도 닦아냈어. 옷도 잘 입으라고 했어. 깔끔하고 예쁘게. 그리고 잘 웃으라고 했지. 웃었어. 잘리고 싶지 않으니까. 상사들은 미국인들이 질문하면 우리가 얼마나 공장을 사랑하는지 기꺼이, 기쁘게 말하라고 했어. 그리고 미국인들에게 우리 상사들은 좋은 사람들이고 미국을 사랑한다고 말하라고. 또 우리가 미국처럼 잘 살기 위해서 일하는 거라고 얘기하라고 했어. 이 공장에서 일할 수 있어 미국에게 정말 감사하다고. 미국이 우리의 삶의 질을 높여준다고. '우리에게 일과 자유를 주셔서 정말 감사합니다.' 우리가 이렇게 말하지만 사실 미국인들은 알아. 우리가 말하는 게 진실이 아닌걸. 그들이 듣고 싶은 말만 우리가 한다는 걸. 하지만 그들은 기분 나쁘고 싶지 않거든. 그들은 부유하고 또 행복하고 싶어 해. 그리고 우리는 공장을 원해. 우리는 가난이 싫어. 길에 떨어진 쓰레기나 먹으며 살고 싶지 않아.

우리는 외침을 들었다. 착취 공장은 가난한 사람들이 굶주리지 않도록 한다! 그런가? 아닌가? 누구의 이익과 물질적 이익을 위해 착취 공장이 빈곤에 대한 유일한, 최선의 대안이 되는가? '메시지'가 영향력을 측정하게 한다는 것에 대한 논쟁과 옹호를 지니는 활동가 퍼포먼스(activist performance)는 '관객에게 생각할 것을 알려준다'는 이유로 너무 자주 비판을 받는다. 제임스 톰슨(James Thompson)은 우리에게 '영향력보다 감정에 집중'하라고 촉구한다(Thompson 2011: Ⅲ). '영향력'에 대한 강조는 교훈주의에 압도되어 퍼포먼스의 정서적이고 설득적인 면이 우리의 생생한 관심을 불러일으키는 강력한 순간이라기보다는 교훈적인 열변이 되게 한다. 아름다움에 관심을 두는 토니 모리슨은 감정과 효과가 단절되었을 때를 우려한다. '문제는 열변을 늘어놓는 것을 예술로 착각할 때 온다. 내가 보기에 최고의 예술은 정치적인 것이고 당신은 그것을 의심할 여지 없이 정치적인 동시에 돌이킬 수 없는 아름다움으로 만들 수 있어야 한다'(Morrison 1994: 497). 편지(The Letter) 장면은 설득력 있는 이야기의 시(poetics)를 통해 정치적 경제와 그것의 물질적 정치를 다룬다. 나는 작업장 노동자의 복합적인 경험을 재현하기 위해 다양한 신문, 기록 보관 계정을 통해 이야기를 각색하였다. 활동가 퍼포먼스는 생생한 주제를 담고 있다. 각각의 이야기에 담긴 주제는 세계시민의식, 지역 공동체, 사회 및 정치적 협력, 가족 내 소속감과 확장된 가족 형태 등 경험적 세계에서 순환하는 것이다. 사람들에게 경험과 인간성에 대해 공유된 시학(poetics)으로 보여주기 위해 애쓰는, 공연을 만드는 우리 같은 사람들은 이 영역에서 물질주의적 결과와 영향을 구현된 서사로 발전시킬 수 있는 무한한 이야기를 발견할 수 있다. 그러나 나는 모든 이야기가 말로 표현되지는 않는다는 것 또한 알고 있다. 침묵(말로 표현되지 않는 것, 말하기를 거부하는 것의 강력한 저항)의 효과를 안다. 말없이 움직임과 소리로만 표현하는 대안적 이야기들이 있다. 서아프리카 가나에서 현장조사를 할 때 인권에 대해 깨닫게 되는 순간이 있었는데 그것은 알게 되고 느끼게 된 것을 이야기 대신 춤, 노래, 음악적 리듬, 장식과 의상, 제스처, 의식 등으로 표현하였다(Madison 2010). 이것은 바바라 에런라이크(Barbara Ehrenreich)가 '집단적 기쁨의 순간'이라고 부르는 것과 유사하다(Ehrenreich, 2007). 너무 고통스러워 언어의 논리로 표현하기 어려운 순간도 있었지만 그럼에도 불구하고 이야기가 되어 이해할 수 있고 열정적으로 되는 순간이 있다. 제임스 톰슨으로 돌아가자면 '말과 침묵 사이에 이분법을 만드는 경향이 존재한다. 두 가지 모두 많은 사람들이 역사에서 서로 다른 시기에 관여하는 과정의 일부라는 사실을 잊은 채 말이다'(Thompson 2011: 67).

이야기에서 침묵의 표현까지 그리고 활동가 퍼포먼스의 여러 차원을 믿으면서 나는 '우리 모두의 어머니인 물질'에서 그 반대인 것처럼 보이는 신화로 방향을 돌릴 것이다. 물질은 실체를 내포하고 신화는 하늘의 것을 내포하지만 여기서의 필자의 주장은 물질에서 신화로의 이동이 대립적 이동이라기보다는 보완적 이동에 가깝다는 것이다. 물질은 실체를 경제적으로 인지할 수 있도록 돕고 신화는 상상을 경제적으로 인지할 수 있도록 돕는다. 그들은 활동가 퍼포먼스에서 생생하고 설득력 있는 한 쌍이다. 신화는 메시지에 상징적이고 은유적인 힘을 더함으로써 아름답게 연출되어 숨 막히는 이야기로 만들어진다.

시시포스(Sisyphus)의 신화

일시적인 [...] 신화를 초월하는, 자아를 확인할 수 있는 신화의 기능은 우리 존재를 둘러싸고 정보를 제공하는 거대하고 신비한 우주에 우리 자신을 관련시키는 것이 가능하다는 것을 보여준다. 그것은 우리로 하여금 현실과 경험의 다른 질서를 인식하게 하고 그 인식은 우주를 우리의 집으로 만든다. [...] 신화는 우리가 상상하는 삶에서 힘의 이야기를 만드는 경향의 표현이다(Allen 1994: 549).

신화는 퍼포먼스를 교수(敎授)하는 방법, 장면의 원형, 트랜스 휴먼1) 감정, 시대를 초월한 질문의 시대적 역사이다. *노동 의식(Labour Rites)*에서 우리는 인간의 의식, 놀이, 이성의 궤적을 반영함에 따라 신화의 질문을 증언하고자 하였다. 우리는 고도의 기교를 보여주는 퍼포머와 특유의 이야기가 관객을 다른 곳으로 이동시켜 대안적인 미래를 엿볼 수 있는 방법을 경험하였다. 우리가 바라는 것은 사람들이 공연과 신화의 진정한 교훈을 믿고, 관객이 자신이 이미 알고 있다고 믿는 것을 넘어서서 생각하고 느끼고 행동하기를 기대하면서 공연 공간에 들어왔으면 하는 것이다. 이것은 현재를 구성하고 해체할 수 있는 시간을 초월한 균형의 의사소통적 경험으로 이해될 수 있다. 신화를 사용하는 것은 사회정의를 실현하기 위한 아름다운 전술이자 가장 효과적인 퍼포먼스적 수단이 된다. 왜냐하면 퍼포먼스가 불러일으키는 강한 흥미와 복잡성으로 문화적 신화는

---

1) 역자 주: 몸속의 일부를 과학기술을 이용해 변환하거나, 몸속에 전자기술 등을 삽입하여 뛰어난 능력을 갖게 되는 인간

권력 형성, 공적 긴장, 사적 친밀감 등을 재현하기 때문이다. 그것은 언어를 통한 교육으로서 큰 권위를 부끄럽게 만든다. 이분법을 가지고 놀고 확대한다. 발명의 드라마와 의미의 관습을 장식한다. 사악하고 도덕적이라고 여겨지는 것에 대한 상징적 표현과 해석의 가능성을 열어 얽힌 욕망을 만든다. 우리에게 신화와 활동가 퍼포먼스의 실천은 의미 깊은 결합이었다. 노동을 다루는 신화의 예는 시시포스 신화에 대한 우리의 공연에서 찾을 수 있다.

장면

시시포스와 영원히 살고자 하는 그의 이기적인 욕망은 죽음을 동굴에 영원히 가두었다. 죽음이 세상에 더 이상 없었기 때문에 아무것도 죽지 않았다. 시간이 흐르고 시시포스는 죽음이 없는 삶은 비참하고 혼란스럽다는 것을 깨달았다. 인간들은 사랑, 가족, 우정의 소중함을 기억하기 위해 고군분투하였다. 한때 원초적 존경의 대상이었던 모든 것은 잊혔다. 지식에는 지혜와 발명이 없었다. 죽음이 없어지자 모든 사람과 모든 생명체가 고통을 겪었다.

배우1:	시시포스는 자신이 만든 비극적 혼란을 목격했다.
배우2:	그의 이기심은 그를 지치고 수치스럽게 만들었다.
배우3:	그는 더 이상 무거운 죄책감을 감당할 힘이 없었다. 그는 미안했다.
배우4:	그는 너무 너무 너무 미안했다.
배우5:	시시포스는 동굴을 열고 족쇄에서 죽음을 해방시켰다. 죽음이 시시포스에게 말했다.
배우6:	'당신은 나를 동굴에 가두는 가장 큰 속임수를 썼을지 모르지만 모든 생물에 가장 큰 죄를 저질렀어.' 죽음은 자비 없이 시시포스에게 말했다. '당신이 그토록 원하던 죽음을 피할 수 없는 필사를 주겠다. 그건 당신 존재의 저주가 될 거야.'
배우7:	시시포스는 죽음의 얼굴을 보고 진실을 알게 되었다.

배우8:	죽음이 말했다. '그 벌로 당신은 죽고 싶을 거야. 왜냐면 죽지 않는 신들이나 죽을 수밖에 없는 존재들 모두에게 그게 가장 견디기 힘든 형벌이니까.'
배우9:	시시포스는 죽음의 얼굴을 계속 들여다보며 진실을 다시 보게 되었다.
배우10:	죽음이 말했다. '그 벌로 영원히 고된 노동을 하게 될 거야. 당신이 나를 가두었던 이 동굴을 당신이 힘겹게 거대한 산꼭대기까지 운반해야 하는 거대한 바위로 만들 거야. 당신이 그 바위를 산꼭대기까지 올리면 그건 다시 굴러 떨어질 거야. 그럼 당신은 다시 정상으로 들어 올려야 해. 이걸 끝없이 반복하는 거지. 계속 다시 시작하는 거야. [...] 탈출할 수 없는 불멸의 벌이야. 끝나지 않는, 반복되는 노동의 지옥에서 살게 될 거야.
배우1:	그리고 그렇게 되었다. 시시포스는 바위를 짊어져야 했다. 모든 힘을 다해 땀을 흘리면서. 높은 산까지 한 걸음 한 걸음. 끔찍하게, 목적 없이, 반복되는 다시, 다시, 다시, 다시.
배우2:	그러나 시간이 흐르자 우리가 시시포스라고 부르는 이 사기꾼의 마음과 생각이 변하기 시작했다.
배우3:	그는 거짓말쟁이들의 혀 아래를 본 그의 한쪽 눈의 마법을 기억하기 시작했다.
배우4:	그가 삶을 좋게 만들거나 나쁘게 만들 때를 기억했다.
배우5:	그는 카르마를 기억하기 시작했다.
배우6:	초는 분으로, 분은 시간으로, 시간은 하루로, 며칠은 몇 달로, 몇 달은 몇 년으로, 몇 년과 몇 년 동안 산을 오르고 나니 [...] 시시포스는 새로운 생각을 하기 시작했다. '나 충분히 벌 받았어.' 바위를 들여다보며 [...] 그는, 이제, 자기 자신을 바라보았다. 팔의 힘, 눈썹의 땀, 그러나 무엇보다도, 바위에서 그는 자신의 혀 아래에서 기다리고 있는 진실을 보았다. 진실은 산보다 더 높은 곳에 있었고

바위의 무게보다 더 무거웠다. 근육의 모든 구멍에 땀방울이, 그의 숨결마다 무한한 삶이, 배워야 할 무한한 교훈이, 여전히 영원히 만들어지는 은유가 있었다. 연극으로 만들어질 줄거리, 줄거리로 만들어질 연극. 바위가 산 아래로 굴러 떨어질 때마다 시시포스는 오래된 결의로 바위를 꼭대기까지 운반했다. 매일매일이 그의 운명에 '아니요'라고 하고 그의 상상에 '네'라고 할 수 있는 새로운 기회였다. 새로운 생각과 다른 노력. 시시포스가 산에서 내려갔을 때 [...] 그는 자신의 노동에 대해 다시 상상했고 그렇게 만들었다. 불멸의 사기꾼의 의지로 산을 내려오는 것은 매번 새롭게 상상하는 자유의 행위가 되었다.

우리는 시시포스를 '노동시(choreopeom)'로 무대에 불러들였는데 우리의 목표는 노동 정의의 일환으로 강렬한 환상과 서정성의 서사적 여정을 통해 펼쳐지는 드라마적인 행동의 관능적 경험에 참여시키는 것이었다.1 노동 *의식(Labour Rites)*의 경우 스펙터클한 이 고대 이야기는 의상, 조명, 목소리, 색채 및 움직임 등으로 삶, 죽음, 노동 사이의 상호 의존성을 보여주었다. 장수를 위한 소망과 기도에는 구원의 은총인 죽음의 역설이 반영되어 있다. 그리고 죽음은 궁극적으로 삶에 이로운 것이다. 인생은 시작하기 위해 끝난다. 시시포스에게 있어 죽음보다 더 큰 실존적 비극은 죽음이 없는 삶(끝이 없는 삶)뿐이다. 결말과 관련하여 일로서 노동이 이야기가 되는 것이 바로 이 지점이다. 죽음은 노동과 결말 사이의 연결을 두 가지 수준에서 연다. 첫째, 끝없는 고역으로서의 노동은 곧 끝날 것이라는 희망으로 구성되어 끝없는 노동에 대한 선고를 전형적인 악몽으로 만든다. 이것이 바로 시시포스 신화를 설득력 있게 만드는 이유이다. 그래서 필자는 신화를 다시 구상할 때 시시포스의 끝없는 노동의 운명을 부정하지 않았다. 우리의 메시지에 맞게 줄거리나 결말을 변경하는 이러한 접근 방식은 종종 너무 쉬우며 원본 이야기의 표면 아래 더 깊은 공명과 의미를 발굴하는 데 필요한 해석 작업은 생략한다. 내가 마음대로 바꿀 수 있다고 느낀 것은 줄거리나 결말의 행동이 아니다. 그것들이 어떻게 달리 해석될 수 있느냐였다. 나의 의도는 시시포스가 자신의 신체와 운명을 소유하게 하고 다른 사람들 및 자연과 교감을 하게 함으로써 노동에 대한 대안적 해석을 발굴하는 것이었다. 그 결과 시시포스의 일은 끝나지 않았지만 그의 운명을 지배하는 죽음의 권세는 끝이 났다. 시시포스는 자신의 끝없는 산에서의 노동이 살아있는 수많은 사람들의 끝없는 노동을 수반한다는 것을 깨달았을 때 자신이 결코 혼자 노동하지 않을 것임을 깨달았다. 시시포스는 이 군중들이 그들의 무한한 소유물과 생명, 사랑, 노동, 이야기의 생산 속에 존재한다는 것과 그가 그들과 몸을 맞대고 꿈을 꾸는 것과 같이 매일 끝없이 다시 시작되는 제물이라는 것을 알게 되었다. 개입은 노동의 끝없는 고역에 대한 죽음의 형벌을 분해하는 것이었다. 이야기되고 목격되는 노동의 끝없는 관계에 대한 형벌을 말이다. 자연과 그 모든 군중은 서로의 연결에 의해 매일 새로워진다. 이 축복받은 연합으로 인해 매일 다른 내일이 보장된다. 시시포스에 대한 우리의 수정은 알베르 카뮈(Albert Camus)(2005 [1942])의 버전에서 출발한다. 그리하여 시시포스는 자신의 운명이 부조리하다고 포기한 것이 아니라 자신의 신체와 꿈의 매립과 소유에서 함께 투쟁하고, 저항하고, 노동하는 군중에게서 그의 힘을 발견한다.

사진 11.1 '절대 피켓 라인을 넘지 마세요.' 작업장 장면의 전환 댄스. Joel Valentin-Martinez 안무. 사진: Rafi Letzter.

유토피아적 미래상과 노동

극장에 가서 공연을 보고 싶은 욕망의 일부는 더 나은 것에 도달하는 것, 즉 어떻게 존재해야 할지, 서로 어떻게 함께 할 것인지에 대한 새로운 생각에 도달하려는 것일지도 모른다(Dolan 2005: 520).

신화에 대한 우리의 유토피아적 재해석에서 죽음은 시시포스의 능력이 제한적이라는 현혹으로 패배하게 되었다. 시시포스는 자신의 몸과 마음이 죽음의 저주를 넘어선다고 상상하였고, 그렇게 만들었다. 시시포스는 산 위에 혼자가 아니라 재생 노동에 참여하는 수많은 사람들과 함께 있었다. 우리의 신화적인 시시포스는 원래 이야기와 결말은 같았지만 미래는 달랐다. 이 활동가 퍼포먼스를 만들면서 우리는 '이 "현재"를 넘어서 무엇이 가장 필요한가?'라는 질문을 던졌다. 호세 무노즈(Jose Munoz)는 희망이 '우리를 움직이게 하고 앞으로 나아가게 하는 것'이라고 말한다(2005: 9). 이어서 그는 '유토피아는 규범적이지 않다. 그것은 고정된 스키마가 아닌 가능성의 지평, 여기에 있지 않은 세계의 잠재적 청사진을 제공한다'(2005: 225)고 하였다. 무노즈는 테어도어 아도르노(Theodor Adorno)와 허버트 마르쿠제(Herbert Marcuse)를 인용하면서 다음과 같이 설명한다. '유토피아는 기본적으로 지금 여기에 대한 비판이며, 그들이 말하였듯이 지금 여기에 결여된 무언가가 있다는 주장이다'(2005: 226). 유토피아가 가능한 미래의 다양성, 즉 대안과 가능성을 향해 우리를 '밀어내는' 현재 안에 있다면 이것은 더 나은 세상을 위한 희망이 된다. 무노즈는 계속해서 다음과 같이 말한다. '그러나 이 경우에 나는 미래에 대해 생각하고 싶기 때문에 희망에 머문다. 그리고 희망은 우리가 미래에 접근할 수 있도록 하는 감정적 양식이라고 나는 주장한다(2005: 226). 질 들뢰즈(Gill Deleuze)와 펠릭스 가타리(Felix Guattari)에게 예술은 '탈주선(line of flight)'으로 기능할 수 있다. 즉, 예술은 개인과 집단의 주관성과 욕망을 가로지르며 결합하는 상징적이고 물질적인 끝없는 힘으로, 상식과 규범성을 결합과 재구성의 한계까지 밀어붙임으로써 도전한다(1987). 탈주선이 연결되고 확장되며 탈영토화하는 특성은 예술적 실천으로서 유토피아의 정치를 불러일으키며, 이는 '정치적 상상력에 연료를 공급'하여 미래 정치를 제정하는 비판적 유토피아이다. 필자는 미래를 택하면서 세계 경제의 노동착취에 대한 발췌문에서 시시포스의 노동하는 군중으로 이동하여 '현재'와 노동에 대한 유토피아적 결말로 이동한다.

　이 공연을 만들며 신화에서 일상의 지금 여기로 옮겨가면서 우리는 '퇴근' 할 때 행복한 사람이 여전히 얼마나 많은지를 생각했다. 일이 '끝나고' 방학이 되면 우리는 안도한다. 은퇴는 나이, 일의 축적, 좋은 미래, 은퇴할 수 있는 자유와 관련이 있다. 그러나 노동의 끝은 다양하게 느껴진다. 우리는 노동의 충만함을 느끼기도 하지만 노동이 끝나지 않을 것이라는 느낌을 갖는다. 노동 기회가 사라지고 우리의 안전이 위협받으면 파괴적인 결과가 된다. 또한 지구와 다른 사람들에 대한 관대함과 호혜 행위로서 노동에 대한 애정이 있다고도 할 수 있다. 다른 사람들의 노동을 소유하고 착취하여 그들의 자유와 이동성을 감소시키기도 한다. 노동은 권리와 정의가 언제나 연루되는 감정과 결과의 매트릭스다. 노동 윤리와 퍼포먼스를 결합하는 과정의 마지막 장면은 신화와 민족지학을 결합하며 노동의 존재론과 가치 평가에 관한 질문으로 끝이 난다.

장면

　마지막 장면에서 배우들은 다양한 색의 티셔츠를 입고 필자가 미국 노동계 리더들을 대상으로 한 인터뷰 기사의 일부를 발췌하여 공연한다. 노동조합 활동에 대한 철학적 기억과 보도(reportage)가 뒤섞인 내용이었다. 공연되는 동안 무대 앞쪽에서는 미국 노동 지도자들의 발언이, 무대 뒤쪽 두 개의 대형 스크린엔 '국제 점령 운동(International Occupy Movement)'의 다양한 이미지와 비디오 장면이 제시되었다. 장면이 끝나갈 무렵엔 배우들이 세계 신화에 나오는 다른 사기꾼들의 이름을 부르면서 시시포스 춤을 재연하는 짧은 순간이 있다. 연극은 새롭고 궁극적인 질문을 던지며 노동의 대안적 미래로 끝난다. 우리는 일의 끝을 상상할 수 있을까? 보편적 기본 급여와 6시간 근무를 상상할 수 있을까? 이는 '국제 점령 운동'을 기념하는 춤 전에 나온, 끝에서 두 번째의 질문이었다. 퍼포 먼스를 하는 현재 순간에 댄서들 위에 나란히 보이는 것은 전 세계의 다양한 시 위에서 노동권을 강조하는 어렴풋한 이미지들이었다.

목소리14: 할머니는 내가 절대 잊지 못할 교훈을 주셨어요. 엄마는 여름 동안 나를 할머니 집에 보냈어요. 엄마는 시골 사람이에요. 너무 가난 해서 바람이 들어오는 것을 막기 위해 벽에 종이를 붙였대요. 길에 서 차를 얻어 타고 시카고로 왔대요. 그렇게 엄마는 여기 살게 됐 고 저도 여기 있게 된 거죠.
(배우들, 무대 위 위치를 바꾼다)

목소리1: 어느 날 나는 할머니가 전화로 노동조합에 대해 얘기하는 걸 들었 어요. 그때 나는 너무 어려서 할머니에게 "노동조합이 뭐예요?"라 고 물었어요. 할머니는 짧은 밧줄을 꺼내 그걸 이룬 모든 실을 볼 수 있도록 밧줄을 뜯어내기 시작했어요. 그리고는 말했어요. "여기 이거 보이지? 하나의 실은 한 사람의 노동자야. 이제 많은 실을 한꺼번에 봐. 회사지. 맨 위에 실들이 묶인 걸 봐. 실들이 서로서 로를 잡고 있지. 이것이 바로 결합이고 조합이야.
(배우들, 무대 위 위치를 바꾼다)

목소리2: 나는 절대 잊을 수 없어요. 힘은 곧 결속이에요. '이 실들을 하나 로 묶는 것은 무엇일까?'
(배우들은 이어지는 발췌문은 하지 않고 시시포스 춤으로 넘어간다.)

배우1: 아난시,

배우2: 코요테,

배우3: 로키,

배우4: 레드 보이,

배우5:   코코펠리,

배우6:   브라 토끼,

배우7:   마우이,

배우8:   정복자 존,

배우9:   퍽!

          (배우들은 다양한 방향으로 무대에서 움직인다. 국제 점령 운동의
          이미지와 영상이 무대 뒤쪽에 보인다.)

목소리3:   삶을 다시 상상하는 6시간 근무

목소리4:   다시 상상하는 산맥, 바위 그리고 창조에 대한 기본 급여

목소리5:   우리가 다시 상상하는 것을 다시 상상하기 위한 6시간 근무와 기
          본급

목소리6:   우리는 노동을 다시 상상할 거야. 일이 당신의 삶을 소모할 때 당
          신 공동체의 정신은 망가지지. 제스 카드조(Jess Kadjo)!

목소리7:   상상해. 실들을 하나로 묶는 것이 무엇인지. 버디 브로니어(Buddy
          Bronier)!

목소리8:   연합에 반대하는 이념의 제단에서 예배를 드려서 왜 아이들의 삶
          을 더 힘들게 만드는 겁니까! 제임스 틴드와(James Thindwa)!

목소리9:   상상해. 이번 파업은 임금, 근로조건, 복리후생에 관한 것이 아니
          었어. [...] 아니, 그건 노동 조합장에서의 존중과 존엄에 관한 거
          야! 에드워드 플라워스(Edward Flowers)!

목소리10: 삶을 다시 상상하는 6시간 근무

목소리11: 다시 상상하는 산맥과 창조의 임금을 넘는 기본급

목소리12: 우리가 다시 상상하는 것을 다시 상상하기 위한 6시간 근무와 기
          본급

목소리13: 유토피아가

목소리14: 필요해

목소리1:   상상해. 임금을 훔치는 게 아니야. 인간이 번성할 수 있는 능력을

부정하는 거야. 제시 카드조!

목소리2:   이 아이들의 삶에서 일관되고 안정적인 사람은 교사뿐이야. 제임
            스 틴드와!

목소리3:   다시 상상해. 아무도 불씨를 계속 태우지 않으면 불은 꺼질 거야.

목소리4:   우리는 그들에게 공감하고 연대해야 해. 에드워드 플라워스!

목소리5:   역사상 가장 조직화된 변화의 힘은 항상 노동에 관한 것이었어. 헤
            럴드 로저스(Harold Rogers)!

광대1:   다시 상상해. 하루에 여섯 시간.

광대2:   기본급

소녀: 유토피아

모두: 필요해 [변형해서]

사진 11.2 루시 파슨스(Lucy Parsons)가 그녀의 남편인 알버트 파슨스(Albert Parsons)를 위로한다. 그는 1886년 시카고 헤이마켓 폭동에서 경찰관을 살해했다는 혐의로 잘못 기소되어 처형되었다. 사진: 라피 레츠터(Rafi Letzter).

하루 6시간 근무와 보편적 기본급이라는 개념으로 다시 상상하는 작업을 노동 리더들의 인용문과 시시포스의 마지막 유예로 엮는 것은 노동에 대한 유토피아적 미래를 (요구하고 명시하기보다는) 도입하고 양식화하는 것이었다. 바라는 것은 관객에게 하루 6시간 근무와 기본급이 다시 상상하는 작업에 대한 가치 있는 대안이라는 생각을 남기는 것이었다. 다시 말해, 하루 6시간 근무와 기본급은 노동의 미래에 대한 유토피아적 전망이자 희망적인 현실이다. 공연은 그것을 주장하고, 큰 소리로 말하고 있으며, 추가적인 대화와 이러한 사고의 실험을 통해 그것을 작동시키는 것을 목표로 하였다. 다음은 그 예를 보여준다. 생각 1: 어떤 사람들은 일을 당연한 것 또는 피할 수 없는 활동으로 생각하는 것은 그것을 비정치화하는 것이라 주장한다. 진정한 노동의 해방, 노동으로부터의 해방인가?(Weeks 2011) 생각 2: 자본주의는 우리를 일하게 할 뿐만 아니라 일을 하고 싶게 만든다고 한다. 노동은 옳고 정의로우며 도덕적인 자연스러운 존재이기 때문이다. '혁명 이후의 세상'에서도 우리는 직업 없는 세상을 상상할 수 없다. 생각 3: 우리가 '사후 노동(post-work)'에 대해 걱정하지 않고 고민하지 않고 모두를 위한 보편적 기본소득의 논리를 명확히 할 수 있을까(Konczal 2013)? 생각 4: 우리는 기본 소득이 천연 자원, 교육, 의료, 안전한 은퇴 등으로 상품화되어서는 안 되는 공동선과 서로가 서로에게 빚지고 있는 그러한 것들을 사적으로 충당할 수 있는 방법을 상상할 수 있는가?

결론적 반성: 영향력과 미래상으로서의 아름다움

인생의 두 가지 주요 상(prize)인 아름다움과 진실 중 나는 첫 번째는 사랑하는 마음에서, 두 번째는 노동자의 손에서 발견하였다(칼랄 지브란(Kahlil Gibran)으로 알려졌지만, 정확한 출처는 불명).

필자의 노동은 각색자, 연출가, 교사로서 관객을 위해 노동 *의식(Labour*

*Rites)*을 다양한 그룹의 학생들과 함께 아름답게 만드는 데 집중하는 것이었다. 나는 아름다움을 진실, 정의, 미래와 일치시키는 오랜 철학적 전통의 영향을 받았다. 지브란의 인용문은 그러한 다양한 철학적 궤적을 반영하고 노동 *의식* *(Labour Rites)*에서는 노동과 공연이 함께하는 곳을 반영한다. 이는 미(美)를 만드는 기품과 노동의 미(美)를 살아나게 하는 창조 행위 전반에 걸친 웅장한 연금술을 일컫는다. 아름다움의 현대적 이론화는 사회 정의 및 예술 실천과 관련이 있다. 예를 들어 제임스 톰슨은 담론을 초월하여 '효용과 목적의 틀을 벗어난' 예술적 표현의 가치와 감정의 힘을 강조한다(Thompson 2011: 123). 다양한 장소, 시간, 관점에서 나온 이러한 목소리들은 정의로운 세상을 만들기 위한 미(美)를 존중하는 전 세계의 사상가와 활동가들의 합창에 더해진다. 바로 이러한 마음으로 노동 *의식(Labour Rites)*은 무대에 올려졌다.

공연을 만드는 사람들은 구현된 기술과 상징적 과정 내에서 퍼포먼스적 아름다움에 대한 정치적 요구를 받는다. 퍼포먼스 실무자이자 활동가로서 우리는 우리의 미적 방법과 그들의 상황에 대한 다양한 예를 공유하면서 배우고 더 나아진다. 필자는 노동과 퍼포먼스가 결합하는 사례의 순간을 공유하면서 미적인 무게와 본질에 초점을 맞춘다. 활동가(activist) 퍼포먼스는 정치적 열정이 과하게 느껴질 수 있고 이러한 과잉은 말과 담론만으로는 너무 고통스럽거나 일관성이 없을 수 있기 때문이다. 침묵은 그 자체로 '반항'의 형태이며 '말하지 않는 것은 특정한 어떤 시간에 개인이나 공동체가 갖는 가장 보람 있는 위치일 수 있다'고 제임스 톰슨은 말한다(2011: 68). 침묵이 맥락적이고 저항의 형태로 나타나며 지역 문화가 침묵의 형태와 행위를 형성한다면 그리고 이후 퍼포먼스가 지역적 맥락과 그 구현을 존중할 때 아름다움은 은유, 상징, 몸짓 등을 통해 고통을 덮을 수 있다. 고통을 청중의 눈앞에서 사라지게 하는 것이 아니라 (또는 고통을 덜 정치적으로 만들기 위해서) 고통의 맥락과 원인을 더 강렬하게 느껴 대안적 행동과 미래를 향해 근본적으로 나아가게 하는 것이다. 예술은 곤란한 현재에서 은유와 상징의 일관성을 제공하여 대안적 가능성을 상상한다. 예술이 잊을 수 없을 정도로 도발적이고 유쾌하고 비극적인 표현으로 숨이 막힐 정도로 아름다우면, 우리는 이 표현적인 제안이 초월적인 순간일 뿐만 아니라 새롭게 형성된 미래로의 초대임을 발견한다. 또한 퍼포먼스 활동주의로서 예술은 실천가들이 깊고 지속적인 관심을 기울이고, 우리가 누구와, 그리고 누구를 위해 일을 하는지 물으며, 용감한 사랑을 하기 위해 잠시 침묵을 지킬 것을 요구하기도 한다. 여기에서 요구하는 것은 유토피아적 사랑과 미래를 위해, 그리고 물질의 숨겨진 거처와 권력 구조를 해방시키기 위한 상징 만들기의 정치를 향해 우리가 어떻게 일하고 있는지 살펴보는 것이다. 평범함을 놀랍도록 비범하게 만들고 은유와 구현된 이야기로 사회 정의를 확장하려는 우리의 열정은 아름다움과 정치적 행동이 상호작용하는 방식을 존중하게 한다.

응용연극과 관련된 제임스 톰슨의 미학 이론은 감정의 중요성을 강조한다. 톰슨은 '예술의 힘이 이해될 수 있는 것은 오직 감정에서만'이라는 들뢰즈(Deleuze)의 주장을 언급하며 예술과 감정이 어떻게 결합되어 있는지를 짚어내고(2011: 124), 아름다움, 감정, 연극에 대한 그의 포괄적인 탐구는 나의 프로젝트에 유용하게 도식화되었다. 감정에 주의를 기울이는 것은 의미, 해석 및 개념화를 초월하는 경험의 세계로 끌어들이는 구현된 방법을 존중하게 한다. 이것은 인지의 배타적 영역과 지식 생산의 육체가 없는 패러다임이 느끼며 감각적으로 아는 방식의 힘과 강렬함, 아름다움과 그것이 가져오는 즐거움에 의한 신체 감각의 감성 지능을 인식해야 함을 의미한다. 톰슨은 '감정은 특히 미적 경험에 의해 지속되고 유발되는 신체 감각이다. 즐거움과 아름다움에 대한 관심에서 나오는 힘이다'(2011: 135)라고 말한다. 아름다움은 우리가 우리 신체에서 느끼는 '강렬한 감정'이지만 신체 외부에 있는 현상에 의해 유발되기 때문에(2011: 145), 우리는 아름다움을 내적 정서로 동시에 외적 대상 또는 경험으로 접한다. 톰슨은 여기에서 일레인 스카리(Elain Scarry)의 아름다움에 대한 논의(1999)를 끌어낼 뿐 아니라 퍼포먼스에서 '공유의 친밀한 정치학'(Thompson 2011: 155), 즉 대상이나 사건의 즐거움을 공유하도록 초대하는 개념을 설명함으로써 이 논의를 확장한다. 이것은 협력과 사교를 위한 더 큰 가능성을 가진 관계적 참여이다. 그리고 여기에서 '이해되는 것은 반드시 평등에 대한 비전이 아니라 더 기본적으로는 선함의 감각, 즉 정의의 부재와 관련된 감정보다 더 나은 어떤 것이 있다는 것이다'(Thompson 2011: 152). 이와 같이 사회적, 협력적 작업을 포함하여 아름다운 것을 만드는 노동이나 노동 *의식(Labour Rites)*을 만드는 노동은 이 노동에 관련된 모든 정치적 배우들의 '사회 변화를 위한 지속적인 영감으로 남아 있고 싶은 세계, 새롭고, 더 좋고, 더 아름다운 세계를 주장하게 만드는 선의 감각'을 풀어준다(2011: 159).

연습 마지막 날, 한 배우가 공연 초반의 노동의 보편성, 권리, 힘을 대표하는 것이 공연 후반에서는 단축된 근무일에 대한 우리의 옹호로 왜곡되어 보일까봐, 나아가 기본급을 통한 노동의 소멸에 대한 우려까지 표현하였다. 우리는 이 연극이 노동을 더 많이 하거나 덜 하거나 노동을 끝내는 방법을 새로 고안하기 위함이 아니라, 세상이 노동에 의해 움직이고, 우리의 노동을 소유하는 사람에 의해 정해지고, 그리고 우리가 그것에 대해 행동하고 생각하고 느끼는 방식에 의해 결정된다는 것을 조명하는 것임을 스스로에게 상기시켰다. 신경계가 있는 모든 생명체는 음식, 물, 피난처, 안전, 타인과의 교감을 필요로 하므로 노동 역시 필요하다. 그러나 노동을 (의미 있게) 물질화하고 (구현된) 물질로 만든다는 것은 무엇을 의미할까? 세계에서 가장 큰 고통(전쟁, 고문, 빈곤, 외로움)은 너무 자주 노동 조건에 의해 직간접적으로 발생한다. 노동 *의식(Labour Rites)*은 질문하였다. 물질성, 미래성, 아름다움이 공연과 비판적으로 결합될 때 이러한 조건에 대한 우리의 반응은 무엇이며 무엇이 될 수 있고 또 무엇이 되어야 하는지를...

References

Allen, P.G. 1994. 'Something sacred going ON out there: Myth and vision in American Indian literature' in D. Soyini Madison (ed.) *The Woman That I Am*. New York: St. Martin's Press.

Camus, A. 2005 [1942]. *The Myth of Sisyphus*. London: Penguin.

Chang, B.G. 2010. 'Forum: Introduction on labour'. *Communication Critical/Cultural Studies* 7: 90–91.

Deleuze, G. and Guattari, F. 1987. (trans. B. Massumi) *A Thousand Plateaus: Capitalism and Schizophrenia*. Minneapolis: University of Minnesota Press.

Dolan, J. 2005 'The polemics and potential of theatre studies and performance' in D. Soyini Madison and J. Hamera (eds.) *The Sage Handbook of Performance Studies*. Thousand Oaks, California and London: Sage Press.

Ehrenreich, B. 2007. *Dancing in the Streets: A History of Collective Joy*. Great Britain: Granta Books.

Konczal, M. 2013. 'Thinking Utopian: How about a universal basic income'. *The Washington Post*, 11 May 2013.

Madison, D.S. 2010. *Acts of Activism: Human Rights as Radical Performance*. Cambridge: Cambridge University Press.

Morrison, T. 1994. 'Rootedness: The ancestor as foundation' in D. Soyini Madison (ed.) *The Woman That I Am*. New York: St. Martin's Press.

Munoz, J.E. 2005. 'Stages: Queers, punks, and the utopian performative' in D. Soyini Madison and J. Hamera (eds.) *The Sage Handbook of Performance Studies*. Thousand Oaks, California and London: Sage Press.

Nicholson, H. 2014 [2005]. *Applied Drama: The Gift of Theatre*. Basingstoke: Palgrave Macmillan.

Scarry, E. 1999. *On Beauty and Being Just*. London: Duckbacks.

Sliep, Y., Weingarten, K. and Gilbert, A. 2013. 'Narrative theatre as an interactive community approach to mobilizing collective action in Northern Uganda' in M. Balfour (ed.) *Refugee Performance: Practical Encounters*.

Bristol, UK: Intellect.

Thompson, J. 2011. *Performance Affects: Applied Theatre and the End of Effect.* Basingstoke: Palgrave Macmillan.

Weeks, K. 2011. *The Problem of Work: Feminism, Marxism, Antiwork Politics, and Postwork Imaginaries.* Durham, NC: Duke University Press.

노숙 청소년과 함께한
응용연극의 미시정치와 사회구조

캐슬린 갤러거(Kathleen Gallagher)

응용연극 프로젝트는 보통 개인 대 지역사회 이해와 미시 정치적(micro-political) 개입 대 사회 구조적(socio-structural) 분석 사이에 놓여 있는 것을 알수 있다. 응용연극 프로젝트의 윤리적이고 창의적인 시도는 실천가와 연구자가 작업의 미시 및 거시 정치적 의미와 가능성에 내재된 긴장감을 충분히 고려하여 특정 커뮤니티 안에서 작업을 수행할 때 가장 두드러질 수 있다. 이 장에서는 이러한 긴장감이 분명했던 토론토(캐나다)[1]의 노숙 청소년 보호소에서 수행한 몇가지 응용연극 사례를 살펴보려 한다. 사회 경제적 불평등과 사회 공간적 양극화는 많은 세계적인 서구 도시의 현실이다. 우리의 학제 간 연구(학문, 커뮤니티, 국가, 정부 및 비정부 기구를 포함하는)는 6개 캐나다 대도시 지역인 밴쿠버, 캘거리, 위니펙, 토론토, 몬트리올과 핼리팩스의 도시 불균형과 사회 공간의 (예: 지역) 양극화에 초점을 두었다. 광범위하게 여러 학제 간을 아우르는 팀에게 응용연극은, 이러한 거시 사회 경제적 과정과 구조 안으로 들어가기 위한 적절한 연구 방법론이자 사회 예술적 참여의 형태가 될 것이라고 필자는 주장한다. 학제 간을 아우르는 팀이 토론토의 증가하는 사회 공간적 불평등을 고려하면서, 세 가지 뚜렷한 방식으로 더 광범위한 프로젝트에 기여하도록 하고 싶었다. 첫째, 대규모 연구에 청소년의 목소리를 강력하게 넣고 싶었고, 쉼터나 노숙 청소년 같은 가장 소외되었다 여겨지는 청소년의 목소리를 더하고 싶었다. 둘째, 의사소통 능력의 다양성과 미묘한 차이를 전달하는 연극의 기능에서 가져온 지식 공유 실천에 참여할 뿐만 아니라 질적으로 이야기를 다르게 발견하고 표현하는 가능성을 위해 혼합 연구 방법인 드라마 방법론을 가져오고 싶었다. 셋째, 특정 지역사회 파트너(극단 및 청소년 보호소)와 긴밀하게 협력하여 청소년에 대한 우리의 매우 다른 경험과 이해를 활용하고 싶었다.2

프로젝트의 탐색적 논의: 휴머니티(Humanity)의 공동 창립 멤버인 다니엘 채프먼(Daniel Chapman)과 우리는 6년 동안 함께 일한 노숙 청소년을 위한 보호소인 시킹보호소(Seeking Shelter)와 협력하여 거주자에게 무료 프로그램을 제공하기로 하였다. 프로젝트의 헌신: 휴머니티(Humanity)는 그들의 책무의 일부로 사회적으로 참여하는 연극을 만들고 그들의 지역사회에 반응하기 위해 참여한다. 프로젝트 작업: 휴머니티(Humanity)와 함께 작업하면서 우리는 드라마 기법을 사용하여 청소년들의 지역에서 공간화된 불평등의 문제와 경험을 탐구하였다. 방법론적으로, 드라마는 청소년들이 이웃과 지역화된 빈곤의 부정적인 속성을 창의적으로 표현하는 수단으로 사용될 것이다. 16주에 걸쳐 매주 금요일 아침에 열리는 연극 워크숍 프로그램은 프로젝트에서 능숙하게 다뤄졌다: 휴머니티 멤버들은 (다니엘 채프먼 스미스(Daniel Chapman – Smith), 캐서린 머레이(Catherine Murray), 안토니오 케욘(Antonio Cayonne), 앤드류 쿠시니르(Andrew Kushnir)) 우리가 청소년과 깊고 지속적인 관계를 맺도록 해주었다. 연구원으로서 워크숍에 참여하였지만, 한발 물러선 어느 지점에서, 배우들이 청소년들과 더 친밀하게 작업할 수 있도록 하였다. 우리의 경험에서, 청소년들과의 느리고 신중한 작업은 그룹을 구축하는 데 필수적이며 연습되지 않은 대화와 반추활동을 위한 공간을 만드는 작업의 관계에서 중요하게 작용한다. 드라마의 관계적 측면은 강점 중 하나이며 이러한 작업은 서두르거나 짧게 할 수 없다. 특히 노숙 청소년과 함께 일하려면 그들이 기관이나 연구를 신뢰하거나 참여할 이유가 적기 때문에 이러한 시간 투자가 필요하다. 이 장에서는 한 청소년 보호소 아이들에 대한 우리의 작업을 탐구하고 이러한 프로젝트의 미시적 정치적 의미와 거시적 구조적 압력에 특히 관심을 기울이고 있다.

응용연극과 노숙자의 더 광범위한 분야에 우리의 접근 방식을 대화에 적용하기

몬트리올의 컨커디어 대학(Concordia University)의 연구원이 진행한 연구는 우리가 중요하게 살펴봐야 할 사례였다. 하멜(Hamel)의 기록은 몬트리올 시내 인근에 노숙자들을 안전한 장소로 재배치하는 것에 대해 열띤 토론을 벌였을 때 노숙자들의 이야기를 강조하기 위해 응용연극을 사용하려는 (대부분 실패한) 시도를 시간 순서대로 기록하고 있다. 하멜은 무엇보다도 '노숙자는 적정 가격의 주택을 보장할 수 없거나 보장할 의지가 없는 채무를 이행하지 않은 상태로 표현되기보다는 체납 행동 및 열악한 개인의 선택과 주로 관련이 있다'는 규범적 틀을 해체하기를 희망하였다고 적었다(2013: 404).3 우리와 마찬가지로 그녀는 지역 참여연극 극단과 협력하여 자신의 개입을 문서화하고 분석하였다. 그러나 하멜의 경우, 매주 진행된 연극 워크숍이 대중적인 포럼 연극으로 만들어졌다. 우리의 경우는 포럼 연극이나 '최종 공연'이 우리 프로젝트의 일부가 아니었다. 이것은 우리 작업의 미학적 특성과 방법론적 특성 모두에서 상당히 중요한 차이이다. 우리의 경우에는 최종 공연을 만들기 위해 지름길을 택해야 한다는 압박감이 전혀 없었고, 그만큼 또 다른 기대치를 충족시켜야 하는 부담도 없었다. 우리는 이러한 외부 기대감이 가져오는 아드레날린을 창조적 에너지로 경험한다고 느끼지도 않았다. 호사스러운 것은 응용연극에 늘 적용되지 않는다 생각하기에, 우리는 과정에 대한 비판적 대화에 집중할 수 있다는 점이 더 나아가 중요한 것이라 여겼다.

워크숍을 진행하는 동안, 하멜의 참여자들은 경찰을 '적대자'로 인식하여 그들을 자주 (종종 폭력적으로) 쫓아내고, 소유물을 빼앗고, 감금하였다. 경찰과 치안 활동에 대한 비판은 우리와 함께 일했던 청소년들 사이에서도 분명하고 실질적인 탐구와 비판의 영역이었다. 우리의 경우, 그러한 경험을 '공연'하려고 시도하지 않았다. 오히려 이전 몇 주 동안 쏟아져 나왔던 경찰에 대한 자발적인 대화

중 일부를 청소년에게 다시 재연하게 하기 위해 벌베이텀(Verbatim)[1] 장면을 사용하였다. 그런 다음 우리는 새로운 청소년 그룹(그룹 구성은 매주 변경됨)을 초대하여 치안 유지라는 주제에 대해 이전 그룹의 표현을 생각해 보게 하였다. 프로젝트: 휴머니티의 배우들은 이전 워크숍의 벌베이텀 장면을 만들고 연기하고 새 그룹을 초대하여 장면에서 표현된 아이디어를 생각해 보게 한다. 여기서, 장면은 실제로 청소년과 함께한 거시적 및 미시적 분석을 위한 출발점이었다. 하멜의 경우, 최종 포럼 발표를 위해 연극 실천가('조커')가 치안 유지에 대한 청소년 이야기를 만들었지만, 포럼 연극은 유감스럽게도 비정치적이고 개인주의적이었다고 설명한다. 또한, 노숙자 지역사회 구성원들은 자신의 연극을 공개적으로 발표하지 않았다. 대신, 공연에 개입하고 후속 대화에 참여한 거주지역 관객들은 가난한 개인의 선택은 만약 조금 격식을 차렸다면 훨씬 더 쉬운 삶을 찾을 수 있다 주장하며 곤경에 처한 노숙자들을 먼저 비난하는 경향이 있었다. 분명히, 더 큰 구조적 분석이 없는 이러한 고정 관념을 영속시키는 것은 우리가 피하고 싶었던 것이며 우리 연구의 실천가들이 어떤 성과를 내는 공연을 피하고 싶은 이유 중 하나였을 것이다. 프로젝트: 휴머니티 지도자들은 워크숍 내에서 극화된 장면으로 생각 없이 뛰어드는 것을 꺼렸다. 그들은 마치 '말의 미학'(Gallagher 2014)이 후속 창작 작업에서 매우 중요한 요소인 것처럼 작업하였다.

하멜의 자기 비판적 글은 '관객을 적대시하게 되는 것(과 같은 역효과)'을 피하기 위해... (어떻게) 참가자들 사이에서 성찰을 이끌어내기 위한 정당한 노력'(2013: 406)을 해야 하는가에 대한 주의할 사항을 담고 있다. 그것은 또한 '저항의 제3세계 미학 언어[억압받는 사람들의 연극]'(2013: 414)를 능력주의 신화에 사로잡힌 개인주의적, 제1세계 맥락으로 옮기는 것과 관련된 몇 가지 어려운 점을 강조한다. 이 글은 포럼 연극 모델에 대한 강력한 비판과 사회 관계에 대한 보다 광범위하고 정치적인 개념과의 어려운 관계를 언급한다.4 마지막으로, 이 글은 이러한 긴장과 사각지대의 대부분이 '사회 통합의 무비판적인 식민지 모델

---

1) 역자 주: 실제 인물이 말한 것을 바탕으로 인터뷰, 조사 등을 통해 수집된 실제 인물의 진술을 바탕으로 극을 만드는 일종의 다큐멘터리 극

에 기초한 자금 조달 환경'으로 인해 더욱 악화된다는 사실을 강조한다(2013: 403). 주요 정부 지원 기관의 자금 지원에도 불구하고 우리는 상당히 자율적이었으며 그러한 불균형적 연구 관계를 피하거나 최소한으로 의식하기를 원했다.

시킹보호소(Seeking Shelter) 그룹과의 작업이 전통적인 응용연극 개입과 다른 것은 개인 및 지역사회의 변화보다 사회 비판을 중요시한 것이다. 일부 청소년들에게는 개별적인 치료적 가치가 있었을지 모르지만, 더 광범위한 프로젝트에 대한 우리의 논의는 우리와 함께한 그들의 작업이 더 넓은 구조적 분석을 제공한다는 점에서 미시 정치적이라는 점을 분명히 하였다. 청소년들, 노숙자들, 사람들이 즉각적인 생존 요구가 거의 충족되지 않을 때 구조적 또는 정치적 분석에 그토록 관심을 가질 수 있었던 이유는 무엇일까? 인터뷰와 토론을 통해, 결과적으로 청소년들이 우리와 함께 연구하며 얻은 통찰력으로 노숙자가 경험하는 구조적 장벽을 더 많이 의식하게 되었고, 다른 노숙 청소년을 '도와줄' 수 있다는 생각에 대해 청년들에게 강력한 무언가가 있음을 알게 되었다. 그룹의 일부 청소년들이 매주 우리가 생성하려 했던 긍정적이고 존중하는 사회적 분위기나 창조의 경험에서 치료적 가치를 얻을 수 있다는 것은 예상할 수 있었지만 이것이 우리의 주요한 목표는 아니었다.

연구팀과 함께한 보호소의 전무이사는 2년 전과 다르게 지금 보호소 앞에 자주 나타나는 사람들의 눈에 띄는 차이를 관찰했으며 '과거보다 지금이 훨씬 더 많은 정신건강과 연관된다는 점'이 차이점이라 말하였다. 이러한 맥락에서 개인의 자율권이 중요하겠지만, 그룹의 통찰력이 구조적 및 사회적 불평등의 큰 문제를 해결하는 데 도움이 되고 정치적 및 정책적 개입을 더 잘 수행할 수 있도록 준비를 갖추는 데 도움이 될 것이라고 명확하게 설명하였다. 닐랜즈(Neelands)의 응용연극의 명백한 탈정치화에 대한 비판에서 그는 응용연극의 치료적 가치가 '사회 변형의 것'으로 오인되어서는 안 된다고 주장한다(2007). 우리의 경우, 우리 탐구의 구조적 분석을 중심으로 놓고 청소년들이 우리와 함께 이러한 거시적 분석적 입장을 취하도록 요청하였다. 다른 곳에서 더 자세히 주장한 바와 같이(Gallagher and Lortie 2007) 광범위한 프로젝트에서 우리가 집중한 것은 우리의 작업과 연구의 전면에서 사회적 분석을 유지하는 데 도움이 되었다. 더불어 말의 미학을 가치 있게 여기고 더 나아가 청소년들이 스스로 자신의 이론을 구축하는 사람으로 자리 잡고 사회분석 과제에서 중요한 역할을 하는 데 드라마 접근법이 도움이 되었다.

우리는 정치적, 예술적으로 유사한 입장에서 유사한 문제(노숙자 및 형사 사법제도)를 다룸으로써 제니 휴즈(Jenny Hughes)의 맨스 룸(Men's Room)에 대한 묘사는 ─노숙 경험, 성매매, 형사 사법제도 경험이 있는 청소년들과 함께 일하는 예술 및 사회 복지 프로젝트─ 섀년 잭슨(Shannon Jackson)의 작업과는 또 다른 관점을 제공한다. 이 작업은 2012년 맨체스터에 있는 맨스룸(Men's Room)과 로얄 익스체인지 극단(Royal Exchange Theatre) 간의 협업에 관한 것이다. 휴즈는 *변형보다는 반영*된 아이디어를 이용하여 '확인하고 수정하려는 유혹[함께하고, 옆에 서고, 놀라고, 선입견을 수정하라는 초청으로 대체됨]'이라고 이야기한다 (2013: 145). 그러나 응용연극 연구의 사회적 관계를 보다 균형적이고 대화적으로 만들려는 이러한 노력은 우리의 윤리적 의무를 편안하게 만들지는 못한다. 스나이더─영(Snyder─Young)은 미니애폴리스에 기반을 둔 잠야 극단(Zamya Theatre)의 *주거 및 노숙(Housed and Homeless)*이라는 자전적인 민족지적 공연을 조사하였다. 이 공연에서 그녀는 이야기꾼(storyteller)을 존중하기 위한 최고의 방법을 찾기 위해 고군분투하고, 또한 이야기에 대한 엄격한 비평을 제공하고 이를 더 광범위한 사회적 이야기의 대화로 가져오려 한다. 그녀는 개별 이야기를 분석할 수 있는 세 가지 가능한 방법을 제시하고 있다. 극적, 맥락적 또는 자세한 텍스트 분석을 통해 궁극적으로는 '그들의 [자전적인 민족지학적 공연]'을 비판할 수 있는 윤리적 분석 방법에 대한 추가 연구가 필요하다'(2011: 949)고 결론 내렸다. 무단도용을 피하려는 것은 응용연극 연구자들이 진지하게 고려하는 것이며, 특히 응용연극이 소위 소외된 그룹을 다루려 하는 경향을 감안할 때 그러하다. 노숙 청소년 자신의 이야기를 분석하기 위한 비판적 도구 사용을 개선하기 위해 찾은 방법 중 하나는 우리의 광범위한 프로젝트의 학제 간, 혼합된 방법 담론을 대화로 이끄는 것이다. 이러한 참여는 꼼꼼히 텍스트 읽기의 가능성을 배제하지 않고 응용연극 그룹 자체의 연극에서 오히려 연구자에게 이야기의 어떤 측면이 구조적 불평등의 광범위한 문제에 대해 드러내고 있으며 어떤 측면이 창의적인 실천이나 그룹 특정 관심사 및 문화적 담론에 더 직접적으로 말하고 있는지 명확히 하도록 한다. 이러한 측면이 결코 겹치지 않고 항상 명확하게 구분되는 것은 아니지만, 그 질문 자체는 고통스러운 이야기를 목격하고 그 이야기의 더 광범위한 사회적 이익을 목표로 하고 윤리적으로 문제가 되는 몇 가지 문제를 생각하는 데 도움이 되었다.

응용연극 연구의 사적인/개인적인 그리고 사회적인/구조적인 사이의 불안정하고 불완전한 균형의 또 다른 예로서 제만(Szeman)은 전문 배우와 노숙자와 고아들이 공연한 루마니아 노숙 청소년에 관한 연극인 부카레스트 청소년 극단 (Bucharest Youth Theatre)의 작품 집(Home)을 연대순으로 기록한다. 제만은 집 (home)이 '자격이 없다 여겨지는 집시나 고아에게 분배되는 부당한 자격 및 불평에 대한 미사여구'와 효과적으로 싸우고 있다고 주장한다(2003: 201). 이 글은 연극에서 수사학적 상징으로서 유럽의 역할을 조사하고 유럽과 비교한 루마니아의 역사에 대한 광범위한 논의에 상당한 공간을 할애하고 있지만 제작에 있어서 노숙 청소년 자신들의 역할에 대해서는 상대적으로 제한적인 분석을 하고 있다. 제만(Szeman)의 프로젝트에서 청소년 자신은 대본 작업에 관여하지 않았다. 그러나 그들은 공연 후에 이어진 토론에서 그들 자신과 물질적 상황에 대해 이야기할 수 있었다. 이러한 개입의 목적은 무엇인가?라는 질문이 다시 한번 떠오른다. 노력에 박수를 보내지만, 특정한 응용연극 참여자가 참여의 결과로 국립 극장 아카데미에서 주는 주택과 명예 졸업장을 얻었다는 보도를 제외하고는 노숙 루마니아 청소년에게 미치는 영향이나 그들에게 영향을 미치는 사회적 조건에 대해서는 드러낸 것이 별로 없다. 다시 말해서, 문제는 사회구조적 사안으로 설정되었지만 '영향력(impact)' 있는 질문은 특정한, 지역적, 개인적 측면에서 나왔다.

제만은 집(Home)이 '루마니아의 정서적 배경에서 버림받은 청소년 노숙자들을 재통합시키기 때문에 현실을 바꾸는 연극의 힘에 대한 강력한 진술'이라고 단언함으로써 끝을 맺는다(2003: 209). 특히 영구적으로 머물 곳이 없는 청소년들의 가혹한 현실을 고려할 때 '현실을 바꿀 수 있는' 극장에 대한 제만의 열망에 공감하며, 나 역시 '정서적인 배경'을 소중하게 여기고 큰 사회적 변화가 나중에 더 광범위한 사회 정책과 실천으로 스며들기 위해 먼저 대중적 담론의 수준으로 들어서길 희망한다. 이는 미시적 정치와 개인을 이용하여 구조와 공동체를 다루는 응용연극 프로젝트의 한 예가 될 수 있지만, 방법론적으로 개인 이야기의 확장은 드라마 작업과 연구에서 모두 구축되어야 한다. 영향력(일반적으로 '영향(impacts)'보다는 '효과(affects)'를 의미함) 있는 질문은 여전히 어려움으로 남아있다. 제임스 톰슨(James Thompson)이 *공연의 영향(Performance Affects)*(2009)에서 연극의 효과적인 영향에 관해 주장하였듯이, 감각을 통해 우리에게 도달하는 것이 연극과 공연의 정치학의 기초이며 이는 정서적 영역이 정치적 행동을 거부한다는 개념을 완전히 배제하는 것이다. 톰슨의 주장은 연극이 미학적 힘과 정치적 힘 모두의 열쇠로서 그 정서적 기록을 재배치함으로써 위에 제시된 개인적/사적인 및 사회/정치의 이분법을 어느 정도 해결한다. 여기에 또한 방법론적 정교화의 열쇠가 있다. 사회 구조적 분석과 개인의 해방, 또는 응용연극 작업의 거시적 및 미시적 측면 사이의 명확한 경계를 모호하게 함으로써 우리의 드라마 작업에 대한 분석은 그것들의 중요한 상호성을 강조하는 것을 목표로 한다.

개인적이고 구조적인 충돌/담합: 하나의 워크숍 자세히 살펴보기

이 그룹과 작업하는데 특히 어려웠던 점은 순전히 사라진다는 것이었다. 어떤 청소년은 오직 한두 번, 아마도 최대 세 번 보았다. 가끔 한 청소년은 2주 연속으로 나타났다가 몇 달 동안 사라졌다가 몇 주, 몇 달 후에 돌아왔다. 사실 다시 돌아오는 것은 보기 드문 일이었다. 매주 우리는 새로운 사람들과 관계를 맺으려 하였고 돌아오는 소수의 사람들을 위해 결속력을 만들기 위해 노력하였다. 매주 워크숍이 끝나면 우리 팀(나와 2-3명의 연구 조교)이 개개인 또는 소규모 포커스 그룹을 인터뷰하였다. 나도 두 명의 보호소 직원을 인터뷰하였다. 각 세션이 끝난 후 헤어질 때, 우리는 연극 워크숍 실천가들에게 녹음기를 주어 그들이

1시간 동안 차를 타고 도시 중심부로 돌아가는 동안 그들의 실천가들의 기록을 녹음할 수 있도록 하였다. 마지막으로 연구팀과 연극계 종사자들의 마지막 회의 보고를 녹음하였다. 데이터에 대한 요약을 제공하기보다는 (i) 사용된 응용연극 및 연구 방법 중 일부에 대한 보다 명확한 이해를 제공하고, (ii) 특히 반복적으로 수면 위로 올라오는 현실적으로 위협적이었던 발견된 사건의 눈에 띄는 서사를 자세히 살펴보고, (iii) 미시 및 거시 정치가 담론에서 어떻게 살아남았는지 하나의 특정한 워크숍을 서술하려 한다. 여기에서 한 그룹의 주관적인 경험을 통해 청소년 범죄를 뒷받침하는 사회적 과정이 밝혀진 2014년 5월 2일 워크숍을 살펴보려 한다. 그러나 그것은 또한 개인과 집단의 관심과 응용연극에서 동요하는 미시 정치적이고 사회 구조적 명령 사이의 유연한 관계의 분명한 예이기도 하다.

몸풀기 활동 후, 진행자(facilitator)는 '가치의 선(value line)' 활동을 주로 시작한다. 이 활동은 일반적으로 특정 연구 관심사(예: 경찰과 청소년 관계)에 초점을 맞추었고 창의적인 장면의 작업을 위한 출발점으로 구체적인 토론을 만들었다. 종종 흥미로운 지점이 나타나면 진행자는 극에서 문제에 대해 더 알아보기 위한 방법으로 즉흥활동을 하였다. 또한, 이러한 가치의 선은 그룹이 후속 워크숍에서 상호 작용할 수 있는 벌베이텀(Verbatim) 대화/장면을 차례로 만들고, 청소년 자신과 분석에 참여하는 우리의 연구 관심사를 충족시키는 데 도움이 되었다. 가치의 선은 공간에서 신체적으로 행해질 수 있으며, 진행자는 주어진 주제를 제안한 다음 청소년이 해당 문제에 대한 자신의 관점을 가장 잘 나타내는 가상의 선에서 입장을 취하도록 하는 것이다. 이 활동의 주요 진행자인 댄 채프먼(Dan Chapman)이 가치의 선을 소개하고, 이 가치의 선은 청소년들이 주제에 대한 자신들의 경험을 가져와 우리를 안내하는 일련의 이야기로 빠르게 분출된다.

댄(백인남성): 경찰에 대한 여러분의 생각을 알아보기 위해 우리는 경찰 주제를 다룰 거예요. 그래서, '경찰이 나를 안전하다고 느끼게 만든다. 경찰이 있으면 기분이 좋고, 경찰이 나를 돌보고 있다'라고 느끼면 이쪽으로, 그리고 '경찰이 나를 불안하게 만들고, 모든 경찰이 비뚤어지고 나를 쓰러뜨리려고 한다. 경찰은 나를 끔찍하고 편집증적으로 느끼게 만든다'라고 느끼면 이쪽에 섭니다.

[진행자와 연구원을 포함하여 모든 사람이 선에 선다. 많은 사람들이 '경찰이 나를 안전하다고 느끼게 한다'는 쪽의 선으로 기울고 있다.]

제프[백인남성]: 나는 그들을 싫어하진 않지만, 좋아하지도 않아요.

케이먼[흑인남성]: 오해하지 마세요. 저는 경찰이 싫어요. 하지만 저를 안전하게 느끼게 해요. 경찰이 지나가면, '오!' 이런 거예요. 지역을 순찰하면, '오' 이렇게요. 사람들은 경찰을 '젠장, 경찰이야'라고 해요. 저는 아니에요. 저는 경찰을 사랑해요.

댄: 이쪽에, 마라케시. 어느 쪽에 더 가깝게 서 있죠?

마라케시[라틴여성]: 저는 중간이요. 네. 경찰은 당신이 잘못하고 있지 않은지 확인하려고 다니는 거예요. 당신이 잘못이 있으면, 망한 거죠. 하지만 여자로 여길 돌아다니면 늦은 시간이고, 어둡고, 소름끼치는 사람들[예전 사람들의 걸음걸이를 흉내 낸다], 그러다 조금 있다가 오, 예, 경찰! 잘됐다. 난 안전하다.

댄: [키지에게] 당신은 어디에 해당하죠?

키지[흑인남성]: 경찰에 따라 달라요. 굉장한 경찰을 만난 적이 있어요. 어떤 경찰관을 알아요. 어제 한 사람을 만났고 실제로 정말 믿음직했어요. 그리고 또 다른 사람은 저를 정말 필요하지 않은 차별을 받는 상황에 놓이게 한 사람도 있어요. 정말 경찰에 따라 다른 것 같아요. 그냥 경찰이 아니에요. 그들을 '경찰'이라고 분류할 수 없는...

댄: 그래서 라미르, 움직였군요[가치의 선에서 그의 위치를 언급하며]. 무엇이 당신을 움직이게 했죠?

라미르[라틴계 남성]: 케이먼이 말한 거요. 사실이에요. 좋지 않은 지역을 걷고 있다면 – 제가 예전에 경찰과 문제가 있었고, 그들이 예전에 우리 엄마를 대했던 것을 보면...

케이먼: 그건 모든 상황에서 당신의 말에 반대하는 그들의 말이에요. 상관 없어요. 그들이 저를 구타했던 상황이 있었고 저는 그들을 법정에 세우려 했어요. 그렇게 되지 못했지만...

댄: 또 다른 가치의 선을 만들어 봅시다. 경찰은 깡패 같고 시스템 은 붕괴되었어요. 경찰이 하는 모든 것은 엉망이다. 그리고 이쪽은 완전히 경찰 시스템은 완벽하고, 그들이 만든 모든 시스템은 안전 하고, 그 시스템은 굉장하고...

[몇몇은 선의 다른 장소로 이동한다.]

분명히, 그룹 구성원은 이 주제에 대해 처음 소개할 때 경찰에 대해 강한 의견을 가지고 있었고 그들이 이끌어낸 경찰과 마주쳤다. 어디에나 있는 청소년 범죄, 특히 인종 차별적이고 가난한 도시 청소년에 대한 범죄를 고려하면 이 중 어느 것도 놀라운 일이 아니다. 우리 중 문화적 자본이 있고 백인인 사람들은 경 찰과 직접적으로 부정적인 경험을 할 가능성이 훨씬 적다. 케이먼은 계속해서 다음과 같이 말한다.

케이먼: 저는 사람 말고는 무서운 게 없어요. 총을 가지고 저에게 다가오는 남자요. 만약 경찰을 보면, 경찰은 신경 쓰지 않아요. 제가 뭔가를 가지고 있다 할지라도 그들은 저에게 존재하지 않아요. 그들은 존 재하지 않아요... 만약 경찰이 당신을 수색하려 하면, '제가 조사 를 받고 있나요?'라고 물어요. 그들이 아니라고 말하면, '좋은 하 루 보내세요.'라고 해요. 과반수의 사람들이 시민으로서 자신들의 권리를 몰라요. 그래서 경찰이 다가오면 사람들이 떠는 거예요. 한 번 당신한테 내 신분증을 주면, 당신은 날 조사할 수 없어요. 당

신은 내가 누군지 알고, 내 이름이 시스템에 있는 한, 위험 경고가 있고 '조사해야 함'이라고 쓰여 있으면, 당신은 날 조사해야 하죠. 하지만 내 이름이 위험 경고가 없으면 저를 건들 수 없어요. 제 가방을 뒤질 수도 없고, 제 주머니를 뒤질 수도 없어요. 전 변호사를 부를 거예요. 일단 변호사를 선임하면, '좋아요. 좋은 하루 보내세요.' 전 많은 걸 가지고 있어요. 경찰이 오면, '빨리 변호사에게 연락할게요, 이런 수색이 합법적인지 봅시다.', '오, 경관님, 좋은 하루 보내세요.'라고 말하고 그 자릴 떠날 거예요...

댄: 빨리 이쪽으로 가서[경찰이 완전히 엉망이라는 쪽으로 가서] 동의하세요? 당신이 무엇을 해야 하는지 알고 있다면...

키지: 그럼요. 무슨 말을 하는지 알고 있다면요. 처음 수색을 받을 때는 실패했어요. 저를 속였어요. '잘 지내요?' 그리고 나서 '어디 가세요?' 그리고 2초 후에 수색당했죠. 저는 무슨 일이 일어나는지 몰랐어요. 그땐 경험이 없었을 때예요.

캐서린: 경찰이 그렇게 하도록 만든 당신의 잘못은 무엇이죠?

키지: 전 몰랐어요. 경찰들은 친절하게 했어요. '오늘 하루 어때요?' 그는 천천히 공격적으로 변했고, 그리고 그다음 아시죠, 수색당했죠. 그리고 시스템에 이름을 입력하고, 그리고 시스템이 검색하고, 이런 거 저런 거 확인하고, '이런 거 했네요. 이런 것들, 여기저기서 봉사활동도 하고'.

토론토 대학 범죄학과의 학제 간 팀 구성원인 스콧 워틀리(Scot Wortley)는 캐나다 경찰의 논란이 되고 있는 '정지 및 수색(stop and search)' 관행에 대한 많은 내용을 발표하였다. 캐나다에서는 이 문제가 훨씬 더 은밀한 사안일 수 있다.5 공식적인 다문화 정책이라는 이름으로 경찰 관행이 인종을 기반으로 하였다는 것을 알아볼 수 있는 통계 조사가 정부에 의해 공식적으로 금지되었다. 다시 말하자면, 이러한 통계는 그 자체로 인종적 편견을 나타낸다. 물론, 이것은 일종의 인종적 프로파일링의 종류에 대한 증거를 제공하지만, 우리와 함께 일하고 있는 많은 청소년들이 경험한 수치로 입증되지 않은 경험 이상의 증거 제시를 불가능하게 한다. 워틀리(Wortley)와 오우수－뱀파(Owusu－Bempah)는 치안유지활동에서 인종에 기반한 경험에 눈을 감아버리는 공식 정책의 의미를 다음과 같이 설명한다.

우리 생각에, 인종에 기반한 형사사법통계의 수집 및 보급에 대한 캐나다 정부의 비공식적 금지는 민주적인 인종 차별주의가 실행되고 있다는 것을 보여주는 훌륭한 예이다. 동시에 경찰 및 기타 형사 사법 기관이 모든 캐나다인에게 공평한 서비스를 제공한다고 주장하며, 존재할 수 있는 인종 차별을 조사하고 궁극적으로 제거하는 데 필수적인 중요한 정보를 조직적으로 주지 않고 있다(2011: 404).

시민의 권리에 대한 지식에 대한 대화는 계속되고 있으며 거시적 분석을 염두에 두고 연구 지식을 대화에 삽입하려고 한다.

댄: 시민들이 알게 하는 것이 공정할까요?

케이먼: 물론이죠. 특히 당신이 사는 도시에 무슨 일이 일어나는지 보면, 뉴스를 보면 얼마나 많은 사람들이 죽고, 얼마나 많은 사람들이 수색을 당하고 감옥에 가는지 알아요. 이미 여러분의 권리를 알았어야 해요. 구글에서 인권헌장에 대해 알아보고 공부하세요.

캐서린: 그런데, 그중 일부를 무시하는 경찰의 정책이 있어요. 우리 연구원 중 한 명은 범죄학자이고 경찰의 관행과 그 관행이 특정 사람들에게 불이익이 되는지 연구하는 데 시간을 보냈죠. '검문' 아시죠, 경찰들이 와서 '신분증 좀 보여주시죠.'라고 말하는 거. 경찰이 그럴 때마다 경찰들은 여러분의 정보와 함께 제출해야 하는 양식을 적어야 해요. 당신이 신분증을 주고, 그리고 당신이 아무 짓도 하지 않았고, 경찰이 '아주 좋아요. [뭔가 적는 척을 하며] 좋은 하

루 보내세요.'라고 말하고. 당신은 그 시스템에 올라서서, 다음에 다른 경찰이 당신을 세워서, 당신을 보면서, '경찰에 알려진'이란 용어 있잖아요, 그리고 범죄가 보고되었을 때 우리는 항상 그렇게 생각되죠. 그 사람이 안 좋은 사람인가요? 그거예요. 당신이 영화를 보러 갈 때 당신을 세울 수도 있고, 당신은 시스템에 있다는 의미예요.

케이먼: 생각했던 것보다 심각하군요.

캐서린: 그런데 왜 당신이 멈춰졌는지에 관한 서류는 없어요. 그리고 결과가 어떤지도요. 그걸 읽는 다른 경찰은 당신을 최악으로 생각할 수도 있어요.

케이먼: 우리의 정보를 수집하는군요. 그게 정확히 그들이 하는 일이군요.

일리아스(흑인 남성, 2012년 토론토로 이민): 어제 경찰이 커피 마시는데 저를 멈춰 세웠죠. 몇 명의 경찰들이요. 그냥 평범한 사람처럼요. 저는 커피를 마시고 있었어요. 어디서 갑자기 나와서 배지를 보여줬어요. '신분증 좀 볼 수 있을까요?' 그래서 제가 '왜죠? 저는 그냥 커피를 마시고 있는데요.' 그래서 제 신분증을 줬죠. 그가 '당신은 깡패나 나쁜 사람 같아 보이지 않네요.'라고 말했어요. 저를 조사하더니, 제 가방을 뒤지고, 제 지갑, 모든 걸요. 그리고 말하길 제가 주변 사람들을 본다고, 어디서 왔는지 이런 것들이요. 그가 말했듯이 블루제이 모자를 가지고 있는 사람들이요. 네 파란색이요. 크립스요[토론토 거리 깡패로 알려진]. 경찰은 그 사람들을 찾고 있었어요. 전 그냥, '전 몰라요'라고 했어요.

댄: 그래서 경찰이 당신 정보를 기록하고 했나요?

일리아스: 네. 제 이름을 적었고, 그게 다예요.

키지: 그들이 당신 이름을 적은 건 그 지역 주변에 더 큰 조사를 시작했다는 거예요.

확실히 더 개인적인 대화가 진행되었다. 특히 일리아스의 이민자 신분이 논의와 관련이 있었다. 한번은 키지가 '네, 이민자들 같은 사람은 힘들어요. 경찰은 그가 자신의 권리를 모른다는 것을 알고 있어요. 그들은 그런 사람들의 먹잇감이에요.'라고 말했다. 또 다른 새로운 이민자인 라미르는 자신의 아파트 건물 근처 공원에서 경찰이 자신에게 어떻게 대치했는지 설명하고 그가 방금 범죄를 저지른 사람과의 '묘사가 일치했기'(경찰이 설명했듯 '혼혈아'였기 때문에) 때문이라고 하였다. 라미르는 '혼혈아(mulatto)'가 무엇을 의미하는지 우리에게 물었다. 캐서린 머레이(Catherine Murray)(또 다른 연극 진행자)는 말 사육에서 온 용어의 어원을 설명하고 혼혈인을 묘사하는 오래되고 경멸적인 용어라고 설명하였다. 라미르는 경찰이 자신의 집으로 데려가 범행이 일어났을 당시 자신이 입고 있던 옷을 보여 달라고 요구했다고 하였다. 라미르는 여동생이 있고 옷이 있는 침실로 경찰을 데려와야 하였다. 사람들은 경찰과 어려운 상황에 처했을 때 어떻게 해야 할지 모르겠다는 생각이 중심을 잡기 시작하였다. 댄은 즉흥이 우리를 어디로 데려갈지 결정하기 위해 교육방법적인 결정을 내린다.

즉흥으로 전환하기

댄: 경찰 훈련에 관한 즉흥을 만들어 보려 합니다. 두 사람이 함께 상호 작용을 할 겁니다. 한 명이 경찰에 의해 세워집니다. 둘 중 한 명이 경찰이 되고 [케이먼과 키지를 가리키며] 한 명은 코치처럼 알려주는 사람이 될 겁니다.

[댄은 즉흥이 어떻게 진행될 건지 설명하고, 교육하는 사람은 경찰에 의해 세워진 사람에게 어떻게 대응할 것인지 알려준다.]

캐서린: 케이먼, 당신이 경찰에 의해 세워진 사람에게 조언을 해주는 사람을 합니다. 케이먼, 시민의 권리 아시죠?

케이먼: 대부분 알아요.

캐서린: 좋아요. 당신은 개입해서 체포된 사람을 도우려 하세요.

댄: 네. 너무 심하다 싶으면, 제가 '도와줄 사람이 필요해'라고 말
            할게요.

            [즉흥이 시작된다. 댄은 지하철역에서 걸어가던 중 경찰에 의해 세
            워진 사람을 연기하고, 키지는 경찰이다.]

키지: 이봐요. 이리 오세요.

댄(케이먼에게): 아, 도와줄 사람이 필요해요.

케이먼(댄에게): 경찰하고 이야기해도 돼요. 선택할 수 있어요.

댄: 네. 안녕하세요.

키지: 어디 가시죠?

댄(케이먼에게): 사실대로 말해야 해요?

케이먼(댄에게): 그럴 필요 없어요. 말하고 싶지 않은 건 말하지 않아도 돼요.

            [댄이 발을 헛디딘다.]

케이먼: [대사를 제시하며] 저 체포되었나요? 제가 조사를 받고 있는 건가요?

댄: 오. 저 체포되었나요?

키지: 전 그냥 어디 가시는지 묻고 있습니다.

댄: 어떻게 해야 하죠? [케이먼을 보면서]

케이먼(댄에게): 제가 조사를 받고 있는 건가요?

댄: 다시 물어봐요? [키지를 향해] 제가 조사를 받고 있는 건가요?

키지: 그냥 오늘 하루가 어떻게 보냈는지 알고 싶은 거예요.

댄: 하지만, 전 제가 조사를 받고 있는 건지 알고 싶어요.

키지: 아니오.

케이먼: 이제 분위기가 바뀐 거예요, 잘했어요. 이제 확실히 체포되지 않
            아요.

댄: 좋아요. 그럼 이제 경찰하고 이야기해도 돼요?

케이먼: 원하면요.

키지[역할에서 나와서]: 원하면 그냥 걸어가도 돼요.

댄: 좋아요. 아니에요, 난 괜찮아요.

키지:	어제 랩터스[NBA 토론토 농구팀] 경기 봤어요?
댄:	아니. 놓쳤어요. 하이라이트만 봤어요. [역할에서 나와 케이먼에게] 내가 거짓말해도 상관없어요? 그냥 실수였어요. [모두 웃는다.]
댄:	긴장했어요. [관객에게] 하이라이트 봤어요.
키지:	랩터스가 이해할 거예요. 그래서 어디 가시죠?
댄:	슈퍼에 맥주 사러 가고 있었어요.
키지:	좋아요. 지금 신분증 가지고 있나요?
댄:	네.
키지:	봐도 될까요?
댄:	[케이먼에게] 어떻게 하죠?
케이먼:	만약에 체포되거나 조사를 받는 게 아니라면 왜 신분증이 필요하죠?
댄(케이먼에게):	왜인지 물어봐요?
케이먼:	네.
댄:	제가 조사를 받는 게 아니라면 왜 제 신분증이 필요하죠?
키지:	그냥 보고 싶어서요.
케이먼:	저 말, 저 정말 많이 들었어요. 체포하는 게 아니라면 신분증은 필요 없죠.
댄:	그럼 제가 경찰 얼굴 가까이 들이대도 돼요?
케이먼:	네!
댄:	제 신분증이 필요 없을 것 같은데요.
키지:	[역할에서 나와 '동료교육' 역할을 진지하게 받아들이며] 안돼. 그렇게 하면 안 돼요.
케이먼:	당신 반응에 놀랄 거예요.
댄:	관객에게 투표를 받고 싶네요. 제가 실제로 어떻게 해야 할까요?
목소리:	(비디오 테이프에서 신분 확인을 할 수 없는) 저는 그렇게 얼굴을 가까이 들이대지 않을 거예요.
캐서린:	저는 '죄송하지만 전 제 권리를 알아요. 제 신분증을 줄 필요가 없

을 것 같아요'라고 말할 거예요.

키지: 네, 저도 그렇게 말할 거예요.

라미르: 얼굴에 가까이 들이대지 않겠지만, 저는 내가 누구인지를 알게는 할 거예요. 그래서 선을 넘지 않을게요.

댄: 들어봐요. 저는 제 권리를 알아요. 제 신분증을 요구할 수 없다는 걸 알아요. 그래서 전 당신에게 제 신분증을 주지 않을 겁니다.

키지: 글쎄요, 저한테 거짓말을 하는 거면요? 다른 사람일 수도 있잖아요.

댄: 제 권리를 알기 때문에, 제가 거짓말을 하든 아니든 중요하지 않다는 걸 알아요. 당신은 저를 [케이먼을 보며] 제가 뭐 실수했나요?

케이먼: 그가 이미 당신한테 말했잖아요. 당신은 조사받는 게 아니에요. 그래서 당신이 누구인지 중요하지 않아요.

댄: 그럼 내가 누구인지 중요하지 않군요. 저는 당신이 제 신분증을 요구할 수 없다는 걸 알아요.

키지: 당신 좀 끈질기군요. 당신을 데리고

댄: (케이먼에게) 어떻게 하죠?

케이먼(댄에게): 변호사를 불러요. 당신이 이래도 되는지 변호사에게 전화해보겠어요.

댄: 죄송한데 제 변호사를 불러야 할 것 같아요. 제 형이 변호사인데 확실히 하기 위해 전화를

키지: 있잖아요, 제가 사무실에서 뭔가 할 일이 있네요.

댄: 우!!!!!!!!!!!!!

캐서린[믿지 못하겠다는 듯]: 이런 일이 실제로 일어난다고요?

케이먼: 변호사를 부르면 전체 분위기가 반전돼요. '전화, 10-4, 바로 갈 게요.' 완전히 반전되죠. 그런 경찰들 모습을 보는 게 웃겨요. *경찰*들이 긴장하는 모습이요. 이제 *경찰*은 긴장하고 두려워해요. 변호사들이 그들을 두렵게 만드니까요. 변호사들은 그들을 두렵게 만들어요.

이 첫 번째 즉흥 이후, 경찰이 주변을 순찰하고 있던 '묘사가 일치'했기 때문에 라미르와 마라케시가 멈춰 세워지는 데 초점을 둔 또 다른 즉흥이 있었다. 이 두 장면 이후, 프로젝트의 보조 연구원인 앤 위슬스(Anne Wessels)는 재미있는 즉흥 연기가 경찰과 대면했을 어떻게 행동할지에 대해 조금 도움이 되었는지 물었다. 강력한 권위를 가지고, 정보가 제시되었음에도 우리는 공유된 정보가 정확한지 알 수 있는 방법은 없다. 앤은 전화할 변호사가 없는 것을 걱정하였고 커피숍에서 부주의한 사람들을 걱정하며 말하였다(일리아스의 실제 이야기 참고). 키지는 청소년들이 변호사와 20분 무료 대화를 나눌 수 있는 법률 구조 핫라인이 있다고 그룹에 알려줬다. 댄은 '그래서 경찰에 의해 제지당했을 때 구글 법률 구조를 사용하는 것이에요?'라고 물었다. 키지는 자신의 전화에 전화번호가 저장되어 있다고 말하고 모두에게 전화번호 1-800-668-8258를 알려주고 마지막 조언을 하였다. '법률 구조가 아니라 내 변호사에게 전화한다고 말해요.' 앤은 전화가 없지만 내일 갖게 될 것이라고 조용히 말하는 일리아스를 바라봤다. 이번에는 구조가 개인적인 것이 된다.

즉흥의 미시정치: 개인적, 구조적, 집단적

프로젝트 중 세션에 대해 기록된 보고: 휴머니티(Humanity) 진행자들이 차 안에서 녹음한 기록에서 우리는 그들이 그날 알게 된 '정보'에 대해 약간의 불편함을 똑같이 느꼈다는 것을 알았다. 그들의 대화는 꽤 오랫동안 계속되었고, 공간에서 개인적인 이야기의 공유가 사회적 유대감(매주 발생하지 않음)의 중요성을 인식하며 일어난 일에 대한 양가감정을 느꼈으며, 일종의 동료 교육이 진행되고 있다는 점에 기뻐하면서도 정보가 얼마나 정확한지 확신이 서지 않아 하였다. 그들은 또한 전체적으로 우리의 개인적 차이를 고려할 때, 특권을 가진 백인들이 경찰과의 만남을 그렇게 전략적으로 생각할 필요가 없다는 것이 가능한지 어떤지에 대해 분명히 갈등을 느꼈다. 이날은 토론토 경찰청의 모토인 '봉사하고 보호하기 위해'에 누가 포함되고 누가 그렇지 않은지를 명확히 알게 하였다.

그들 기록의 어느 시점에서, 그들은 진행 방법에 대한 토론으로 전환되었다. 댄이 물었다: '그래서 우리의 방식으로 볼 때, 연속으로 두 번째 주에 내가 가치의 선에서 크게 왼쪽으로 방향을 바꿨고... 그것은 우리가 하는 것에 대해 이야기한 것이 아닙니다. 토론이 진행되는 곳으로 갈 수 있는 자유를 갖는 것입니다. 하지만 당신은 [캐서린에게] 양쪽 모두를 위해 거기에 있었고, 그것이 지금까지 대체적으로 성공적인 접근법이라고 생각하나요?' 토론의 상대적 장점과 즉흥 탐구의 상대적 장점에 대해 긴 대화를 나눈 후 댄은 솔직하게 물었다: '그런데... 오늘 즉흥에서 잘된 점은 뭐죠?'

앤드류: 글쎄요... 제가 느끼기에는... 제가 느끼기엔 사람들이 갑자기 그들이 경험했거나 경험할 수 있었던 만남에 열광했기에 위험도가 올라갔다고 느꼈어요. 그리고... 동료들에게 발언권이 생겼을 때인 거 같아요... 케이먼이 말하기 시작하고 키지가 소리를 높이진 않았지만 통찰력을 제시하고... 마라케시는 저는 그녀가 '그래 그래 그래... 그거야...!' 하는 걸 봤어요. 그리고 제 생각에... 어... 토론이 굉장히... 제 말은 휴게실에서 하는 말과 뭐가 다르죠? 또는 이러한 것을 이야기하는 게 편하다고 생각하는 어떤 맥락에서든 이야기를 하고... 다른 게 있다면 우리가 드라마를 사용해서 어떤 면에 대해 더 많이 이야기할 수 있도록 하거나 에너지를 너무 소모하지 않는 방식으로 사용한다는 것이죠... 토론은 에너지를 소모할 수 있으니까요. 그렇죠? 그리고

댄: 그리고 우리가 확장했죠. 그렇죠? 왜냐하면 토론에서, 멋지다고 생각되는 이야기만 하지 않나요? 하지만 여기선, 그들이 할 수 있는 만큼 확장해 달라고 요청하는 맥락이 있었죠.

앤드류: 네... 네... 제 생각에... 잘 모르겠는데... 어... 그 맥락에서 즉흥 대화에 활기를 불어넣었다고 느꼈고 우리가 말하는 것을 더욱 구체화했다고 생각해요.

사회적 목표, 교육방법적 책임, 그리고 드라마를 통한 탐구가 개인 경험과 그들이 매일 마주하는 구조적 시스템에서 그룹의 공유된 이야기가 왜 또는 어떻게 다른 기여를 하는지에 대한 질문이 남아 있는 상태에서 워크숍 직후에 토론하는 것을 망설여하는 듯이 느껴졌다. 즉흥이 강화된 교수법은 그룹과 창의적 탐구에 무엇을 제공하는가? 미학적으로 이러한 종류의 드라마 활동은 보통 가장 흥미롭거나 가장 정교하지도 않다. 그러나 이 경우, 즉흥은 또한 공간에서 형성되고 있던 긍정적인 관계를 확장하고 개인을 공동체로 끌어올리는 방법이 되었다. 그곳엔 가능한 관계의 미학이 있었고 즉흥활동이 구축한 넓은 세상의 특성에 대한 세심한 주의가 있었다. 진행자와 청소년, 그리고 청소년들 간에 보이는 아름다운 멘토링이 있었다. 인터뷰에서 워크숍에서 즉흥활동을 어떻게 경험했는지 물었을 때 리치는 다음과 같이 말하였다.

리치(흑인남성):　　　네! 직원들, 팀 리더든 뭐든, 그들은 소통을 만들어냈어요. 말하고, 웃고, 말하고 싶은 건 편하게 말할 수 있었어요. 어떤 특별한 규칙 같은 건 없었어요. 알다시피.

앤(백인, 여성 보조 연구원): 어떻게 그들이 모두를 편안하게 만든 것 같니?

리치:　　　　　　　주로 주제가 있으면 즉흥을 하고, 그리고 확장하고 밖으로 내놓으면 모두가 웃어요. 있잖아요, 좋은 사람들이에요. 우리가 이야기할 수 있다는 점에서 편안함을 느꼈어요.

개인과 구조 사이의 긴장을 생산적으로 만들기 위한 우리의 방법론적으로 중요한 즉흥활동은 내가 관찰한 또 다른 매우 중요한 행동 유도성이 있다. 즉흥은 가시적으로 중요한 모순을 만들어 낼 수 있다(예: 경찰은 위협이지만 그들은 우리를 도와주기도 한다). 이러한 모순은 교육 방법론적이든 연구 기반이든 관계없이 이전의 보다 평범한 서사가 힘을 얻어 이러한 이질적인 현실을 붙잡고 일관성을 강요한다. 내가 관찰한 바와 같이, 그들 삶의 모순을 생생하게 하는 능력은 즉흥

활동의 가장 강력한 측면 중 하나였다. 모순된 현실과 감정이 공존하고 다양한 의미가 순환되도록 하여 다른 추론이나 다른 분석이 안개 속에서 드러날 수 있는 기회를 제공한다. 다시 말해, 매우 개인적인 이야기에 존재하는 모순이 광범위한 일반화를 조절하고 보다 사려 깊은 구조분석을 할 수 있게 하였기에, 즉흥적인 작업을 통해 '시스템' 또는 거시 정치적 생각에 대한 통제된 일반화를 억제할 수 있었다.

결론

그날의 결과물은 리치가 보여준 공동체 의식의 성장과 같은 긍정적인 단기적인 결과로 결론을 내릴 수도 있고, 더 장기적인 관점에서 대화와 구현된 드라마 사이의 관계로 논의를 할 수도 있다. 그러나 이 장에서 중요시하는 것은 응용연극의 실천이 어떻게 대규모 사회 구조적 시스템과 개인적이고 사적이며 경험적인 서사 사이의 중요한 관계를 갖는지 탐색하는 것이다. 응용연극의 미시 정치적 작업은 항상 이러한 불안한 비대칭에 의해 어려움을 겪었다.

매주 응용연극의 개입은 그 자체로 최고조였다. 그룹의 구성원이 일시적으로 변화하였던 것을 감안할 때, 배움과 창의성 아니면 젊은이들의 헌신을 보여줄 수 있는 최종적인 공연의 결과를 보여주는 그룹의 경험보다 우리는 가치가 있는 만남의 작고 중요한 순간을 찾고 있음을 발견하였다. 우리의 목표는 그다지 크지 않았다. 응용연극 개입으로, 우리는 잠시 동안 짧았던 매 순간들, 긍정적인 교류, 작은 사회적 유대감, 즉흥활동 중 감사했던 웃음, 잠시 역할을 맡는 위험과 즐거움, 그 외의 다른 생각들에 기대게 되었다. 대규모 정책 관련 연구 프로젝트가 정부 및 공공 부문의 다양한 수준에서 다루려는 것과 같이 대규모 구조적 및 정치적 개입을 하는 것은 완전히 또 다른 종류의 개입이지만 이제는 긍정적 참여의 이러한 작은 질적인 기록에 크게 의존하게 된다. 대규모의 변화는 단계적인 과정이다. 그것은 풍경을 순간적으로 바꾸고, 두서없이 강력한 감정을 만들고, 함께 다른 분석 가능성에 도달할 수 있는 작은 만남에서 만들어진다.

연극이나 즉흥을 만들거나 응용연극 경험을 구성할 때, 젊은이들의 '실제생활' 이야기를 활용하여 작업하는 것의 장점과 한계에 대해 토론하는 시간을 가지면서 마무리할 수 있었다. 캐서린 맥크리리(Kathleen McCreery)의 연극, *엄마를 만났을 때*(When I Meet My Mother)는 신자유주의, 도시화, 계속 증가하는 부의 불평등이라는 맥락에서 브라질 거리의 아이들이 가진 곤경을 많은 관객에게 전하려는 시도이다. 글에서 맥크리리는 브라질에서 하루에 약 4명의 거리 어린이가 사망하는 상황을 '폭력과 아동권리의 남용을 낳는 경제 시스템 고발'이라고 특징지어지는 그녀의 연극 텍스트를 소개한다(2001: 124). 극작가로서 맥크리리의 목표는 '인식을 높이고' 거리 아이들이 자신의 이야기를 더 잘 공유할 수 있도록 하는 것이라고 기록하였다(2001: 126). 그녀는 '목소리를 내는 것'이라는 개념을 단호히 거부하며, 노숙 청소년들은 '목소리를 가지고 있고, 목소리가 크며, 그들은 매우 명료하게 표현할 수 있다'고 적었다. 문제는 사람들이 경청하도록 설득하는 것이다(2001: 126). 글은 계속해서 연극 자체의 (외견상) 전체 텍스트를 포함하는데, 브라질 거리 어린이 갱단의 하루 이야기와 그녀가 청소년 쉼터로 가는 길에 그들 중 한 명이 결국 살해당하는 이야기를 들려준다. 다음으로 맥크리리는 참가자들의 삶의 경험을 바탕으로 5편의 연극이 제작된 아크라(Accra)에서 거리 아이들과 함께 연극 워크숍을 진행한 것에 대해 간략하게 설명한다. 가나인(Ghanaian) 워크숍을 회상하면서 맥크리리는, 거의 예외 없이 열정적으로 바뀐, 청소년들의 초창기 회의적인 모습을 회상한다. 청소년 보호소에서 우리는 처음에 이와 같은 회의론에 직면하게 되었지만, 경험상 항상 그런 모습은 오래가지 못했다. 그럼에도 연구가 정책을 바꾸거나 부패한 정치인들에게 영향을 미칠 수 있다고 생각하지 않는다고 말한, 한 청년과의 첫날의 가슴 아픈 대화를 기억한다. 그의 관점에서, 미시정치는 체계와 구조 안에서 수사학적인 힘도 실제적인 힘도 없었다. 그는 망설임 없이 우리의 단순한 생각을 지적했고 엘리트를 위한 '교육'으로 간주될 수 있는 연구에 원칙적으로 참여하지 않기에 연구 참여에 동의하지 않았다. 이 젊은이에게 응용연극의 미시적 잠재력은 그만한 가치가 없는 것이었다.

그러한 '개인적인 이야기'를 활용하는 것이 항상 당연히 최고의 드라마 탐색이라는 것은 아니지만, 더 큰 목표가 정치적으로 투자된 대규모 사회 연구를 위해 현실 기반의 질적 이야기를 사용하는 것이라면 드라마를 통해 '실제생활' 이야기의 복잡성과 뉘앙스를 이해하는 것은 잠재적으로 강력한 연구 접근 방식이 될 수 있다. 그리고 우리의 목표가 그들의 삶을 이해하는 것이라면, —우리는 우리가 만났던 청년의 이해할 수 있는 회의적 태도와 가끔은 우리 자신도 의심스러움에도 불구하고— 그리고 궁극적으로 그들에게 유리하게 변화를 줄 수 있는 위치에 있는 정책입안자들과 의사소통을 할 수 있다면, 자신의 몸속 깊이 알고 있는 것에 대해 스스로 생각하는 창의적인 접근 방식은 참가자와 연구자 모두에게 매우 강력한 영향을 미칠 수 있다.

캐롤라인 웨이크(Caroline Wake)는 벌베이텀 방식의 '헤드폰 시어터'에 관한 글을 통해 무대에서 '실제 삶'을 묘사하는 방법을 살펴보았다. 그녀의 경우 배우들이 기침, 재채기, 정지, 망설임과 같은 비언어적 속성의 정확한 복제 또는 청각적 모사를 통해 '실제' 연구 참여자를 묘사하긴 하지만 말이다. 그러나 그녀의 글에서 더 흥미로운 점은 맥크리리와 마찬가지로, '관객에게 권한을 주는 것'이란 개념에 찬성하며, '목소리를 내는 것'이라는 개념에 반대한다는 것이다(2003: 332). 나는 우리 작업과 함께 이 의견에서 더 나아가고 싶다. 노숙 청소년이 자신의 이야기, 동료들의 이야기의 '관객'이 되는 것을 생각해 보고 싶다. 노숙 청소년이 좋은 드라마 교육을 구성하는 것에 대한 극단의 아이디어, 연구의 서사와 사회적 개선 가능성에 대한 '관객'이 되는 방법에 대해 생각해 보고 싶다. 개인의 이야기와 구조적 변화 사이의 위태로운 춤은 응용연극에서 미시정치의 (불)가능성에 대한 실질적인 토론의 중심으로 남아 있다. 우리의 더 광범위한 연구 프로젝트의 경우, 학술, 정치 및 다양한 정책 영역에서 다양한 관객을 만들기 위해 최종 개입을 위한 계획이 앞으로 준비되어 있다. 관객을 행동하도록 하고 관객을 만나는 것은 쉬운 일이 아니다. 내가 알아낸 것은, 개인적인 이야기를 구조적 분석을 하며 생생하게 숙고하는 것은 상당한 장점이 있으며, 다시 말해서 우리가 그들의 사이에 있을 때, 인지되는 긴장감을 생산적으로 만든다는 것이다.

개인적, 구조적 이해관계를 경쟁적 이해관계로 보기보다, 우리는 연구 참여자들을 미시적, 거시적 의미를 탐구하는 흥미로운 일인 우리의 연극 만들기에 초대하였다.

References

Gallagher, K. 2014. *Why Theatre Matters: Urban Youth, Engagement, and a Pedagogy of the Real*. Toronto: University of Toronto Press.

Gallagher, K. and Lortie, P. 2007. 'Building theories of their lives: Youth engaged in drama research' in Thiessen, D. and Cook−Sather, A. (eds.) *International Handbook of Student Experience in Elementary and Secondary School*. Dordrecht, the Netherlands: Springer Publishing, pp. 405−438.

Hamel, S. 2013. 'When theatre of the oppressed becomes theatre of the oppressor'. *Research in Drama Education: The Journal of Applied Theatre and Performance* 18.4: 403−416.

Hughes, J. 2013. 'Queer choreographies of care: A guided tour of an arts and social welfare initiative in Manchester'. *Research in Drama Education: The Journal of Applied Theatre and Performance* 18.2: 144−154.

McCreery, K. 2001. 'From street to stage with children in Brazil and Ghana'. *Annals of the American Academy of Political and Social Science* 575.1: 122−146.

Neelands, J. 2007. 'Taming the political: The struggle over recognition in the politics of applied theatre'. *Research in Drama Education* 12.2: 305−317.

O'Sullivan, C. 2001. 'The postgraduate short article searching for the Marxist in Boal'. *Research in Drama Education* 6.1: 85−97.

Prentki, T. 2012. 'Fooling with applications' in Prentki, T. (ed.) *The Fool in European Theatre Stages of Folly*. New York: Palgrave Macmillan, pp. 201−225.

Snyder−Young, D. 2011. '"Here to Tell Her Story": Analyzing the autoethnographic performances of others'. *Qualitative Inquiry* 17.10: 943−951.

Stapleton, J., Murphy, B. and Xing, Y. 2012. 'The "Working Poor" in the Toronto Region:Who they are, where they live, and how trends are changing'. Toronto: Metcalf Foundation Report. http://metcalffoundation.com/wp−content/uploads/2012/02/Working−Poor−in−Toronto−Region.pdf. Last accessed 8.12.2015

Szeman, I. 2003. 'Finding a home on stage: A place for Romania in Europe'. *Theatre Research International* 28.2:193-210.

Thompson, J. 2009. *Performance Affects: Applied Theatre and the End of Effect.* Basingstoke: Palgrave Macmillan.

Wake, C. 2003. 'Headphone verbatim theatre: Methods, histories, genres, theories'. *New Theatre Quarterly* 29.4: 321-335.

Wortley, S. and Owusu—Bempah, A. 2011. 'The usual suspects: Police stop and search practices in Canada'. *Policing and Society* 21.4: 395-407.

●●13
외출하기 좋은 날
- 응용연극, 관계성 그리고 참여

> 헬렌 니콜슨(Helen Nicholson)

1979년 사회주의 극 연출가인 존 맥그래스(John McGrath)는 케임브리지 대학의 강의 시리즈 중에 관객을 정치적 문제에 관해 토론에 참여시키는 노동자 연극을 위한 그의 선언문의 개요를 설명하였다. 대중극에 대한 그의 비전은 브레히트(Brecht)와 피스케이터(Piscator)의 마르크스주의 전통에서 영감을 얻었으며, 강의는 그의 7:84 극단이 어떻게 영국과 스코틀랜드의 부르주아 연극같이 제약이 있는 고상한 장소와 거리가 먼 남성 노동자 클럽, 마을회관 및 술집, 유흥 장소에서 공연하였는지 서술하였다. 이러한 형태의 연극은 관객 참여를 장려하며 그의 저서 *외출하기 좋은 밤(A Good Night Out)*(1981)은 관객에게 익숙한 코미디, 대중가요 및 지역 이야기를 사용하여 노동자 계급 지역사회의 상상력을 포착하는 데 사용된 연출기법을 기록하였다.

36년 후, 관객이 그들 자신의 극적 서사를 구성하는 데 참여할 수 있다는 생각은 존 맥그래스가 묘사하였을 듯한 '부르주아 극장'으로 퍼져나갔다. 현대 연극 제작자들은 관객을 과정의 중심에 두는 연극적 경험을 만들고, 극적 사건의 공동 제작자로 관객의 적극적인 참여에 의존하는 극장이 아닌 공간에서 연극을 만들고 있다. 영국의 펀치드렁크(Punchdrunk)와 벨기에의 온트로렌드 고드(Ontroerend Goed)와 같은 예술적으로 성공한 극단은 관객들과 행동을 바꾸도록 결정을 할 수 있는 힘 또는 서사 가능성의 복잡성을 통해 자신의 방식으로 협상할 수 있는 힘이 있는 응용연극과 관련된 미학적이고 극적인 전략을 사용한다. 보통 사용되지 않는 쇼핑몰, 공장 및 창고와 같이 재발견된 공간에서 발생하는 이러한 연극적 경험은 관객을 새로운 형태의 참여와 관람으로 끌어들이도록 설계되었다. 이러한 작업 방식은 상업적으로 성공을 거두었으며, 아마도 특히 밤 외출의 일부로 몰입형 연극 경험에 끌린 젊은 대도시의 예술애호가들을 끌어들였을 것이다. 극장 밖 공간, 참여는 쇼핑에서부터 박물관 방문에 이르기까지 모든 것이 '경험'으로 판매되는 문화 경제와 서비스 산업의 일부가 되었다. 한편, 문화유산 산업에서는 방문객들이 이전 시대에 살았던 모습을 상상할 수 있도록 하는 방법으로 정서적인 분위기를 세심하게 구성하였다. 다른 한편으로, 소비자들은 외출하기 좋은 날로 인식되는 쇼핑경험을 통해 브랜드 충성도로 유인되고 마우이라 윅스트롬(Mauyra Wickstrom)이 수행적이라 묘사한 일종의 소비자 사회의 일부로 마케팅되었다(2006).

21세기의 두 번째 10년에는, 참여가 그 자체로 급진적이라고 제안하는 것은 더 이상 불가능하다. 지역 문제를 다루는 것이 집단적, 정치적 비전이나 공유된 사회적 정체성을 생산하는 것도 아니다. 대중적인 오락물은 다양한 문화적 형태를 보여주며, 연극 제작의 참여 방법은 다양한 경험과 사회적 상상에 적용된다. 이것은 어쩔 수 없이 정치적 야망 밖에 있는 예술이 아니며, 작업을 할 때 참여자들이 사회적으로 중요한 문제에 대해 생각해 보도록 장려하는 경향이 강하다. 예를 들어, 웨일즈 국립극장(National Theatre of Wales)의 작품 *보더게임*(*Bordergame*)(2014)은 상호 작용하는 공연으로 불법 이민 문제를 집중적으로 다루었다. *보더게임*은 영국 브리스톨에서 웨일스 뉴포트까지 관객들은 기차 여행을 하며 관객들이 국경당국의 의심을 받지 않고, 그들 삶의 가상의 위험에서 벗어나도록 한다. 컴퓨터 게임에서 영감을 받아, 기차에서 불법 행위가 의심되는 것을 신고하는 '적극적 시민의 자원 부대'의 역할은 온라인에서도 가능하다. 공동 창작에 대한 열정을 불어넣은 존 맥그래스(John McGrath)가 상상했던 노동계급과의 '정치적 연대와 문화적 정체성'(1981: 97)을 공유하는 과정으로 볼 수는 없지만, 그와 같은 이름을 가진 웨일즈 국립극장(National Theatre of Wales)의 감독인 존 E. 맥그래스(John E. McGrath)는 마찬가지로 대중적이고 혁신적이며 정치적으로 도전적인 연극을 만드는 데 열정적이었다. 연극은 변했고, 계급 구분은 어려워졌고, 지역사회 참여와 정치 활동에 '적용'되는 연극과 '연극'의 경계는 점점 모호해지고 있다. 제임스 톰슨(James Thompson)(2009)과 섀넌 잭슨(Shannon Jackson)(2011)이 아주 우아하게 묘사한 응용연극의 정서적 전환과 연극의 사회적 전환이, 21세기에 뿌리를 내린 1999년 파인(Pine)과 길모어(Gilmore)가 처음 지지한 연극적 경험의 경제와 일치했다는 것은 놀라운 일이 아니다. 이것은 역설적이다. 감정은 사회적 상상력을 포착한다. 감정 또한 판매된다.

이 장에서 필자의 의도는 이 역설을 없애는 것이지만, 활동가와 소비자 형태의 참여자 구분을 고정적이거나 정치적으로 혼란시키는 것으로 보기보다는 다루기 힘든 영역을 절충하는 방법을 찾기를 바라는 것이다. 이 장의 제목은 정치적 좌파의 급진주의와 연결된 대중극의 에너지를 포착하기 위해 사용한 문구인 존 맥그래스(John McGrath)의 책, *외출하기 좋은 밤(A Good Night Out)*을 떠올리게 한다. 나는 이러한 역사가 어떻게 새로운 세대를 위해 재구성되거나 구제될 수 있는지 발견하는 것에 흥미가 있다. 외출하기 좋은 밤보다는 외출하기 좋은 날에 주목함으로써, 극장 밖의 장소와 늦은 밤 파티가 끝났거나 아직 시작되지 않은 이들의 경험에 대해 생각하려 한다. 이 논쟁을 설명하기 위해, 필자는 매우 다른 두 가지 실천 사례에 초점을 맞추고 있다. 첫째, 네트워크의 일부로서 이웃을 지원한다는 취지를 가지고 필자가 자발적으로 중장년 여성과 함께 창의적으로 일한 경험에 대해 이야기하려 한다. 제니 휴즈(Jenny Hughes)의 빈곤에 대한 작업에서 영감을 받은 두 번째 실례에서는 오래된 구빈원이 문화유산으로 재해석되고 학교와 가족을 위해 외출하기 좋은 날로 마케팅되는 방식을 되돌아 보려 한다. 외출은 교육적일 뿐만 아니라 오락적일 수도 있다. 필자는 참여적 공연 실천이 경험 경제에 새겨지고 집안의 친밀한 공간에서도 발견될 수 있는 방식을 인지하는 데 관심이 있다. 상업 자본주의의 한 면을 추악한 측면으로 정의하고 다른 측면을 해방적 측면으로 정의하기보다는, 참여적 경험에 대한 강조가 상상력을 형성하는 데 어떻게 기여하는지, 그리고 공연의 관계성이 권력의 위치를 재지정하고 재위치시키는 방법에 대해 생각해 보려 한다.

이 장은 평등주의적 의도와 해방적 뿌리를 인식하고 21세기의 관심사를 포함하는 응용연극의 개념적 구조를 찾는 것이다. 그것은 인간과 비인간의 상호작용에서의 공연적 흐름과 리듬, 일상생활의 공간적, 시간적, 물질적 습관에서 권력 구조의 전복뿐만 아니라 생명 정치적 측면에서도 사회적 주체로 가는 길을 만들어 내는 것으로 인식되는 응용연극에 대한 관계적 존재론의 정치적 함의를 포착하려는 시도를 나타낸다. 필자가 입증하고자 하는 관계성에 대한 이러한 사고방식은, 오늘날의 네트워크로 연결된 사회에 더 이상 적합하지 않은 것으로 보이는 확립된 양식을 선택하지 않는다. 또한 능동적으로 참여한다는 의미에서 '참여적'이든 아니든 상관없이, 새로운 형태의 예술적, 정치적 창의성에 연극을 적용하는 기회를 제공한다. 생각보다 충격적인 어떤 것이 아니라 시간이 지남에 따라 감정적으로 경험되는 자리 잡기의 느린 과정으로써 실천의 불확실한 방식에 관심이 있다.

응용연극의 관계적 존재론

응용연극의 다양한 역사 안에서, 리허설 공간 밖에서도 느끼고 행동하는 특정 종류의 연극에 참여하는 것이 긍정적인 사회적 결과로 이어진다는 생각은 강력하게 수사학적으로 끌어당기는 힘이 있다. 이런 도구주의를 묘사하는 데 다양한 언어가 사용되었으며, 이는 동시대의 관심사를 반영한다. 19세기 사회 개혁자들은 예술을 '문명화'할 수 있는 것으로 여겼고 20세기 활동가들은 예술의 '인간답게' 하는 효과를 강조하였다. 억압당하는 사람들이 '변화'될 때 사회적 변혁이 이루어진다는 생각에 사로잡혀 있었고, 드라마 내에서 대안적 서사를 창조하는 것이 결국 해방으로 이어진다는 것을 자명한 것으로 받아들여졌다. 아우구스또 보알(Augusto Boal)은 이 전통의 일부로 '혁명의 *리허설(rehearsal* of revolution)'(1979: 155, 필자가 이탤릭체로 표기)로 알려진 '배우가 아닌(non-actors)' 사람들을 위해 설계된 게임 무기를 개발한 것으로 유명하다. 이러한 사고 양식은 21세기까지 계속되었고, 문화 참여가 참여자의 안녕과 자기 자신의 기업가 정신을 촉진한다는 것을 받아들임으로써 자기 보호를 위한 신자유주의적 생각에 예술이 활용되는 경우가 많았다.

예술과 정치에 대한 동시대의 논쟁은 보통 자율적 형태로서의 예술과 사회적으로 참여하는 예술 사이의 존재론적 분리를 약화시키는 데 관심이 있다. 극장에서는, 동시대의 사고 양식에 대응하여 새로운 미학적 전략과 공연 형식이 발전하였다. 협업의 역사와 현대적 실천에 대한 글에서, 클레어 맥도날드(Claire MacDonald)는 21세기가 문화 공연의 측면에서 패러다임 전환을 도입하였다고 말했다. 클레어 맥도날드는 1960년대와 1970년대 산업 경제에서 자리를 잡았던 '집단 및 전체적 작업의 모델'은 동시대 연결된 사회에 대응하는 '새로운 관계성 협업 버전'으로 대체되었다(2012: 148)고 하였다. 비록 전체의 집합체가 사회적 위계질서에 도전하고 예술적 협력을 확대하는 것을 목표로 하였다고 할 수 있지만, 맥도날드는 그것이 엄격한 계급 분할과 잘 조직된 정치적 좌파가 집단적 저항을 동원했을 때 발달하였다고 주장한다. 그러나 마이클 하트(Michael Hardt)와 안토니오 네그리(Antonio Negri)가 제안한 것처럼 21세기에 권력은 더 이상 가시적인 위계질서를 통해 제도적으로 우선적으로 행사되는 것이 아니라 일시적이고 유동적이며 부드러운 방식으로 경험된다 할 수 있다.

따라서 규율사회에서 권력과 개인은 변하지 않는 관계로 남게 되었다. 권력의 규율위반은 개인의 저항과 상응하는 것이었다. 대조적으로, 권력이 전적으로 생명정치적(biopolitical)[1]이 될 때, 사회 전체는 권력의 기계적 흐름에 의해 구성된다... 이 관계는 개방적이고 질적이며 정서적이다(2000: 24).

응용연극에서 예술적 참여의 정서적 특성에 대한 새로운 관심은 이러한 생각을 반영하며 연극, 사회 변화 및 일시적 소유의 관계에 대한 새로운 질문을 연

---

1) 역자 주: 정치적, 철학적 맥락을 통하여 생명과 그 부속 현상을 설명하려는 다양한 시도와 이에 의해 정의된 일련의 개념

다. 21세기 문화의 풍경은 생명 정치적 경험의 비선형성을 포착하는 단어의 과다로 정의되며, 서구의 역사 구성에 대한 식민지 시대 이후의 비판에 대해서도 진보적이라고 반응할 수 있는 단어로 정의된다. 예를 들어, 프라센짓 두아라(Prasenjit Duara)는 중국과 인도 사상의 많은 인식론의 전통이 점진적이고 선형적인 시간이라는 서구의 개념과 일치하지 않으며, 지속 가능한 현대적인 것에 대한 그의 분석은 시간이 순환적이고 서로 다른 시간성이 공존한다는 사실(2015: 59-60)을 설득력 있게 주장한다. 접두사 '다시'와 '함께'는 동시대의 순간을 정의하는 것 같다. 재활용, 관계성 및 다시 상상하기는 공동 제작 및 공동 창작의 실행과 나란히 자리 잡고 있어 세계가 변증법적이고 선형적인 것이라기보다 반복적이고 주기적인, 다양하고 동시적인 (그의) 이야기로 구성되어 있음을 시사한다. 연극의 역학은 이러한 시간성의 개념화를 반영할 가능성이 있으며, 종종 마빈 칼슨(Marvin Carlson)이 제안한 것처럼 접두사 '다시'로 유사하게 정의되며, 이야기를 재활용하고, 재연하고, 기억하는 것은 연극의 '풍성하고 밀도 있는' 경험의 일부이다(2003: 3-4).

응용연극의 *관계적* 존재론에 초점을 맞춤으로써 나는 참여자들 간의 상호 관계뿐만 아니라 감정이 생명 정치적으로 전달되고 경험되는 방식, 인간이 아닌 세계를 포함하는 모든 형태의 필수적인 물질성의 관계를 고려한다. 여기에서 생생한 경험의 정서적이고 시간적인 특성은 정치적으로 효과적일 수 있다. 질 들뢰즈(Gilles Deleuze)와 펠릭스 가타리(Felix Guattari)의 집합적 사고 개념을 바탕으로 J.D. 듀스버리(J.D. Dewsbury)는 인지 과정뿐 아니라 정서적, 상황적, 체현된 실천으로서의 변화에 대한 설득력 있는 사례를 보여준다.

변화는 단순히 인간의 의지가 아니다. 우리는 그저 일부이며 습관을 통한 세계의 물질성을 통해 동등하게 발생하며, 우리는 생각, 강렬함, 물질의 일상적이고 끊임없이 변화하는 집합체를 포괄한다(2011: 152).

관계와 일상생활에 필수적인 변화에 대한 이러한 강조는 어떤 구조와 틀보다는 미학적이고 우발적으로 기억, 망각, 상상, 지각으로 만들어진 연결, 집합체 및 흐름을 불러온다. 따라서, 연극적 만남 뒤에 따르는 행동에 대한 효과에 의존하지 않고 만남 *자체*가 새로운 형태의 관계성에 대한 잠재력을 가지고 있음을 인정한다. 이러한 생각은 '행위자가 인간과 비인간 사이에 따로 분리되어 분포되어 있지 않고 동등하게 중요하다. 오히려 그것은 모든 경험적 만남의 즉각적인 물질적 구조에서 상호적으로 발생한다'(2012: 74)고 듀스버리(Dewsbury)가 지적한 것처럼 감정에 대한 보다 광범위하고 포스트 휴머니즘적 정의를 가능하게 한다. 응용연극의 경우, 다른 형태의 존재론적 만남에 대한 예민한 주의는 정서적 경험이 인간 행위자와 비인간 행위자가 상호적으로 관계되어 있음을 인식함으로써 정치적 성향을 촉발할 수 있음을 시사한다. 엘스페스 프로빈(Elspeth Probyn)이 언급한 것처럼, '감정은 특정 효과를 가지고 있다. 이러한 이해 없이 감정에 대해 이야기하는 것은 의미가 없다'(2010: 74).

응용연극의 관계적 존재론은 인간 행위자의 탈중심화 효과를 가지고 있으며, 결과적으로 전문가들은 응용연극 효과에 관한 이론적 기반을 두고 있는 사회구성주의 원리의 수용 압박을 받는다. 사회적 구성주의는 사회 현실이 사람에 의해 만들어지기 때문에 세상을 변화시킨다는 것은 집합적으로 이해되는 '현실'로부터 비판적 거리를 두고 그 상징적 질서를 재형성하고 재구성하는 과정을 포함한다는 견해에 기대고 있다. 따라서 응용연극에서 작업하는 사회 구성주의자들은, 참여자가 세계를 더 잘 이해하고 알기 위해 세계와 거리를 두도록 한다. 물론 이것은 정치적 효력이 연극과 사회 변화 사이의 우연한 효과에 달려있다는 브레히트와 보알의 작업의 중심 전제이다. 문화 지리학자 벤 앤더슨(Ben Anderson)과 폴 해리슨(Paul Harrison)은 이 입장에 도전한다. 그들은 비표상이론(nonrepresentational theory)[2]을 기반으로 사회적 구성주의는 인지적 의미 만들기뿐만 아니라 상연에서 비롯하여 세상에 대해 알게 되는 것을 인정하기 위해 뒤집힐 수 있다고 이야기한다. '저 바깥' 세상을 '(상징적) 조직의 필요에 대한 의미

---

2) 역자 주: 인문 지리에 초점을 맞춘 특정 이론에 대한 연구

없는 지각적 혼란'과 인간의 욕망과 희망이 투영되는 '비활성화된 배경'으로 보기보다는, 그들은 모든 인간 활동이 관계적이고 구체화된다는 것을 인식하는 현상학적 접근을 지지한다.

> 인간은 그들을 둘러싼 주변과의 끊임없는 수정과 상호적인 관계에 있으며, 행위는 행위자로부터 행동하는 것으로, 능동적인 것에서 수동적인 것으로 또는 마음에서 물질로 이어지는 일방통행이 아니라 자기 수용, 저항, 균형, 리듬, 음색과 같은 피드백 현상을 통해 끊임없이 되돌아보고 조절하는 *관계적 현상*으로 이해된다. 간단히 말해, 모든 행동은 상호 작용한다(2010: 7, 필자가 이탤릭체로 표기).

이것은 응용연극의 포부를 다시 설정하게 한다. (사회적으로 구성된) 세계를 대표하고 재정렬하려 하기보다, 삶이 끊임없이 즉흥적이고 끊임없이 변화하며 사회적 변화가 권력의 제도적 구조에 도전할 뿐만 아니라 경험의 관계성을 통해 발생하고 상연, 체현 및 주거와 같은 일상생활의 반사적 반응이 아닌 실천이라는 것을 인지한다. 21세기의 사회 변화는 참여하려는 새로운 충동에 기반을 두고 있고 그것은 감정적이고 전염성이 있다. 상상력을 사로잡는 새로운 견해와 동향은 빠르게 퍼져나가거나 너무 많은 정보 속에서 길을 잃을 수 있다. 응용연극의 경우, 일상적 습관과 구체화된 경험에서 비롯된 사회적 행동뿐만 아니라 인지적인 신중함은 생명 정치의 힘의 방식에 실질적인 대응을 가능하게 한다고 인식되고 이해되고 있다. 다음의 예에서, 필자는 응용연극의 관계적 존재론이 그 효능에 대한 이해를 어떻게 재구성할 수 있는지, 그리고 사회에 대한 보다 광범위한 이해가 인간과 비인간의 상호 활동을 모두 포함하고 상호 의존성을 인식할 수 있는 방법을 탐구하는 데 관심이 있다. 일상의 작은 활동이 시간이 지남에 따라 어떻게 축적되는지 주목함으로써 연극과 공연이 외출하기 좋은 날의 정서적 경험의 일부로 일상생활의 공간을 다시 상상하는 데 어떻게 기여할 수 있는지 탐구할 수 있기를 바란다.

가정에서의 응용연극: 관계성과 일대일 공연

2015년 겨울, 이웃인 80대 후반의 메리는 그녀가 평생 살았던 작은 시골집을 떠나 요양원으로 이사할 준비를 하고 있었다. 그녀는 그것이 '해야 할 일'이라는 것을 분명히 알았지만 집에서 '집'으로 이사하는 것이 어리둥절했고, 가족들 없이, 이웃들이 도움을 주기 위해 모였다. 상대적으로 마을에서 신입인 나는 메리와 만날 때마다 친절하게 행동했지만 방해가 되지 않으면서도 무엇을 도와줄 수 있을지 확신이 서지 않았다. 지역 농부 중 한 명은 내가 요양원 사람들과 함께 작업한 경험이 있다는 것을 알고 있었고, 농장 상점을 방문했을 때 상점 주인은 메리에게 가져갈 수 있는 유용한 것들을 선택하는 것을 도와줄 수 있는지 나에게 물었다. 이 제안은 처음에는 메리의 집으로 그리고 나중에는 몇 마일 떨어진 최근에 지어진 요양원인 그녀의 새집으로 그녀를 만나기 위해 주기적으로 방문하기 시작한 계기가 되었다. 지금까지와는 조금 다른 정치적 기록으로서 필자의 실천 기반 연구를 재정립시키는 방법으로 지역사회 사람들에게 필자의 시간을 할애하고 싶었다. 우리는 전 세계적인 연결망으로 연결되어 있지만 항상 이웃을 아는 것은 아니다. 그러나 이러한 이웃 간의 행동으로 시작한 것이, 시간이 지남에 따라 메리와 이야기 나누고 노래하고, 케이크를 굽고 때로는 그냥 함께 앉아 있는 일종의 일대일 공연으로 발전하였다. 돌봄 환경 내에 존재하는 관계의 연결을 가치 있게 여기는 돌봄 이론(Bartlett and O'connor 2007)에서 영향을 받아, 메리와의 작업은 감동적이고 강렬한 보상을 줄 뿐만 아니라 장소에 기반한 정체성의 조화와 일시성에 대한 새로운 생각을 열어 주었다.

우리가 만날 때마다 바깥출입을 못하는 메리에게 외출하기 좋은 날의 경험을 전하고 싶었다. 물론 선반을 치우고, 상자를 옮기는 현실적인 작업을 하였고, 그녀의 지시에 따라 서랍과 찬장을 열어 그 안의 내용물을 어떻게 처리할지 결정할 수 있게 해주었다. 종종 태연하게 그리고 때로는 혼란스러워하며, 메리는 자신의 소유물을 무더기로 정리하기도 하였고, 때로는 자신이 한 일을 잊어버리고 때때로 감당하기 어려워 보이면 '40번의 윙크'를 하기도 하였다. 그녀를 위해 이것저것 뒤섞었지만, 우리 둘 다 인생을 상자에 담는 친밀감을 완전히 편하게 느끼지 않았다. 메리가 과거를 기억하고 다른 미래를 생각할 수 있고, 또한 우리 모두가 현재를 즐길 수 있을 만큼 충분히 안전하다고 느낄 수 있도록 하는 과정이 필요하다고 느꼈다. 물질적 오브제는 복잡한 감정적 울림을 전달하고, 메리의 집은 일생 동안 축적된 것들로 가득 차 좋은 기억을 떠올리게 하는 감정의 지형도였다. 런던 거리에 대한 문화 기술지에서 다니엘 밀러(Daniel Miller)는 사물을 위로가 되는 것으로 묘사하고 사물이 정서적 회복력에 어떻게 기여하는지에 관해 말하였다.

> 사람들은 소유물을 내려놓아 기초로 삼는다. 기억으로 덧칠한 물질적 담장으로, 어려울 때 스스로 찾아오는 든든한 버팀목으로 사용하고 그것을 놓은 사람들은 상실의 경험을 하게 된다(2008: 91).

이러한 안도감 있는 물건에는 취약점이 있다. 사라 아메드(Sara Ahmed)는 '행복한 물건'과 관련된 감정은 전염성이 있지만, 이것 또한 일시적이며, 체화된 습관의 편안함에 의존하고 사람과 장소 모두 정서적인 사회적 유대를 통해 유지된다(2010: 32-35)고 했다. 메리가 그녀의 집을 영원히 떠나려 할 때, 그 순간의 복잡한 감정을 숨길 '행복한 물건'을 찾는 것이 나의 역할이 아니라는 것을 느꼈다. 오히려 지금 여기에서 창조적인 느낌을 주는 만남이 필요하고, 이사하는 과정은 물질 세상에 내재된 다양한 감정적 상태를 인식하고 거의 60년 동안의 그녀의 집이 어떻게 형성되었고 어떻게 그녀의 삶을 기록하였는지 알려야 한다고 느꼈다.

만남에서 예술적 형태가 나타나기까지는 시간이 걸렸다. 아이디어를 찾다가 일대일 공연을 하는 라이브 아티스트[3]의 작업에 끌렸고, 응용연극과 스튜디오 기반 공연의 경계가 가끔은 보이는 것보다 명확하지 않을 수 있다고 생각하게

---

3) 역자 주: 라이브 아트라는 용어는 예술가 또는 예술가 그룹이 예술 작품으로 수행하거나 상연하는 공연 또는 이벤트를 의미하며 일반적으로 본질적으로 혁신적이고 탐구적인 활동을 말하는 performance art, action art 등을 나타냄.

되었다. 라이브 아트에서 발전된 참여 공연 전략은 흔히 위험을 감수하고 경계를 테스트하도록 설계되었고, 때로는 친밀하고 고백적이며 때로는 도발적인 공연자의 물리적 접근성을 기꺼이 인정하려는 한 명의 관객의 의지에 달려있다. 젠 하비(Jen Harvie)가 말했듯, 일대일 공연에 대해 비평가들은 경험을 개별화하고 관객을 사회적으로 고립시켜 일과 삶이 건강에 좋지 않게 흐려지는 방식이라고 말한다(2013: 53-54). 그러나 노인 치료에서 일대일 공연을 실행하는 것은 라이브 아트 관객의 관심을 끌었다. 이들 중 다수는 경험이 풍부한 문화 소비자이며 규칙을 어길 만큼 제재를 받지 않는다. 메리는 더 이상 일과 삶의 균형에 관심이 없으며, 내가 집(Home)(2009)의 키라 오라일리(Kira O'Reilly)처럼 옷을 벗고 죽은 돼지에 옷을 입혔다면, 그녀는 확실히 그것을 소시지로 바꾸는 방법을 알겠지만, 그녀가 아주 기분이 좋았을지는 모르겠다. 그러나 일대일 공연은 관계성에 달려있고, 나는 영감을 얻기 위해 에이드리언 하웰(Adrian Howells)의 좋은 기억을 떠올리게 하는 작품, 특히 글래스고 대학교에서 2009년 민티 도널드(Minty Donald)와 공동으로 처음 발전시킨 그의 설치 작품인 에이드리언의 정원(Garden of Adrian)에 눈을 돌렸다. 이 참여 공연에서 하웰은 길모어힐 극장(Gilmorehill Theatre)에 있는 정원을 통해 개별 관객을 안내하여 좋은 기억을 연상시키는 감각 여행으로 안내하였다.[1] 메리와의 작업에서 하웰이 공연에서 보여준 그 질감의 풍부함을 결코 얻을 수 없다는 것을 알고 있었지만, 그의 작업은 나에게 어떻게 자서전의 친밀감이 다중 감각 공연에서 적용될 수 있는지, 그리고 외부 경험을 어떻게 안으로 불러올 수 있는지를 생각할 수 있게 하였다.

하웰의 일대일 공연에 대해 읽으면서 배운 것 중 하나는 그들이 항상 신중하게 안무를 짰으며, 참여자들을 위해 공연의 구조에 있어서 정서적 및 신체적인 한계를 분명히 나타내고 있다는 것이다. 그는 또한 그 경험을 분석적, 자기 분석적, 자기 성찰적인 것을 '놓아버리는' 과정이라 하였고, '정말로 존재하고, 정말로 현재에 있고, 순간에 머무르고, 고요함이나 침묵, 또는 설정된 모든 것에 앉아 있는 것'이라고 이야기했다(2013: 267). 이 접근 방식은 메리와 어떻게 함께 일하고 싶었는지를 상기시켜 주었다. 노인과 함께하는 모든 창의적 실천은 현재에 참여하고 미래를 상상하기보다는 과거를 향해 있기에 위험하다. 메리는 정원 사이자 레이스를 만드는 사람이었고 숙련된 공예가였기에 사건의 세세한 사항을 기억하는 데 어려움을 겪었고, 그녀의 말이 불명확할 때 공예의 감각적이고 체화된 기억에 초점을 맞추는 것은 특히 적절해 보였다. 메리의 삶에서 중요한 부분을 차지했던 감각적이고 인간이 아닌 것과 연관된 세계에 주목함으로써 관계 예술과 관계 중심 돌봄 사이에서 시너지 효과를 찾기를 희망하였다. 관계 예술은 보통 물질적 대상과 관객 사이에 상호 주관적 만남을 만들고 관계 중심의 돌봄은 사람과 환경 사이에 돌봄 관계의 상호 의존적 특성에 초점을 맞추고 돌봄을 주고받는 직관적이고 상호적인 과정으로 틀을 만든다. 관계에 대한 이러한 강조는 마음뿐만 아니라 신체는 자아의 원천이며, 피아 콘토스(Pia Kontos)가 말하였듯이 자아는 '지식의 인지적 형태에서 그 주체를 이끌어내지 않는다'는 것을 인지하게 한다(2004: 837).

2월 중순의 어느 일요일 오전에 전환점이 찾아왔다. 맑고 밝은 날이었고 정원과 숲에 설강화가 피어났다. 메리의 집 뒷문에서 그 작은 무리를 발견하였다. 매년 그녀는 설강화가 '겨울이 지나가고' 있음을 알린다고 하였으며, 어린 시절에 그녀가 정원에 심기 위해 숲의 '푸른 곳에서' 구근을 모았다고 하였다. 설강화 구근은 그녀가 새집으로 가져갈 수 없는 소유물에 대한 은유가 되었다. 조심스럽게 묻혀 거의 잊힌 설강화는 거의 매년 놀라움으로 피어나고. 우리가 포장하고 분류하는 동안, 메리의 상상 속의 환경에서 계절의 변화가 크게 나타남이 분명해졌다. 그녀는 요양원에 배정된 다소 좁고 깨끗하게 소독된 1층 방에서 야외 생활이 그리워질까 불안해하는 듯이 보였다. 하웰의 정원에서 찾아볼 수 있었던 감각적 친밀감에서 영감을 받아, 메리에게 그녀의 물건에 대한 일종의 책력을 만들어 그해 매달 생각나게 하는 물건과 이야기를 선택하자고 제안하였다. 각 달의 수집품을 적당한 용기에 모아둘 수 있고, 그녀의 새집에는 보관할 수 있는 공간이 제한되어 있기 때문에 각 '달'마다 그녀의 소지품을 수호하는 역할을 하는 12명의 다른 친구들을 지정해 지키도록 하고 적절한 시기에 새집으로 가져갈 것을 제안하였다. 메리는 이것이 그녀에게 감정적으로 중요한 물건을 더 많이 보관할 수 있는 현실적인 방법이라는 것을 알고, 감사의 표시로 더 소중한 소유물 중 일부를 누군가에게 줄 수 있는 '좋은 변명'을 그녀에게 제공한다는 사실을 인정하고 기꺼이 동의하였다. 요양 시설에 들어가는 많은 노인들은, 사회 환경과 일상이 변화할 뿐만 아니라 그들의 가정 공간이 더 이상 삶의 역사를 반영하지 않기 때문에 이러한 이동은 보통 정체성의 중대한 변화를 의미한다. 제니 하키 외(Jenny Hockey et al.)는 공용 공간과 요양원의 비좁은 시설에서 생활하는 경험은 자아의식을 침식하고 노인을 '외부적으로 부과된 사회적 정체성에 취약'하게 만든다고 지적한다(2007: 137). 다른 집과는 달리 시간이 지남에 따라 거주자 방의 공간과 물건의 정리가 거의 변하지 않거나 계절의 변화에 따른 반응이 오히려 멈춰진 것 같은 느낌이 든다는 것을 발견하였다. 이를 고려해 보면, 메리가 새 요양원으로 이동하는 것을 기력이 없고 2차원적인 것으로 보기보다 이는 관계적이고 조직적이며 감각적이어서 그녀가 정체성을 유지할 수 있도록, 또한 그녀가 새로운 환경에 긍정적으로 반응할 수 있는 상황을 구성하는 것이 중요하다고 느꼈다.

우리가 그녀의 물건을 분류하는 이 계획은 메리와 나에게 새로운 목적의식을 주었다. 우리는 각 달에 적합한 용기를 찾는 것부터 시작하였다. 그녀가 휴가를 갈 때 사용했던 8월의 여행 가방, 한때 그녀의 봄옷과 어울렸던 3월의 핸드백, 계란을 모으는 데 사용했던 양철통, 그녀의 리넨 찬장에서 소나무 서랍, 그리고 11월에 들판을 밟고 지나간 낡은 장화 한 켤레를 찾았다. 이 용기들이 부엌에 늘어서 있는 상태에서, 메리는 12명의 친구를 초대하였고 그들은 이 용기들을 계절별 주제를 불러일으키는 소지품이나 식물로 채우는 데 도움을 주었다. 관계를 만드는 과정은 때때로 공유된 추억을 다시 이야기하고 때로는 친구에게 놀라운 새로운 통찰력을 제공하였다. 노인에 대한 문화기술적 연구에서 캐서린 데그넨(Catherine Degnen)은 그녀가 관찰한 바로는 '과거와 현재를 하나로 가져오는' '관계의 그물'을 기반으로 하는 '기억 이야기'는 보통 3차원적이라고 말한다(2012: 21). 방법론적으로, 나의 역할은 창의적인 대화가 일어날 수 있도록 관계적 공간을 돕는 것이었다. 나는 문화기술지학자이자 실천가가 되었고, 때로는 메리와 함께 창의적으로 작업하고 때로는 그녀의 노래와 이야기를 녹음하기도 하였다. 그녀의 친구들과 감정적 연결을 제공할 뿐만 아니라, 메리의 기억이 희미해지고 그녀의 언어능력이 시간이 지남에 따라 불분명해지면 미래의 간병인이 그녀가 어떻게 살았는지 조금 이해할 수 있도록 지금 하는 녹음이 실용적인 목적으로 제공되길 바랐다. 설강화를 심은 업 사이클 젤리 틀부터 그녀의 8월 여행 가방에 담긴 기념품, 햇빛 차단 모자와 휴가 사진 수집에 이르기까지 12개 각각의 수집품은 각기 다른 냄새와 질감을 가지고 있었다. 계절적 변화의 시간성에 주목하고 메리의 일상적인 시골 생활이 어떻게 결정되는지를 포착하는 것이 적절하다고 느꼈다. 그러나 나타난 것은 메리가 집을 떠났을 때 메리의 개인적 또는 개별적 정체성에 대한 재확인이 아니라, 그녀의 삶이 인간 및 인간이 아닌 것들의 세계와 맺은 관계의 연결성과 그녀의 삶을 형성한 사회 환경과 커뮤니티의 변화에 의해 새로워졌다는 것이다.

바깥출입을 못하는 메리를 방문할 때마다 그녀가 그녀의 경험을 '이해'하도록 격려하거나 그녀의 소유물로 기억을 촉진하기 위해 사용하기보다는 외출하기 좋은 날의 감정을 불러일으키고 싶었다. 대부분의 사람들에게 외출하기 좋은 날은 파티에 참석한 한 사람을 위한 것이 아니라 관련된 모든 사람의 상호 즐거움을 위해 설계된 공유 경험으로 가장 잘 즐길 수 있는 것이었다. 경험에 있어서 필수적인 우정, 보살핌, 환경의 정서적 상호성에 주의를 기울이는 관계적 예술과 관계 중심 돌봄 사이에는 동반상승 효과가 있다. 데그넨(Degnen)도 발견하였듯이, 노인의 정체성은 선형적이지 않고, 존재하고 부재하며 기억되고 상상되는 사람과 장소의 관계에서 끊임없이 정의된다(2012: 21-22). 콰메 안토니 아피아(Kwame Anthony Appiah)는 규모 면에서 그리고 일련의 맞물린 원으로 이러한 상호성을 나타내고 있다.

인간은 작은 규모에서 가장 잘 살기 때문에 우리가 국가뿐만 아니라 나라, 마을, 거리, 사업, 공예, 직업을 옹호해야 하는 것이다... 많은 원들 중 인간의 시야보다 좁은 많은 원들, 그것이 도덕적 관점의 적절한 영역이다(1998: 94).

필자가 제안하고자 하는 바는 공연 미학과 만남의 일상적인 관계적 공간에서 응용연극은 이러한 '도덕적 관점의 영역'을 설명할 수 있는 가능성이 있다는 것이다. 평등에 대한 이러한 비전은 인간과 인간이 아닌 것과의 경험이 어떻게 상호적이고, 따뜻하며, 상호 긍정적인 것으로 간주될 수 있는지 이해하는 데 달려있다.

외출하기 좋은 날과 구빈원 경험

이 장의 중심이 되는 논의 중 하나는 응용연극의 감정적, 관계적 존재론이 인간을 더 넓은 정치 생태학 안으로 재배치시킨다는 것이다. 문화 지리학자 사라 왓모어(Sarah Whatmore)는 이러한 형태의 사회적 행위자가 '감각과 감각 형성 사이 간격을 재개하고 세계 속에서 행위의 감각적 차원을 증가시킨다'고 하였다 (2006: 604). 이것은 연극을 적용하는 것에서 '저 바깥' 세계의 구성 순서(또는 의미)를 효과적으로 이동하여 지금-여기에서의 연극 활동에 주의를 집중하도록 한다. 나는 철학자들과 정치이론가들처럼, 메리에게서 '사물'의 필수적인 유물론에 대해 배웠지만, 그 작업은 또한 과거와 미래가 상관관계가 있는 현재에 맞춰짐에 따라 새로운 시간의 구성을 제안하였다. 2장에서 바즈 커쇼(Baz Kershaw)는 폴 리쾨르(Paul Ricoeur)의 '현재의 역사' 개념을 '호모 사피엔스의 현재 곤경의 많은 그림자'(2016: 33)로 묘사한 것을 다시 상상하는 방법으로 사용한다. 이 생각을 더 탐구하고 메리의 집이라는 친밀하고 사적인 공간에서 보다 공개적이고 상업적인 환경으로 이동하기 위해, 외출하기 좋은 날의 일부로 과거의 이미지와 현재의 재료가 재활용되고, 다시 상표화되고, 공동 제작된 박물관과 문화유산 산업으로 방향을 돌렸다. 던컨 크루콕(Duncan Grewcock)이 지적했듯이, 현대의 '관계형 박물관(relational museum)'은 일시적인 동시에 물질적이다. 그것은 '연결되고, 다원적이고, 분산되고, 다양하고, 감정적이고, 물질적이고, 구체화된, 경험적인, 정치적이고 수행적'이다(2014: 5).

19세기와 20세기 영국에서 가장 두렵고 비난받는 기관 중 하나인 구빈원⁴⁾에 집중하기로 한 나의 결정은, 현대 응용연극과 이러한 19세기 기관에서 승인한 문화적 오락 간의 관계에 대한 휴즈(Hughes)의 연구에서 어느 정도(부분적으로) 영감을 받았다. 요양원에서 생활하는 노인들과 함께 작업하면서, 사회에서 가장 취약한 시민들에게 주택을 제공한 기관의 역사에도 관심을 갖게 되었다. 아마도 이 사회적 역사의 가장 놀라운 면 중 하나는 비교적 그리 오래전이 아닌 과거에도 구빈원이 존재하였다는 것이다. 1970년대 여학생으로서 나는 1차 세계대전 당시 지역 구빈원에서 태어나 평생을 같은 기관에서 살다가 1990년대 의원회가 운영하는 노인을 위한 집이었던 곳에서 사망한 알버트라 불리던 노인을 기억한다. 매일 아침 알버트는 우리가 학교에 다니던 이층 버스를 탔고, 항상 문 근처에 앉아 조용히 중얼거리며 허리를 끈으로 묶은 갈색 외투를 입고 있었다. 이제 알버트의 삶은 적절하게 교회의 스테인드 글라스 창에 추모된다. 나는 너무 어려서 구빈원 자체를 기억하지 못하지만 알버트에 대한 기억은 과거를 현재로 가져오고, 박물관이 보통 불러일으키려고 하는 역사와 개인의 연결 같은 것이다. 여러 면에서 가난한 사람, 환자, 노인에 대한 대우는 가장 예리한 사회의 가치를 드러내고, 변화하는 문화적 태도를 반영할 뿐만 아니라 사람들의 삶을 형성한 물질적 상황을 조명한다. 알버트와 그의 동료들이 거주했던 세계를 상품화된 문화유산 산업의 일부로 재포장하는 것은, 만약에 경험 경제의 특징인 연극화된 선정주의가 동반되는 경우라면 마찬가지로 가치 판단적인 것이 된다.

박물관과 문화유산 산업은 분위기 있는 장소의 드라마로 번창한다. 흔히 의상을 차려입은 통역사가 방문객에게 굉장히 연극적인 방문객의 경험으로서 역사적 사건의 몰입형 경험을 제공한다. 내셔널 트러스트(National Trust)는 그들의 사우스웰 구빈원(Southwell Workhouse)을 '분위기 있는' 것으로 광고하지만, 상상력을 자극하는 것은 사람이 아니라 건축물이다.

---

4) 역자 주: 구빈원(救貧院, workhouse)은 스스로를 부양할 수 없는 자들에게 거처와 일자리를 마련하는, 잉글랜드와 웨일즈에 있었던 시설(강제노역소)

구빈원으로 향하는 가난한 사람들의 길을 걷다 보면 빅토리아 시대의 가난한 이들이 이곳에서 피난처를 찾았을 때 어떤 기분이었을지 쉽게 상상할 수 있다. 현존하는 가장 완벽한 구빈원인 이 소박한 건물은 1824년에 극빈자들을 위한 최후의 수단으로 지어졌다.2

의상을 입은 아마추어 공연자들이 '한시적으로 운영되는 빈민가 주말'과 같은 행사에서 구빈원 경험을 포착하고, 웹사이트에서 '빈민가 소풍'에 무엇을 준비해야 하는지에 대해 조언을 하고, 외출하기 좋은 날의 구성 요소로 분위기 있는 장소, 활기찬 공연 및 테마 피크닉을 제안한다. 박물관과 유적지의 입증과 살아있는 역사에 대해 많은 글이 작성되었으며, 일부는 교육학적 잠재력을 지적하고 다른 일부는 그것이 문화 경제에 의해 착취되는 소비자와 생산자의 혼합된 '프로슈머리즘(Prosumerism)'5)을 구성한다고 제안한다. 한편, 제니 키드(Jenny Kidd)가 지적한 바와 같이, 참여적 공연은 방문객을 수동적인 지식 수용자가 아니라 능동적인 과거 해석자로 초대할 수 있다(2010: 217). 다른 한편으로, 실케 아놀드 드 시미네(Silke Arnold – de Simine)는 고통받는 가난한 사람들에 대한 극화된 서사는 쉽게 상품화되고 공허해질 수 있는 공감을 만들어 낼 수 있음을 시사하였다(2013: 122). 물론, 방문자 경험에 대한 이러한 공연적 개입의 효과는 어떻게 구성하고 전달하는지에 따라 다르다. 그러나 어떻게 공연되든, 문화적 공연을 제공하는 것은 장소 그 자체이며, 빈민들의 삶을 의상으로 재연하기보다 인간이 아닌 세계의 관계적 경험과 그 정서적 분위기에 관심이 있다. 제니 휴즈(Jenny Hughes)가 사우스웰 구빈원(Southwell Workhouse)을 방문했을 때 '한시적으로 운영되는 빈민가를 매우 즐겼다. 그러나 가끔은 장소 자체의 가혹함과 상반되게 근심이 없는 것을 발견했'고 언급하기도 하였다.3

나는 박물관이 때때로 간과하는 시골의 가난한 사람들의 역사를 대표한다 여겨지는 영국 동부 해안 지역 노퍽(Norfolk)에 있는 그레센홀 구빈원(Gressenhall

---

5) 역자 주: 생산 과정에서 고객의 참여가 증가하는 것

Workhouse) 박물관을 방문하기로 결정하였다. 도시는 21세기의 불안한 대도시와 사회적 박탈을 모두 나타내는 반면, 시골은 종종 사람들이 '도피하는' 아늑한 보수적인 장소로 간주된다. 방문하기 전에, 나는 그레센홀 구빈원(Gressenhall Workhouse) 자체에 대해 아는 것이 거의 없었지만 농업 노동자들이 빈곤의 영향을 받지 않는 것이 아니며, 1770년대의 실패한 수확, 증가하는 농장 노동의 기계화와 토지 권리 규제로 인해 많은 농촌 사람들이 궁핍하다는 것을 알고 있었다. 18세기와 19세기에 많은 노동자들이 사택에 살았고, 만약 그들이 너무 늙거나 경제적으로 생산하기 힘들어지면 그들을 즉시 쫓아낼 수 있는 부유한 지주에게 취약한 상태로 남겨져 있었다. 이른 봄의 잿빛 일요일 아침에 그레센홀에 도착했을 때, 주위에 높은 벽과 붉은 벽돌 건물의 규모에 놀랐다. 어렴풋이 보이는 벽은 겁을 주기 위해 설계된 것처럼 보였고, 그레센홀은 집 같은 안락한 장소로 생각되지 않음이 분명하였다. 펠렉스 드라이버(Felix Driver)가 관찰했듯이, 구빈원은 잘 통솔되는 규율의 기관으로서, 빈곤층인 그들이 아니라 그들을 관리하기 위해 설계된다(1993: 4). 작은 출입구를 지나 안뜰로 들어서면서 입장료 10파운드를 내고 자리에 앉아 내게 주어진 간략한 역사를 읽었다. 그레센홀은 1777년에 산업의 집(House of Industry)[6]으로써 지어졌고, 비교적 호의적인 체제에서 노동자와 그 가족에게 주택과 일을 제공하였다. 1834년 구빈법 개정(Poor Law Amendment Act of 1834)은 그것이 구빈원 연합(Union Workhouse)이 되어 더 넓은 지리적 영역을 담당한다는 것을 의미했으며, 이 시점에서 주변에 높은 벽이 건설되었고 더 모멸적이고 해로운 제도가 도입되었다. 가족은 더 이상 함께 살수 없었고 1836년에는 남자, 여자, 어린이가 서로 접촉하는 것이 거의 허용되지 않은 채 서로 다른 방으로 분리되었다. 1948년 구빈법이 폐지될 때까지 구빈원으로 존재하였었고, 1974년까지 노인을 위한 집이 되었고, 1976년 시골생활의 박물관으로 다시 문을 열었다.

2015년에 그레센홀을 방문했을 때, 건물은 개조되어 시골생활의 박물관에

---

6) 역자 주: 빈곤층을 구제하기 위해 18세기와 19세기에 빈곤법에 따라 설립된 자선 기관

서 구빈원 문화유산을 설명하는 박물관으로 변해 있었다. 이러한 변화는 구빈원에서 수감자가 되어 생활을 한다는 비난받는 경험에서 시간적 거리를 두고, 방문자들에게 빈곤 경험 교육을 실시하는 것에 대한 새로운 관심을 보여준다는 점에서 의미가 있다고 생각한다. 한 자원봉사 안내자는 많은 어린 방문객들이 사회 보살핌이나 무료 국가 의료 서비스를 받지 못한 사람들이 어떻게 사는지에 대해 거의 이해하지 못한다고 설명하며 새로운 전시회가 빈곤의 끔찍한 결과를 보여줄 것이라 말하였다. 그 장소를 걷다 보면, 시골생활 박물관이 구빈원 건물의 사회적 의미를 더한 것 같았고, 예전에 낙인찍힌 제복을 입은 미혼모들로 알려진 '재킷우먼'들이 머물렀던 구빈원 건물을 재건한 마을 상점과 우체국의 아늑한 매력에 매혹되었다. 나중에 이 건물을 사용한 재킷우먼이나 부랑자의 흔적은 없었고, 잘 갖춰진 식료품 가게의 선반은 편안한 공동체 결속의 향수를 불러일으키는 이미지를 포착하게 하는 것 같았다. 프레데릭 제임슨(Frederick Jameson)은 향수가 사회의 역사를 과거에 살았던 가혹한 현실을 지우는 '고정관념 또는 문화적 환상'으로 바꾸고 역사의 이상화를 결국 상업적 목적으로 이용하도록 허용한다고 주장하였다(1991: 170). 그리고 사회적 비판의 가능성을 지적하는 향수에 대한 보다 최근의 분석들 중 아놀드 드 시미네(Arnold-de Simine)의 과거에 대한 '진정한' 재현은 절대 있을 수 없다는 주장은 설득력 있게 다가온다(2013: 54-67). 이 경우, 구빈원 빈곤층에 대한 삭제는 제임슨(Jameson)의 견해를 확인시켜주는 것처럼 보였다.

구빈원 예배실에 들어서면서부터 박물관의 분위기가 바뀌는 것 같았다. 예배실은 조용했고, 깔끔한 줄로 늘어선 삭막한 나무 벤치는 그 고요함과 황량함을 강조하는 것 같았다. 구빈원은 종교, 교육, 노동을 중심으로 조직되어 있었고, 예배실이 그곳에서 예배를 드리고 싶어 하는 빈민들에게 그곳의 규율을 어디까지 행사했는지 궁금했다. 교실은 책상을 단 위에 올려 교사가 아이들을 감시할 수 있도록 모든 것이 한눈에 보이게 되어 있었지만, 예배실은 문화적 의미가 더 모호한 것 같았다. 아마도 종교가 대중의 아편이 된 가장 성공적인 사회적 통제였거나, 기독교 신앙이 궁핍한 사람들, 유족들과 환자들에게 약간의 희망을 주었을 것이다. 비 오는 봄 일요일 오후의 빛은 어두웠고, 나는 어수선한 해석 없이 예배실에 혼자 있었다. 내 신발은 나무 바닥에 달그락거리며 텅 빈 느낌이 들지 않는 공간에 메아리쳤다. 예배실은 그곳에서 예배를 드린 빈민들의 삶으로 흔적을 남겼고, 어떤 장소는 주민들이 떠난 후에도 오랫동안 기억과 경험을 잡고 있는 '모이는 힘'이 있다는 에드워드 케이시(Edward Casey)의 의견이 떠올랐다(1996: 24 – 25). 아마도 게이 맥컬리(Gay McAuley)의 '기억의 장소'라는 개념은 특히 충격적인 경험이 있던 곳에서 만연한, 과거의 흔적이 보존되어 있는, 예배실의 관행을 설명하는 가장 적절한 방법일 것이다(2006: 151 – 153). 바닥에 나무 나막신이 반복적으로 울리는 소리, 한때 부르던 찬송가의 메아리, 집단적이고 순종적인 기도의 속삭임을 떠올리기 쉬웠다. 방문객인 나에게, 이곳은 좋은 생각을 하게 하고 분위기가 있는 곳이었지만, 가난한 사람들에게는 일상의 굴욕과 구빈원 생활이 담긴 습관에 의해 필연적으로 자아의식이 형성되고, 아마도 말을 통해서가 아니라 그들의 몸이 사로잡히고 시간이 지나며 축적되어 푸코가 고분고분하다고 불렀던 방식으로 제한되었을 것이다.

오래된 식당에서, 나는 시설로의 수용을 거부하고 관리자들에게 처벌받은 빈민들의 설득력 있는 이야기를 읽는 데 시간을 보냈고, 건물은 이름과 이야기로 채워졌다. 그레센홀을 관리하는 후견 위원회(Board of Guardians)는 식단, 처벌, 구빈원 생활의 일상을 문서화한 회의록을 꼼꼼히 기록해 보관하였다. 때로는 공식 보고서에 가혹한 판단이 내려졌다. 1863년에 반항적인 해리엇 케틀(Harriet Kettle)은 '지혜롭고 총명한' 사람으로 묘사되었지만 그녀의 얼굴은 '교활하고, 그녀의 오래고 지속적인 잘 알려진 사악함에서 비롯된 일종의 반항'을 보였다고 기록되어 있었다. 그러나 나는 노인이 멍하니 텔레비전을 응시하는 21세기 요양원에서 흔히 볼 수 있는 직업적 빈곤을 상기시키게 되었으며 또한 1893년이나 1895년에 작성된 조사 보고서의 연민 어린 어조에 끌렸다.

노인들은 낮에 방에 있었고, 불 주위 벤치에 앉아, 따분한 방에서 단조로운 작업을 지켜보고 있었다. 가혹하고 곧은 의자가 늙은 뼈를 조금 쉽게 해주는 것은 권위자들의 머리에 결코 들어가지 않는 것인가?4

이러한 기록의 보관은 구빈원 박물관에 풍부한 자원을 제공하지만, 빈민들의 목소리는 여전히 사라지고, 그들의 행동은 오래전에 죽은 관리들에 의해 기록되었다. 새로운 연구에서 구빈원 수감자들에 의해 쓰인 다수의 편지가 공개되었음에도, 관리들의 기록을 읽는 것은 상상했던 과거의 차이를 채우는 창의적 과정이었고, 미래의 어떠한 공연적 해석이든 이러한 기록이 한때 높은 성벽 뒤에 거주했던 사람들의 속삭임, 파편 그리고 짧은 순간만 포착한다는 것을 인식하기를 바랐다.5 정보의 조각을 일관된 극적 서사로 바꾸는 것은 장소의 주체를 밋밋하게 만들고 연상시키는 힘을 질식시킬 위험이 있으며 박물관에서 제정된 것이 아무리 '진짜'일지라도, 빈민의 말은 항상 배우에 의해 해석된다. '우리는 세계의 표상을 추출할 수 없다'고 크루콕(Grewcock)은 쓰고 있으며, 관계형 박물관은 항상 중재되고 실행되는 수행적인 공간이다(2014: 10).

그 모든 불완전성 때문에 ―또는 아마도 그것 때문에― 나는 그레센홀 구빈관에서 보낸 나의 시간이 영향을 미친다는 것을 발견하였다. 그것은 아마도 인간이 아닌 것들과 인간 모두의 '활력의 장소'(2001: 157)에 호응하는 제인 베넷(Jane Bennett)의 '황홀한 유물론의 윤리'에 가장 가까운 미적 참여의 형태를 제공하였다. 베넷에 따르면 황홀감은 세계에 적응하는 방법이며 새로운 가능성을 열어주는 윤리적 감수성을 고무시킨다. 들뢰즈(Deleuze)에 이어 스티븐 샤비로(Steven Shaviro)는 이런 종류의 관계성이 경험의 새로운 면을 발견하려고 한다고 이야기한다.

개념을 적용하고 우리가 이전에 한 번도 관심을 기울이지 않았던 세계의 측면과 그러한 세계 내의 사물과 마주할 수 있게 해주는 관계를 추적한다(2009: 149).

이런 집중적인 관계성은 전적으로 개별적이거나 사회 문화적이지 않지만, 장소의 정서적 분위기처럼 일시적인 것과 물질적인 것 사이, 감각과 감각 형성

사이의 공간 어딘가에 맴돌고 있다. 구빈원을 떠나면서 나는 처음으로 그 문으로 이어지는 길고 곧은 길을 발견하였다. 빈곤한 사람들은 그레센홀에 도달하기 위해 수 마일을 터벅터벅 걸었을 것이고, 그곳은 빗속에서 음산하고 황량해 보였다. 나는 신발에 묻은 진흙을 털어냈지만 먼지가 내 몸에 들어온 것처럼 그레센홀과 빈민들의 삶이 내 상상과 기억 속에 들어왔다.

좋은 관계와 외출하기 좋은 날

　　나의 그리싱엄(Gressingham) 구빈원 방문은 현재를 조명하였고, 동시대의 돌봄 관행과 유사점을 강조하였다. 메리는 빈곤층과 같은 방식으로 그녀의 도덕성을 판단 받지 않겠지만, 그녀가 요양원에서 창의적인 활동을 제공받을 만큼 운이 좋다면 '측정 가능한 결과'에 따라 평가되고 그녀의 기분이나 '복지'가 개선되었는지 여부가 관찰될 가능성이 있다. 아마도 사회 변화는 우리가 생각한 것만큼 오지 않았고, 다른 기준에 따라 판단되지만 사회에서 가장 취약한 사람들은 여전히 감시를 당하게 된다. 이것은 응용연극이 어떻게 사회 정의와 평등에 대한 전통적인 책무를 유지할 수 있는지에 대한 질문으로 돌아가며, 21세기에 선하다는 것이 무엇을 의미하는지, 그리고 응용연극에서 그 '선'이 어떻게 인식되고 이해될 수 있는지에 대한 재평가를 촉구한다. 또는 다른 말로 하자면 외출하기 좋은 날의 '좋은 것'은 무엇일까?

　　이 책의 각 장은 그 질문을 조명하고, 응용연극의 프리즘을 다른 각도에서 바라본다. 가장 중요한 동시대의 관심을 표하는 반복되는 주제로 사회적, 환경적 파괴, 세계 자본주의의 영향, 지역 문화와 문화적 기억의 침식, 사회 복지보다 자기 관리와 스스로의 기업가 정신을 촉진하는 신자유주의 체제에서 가난하고 취약한 사람들에 대한 대우가 있다. 연극 만들기가 그러한 중대한 문제에 대한 해결책을 제공할 수 있을까? 물론 무엇이 좋은 삶을 구성하는지에 대한 명확한 답은 없지만 그럴 가능성은 없어 보인다. 그러나 이 컬렉션을 통해, 연구자로서 우리가 지식을 수행하는 방법에 있어 책임지는 것에 대한 새로운 관심이 생겼다. 이 책에서 분명한 변화 중 하나는 연구자들이 정체성의 정치에 관심이 적어지고 지식의 지정학에 더 주의를 기울이게 되었다는 것이다. 이 책에 모인 저자들은, 연극에 적용되는 관심이 누구에게 도움이 되는지, 지식과 창의적인 경험이 누구와 함께 만들어지는지 고려하기 위해 그 어느 때보다 끈질기게 질문함으로써 연구 실천의 정치와 시학을 재구성하며 연구의 위치에 대해 적절하고 엄격한 질문을 제기하고 있다.

　　이 정치적 논의에 대한 나의 공헌은 시간과 서사의 비선형 모델이 인과관계로서의 사회 진보에 대한 근대주의자의 이상보다 현대 문화적 공연에 더 쉽게 통합되는 생명 정치적 세계에서 행위자의 재평가를 주장하는 것이다. 생명 정치 사회는 끊임없는 자기 감시를 권장하며 통제력을 행사하기 때문에 새로운 형태의 반대와 사회적 상상이 필요하다. 사회구성주의[7]의 정통에 대한 도전은, 모든 생명이 자연 질서에 속한다는 것을 의미하는 것이 아니라, 오히려 다른 정치 시대에 발전된 사회적 행동과 극 만들기 사이의 방정식을 받아들인 이분법적 사고의 양식을 침식하려는 것이다. 응용연극의 관계적 존재론은 폴 드와이어(Paul Dwyer)의 '느린' 응용연극 개념과 공통점이 있으며, 관계적으로, 물질적으로, 시간적으로 이해되고 시간이 지남에 따라 수정되고 재검토될 수 있는 새롭고 감정적인 정치를 제안한다. 그것은 일시적인 것, 기술적인 것, 환경적인 것과 물질적인 것을 결합하여, 이분법적 사고를 넘어서 확장되는 방식으로 관계성의 새로운 정서적 양식을 가능하게 한다. 그것은 관계성에 대한 스피노자의 분석과 동일한 자극을 주며, 폴 헤리티지와 실비아 라모스가 그들이 담당한 장에서 인용한 것처럼 대인 관계를 넘어 물질, 흐름, 집합체와 신체의 보다 광범위한 생태계에 영향을 미친다. 외출하기 좋은 날에서 무엇이 좋은 것을 구성하는지에 대한 질문에 어떠한 대답이 이어지든 이는 항상 필연적으로 대표되며 관계적이며 시간적이다. 이 장을 마무리하고 이 책을 마무리하는 가장 적절한 방법은 아마도 과거를 되돌아보며, 존 맥그래스가 연극계에서 일하기를 희망하는 케임브리지 대학

---

7)　역자 주: 타인과의 상호 작용을 통해 생각, 태도, 지식 등이 발달하며, 문화와 언어가 인지 발달에 중요한 영향을 미친다고 보는 것

교 학생들에게 연설하며, 그의 책 외출하기 좋은 밤(A Good Night Out)을 언급하며 이야기를 마무리했던 것을 다시 인용하는 것일듯하다.

내가 부탁하고 싶은 것은 극장에 입장하는 여러분이, 모든 단계를 정보와 원칙에 입각한 결정이 필요한 심각한 투쟁의 현장으로 보라는 것입니다. 그러면 적어도 자신의 미래를 만들 수 있을 것입니다(1981: 117).

References

Ahmed, S. 2010. 'Happy objects' in Gregg, M. and Seigworth, G. (eds.) *The Affect Theory Reader*. New York: Duke University Press, pp. 29–51.

Anderson, B. and Harrison, P. (eds.) 2010. *Taking—Place: Non—Representation Theories and Geography*. Farnham: Ashgate Publishers.

Appiah, K.A. 1998. 'Cosmopolitan patriots' in Robbins, B. and Cheah, P. (eds.) *Cosmopolitics: Thinking and Feeling beyond the Nation*. Minneapolis: University of Minnesota Press, pp. 91–116.

Arnold—de Simine, S. 2013. *Mediating Memory in the Museum: Trauma, Empathy, Nostalgia*. Basingstoke: Palgrave Macmillan.

Bartlett, R. and O'Connor, D. 2007. 'From personhood to citizenship: Broadening the lens for dementia practice and research'. *Journal of Aging Studies* 21: 107–118.

Bennett, J. 2001. *The Enchantment of Modern Life: Attachment, Crossings, and Ethics*. Princeton: Princeton University Press.

Boal, A. 1979. *Theatre of the Oppressed*. London: Pluto Press.

Carlson, M. 2003. *The Haunted Stage: The Theatre as Memory Machine*. Ann Arbour: University of Michigan Press.

Casey, E.S. 1996. 'How to get from space to place in a fairly short stretch of time' in Feld, S. and Basso, K. (eds.) *Senses of Place*. Santa Fe: School of American Research Press, pp. 13–52.

Degnen, C. 2012. *Ageing Selves and Everyday Life in the North of England: Years in the Making*. Manchester: Manchester University Press.

Dewsbury, J.D. 2011 'The Deleuze—Guattarian assemblage: Plastic habits'. Area 4: 148–153.

Dewsbury, J.D. 2012. 'Affective habit ecologies: Material dispositions and immanent inhabitations'. *Performance Research: On Ecology* 17.4: 74–82.

Driver, F. 1993. *Power and Pauperism: The Workhouse System, 1834-1884*. Cambridge: Cambridge University Press.

Duara, P. 2015. *The Crisis of Global Modernity: Asian Traditions and a Sustainable Future*. Cambridge: Cambridge University Press.

Grewcock, D. (ed.) 2014. *Doing Museology Differently*. London: Routledge.

Hardt, M. and Negri, A. 2000. *Empire*. Cambridge, MA: Harvard University Press.

Harvie, J. 2013. *Fair Play: Art, Performance and Neoliberalism*. Basingstoke: Palgrave Macmillan.

Heddon, D. 2016. 'The cultivation of listening: an ensemble of more−than−human participants' in Harpin, A. and Nicholson, H. (eds.) *Performance and Participation: Practices, Audiences, Politics*. London: Palgrave Macmillan.

Hockey, J., Penhale, B. and Sibley, D. 2007. 'Environments of memory: Home space, later life and grief' in Davidson, J. Bondi, L. and Smith, M. (eds.) *Emotional Geographies*. Aldershot: Ashgate Press, pp. 135−146.

Howells, A. 2013. 'The epic in the intimate' in Machon, J. (ed.) *Immersive Theatres: Intimacy and Immediacy in Contemporary Performance*. Basingstoke: Palgrave Macmillan, pp. 260−267.

Jackson, A. and Kidd, J. (eds.) 2011. *Performing Heritage: Research, Practice and Innovation in Museum Theatre and Live Interpretation*. Manchester: Manchester University Press.

Jackson, S. 2011. *Social Works: Performing Art, Supporting Publics*. London: Routledge.

Jameson, F. 1991. *Postmodernism or, the Cultural Logic of Late Capitalism*. London: Verso.

Kontos, P.C. 2004. 'Ethnographic reflections on selfhood, embodiment and Alzheimer's disease'. *Ageing and Society* 24.6: 829−849.

Kidd, J. 2010. '"The costume of openness": Heritage performance as a participatory cultural practice' in Jackson and Kidd, pp. 204−219.

MacDonald, C. 2012. 'All together now: Performance and collaboration' in Heddon, D. and Klein, J. (eds.) *Histories and Practices of Live Art*. Basingstoke: Palgrave Macmillan, pp. 148−174.

McAuley, G. 2006. *Unstable Ground: Performance and the Politics of Place*. London: Peter Lang.

McGrath, J. 1981. *A Good Night Out*. London: Nick Hern Books.

Miller, D. 2008. *The Comfort of Things*. Cambridge: Polity Press.

Probyn, E. 2010. 'Writing shame' in Gregg, M. and G. Seigworth (eds.) *The Affect Theory Reader*. New York: Duke University Press, pp. 71–90.

Shaviro, S. 2009. *Without Criteria: Kant, Whitehead, Deleuze, and Aesthetics*. Cambridge, MA: The MIT Press.

Thompson, J. 2009. *Performance Affects: Applied Theatre and the End of Effect*. Basingstoke: Palgrave Macmillan.

Whatmore, S. 2006. 'Materialist returns: Practising cultural geography in and for a more–than–human world'. *Cultural Geographies* 13: 600–609.

Wickstrom, M. 2006. *Performing Consumers: Global Capital and its Theatrical Seductions*. London: Routledge.

1장) 응용연극의 실천적 생태

1. www.liberatetate.org.uk/performances/time−piece/. 2015년 7월 29일 마지막 접속.

3장) 응용연극 이전의 역사

1. 희망 밴드(The Band of Hope)는 1995년에 희망 UK(Hope UK)로 재명명되어 여전히 운영되고 있다. 그들은 청년들에게 마약과 알코올에 관한 교육을 실시하고 있다.

6장) 공연이 이루어지는 곳

1. 애버리스트위스 대학(Aberystwyth University)의 마가렛 에임스(Margaret Ames)와 마이크 피어슨(Mike Pearson)은 도전적 장소(Challenging Place)의 공동 투자자이다. 이들은 애버리스트위스의 키르트 이스트위스 컴퍼니(Cyrff Ystwyth company)와 함께 작업하였다. www.performingplaces.org 참고 요망. lighting gels과의 작업에 대해 궁금하면 '2: Gels' at www. performing places.org/placepracopenotw.html 참고 요망. indoor market에 관해서는 '5: Market Performance', www.performingplaces.org/placepracstudiootw.html 참고 요망. 2015년 7월 8일 마지막 접속.

2. www.inplaceofwar.net. 참조 요망. 2015년 7월 27일 마지막 접속.

3. 2007년 보고를 위해서는 www.ipcc.ch/publications_and_data/ar4/syr/en/spms4.html 참고 요망. 7월 27일 마지막 접속.

1. 이 연구 중 협력한 핵심 NGOs는 평화재단 멜라네시아(Peace Foundation Melanesia)(특히 Br Pat Howley, Gary McPherson, Rhoda Belden, Clarence Dency 그리고 Andrew Kuiai), 나사렛 재활 센터(the Nazareth Centre for Rehabilitation)(Sr Lorraine Garasu), 그리고 하코 여성단체(the Hako Women's Collective)(Marilyn Taleo Havini)이다. 그 외 필자가 본문에서 언급하는 것보다 더 많은 개인들이 귀중한 조언을 해주었다.

2. 부겐빌을 전쟁에 이르게까지 한 그 요인에 대한 완전한 설명과 같은 것을 제공하는 공간은 없다. 그리고 말할 필요도 없이, 분쟁 중에 일어난 일에 대한 역사에 관해서는 여러 이견이 있다. 좀 더 자세한 내용에 대해서는 브레이스웨이트 외(Braithwaite et al.)(2010); 도니(Dorney)(1998); 하울리(Howley)(2002); 시리비와 하비니(Sirivi and Havini)(2004) 참고 요망. 어떤 이유에서건, 전쟁의 '소름 끼치는 대수학'은 암울한 읽을거리를 만들어낸다. 전쟁 전 약 16만 명이었던 인구에서 일반적으로 5,000 – 20,000명 정도 목숨을 잃은 것으로 추정된다. 만약 수적 불일치가 있다면 그것은 PNG에 의해 부과된 봉쇄 중 의약품 및 의료 서비스의 철회로 인한 예방 가능한 사망이 포함되는지 여부에 따라 부분적으로 관련되어 있을 것이다. 물론 사망자 수뿐만 아니라 강간, 내부 대피, 생계 수단의 상실 등 광범위한 고문과도 같은 일의 헤아릴 수 없이 많은 결과도 있다. 약 60,000명의 부겐빌 사람이 마을에서 쫓겨났으며, 몇 세대에 걸친 젊은이들(부겐빌 평화협정(the Bougainville Peace Agreement)의 미래를 뒷받침하고 있는 사람들)은 10년 동안 공식적인 교육을 받지 못하였었다.

3. 필자는 다른 곳(Dwyer 2007)에서 보알(Boal)의 "연극 치료 방법"–욕망의 무지개 기법–에 대해 논의하였다. 여기에는 트라우마 테라피에 관한 많은 문헌들이 특징으로 하는 정신역학이론(psychodynamic theory)과 유사한 양식이 스며들어 있으며, 보다 체계적이고 서사적인 테라피의 틀에서 이러한 기법을 생산적으로 재조정해 볼 가치가 있다.

4. 영어를 모국어로 하는 사람은, 몇 주 만에 톡 피신(Tok Pisin)의 기본적인 지식을 습득할 수 있겠지만, 유창하게, 그 뉘앙스를 인지하고 말할 수 있게 되기까지는, 꽤 오랜 시간이 걸린다. 톡 피신 외에도 내가 배울 수 없었던 수십

개의 명확하고 매우 복잡한 지역 언어들이 있다. 이들 중 많은 것은 오스트로네시아 어족(Austronesian languages)이며 이 어족은 톡 피신의 일부 기초를 제공하고 톡 피신과 유사한 문법을 사용한다.

5. 부겐빌의 다양한 언어 그룹과 문화 사이를 조정하는 데 수행되는 방법에는 다양한 변형이 있다. 그러나 보게와 가라수(Boege and Garasu)(2011), 하울리(Howley)(2002) 및 타니스(Tanis)(2002)가 제공해 준 것은 유용한 소개로서 작용하였다. 리즈 톰슨(Liz Thompson)(2001)의 수상 경력에 빛나는 다큐멘터리 영화인 *활과 화살 부수기(Breaking Bows and Arrows)*는 또 다른 귀중한 출처이다.

6. *부겐빌 포토플레이 프로젝트(The Bougainville Photoplay Project)* 제작 내역에 관심이 있는 독자는 버전 1.0(Version 1.0) 웹사이트에서 자세한 내용을 찾을 수 있다. 필자는 2004년부터 2012년까지 많은 벌베이텀(verbatim)/다큐멘터리 작품의 드라마투르기로서 이 웹사이트를 운영하는 단체와 함께 작업하였다 (www.versiononepointzero.com/index.php/projects/the_bougainville_photoplay_project). 극영화(Photoplay)는 데이비드 윌리엄(David Williams)이 감독하였고 숀 베이컨(Sean Bacon)과 러셀 에머슨(Russell Emerson)은 각각 비디오 디자인과 기술 지원을 담당하였다. 이 쇼는 2008년부터 2011년 사이에 시드니 극장에서 3주 공연 시즌이 두 차례 진행되는 동안 60회 이상 진행되었다. 더불어 멜버른, 브리즈번, 다윈, 퍼스, 론 세스턴으로의 짧은 투어도 진행되었다. 하리(Hari)에서의 화해를 돕는 것 외에도, 나는 부카 지구 병원(Buka District Hospital)과 남부 부겐빌의 평화를 위한 젊은 대사 프로젝트(the Young Ambassadors for Peace project)에 나의 출연료를 기부하였다.

7. '문화적 물물 교환(cultural barter)'의 개념은 물론 오딘 티틀릿(Odin Teatret)의 감독인 에우게니오 바르바(Eugenio Barba)와 관련이 있지만, 그는 순수하게 상징적 선물 교환으로서 퍼포먼스를 통한 교역에 중점을 둔다. 그는 피에르 브루디외(Pierre Bourdieu)가 그렇듯이 상징적이고 문화적인 자본을 경제적 자본으로 (그리고 그 반대로) 전환할 잠재력을 가정하지 않는다. 이러한 차원의 교역에 대한 부정은 확실히 바르바의 표현에서는 엘리트주의의 특징을 드러내는 것이다.

8. '융기한 돌(Stumble stone)'은 황동 명판 위에 붙은 약간 융기된 조약돌을 나타

내는 데 사용되는 독일어(Stolpersteine)에서 차용되었다. 이는 현재 홀로코스트의 피해자를 추도하는 방법을 의미하는 것으로 활용된다.

11장 노동 의식(Labour Rites)의 무대화

1. 조엘 발렌틴 마티네즈(Joel Valentin-Martinez)가 모든 춤을 안무하였다. 쇼의 아름다움과 서사의 힘을 창조한 것은 그의 예술적 비전과 움직임의 사용, 그리고 구체화된 해석이었다.

12장 노숙 청소년과 함께한 응용연극의 미시정치와 사회구조

1. 이 연구는 7년간의 학제 간 사회과학의 일부이다. 캐나다 인문과학 연구위원회(Humanities Research Council of Canada)가 자금을 제공한 전국 파트너십 보조금, 인근 불평등, 다양성, 변화: 캐나다 대도시권 경향, 프로세스, 결과 및 정책 옵션의 부분이라 할 수 있다.
2. 커뮤니티 파트너 프로젝트: Humanity and Seeking Shelter(가명)와 연구 조수인 앤 웨슬스(Anne Wessels), 리베카 스타크먼(Rebecca Starkman), 더크 로드릭스(Dirk Rodricks)의 연구 본능과 연극과 청년에 대한 깊은 지식에 깊은 감사를 표한다.
3. 이 아이디어는 우리 연구와 매우 일치한다. 토론토의 '가난한 노동자(working poor)'에 대한 그들의 보고서에서, 스테플턴(Stappleton), 머피(Murphy) 및 싱(Xing)은 어떻게 토론토의 내부 외곽 지역(우리의 청소년 피난처가 있는 곳)이 집중된 빈곤 수준을 보이는 곳이 되었는지 전하고 있다. 그들에 따르면 이곳에는 종종 여러 불안정한 저임금 일을 하며 부풀어진 임대료를 지불하기에 충분한 소득을 얻는 데 어려움을 가진 거주민들이 있다(2012: 33).
4. O'Sullivan(2001), Neelands(2007), and Prentki(2012) 역시 참고 요망.
5. 워틀리(Wortley)와 오우수 뱀파(Owusu-Bempah)(2011)는 토론토 주민이 직접 보고한 바를 근거로 흑인 응답자가 백인과 아시아인보다 캐나다의 주요 문제로 인종적 프로파일링을 당할 가능성이 높다고 주장한다. 경찰이 정지하게 하여 수색한 경험의 인종적 차이는 관련 요인을 통제한 후에도 통계적으로 유의하게 남아 있다.

1. 에드리안 하웰스 작품의 아름답고 흥미로운 분석에 대한 자세한 내용은 Heddon, D. 2016 참조 요망. 'The cultivation of listening: An ensemble of more—than—human participants' in A. Harpin and H. Nicholson (eds.) Performance and Participation: Practices, Audiences, Politics. London Palgrave Macmillan.

2. www.nationaltrust.org.uk/workhouse—southwell. 2015년 7월 27일 마지막 접속.

3. http://blog.poortheatres.manchester.ac.uk/pop—up—paupers—pathways—and—pauper—mice—at—the—workhouse—southwell/. 2015년 6월 15일 마지막 접속.

4. 모든 인용은 그레셴 홀 워크하우스(Gressenhall Workhouse)의 정보 폴더에서 인용되었다. 2015년 3월 29일 방문.

5. The University of Leicester, Steven King. '"Rhetoricising poverty": A comparison of pauper narratives in Britain and Germany 1753-1930'. 예술인문과학연구평의회(the Arts and Humanities Research Council)와 독일연구진흥협회(the German Research Foundation)가 공동으로 자금을 제공하였다.

theatre: 연극

drama: 드라마

play: 극, 연극(문맥에 적합하게 선택하여 번역함)

applied theatre: 응용연극

community: 공동체, 지역사회(문맥에 적합하게 선택하여 번역함)

performance: 공연, 연극, 퍼포먼스(문맥에 적합하게 선택하여 번역함)

facilitator: 촉진자, 진행자(문맥에 적합하게 선택하여 번역함)

grassroots theater: 풀뿌리 연극

reminiscence theatre: 회상 연극

socialist theatre: 사회주의 연극

entertainment: 엔터테인먼트, 오락(문맥에 적합하게 선택하여 번역함)

indigenous theatrics: 향토 연극법

Theatre for Development(TfD): 발전을 위한 연극

Verbatim scene: 벌베이텀 장면

김수연(책임 번역자)

한국에서 유아교육과 연극을 공부하고 영국으로 건너가 The University of Warwick에서 Drama and Theatre Education 전공으로 석사와 박사학위를 취득했다. 그 뒤 프리랜서 연극강사, 배우, 연출, 예술감독으로 활동하다 현재 경성대학교 연극영화학부 교수로 재직 중이다. 연극으로 건강하고 행복한 학교와 사회 만들기가 그 주된 관심사이다.

신선영(공동 번역자)

연극배우, 강사이다. 학부에서 영문학과 심리학을 공부하고 영국 The University of Warwick에서 Drama and Theatre Education 전공으로 석사학위를 취득했다. 현재 경성대학교, 한세대학교에서 연극교육 관련 강의를 하고 있으며, 2015년부터 성남문화재단의 예술강사로 활동한 경력을 바탕으로 경기문화재단 교과연계 교육연극 컨설팅 멘토로도 활동하고 있다. '남의 이야기'가 아닌 '내 이야기', '결과 지향적 삶'이 아닌 '과정 지향적 삶'에 가치를 둔다. 주체적인 삶의 재미를 찾는 데 연극을 적극 활용하고 있다.

허정미(공동 번역자)

한국에서 영문학을 공부하고 영국 The University of Warwick에서 Drama Education and English Language Teaching 전공으로 석사학위를 취득했다. 다양한 교사연수 진행자 및 예술강사, 숭의여자대학교, 경인여자대학교에서 영어강사로 활동하다 현재 아일랜드 Trinity College, Dublin 교육대학원(Drama in Education)에서 박사과정 중이다. 교육연극을 통한 영어교육(언어교육)이 주 연구 분야이며 연극과 예술로 어린이, 청소년이 다양한 방식으로 주체적인 목소리를 내는 것에 관심이 있다.

응용연극의 비판적 관점

초판발행   2022년 10월 31일

지은이   Jenny Hughes · Helen Nicholson
옮긴이   김수연 · 신선영 · 허정미
펴낸이   노 현

편 집   김다혜
기획/마케팅   정성혁
표지디자인   이소연
제 작   고철민 · 조영환

펴낸곳   ㈜ 피와이메이트
                서울특별시 금천구 가산디지털2로 53, 한라시그마밸리 210호(가산동)
                등록 2014. 2. 12. 제2018-000080호
전 화   02)733-6771
f a x   02)736-4818
e-mail   pys@pybook.co.kr
homepage   www.pybook.co.kr
I S B N   979-11-6519-325-6 93680

* 파본은 구입하신 곳에서 교환해 드립니다. 본서의 무단복제행위를 금합니다.
* 역자와 협의하여 인지첩부를 생략합니다.

정 가   20,000원

박영스토리는 박영사와 함께하는 브랜드입니다.